U0600512

高校思想政治理论课研究报告系列

本书系湖南省社科基金重点项目（马克思主义理论研究和建设工程重点马克思主义学院专项）"新时代青年大学生思想动态研究"（项目编号：24ZDBM08）成果

新时代青年
理论武装路径研究

RESEARCH ON THE PATH OF ARMING YOUTH
WITH THEORY IN THE NEW ERA

邢鹏飞／著

湖 南 师 范 大 学 出 版 社
·长沙·

序 言

党的理论创新每前进一步，党的理论武装就跟进一步，这是中国共产党加强自身建设的一条基本经验。党的十八大以来，党的理论创新的最新、最重大的成果就是形成、提出并阐释了习近平新时代中国特色社会主义思想。习近平新时代中国特色社会主义思想系统回答了新时代坚持和发展什么样的中国特色社会主义、怎样坚持和发展中国特色社会主义，建设什么样的社会主义现代化强国、怎样建设社会主义现代化强国，建设什么样的长期执政的马克思主义政党、怎样建设长期执政的马克思主义政党等重大时代课题，是当代中国马克思主义、二十一世纪马克思主义，是中华文化和中国精神的时代精华，实现了马克思主义中国化时代化新的飞跃。党的二十大报告提出坚持不懈用习近平新时代中国特色社会主义思想凝心铸魂的重大任务。党的二十届三中全会部署进一步全面深化改革，健全用党的创新理论武装全党、教育人民、指导实践工作体系。党的理论创新成果的重大发展必然要求党的理论武装工作的跟进，而党的理论创新成果的武装又必然会转化为推动习近平新时代中国特色社会主义思想发展的重要力量。

新时代的青年是名副其实的强国一代，是全面建设社会主义现代化强国的生力军。新时代的青年最活跃、最具创造性，所肩负的历史使命重大，最需要精心引导和栽培，是习近平新时代中国特色社会主义思想武装的重点对象。邢鹏飞的《新时代青年理论武装路径研究》一书，聚焦用习近平新时代中国特色社会主义思想凝心铸魂的现实课题，从理论武装的基本内涵的界定出发，全面总结新时代以来用习近平新时代中国特色社会主义思想武装青年路径的基本理论和实践经验，通过问卷调查从总体上分析青年理论武装的现状及特点、理论武装路径的效果及影响因素，并分专题对青年学生、青年领导干部、事业单位青年、企业青年、农村青年和自由职业青年六个群体进行具体分析，总结不同青年群体对理论武装路径认识和评价的特点、理论武装的影响因素，提出不同层面的青年理论武装路径。最后进行综合研究，提出习近平新时代中国特色社会主义思想武装青年路径的总体对策。全书的研究思路清晰、对象明确、方法科学、对策有力，有一些鲜明的研究特点，主要体现在以下四个方面的"结合"。

一是将宣传教育视角和青年学习接受视角相结合。本书关照了青年对习近平新时代中国特色社会主义思想的认同情况，以理论武装为中心开展行动研究，综合性的研究视角有利于实现研究资料的一手性、内容的针对性和结论的科学性。比如，本书既关注了习近平新时代中国特色社会主义思想武装的微观教学路径、自上而下的主导性路径、理论性路径、显性路径，又对宏观"大思政课"教育路径、自下而上的偶发路径、实践性路径、隐性路径等给予关注，对不同理论武装途径、载体和方法的内在关联及机制展开探索。

二是将传统研究方法与科学研究方法相结合。本书既坚持文献研究、历史研究和经验总结的传统研究方法，又采取实验与实证、量化与质性研究整合的研究方法。比如，本书通过深度访谈，形成了以"理论认同"为核心、以"青年个体"和"社会环境"为直接影响因素、以"宣传教育"为推进及催化、以"具体途径"为中介的习近平新时代中国特色社会主义思想凝心铸魂理论模型。本书对不同群体、年龄、学历、职业等青年的理论武装路径特点进行了分析，研究方法运用比较多样。

三是将专题式研究和综合式研究相结合。本书对习近平新时代中国特色社会主义思想武装青年路径的理论基础、实践历程和基本经验进行了专题分析，分六个群体提出了具体对策。比如，以往学界对自由职业青年的关注度不够高，本书则通过专题研究，提出了理论武装的建议:完善党委统一领导、统战部门牵头协调、有关方面各负其责的大统战工作机制;实施自由职业青年思想理论培训计划，加强自由职业青年代表人士队伍建设;发挥党和政府宣传、书籍、课堂讲授、内部文件等传统载体的作用，加强网络宣传和统战工作;回应自由职业青年对理论武装方法的新期待，充分发挥树立正面典型人物、开展社会实践、举办主题教育活动的作用;加强对自由职业青年的服务和帮助，运用生活化和间接性的方式对其进行理论武装等。本书通过综合研究提出了青年理论武装的路径，比如明晰青年理论武装的目标导向，优化青年理论武装的途径、载体和方法，完善青年理论武装的组织机构与规章制度等，具有一定的针对性。

四是将青年理论武装内容研究与形式研究相结合。本书把青年理论武装的基本内容与武装形式有机结合，围绕自身务实工作开展行动研究。比如，课题组努力以学理方式把握习近平新时代中国特色社会主义思想的科学体系，编写理论普及读物，到机关、学校、企业、社区、乡村开展习近平新时代中国特色社会主义思想宣讲活动。特别是在青年大学生中探索坚持"五个结合"、推进"五化建设"、打造"五个课堂"的教学改革创新，建设具有高阶性、创新性和挑战度的思政"金课"。得益于系统的学术研究，用学术讲政治，邢鹏飞主讲的"习近平新时代中国特色社会主义思想概论"课入选教育部首批全国大中小学思政课一体化示范教学资源。

当然，本书还存在一些不足和局限。比如，如何在已有经验基础上更有针对性地突破，使党的理论武装路径研究更具理论性；如何根据习近平新时代中国特色社会主义思想主题教育的新特点，提出更为具体的理论武装策略；如何在本课题基础上进一步拓展，深化对新思想传播规律的总结等，都还有进一步提升的空间。相信作者在今后的学习和研究中会进一步提升方法论的自觉意识，不断提升自己的研究能力和水平。

邢鹏飞近年来主要从事"习近平新时代中国特色社会主义思想概论"课的教学工作，课程教学活动为他更进一步深化对本主题的研究提供了实践的场域，深化了对主题的理解。同时，对本主题的深入思考也促进了他教学能力的提升。最近，他在由中华全国总工会、教育部联合主办的第七届全国高校青年教师教学竞赛中荣获一等奖。近几年，他也受教育部邀请开展示范教学，教学改革被中央电视台科教频道等媒体报道，实现了教学与科研的相互促进。

在本书出版之际，邢鹏飞邀请我为本书作序，我欣然应允。作为他的博士指导教师，为他近几年取得的进步感到欣慰，期待他在今后的学术研究中能够取得更加丰富的成果。是以为序。

佘双好

2024 年 8 月于武汉大学

目 录

导 论 001

一、研究意义 002

二、核心概念界定 005

三、相关研究综述 017

四、研究思路和研究方法 022

第一章 新时代青年理论武装的理论基础与实践经验 025

一、新时代青年理论武装的理论基础 026

二、新时代青年理论武装的实践探索 041

三、新时代青年理论武装的基本经验 057

第二章 新时代青年理论武装路径的总体报告 063

一、研究设计及实施过程 064

二、新时代青年理论武装路径现状 068

三、新时代青年对理论武装路径认识和评价的特点 077

四、新时代青年理论武装的影响因素 088

五、新时代青年理论武装机制质性研究 094

六、新时代青年理论武装路径的初步结论 102

第三章 新时代青年学生理论武装路径现状及对策 107

一、新时代青年学生理论武装路径现状 108

二、新时代青年学生理论武装的影响因素 118

三、新时代青年学生理论武装路径的建议 124

第四章 新时代青年领导干部理论武装路径现状及对策 135

一、新时代青年领导干部理论武装路径现状 136

二、新时代青年领导干部理论武装的影响因素 146

三、新时代青年领导干部理论武装路径的建议 153

第五章　新时代事业单位青年理论武装路径现状及对策　163

一、新时代事业单位青年理论武装路径现状　164

二、新时代事业单位青年理论武装的影响因素　171

三、新时代事业单位青年理论武装路径的建议　175

第六章　新时代企业青年理论武装路径现状及对策　181

一、新时代企业青年理论武装路径现状　182

二、新时代企业青年理论武装的影响因素　189

三、新时代企业青年理论武装路径的建议　193

第七章　新时代农村青年理论武装路径现状及对策　201

一、新时代农村青年理论武装路径现状　202

二、新时代农村青年理论武装的影响因素　210

三、新时代农村青年理论武装路径的建议　215

第八章　新时代自由职业青年理论武装路径现状及对策　225

一、新时代自由职业青年理论武装路径现状　226

二、新时代自由职业青年理论武装的影响因素　235

三、新时代自由职业青年理论武装路径的建议　239

第九章　新时代青年理论武装路径的创新　247

一、明晰新时代青年理论武装的目标导向　248

二、拓展青年理论武装的途径　253

三、丰富青年理论武装的载体　260

四、创新青年理论武装的方法　268

五、完善青年理论武装的组织机构与规章制度　276

后　记　282

导　论

　　意识形态工作是中国共产党的一项极端重要的工作。党的理论创新每前进一步，理论武装就紧紧跟进一步，这是中国共产党意识形态工作的宝贵经验和重要传统。如何用党的创新理论武装全党、教育人民，推动习近平新时代中国特色社会主义思想深入人心，是新时代党的意识形态工作的核心课题。新时代的青年是名副其实的强国一代，是建设社会主义现代化强国的生力军。新时代的青年最活跃、最具创造性，所肩负的历史使命重大，最需要精心引导和栽培，是党的创新理论武装的重点对象。党的十八大以来，以习近平同志为核心的党中央高度重视青年的理论武装工作，创新习近平新时代中国特色社会主义思想武装青年的途径、载体和方法，取得了显著成效。习近平在党的二十大报告中强调："全党要把青年工作作为战略性工作来抓，用党的科学理论武装青年，用党的初心使命感召青年，做青年朋友的知心人、青年工作的热心人、青年群众的引路人。"[1] 系统总结新时代党的理论创新与理论武装相统一的历史经验，把握习近平新时代中国特色社会主义思想武装青年的现状，进而提出青年理论武装路径的优化策略，是新时代党的意识形态工作的重要任务。

[1]《习近平著作选读》第一卷，人民出版社 2023 年版，第 58 页。

一、研究意义

习近平新时代中国特色社会主义思想是引领党和国家事业发展的强大思想武器和行动指南。坚持用习近平新时代中国特色社会主义思想武装青年，对统一青年思想认识、明确青年奋斗方向、凝聚青春力量，全面建设社会主义现代化强国，具有重大深远的意义。

（一）有助于抓好新时代意识形态工作的关键领域

中国共产党自成立之日起就把马克思主义作为自己的旗帜，不断创新发展马克思主义，与时俱进地用党的创新理论武装全党和教育人民。习近平在党的十九大报告中阐述了意识形态工作的极端重要性，强调："必须推进马克思主义中国化时代化大众化，建设具有强大凝聚力和引领力的社会主义意识形态。"[1]党的十九届四中全会明确提出"要坚持马克思主义在意识形态领域指导地位的根本制度"的重大论断。[2]这是关系党和国家事业长远发展的重大制度创新，为做好新时代意识形态工作奠定了坚实的制度基础，也提出了新的更高要求。虽然随着时代的发展，党的意识形态工作的环境、对象、范围、方式发生了很大变化，但意识形态工作的根本任务是一贯的、明确的，那就是要巩固马克思主义在意识形态领域的指导地位，巩固全党全国人民团结奋斗的共同思想基础。

加强理论武装，推动新时代中国特色社会主义思想深入人心，是新时代党的意识形态工作的主线。新时代的青年正处于实现中华民族伟大复兴中国梦的关键时期，其对习近平新时代中国特色社会主义思想的认同直接关涉新时代中国特色社会主义发展进程和走向。习近平深刻指出，新时代青年成长发展的生命历程贯穿完成"两个一百年"伟业的全过程，青年是生力军和突击队，"中华民族伟大复兴的中国梦终将在一代代青年的接力奋斗中变为现实"[3]。在学校思想政治理论课教师座谈会上，习近平强调，青年的思想政治理论教育工作"要

[1]《习近平谈治国理政》第三卷，外文出版社 2020 年版，第 32 页。
[2]《习近平谈治国理政》第三卷，外文出版社 2020 年版，第 126 页。
[3]《习近平谈治国理政》第三卷，外文出版社 2020 年版，第 54—55 页。

从坚持和发展中国特色社会主义、建设社会主义现代化强国、实现中华民族伟大复兴的高度来对待"，"必须培养一代又一代拥护中国共产党领导和我国社会主义制度、立志为中国特色社会主义事业奋斗终身的有用人才"。[1] 在党的二十大报告中，习近平勉励新时代的中国青年"立志做有理想、敢担当、能吃苦、肯奋斗的新时代好青年，让青春在全面建设社会主义现代化国家的火热实践中绽放绚丽之花"。[2] 这些论述充分体现了以习近平同志为核心的党中央对新时代的青年寄予殷切希望，明确了青年所承担的历史使命和肩负的时代责任，青年是党的创新理论武装的重点对象。加强习近平新时代中国特色社会主义思想武装青年路径研究，有助于抓好开创意识形态工作新局面的关键领域。

（二）有助于寻找习近平新时代中国特色社会主义思想武装青年的有效路径

马克思主义理论是无产阶级改造世界的强大精神武器。马克思指出："批判的武器当然不能代替武器的批判，物质力量只能用物质力量来摧毁；但是理论一经掌握群众，也会变成物质力量。"[3] 列宁将青年马克思主义理论武装工作提到了建立共产主义社会的高度，真正建立共产主义社会的任务正是要由青年来担负。应当教给青年什么，青年应当怎样学习，如何做好青年的训练和培养工作？答案是非常明确的，那就是："青年团和所有想走向共产主义的青年都应该学习共产主义。"[4] 中国共产党百年来始终重视、关心和信任青年，严格要求并积极引导青年学习马克思主义理论。毛泽东要求："党和团的领导机关，都要学会领导团的工作，善于围绕党的中心任务，照顾青年特点，组织和教育广大青年群众。"[5] 邓小平高度重视青年的马克思主义理论武装工作，面对改革开放之初放松对青年的马克思主义理论武装的失误时，他痛心地说："十年来我们的最大失误是在教育方面，对青年的政治思想教育抓得不够，教育发展不够。"[6] 面对改革开放深入推进、建立社会主义市场经济体制的新环境，江泽民强调："越是大力发展社会主义市场经济，越要切实加强精神文明建设，繁荣教育、科学、文化事业，加强人民正确的思想道德武装。"[7] 胡锦涛强调，青年马克思主义理

---

[1] 习近平：《思政课是落实立德树人根本任务的关键课程》，人民出版社 2020 年版，第 5—6 页。
[2] 《习近平著作选读》第一卷，人民出版社 2023 年版，第 58 页。
[3] 《马克思恩格斯选集》第一卷，人民出版社 2012 年版，第 9 页。
[4] 《列宁选集》第四卷，人民出版社 2012 年版，第 282 页。
[5] 《毛泽东文集》第六卷，人民出版社 1999 年版，第 276 页。
[6] 《邓小平文选》第三卷，人民出版社 1993 年版，第 287 页。
[7] 《江泽民文选》第一卷，人民出版社 2006 年版，第 364 页。

论武装工作意义特别重大，"要把服务和育人有机结合起来，引导青年用科学的理论武装自己，用高尚的精神塑造自己"[1]。习近平主持召开学校思想政治理论课教师座谈会，强调："我们办中国特色社会主义教育，就是要理直气壮开好思政课，用新时代中国特色社会主义思想铸魂育人。"[2] 新时代用党的创新理论武装青年工作不断取得突破，在青年群体中形成了"不忘初心跟党走、建功立业新时代"的浓郁氛围。

在习近平总书记的直接关心和指导下，中共中央、国务院制定出台了《中长期青年发展规划（2016—2025年）》。明确了青年思想道德发展目标："广大青年积极践行社会主义核心价值观，中国特色社会主义道路自信、理论自信、制度自信、文化自信进一步增强，思想道德水平和文明素质进一步提高，为实现中国梦而奋斗的共同思想道德基础更加巩固。"[3] 这是新中国历史上第一个青年发展规划，是新时代青年事业的重要顶层设计，提出了青年发展的政策体系和工作机制。各级党委和政府牢牢坚持党管青年原则，积极推动青年发展纳入各级国民经济和社会发展规划，建立健全各级青年工作联席会议机制，落实青年政策，关心服务青年，促进青年发展，赢得青年人心。比如，教育部系统推动以习近平新时代中国特色社会主义思想为核心内容的高校思想政治理论课程群建设，实施深化新时代思想政治理论课改革创新质量提升专项行动，加快构建高校思想政治工作体系，开展"青春告白祖国""小我融入大我，青春献给祖国""奋斗的我　最美的国""新时代先进人物进校园""青春献礼二十大，强国有我新征程"等主题实践活动和品牌工作。习近平新时代中国特色社会主义思想武装青年方法不断创新，积累了丰富的新经验。同时，各行各业的青年对习近平新时代中国特色社会主义思想武装工作有什么新期待？青年理论武装的渠道、载体和方法应该怎么样进一步优化？这些问题也直接关涉新时代党的创新理论武装青年工作效果的进一步提升，需要我们进一步探讨。

（三）有助于更有效地回应新时代错误社会思潮的挑战

作为社会发展的晴雨表，社会思潮是反映某种现实社会利益诉求、具有较大的受众基础、产生较大社会影响、对主导社会价值观念起消解作用的社会意识形态和观点。社会思潮与主流意识形态关系极为密切，作为社会意识形态的

---

[1]《胡锦涛文选》第一卷，人民出版社2016年版，第130页。
[2]《习近平谈治国理政》第三卷，外文出版社2020年版，第329页。
[3] 中共中央国务院印发：《中长期青年发展规划（2016—2025年）》，人民出版社2017年版，第6页。

"旁流"或"支流",必然与主流意识形态产生复杂的双向关系。新时代意识形态领域面临的形势和斗争更加复杂,社会思想观念和价值取向日趋活跃,主流的和非主流的同时并存,先进的和落后的相互交织,社会思潮纷纭激荡。青年历来是各种社会思潮争夺的重点对象,正如习近平所说:"世界范围内各种思潮交流交融交锋,国内各种矛盾和热点问题叠加出现,境内外敌对势力对我国实施西化、分化战略一刻也没有放松,这些都对青年的世界观、人生观、价值观产生着潜移默化的影响。"[1]

青年"面对世界的深刻复杂变化,面对信息时代各种思潮的相互激荡,面对纷繁多变、鱼龙混杂、泥沙俱下的社会现象,面对学业、情感、职业选择等多方面的考量,一时有些疑惑、彷徨、失落,是正常的人生经历"。[2]在青年成长成才的人生关键时期,如果不用习近平新时代中国特色社会主义思想凝心铸魂,不对青年的疑惑、彷徨、失落及时引导,不能为青年筑牢正确的思想根基,错误社会思潮必然趁虚而入。那么,当前青年对各种社会思潮认知如何?青年对各社会思想的认知与习近平新时代中国特色社会主义思想认知之间存在什么样的作用关系?这些问题都需要深入探讨。因此,研究习近平新时代中国特色社会主义思想武装青年路径,对于寻找引领社会思潮的有效对策,科学分析和批判各种错误社会思潮,巩固青年团结奋斗的思想基础,具有重要的现实意义。

二、核心概念界定

在本研究中,习近平新时代中国特色社会主义思想是新时代青年理论武装的内容,青年是理论武装的对象,理论武装是过程及目的,路径则是理论内容与青年结合以达到目的的形式。

(一)习近平新时代中国特色社会主义思想

党的十八大以来,以习近平同志为核心的党中央以非凡的政治勇气和使命担当,创立了习近平新时代中国特色社会主义思想。本课题关注对习近平新时

---

[1] 中共中央文献研究室编:《习近平关于青少年和共青团工作论述摘编》,中央文献出版社 2017 年版,第 23 页。
[2]《习近平谈治国理政》第一卷,外文出版社 2018 年版,第 173 页。

代中国特色社会主义思想进行系统化、学理化和学科化研究阐释，落脚于理论武装青年路径的研究。依据党的二十大报告的基本观点，从以下三个方面对习近平新时代中国特色社会主义思想这一概念进行基本的阐释。

一是从习近平新时代中国特色社会主义思想的核心内容来看，"十九大、十九届六中全会提出的'十个明确'、'十四个坚持'、'十三个方面成就'概括了这一思想的主要内容，必须长期坚持并不断丰富发展"。[1] 党的十九大报告用"八个明确"和"十四个坚持"概括了习近平新时代中国特色社会主义思想体系的核心内容。《中共中央关于党的百年奋斗重大成就和历史经验的决议》用"十个明确"对习近平新时代中国特色社会主义思想的核心内容作了进一步概括，从 13 个方面分领域总结了新时代党和国家事业取得的成就，并重点概括了其中的原创性思想。党的二十大报告阐述了习近平新时代中国特色社会主义思想的世界观和方法论，强调坚持好、运用好贯穿其中的立场观点方法。

二是从习近平新时代中国特色社会主义思想具体内涵来看，这一思想深刻回答了新时代的重大时代课题，贯通马克思主义哲学、政治经济学和科学社会主义等学科。以习近平同志为主要代表的中国共产党人，"就新时代坚持和发展什么样的中国特色社会主义、怎样坚持和发展中国特色社会主义，建设什么样的社会主义现代化强国、怎样建设社会主义现代化强国，建设什么样的长期执政的马克思主义政党、怎样建设长期执政的马克思主义政党等重大时代课题，提出一系列原创性的治国理政新理念新思想新战略" [2]。涵盖新时代坚持和发展中国特色社会主义的总目标、总任务、总体布局、战略布局和发展方向、发展方式、发展动力、战略步骤、外部条件、政治保证等基本问题，并根据新的实践对各方面作出新的理论概括和战略指引。在马克思主义哲学、政治经济学、科学社会主义各个领域都提出了原创性观点，实现了对中国特色社会主义建设规律认识的新跃升，指明了中国式现代化道路的新图景，开辟了管党治党、兴党强党的新境界。

三是从习近平新时代中国特色社会主义思想的发展来看，这一思想是马克思主义中国化时代化的最新成果。习近平新时代中国特色社会主义思想是当代中国马克思主义、二十一世纪马克思主义，是中华文化和中国精神的时代精华，实现了马克思主义中国化时代化新的飞跃。推进马克思主义中国化时代化是一个追求真理、揭示真理、笃行真理的过程。在新时代坚持和发展习近平新时代

[1]《习近平著作选读》第一卷，人民出版社 2023 年版，第 14 页。
[2]《中共中央关于党的百年奋斗重大成就和历史经验的决议》，人民出版社 2021 年版，第 25—26 页。

中国特色社会主义思想，就是真正坚持和发展马克思主义。

（二）理论武装

理论上的坚定是政治上和党性上坚定的基础，中国共产党依靠科学理论武装和先进思想指引，始终走在时代前列。"加强思想教育和理论武装，是党内政治生活的首要任务，是保证全党步调一致的前提。"[1]

1.准确理解理论武装的科学内涵

准确理解"理论武装"这一概念，需要从马克思主义理论武装的本质、主体、内容、过程和结果五个层次综合把握[2]。

第一，理论武装的本质是马克思主义思想闪电般唤醒人民群众。与以往统治阶级的虚假意识形态宣传和愚民意图有本质的区别，马克思主义理论武装头脑的过程是无产阶级掌握代表自己根本利益的理论的过程，不是外在欺骗和压服的过程，而是用思想闪电唤醒人民群众，实现自身理论从自发到自觉的过程。

第二，理论武装的主体是党员干部与人民群众。纵观党的重要报告和文件，用党的创新理论"武装全党、教育人民"，一直是稳定的经典表达。这本身就回答了如何认识理论武装主体的问题，即马克思主义理论武装的主体和对象都是党员干部与人民群众，二者是统一的。一方面，党员、干部是理论武装的首要对象，要教育引导广大党员、干部学深悟透、融会贯通党的创新理论，指导实践、推动工作。另一方面，要推动习近平新时代中国特色社会主义思想深入人心，引导人民群众掌握精神武器，坚定理想信念。

第三，理论武装的内容是马克思主义理论。从党的主要领导人的相关论述来看，"理论武装"这一表述既可以单独使用，也可以在前面加上限定词使用。但无论是单独使用，还是前面加上各种限定词使用，其本质内容都是一以贯之的，那就是指马克思主义理论武装。比如，毛泽东使用了"马列主义武装""马克思列宁主义的理论武装"等表述，邓小平使用了"马克思列宁主义思想武装""马列主义、毛泽东思想武装"等表述，江泽民使用了"马克思主义理论武装""邓小平理论武装"等表述，胡锦涛使用了"科学的理论武装""中国特色社会主义理论体系武装""党的理论创新成果武装"等表述，习近平使用了"党

[1]《习近平谈治国理政》第二卷，外文出版社 2017 年版，第 180 页。

[2] 邢鹏飞、张佩：《准确理解马克思主义理论武装的科学内涵》，《理论导刊》2020 年第 5 期，第 51—57 页。

的创新理论武装""加强理论武装,推动新时代中国特色社会主义思想深入人心"等表述。用马克思主义理论这一科学理论来武装全党、教育人民,是马克思主义政党与其他政党意识形态工作的本质区别,是党领导中国人民实现一个又一个胜利的重要法宝。

第四,理论武装的过程是多重因素作用的过程。理论武装过程是党员干部与人民群众从理论信息了解,到对理论的认知认同、情感认同、价值认同和实践践行的一步步转化的过程,同时也是各种影响因素综合作用的过程。理论武装工作者自身的理论坚定性、理解的透彻性、运用的灵活性、对武装过程的操控性等将直接对理论武装的结果产生影响。理论武装对象在理论武装过程中的积极性和主动性,关乎理论武装的最终效果。理论武装渠道、载体和方法也至关重要,各影响因素相互作用。

第五,理论武装的结果是入脑入心入行。理论武装的目的是唤醒党员干部与人民群众,将党的创新理论转化为改变自身的物质力量,入脑、入心、入行。入脑就要学通弄懂马克思主义理论;入心就是坚定共产主义远大理想和中国特色社会主义共同理想;入行就是要做中国特色社会主义事业建设的典范,不负韶华,贡献力量。

2.准确理解理论武装科学内涵需要处理好五大关系

第一,准确理解理论武装与理论灌输的关系。理论灌输是理论武装话语体系中的核心概念,是理论武装的基本原则和方法。只有把马克思主义理论传播到人民群众中去,推动理论和工人运动相结合,才能使马克思主义理论成为无产阶级解放自己和全人类的思想武器。这就需要共产党人开展有目的、有组织、系统的理论宣传,把科学理论从外面灌输给人民群众。需要指出的是,马克思主义理论灌输绝不是欺骗性的、专制性的和非理性的方法,更不是"指挥、迷惑、欺骗、'洗脑子'、吓唬人、宣扬、宣传以及其他 A 可以使 B 不经充分理性反思就相信 X 的方法"[1]。应从更加广义的原则与方法的角度来理解灌输概念,强调无产阶级对自己理论的自觉,启发和开启心灵。

第二,准确理解理论武装与理论说教的关系。说理教育法是党领导人民处理人民群众内部非对抗性的思想矛盾和问题的方法和艺术,是马克思主义理论武装的根本方法。抓住了说理教育方法,也就抓住了马克思主义理论武装方法的实质和核心。理论武装与理论说教有本质的不同。说教类似宗教信徒宣传教

---

[1]（美）詹姆斯·麦克莱伦:《教育哲学》,宋少云、陈平译,生活·读书·新知三联书店 1988 年版,第 284 页。

义的方式，是一种生硬地、机械地空谈理论的方法，是一种不平等、强制、压服、非理性的方法。而说理反映的是一种平等的、民主讨论的、讲道理的、理性的方式，是以透彻的学理分析回应人，以彻底的思想理论说服人，用真理的强大力量引导人。

第三，准确理解理论武装内容与形式的关系。理论武装内容和理论武装形式是一个相辅相成的统一体。理论武装要坚持形式手段为内容服务的基本立场，理论内容是本和魂。虽然内容决定事物的本质，但好的形式能够更充分地反映内容的本质。形式运用不充分，只是简单地将理论武装视为空洞地传递理论知识，理论武装效果肯定不会好。而忽视理论武装以理服人的核心魅力，过于侧重形式改变来吸引眼球，走向形式主义更不可取。理论武装要想彻底唤醒人民群众，不仅要将理论以喜闻乐见、通俗易懂的形式传播到人民群众中去，而且更应该注重在内容上下功夫，要靠马列主义老祖宗的理论和习近平新时代中国特色社会主义思想去解惑释疑。

第四，准确理解理论武装与实践发展的关系。实践创新和理论创新是辩证统一的，理论武装与实践发展也是统一的。既要推进马克思主义基本原理与新时代中国实际相结合，不断创新发展马克思主义理论，又要及时推进理论武装，运用科学理论指导实践、推动工作。实践发展永无止境，党的创新理论来源于新的社会实践，亦不能停歇。党的理论创新绝不仅仅是为了创造出新的理论成果，更重要的是要把理论创新成果转化为党和人民群众的行动指南，不断推动中国特色社会主义实践取得更大成果。

第五，准确理解理论武装与理论斗争的关系。理论武装工作要牢牢坚持团结稳定鼓劲和正面宣传的方向，但这绝不意味着放弃理论斗争。马克思主义"这一学说在其生命的途程中每走一步都得经过战斗"[1]。理论武装的关键就是要用党的创新理论引领全党和人民群众的思想和行动，但错误社会思潮会严重干扰正确思想的传播。"要坚持建设性和批判性相统一，传导主流意识形态，直面各种错误观点和思潮。"[2]这就要积极扩大"红色"地带，把"灰色"地带转化为"红色"地带，对"黑色"地带坚决抵制和批判，净化社会意识形态系统。

[1]《列宁选集》第二卷，人民出版社 2012 年版，第 1 页。
[2]《习近平谈治国理政》第三卷，外文出版社 2020 年版，第 331 页。

（三）青年

青年是一个人们耳熟能详的普通名词，但是不同学科、不同领域、不同组织和不同国家对青年的界定各有差异。《中国大百科全书》对青年概念及其沿革进行了解释，欧洲文艺复兴运动之后，特别是 18 世纪基督教创办青年联合会以来，青年一词开始正式出现，青年概念正式确立于 19 世纪。中国古语对年轻人一般称作"少年""后生"等，"青年"一词在 1919 年五四运动后逐渐被广泛使用。"青年期"是"对青年的生理年龄和社会民俗认可的标定。依人体生理发育过程划分，青年期始于男、女的性成熟期"。[1]青年年龄是确认青年群体主体性的社会界定方式，是分析青年群体的性质、地位、规模和发展等方面的制度安排。人口统计、各类法律、青年社会团体和社会组织有关青年的年龄界限规定并不一致，如何界定青年的年龄一直是富有争议并且没有得到解决的重要问题。

1.世界各国青年年龄法律政策界定

青年的发生、发展和终结涉及多个方面，与经济社会发展水平紧密相关，不同政治经济发展程度和文化传统的国家对青年的年龄范围定义会存在差异，没有一个统一的标准。青年法定年龄是青年社会年龄中最核心、最基础、最具决定性意义的青年年龄界定，是社会结构对青年群体的制度化确认，并以制度权力对社会公众具有强制力和约束力，为青年年代年龄、生理年龄、心理年龄等提供参照和依据。以 187 个国家对青年年龄下限和上限的法律政策规定为例，"设定青年年龄下限最低的为 0 岁，有 12 个国家"；设定"年龄下限最高的为 18 岁，有 12 个国家"；设定"年龄下限最集中的年龄点是 15 岁，有 90 个国家"。"设定青年年龄上限最低的为 18 岁，有 2 个国家"；"设定青年年龄上限最高的为 40 岁，有 3 个国家"；"青年年龄上限最集中的年龄点是 29 岁，有 45 个国家"。[2]一些重要的国际机构对青年年龄段的界定也各持己见，联合国教科文组织认定 14 ~ 34 岁为青年，世界卫生组织认定 14 ~ 44 岁为青年[3]。

因此，从世界范围来看，将青年年龄的下限设定为 12 ~ 15 岁，将青年年龄的上限设定为 25 ~ 40 岁，符合当今世界上绝大部分国家的法律政策实际做法。

[1] 中国大百科全书总编辑委员会编：《中国大百科全书·社会学》，中国大百科全书出版社 2002 年版，第 219 页。
[2] 邓希泉：《青年发展的理论创新与现实愿景》，中国青年出版社 2017 年版，第 269 页。
[3] 余双好：《青少年思想道德现状及健全措施研究》，中国社会科学出版社 2010 年版，第 4 页。

2.中国青年年龄法律政策界定

在法律政策层面，从宪法规定来看："中华人民共和国年满十八周岁的公民，不分民族、种族、性别、职业、家庭出身、宗教信仰、教育程度、财产状况、居住期限，都有选举权和被选举权。"[1] 从未成年人保护法规定来看："本法所称未成年人是指未满十八周岁的公民。"[2] 从刑法规定来看："已满十六周岁的人犯罪，应当负刑事责任。已满十四周岁不满十六周岁的人，犯故意杀人、故意伤害致人重伤或者死亡、强奸、抢劫、贩卖毒品、放火、爆炸、投放危险物质罪的，应当负刑事责任。已满十二周岁不满十四周岁的人，犯故意杀人、故意伤害罪，致人死亡或者以特别残忍手段致人重伤造成严重残疾，情节恶劣，经最高人民检察院核准追诉的，应当负刑事责任。"[3] 随着社会的发展，物质文化水平得以提高，许多未成年人12岁左右就身材高大，大脑发育较快，心理发育普遍出现早熟现象。一些未成年人犯罪年龄越来越小，主观恶性也在变大，手段残忍，性质极其恶劣。回应社会降低刑事责任年龄的呼声，未成年人刑事责任年龄由原来的14岁下调至12岁。中共中央国务院印发的《中长期青年发展规划（2016—2025年）》则规定青年的"年龄范围是14～35周岁（规划中涉及婚姻、就业、未成年人保护等领域时，年龄界限依据有关法律法规的规定）"。[4]

从青年群众组织章程相关规定来看，《中国共产主义青年团章程》规定："年龄在十四周岁以上，二十八周岁以下的中国青年，承认团的章程，愿意参加团的一个组织并在其中积极工作、执行团的决议和按期交纳团费的，可以申请加入中国共产主义青年团。团员年满二十八周岁，没有担任团内职务，应该办理离团手续。"[5] 可见，共青团规定的青年年龄范围为14～28岁。而《中华全国青年联合会章程》则规定，除指定席位外，本会每届委员出任时，新出任委员年龄小于40周岁，连任委员年龄小于45周岁；常务委员会委员当选时，年龄小于45周岁[6]。因此，中华全国青年联合会将青年的年龄范围上推到45岁。

从与青年相关的项目和称号来看，国家自然科学基金委员会将国家杰出青年科学基金申请者年龄限定在未满45周岁。中组部牵头、多部门组成的青年千人计划项目评审，将参选者限定为年龄不超过40周岁的自然科学领域或工程技术领域海外高层次归国人员。教育部"长江学者奖励计划"的青年学者

---

[1]《中华人民共和国宪法》，人民出版社2018年版，第21页。
[2]《中华人民共和国未成年人保护法》，人民出版社2020年版，第3页。
[3]《中华人民共和国刑法修正案（十一）》，《人民日报》2021年01月04日，第15版。
[4] 中共中央国务院印发：《中长期青年发展规划（2016—2025年）》，人民出版社2017年版，第1页。
[5]《中国共产主义青年团章程》，人民出版社2018年版，第10页。
[6] 陈凤莉：《中华全国青年联合会第十三届委员会全体会议闭幕》，中国青年报2020年08月19日，第1版。

年龄限定为自然科学领域、工程技术领域人选不超过 38 周岁，哲学社会科学领域人选不超过 45 周岁。在企业界、科技界、文学界、艺术界把青年企业家、青年科学家、青年作家、青年艺术家的冠名年龄一般设定为 45 周岁以下，甚至上移到 49 岁。

从党和国家领导人的讲话来看，对青年群体的描述较少涉及具体的年龄界定，而较多体现定性的色彩。党和国家领导人始终高度肯定青年是整个社会力量中最积极、最有生气的力量，是国家和民族的希望，勉励青年拼搏奋斗、干事创业。比如，习近平指出，"青年时光非常可贵，要用来干事创业、辛勤耕耘，为将来留下珍贵的回忆"[1]，"为实现中华民族伟大复兴的中国梦而奋斗，是我们人生难得的际遇。每个青年都应该珍惜这个伟大时代，做新时代的奋斗者"。[2]

纵观世界不同国家、不同国际组织、不同学科和不同工作领域关于青年年龄范围的规定，虽然各有不同，但在规定下限与上限的标准方面却是共通的。青年的下限年龄一般始于性的成熟，青年的上限是社会的成熟。青年期是人的生命机体进化的一定阶段，是性成熟时期，是个性和自我意识形成的阶段，是向独立的负责的成人活动过渡的社会化阶段，是精神向上发展的阶段。青年既是人的生命周期中的一段生命现象，又是一个社会历史现象和社会文化实体。

综上所述，本课题研究中对青年年龄的界定采取"守一望多"的策略。所谓"守一"，就是把 14～35 周岁作为分析青年的主要年龄区间，也就是本课题的核心研究对象与《中长期青年发展规划（2016—2025 年）》中年龄界定相一致，并以此为基础来分析习近平新时代中国特色社会主义思想武装青年的基本现状。所谓"望多"，就是兼顾不同国家、组织、领域和部门对青年年龄的不同设定，在以 14～35 周岁为主要研究群体的基础上，将青年年龄的下限降低到 12 岁，将上限提高到 50 岁，以便从青年早期、青年中期、青年晚期这样开阔的视野综合把握青年思想政治观念发展的连续性和阶段性特点，从生理、心理、社会等多个维度进一步探讨习近平新时代中国特色社会主义思想武装青年路径的总体特征和趋势。以上"守一"与"望多"两个方面相结合，就构成课题组对青年的基本年龄界定。

---

[1] 习近平：《在知识分子、劳动模范、青年代表座谈会上的讲话》，人民出版社 2016 年版，第 12 页。
[2] 习近平：《在北京大学师生座谈会上的讲话》，人民出版社 2018 年版，第 12—13 页。

（四）路径

路径的本义是由此到彼的道路。商务国际辞书编辑部编的《现代汉语词典》对"路径"一词从三个方面解释：一是"道路"，比如这一带的路径他很熟悉；二是"门径"，比如经过多次试验找到了成功的路径；三是"计算机术语，指通往硬盘某文件的线路"。[1]中国社会科学院语言研究所词典编辑室编的《现代汉语词典》对路径的释义有两条：一是"道路（指如何到达目的地说）"；二是"门路"，经过多次试验找到了成功的路径。[2]在数学中，路径（path）是"复平面上的拓扑基本概念之一，平面内的一条连续曲线称为一条路径，它可以用一个连续复函数：$Z=\gamma(t)(\alpha \leq t \leq \beta)$表示"。[3]在管理学领域，对"路径（path）"解释为"网络路径"，"在项目管理中，指在项目网络图中相互连接的活动之间的连续路径。即从起点节点开始，沿箭线方向顺序通过一系列节点和箭线，最终到达终点节点的通路。每一条路径都有其确定的完成时间，即该路径上各工作持续时间的总和，也是完成这条路径上所有工作的计划工期"。[4]可见，路径的本意是通往目的地的道路，比喻和引申有实现目标的方向、门路、渠道、途径、载体、方法、路线、步骤等意义。鉴于此，本研究对青年理论武装"路径"的内涵从以下三个方面界定。

1.理论武装路径是由此到彼的教育途径

在思想政治教育学领域，思想政治教育路径也就是思想政治教育途径，是教育者为了实现思想政治教育目标所采取的道路、渠道和门路，是思想政治教育内容的外在形式、把思想政治教育主客体联结起来的中介和手段。中共中央国务院印发的《关于加强和改进新形势下高校思想政治工作的意见》，强调要充分发挥思想政治理论课的主渠道作用，发挥哲学社会科学育人功能，加强课堂教学和各类思想文化阵地建设管理，推动先进模范示范引领、互联网工作、社会实践、日常服务引导、共青团、学生会组织和学生社团、思想政治工作评价体系育人作用。[5]这些途径涵盖了思想政治教育的主要社会实践活动，是各种教育活动、教育影响、教育力量和教育因素实施教育活动的渠道。

---

[1] 商务国际辞书编辑部：《现代汉语词典（双色插图本）》，商务印书馆2020年版，第677页。

[2] 中国社会科学院语言研究所词典编辑室：《现代汉语词典（第7版）》，商务印书馆2016年版，第850页。

[3]《数学辞海》编辑委员会编：《数学辞海》第三卷，东南大学出版社2002年版，第42页。

[4] 陆雄文：《管理学大辞典》，上海辞书出版社2013年版，第364页。

[5]《中共中央国务院印发〈关于加强和改进新形势下高校思想政治工作的意见〉》，《光明日报》2017年2月28日，第1版。

路径在日常生活中运用广泛,带有本义和比喻引申义的综合含义。比如,在经济社会发展方面,习近平指出:"要积极探索推广绿水青山转化为金山银山的路径,选择具备条件的地区开展生态产品价值实现机制试点,探索政府主导、企业和社会各界参与、市场化运作、可持续的生态产品价值实现路径。"[1]在科学探索方面,习近平指出:"广大科技工作者要树立敢于创造的雄心壮志,敢于提出新理论、开辟新领域、探索新路径,在独创独有上下功夫。"[2]在干部成长和晋升方面,习近平指出:"要增强干部素质培养的系统性、持续性、针对性,优化干部成长路径,积极创造条件、搭建平台,不能预设晋升路线图,把理想信念教育、知识结构改善、能力素质提升贯穿干部成长全过程。"[3]这些表述,都体现出了一个共性内涵,那就是路径是通往目的地的道路、方向、门路、渠道和路线图等。

因此,课题组将习近平新时代中国特色社会主义思想武装青年路径看成一种与理论内容相适应的活动方式,体现由此到彼的教育途径、渠道和方案,是一个综合概念。理论武装路径具有更强的目的导向性、全局性和统领性,是习近平新时代中国特色社会主义思想武装实践的总蓝图,可以统领综合各个理论武装活动单元,组成一个完整的理论武装活动的综合性过程。

2.理论武装路径是承载理论信息并为理论武装主体和客体所运用的载体

思想政治教育载体是思想政治教育学原理和工作的重要概念。思想政治教育学的经典教材中,对思想政治教育载体进行了专题分析。比如,思想政治教育载体是指:"在实施思想政治教育的过程中,能够承载和传递思想政治教育的内容或信息,能为思想政治教育主体所运用,促使思想政治教育主客体之间相互作用的一种活动形式和物质实体。"[4]再比如,马克思主义理论研究和建设工程重点教材对载体的界定:"思想政治教育载体是指在思想政治教育过程中,思想政治教育者为实现一定的教育目标,选择、运用承载一定的思想政治教育信息的教育中介。"[5]思想政治教育路径内在包含着思想政治教育载体的基本内涵。"所谓思想政治教育途径,是指由思想政治教育内外条件决定的进行思想政治教育所借助的渠道和载体的总称"[6],思想政治教育载体

[1] 习近平:《在深入推动长江经济带发展座谈会上的讲话》,人民出版社 2018 年版,第 12 页。
[2] 习近平:《在科学家座谈会上的讲话》,人民出版社 2020 年版,第 13 页。
[3] 习近平:《在全国组织工作会议上的讲话》,人民出版社 2018 年版,第 17 页。
[4] 张耀灿等:《现代思想政治教育学》,人民出版社 2006 年版,第 392 页。
[5]《思想政治教育学原理》编写组:《思想政治教育学原理》第 2 版,高等教育出版社 2018 年版,第 231 页。
[6] 孙其昂:《思想政治教育学基本原理》,河海大学出版社 2004 年版,第 159 页。

属于思想政治教育路径的重要内涵和组成部分。

党和国家领导人在论述意识形态工作时，经常使用载体这一概念，重视载体的思想理论价值承载和思想理论教育功能。在文艺工作中，习近平指出："对文艺来讲，思想和价值观念是灵魂，一切表现形式都是表达一定思想和价值观念的载体。"[1] 在民族团结进步创建中，习近平指出："要把民族团结进步创建全面深入持久开展起来，创新方式载体，推动进机关、进企业、进社区、进乡镇、进学校、进连队、进宗教活动场所等。"[2] 在社会主义核心价值观对外宣传中，习近平强调："要加强提炼和阐释，拓展对外传播平台和载体，把当代中国价值观念贯穿于国际交流和传播方方面面。"[3] 在思想政治理论课教学中，习近平强调："知识是载体，价值是目的，要寓价值观引导于知识传授之中。"[4] 在党内政治生活中，习近平强调党内政治生活的光荣传统是魂，变了红色基因就变了质，"要立足新的实际，不断从内容、形式、载体、方法、手段等方面进行改进和创新，善于以新的经验指导新的实践，更好发挥党内政治生活的作用"[5]。

因此，课题组将习近平新时代中国特色社会主义思想武装载体纳入理论武装路径的基本内涵之中。作为理论武装的载体，必须与理论武装过程相伴而生，是能够承载习近平新时代中国特色社会主义思想武装的目的、任务、原则和内容等信息的承载体，并能够为思想政治理论工作者所运用和控制，能够连接理论武装主体和客体，是理论武装的各种影响因素和基本单元。

3.理论武装路径是理论武装的思想方法和工作方法

方法是具有丰富内涵的概念。一般来说，对方法一词主要有三种解释偏向：一是方法具有目的性，是"解决思想、说话、行动等问题的门路、程序等"；二是方法是一种工具，是"为达到某种目的所应用的途径、手段、原则、方式的总和"；三是方法是联系主客体的中介因素，"主体方面通过这个手段和客体相联系"。[6] 毛泽东指出："方法就是措施、办法，实现方针、政策要有一套方法。"[7] 在思想政治教育学领域，方法就是为达到预期目的所采用的手段和方式，"思想政治教育方法，就是教育者和受教育者在思想政治教育过程中为达到一定教

[1]《习近平谈治国理政》第二卷，外文出版社 2017 年版，第 351 页。
[2]《习近平谈治国理政》第三卷，外文出版社 2020 年版，第 301 页。
[3]《习近平谈治国理政》第一卷，外文出版社 2018 年版，第 161 页。
[4] 习近平：《思政课是落实立德树人根本任务的关键课程》，人民出版社 2020 年版，第 19 页。
[5]《习近平谈治国理政》第二卷，外文出版社 2017 年版，第 183 页。
[6] 佘双好：《中国特色社会主义理论体系普及计划研究报告》，社会科学文献出版社 2018 年版，第 10 页。
[7]《毛泽东文集》第八卷，人民出版社 1999 年版，第 235 页。

育目的所采用的思想方法和工作方法"。[1]

课题组对习近平新时代中国特色社会主义思想武装青年方法界定为理论武装过程中所采取的手段和方式，是理论武装工作者把各种要素联系起来的手段和方式。方法具有一定的综合性，是理论武装工作者在实践中对方式、手段、途径、载体和原则等中介和工具因素的综合运用，协调了理论武装实践过程中诸多要素。但是，课题组认为理论武装方法是理论武装路径的基本活动单元，与方法相比，理论武装路径概念的综合性更强，具有更强的目的导向性和统领性，规定了理论武装方法的基本方向，承载着理论武装载体和方法。

通过以上分析，我们可以发现，虽然途径、载体、方法等概念具有不同的内涵，但是都属于习近平新时代中国特色社会主义思想武装的形式因素，都属于路径。在一般情况下，人们经常把路径、途径、载体和方法在同一层面使用，可以相互替代使用或者并列使用，这些词都是对理论武装途径、渠道、载体、手段、方式、方法、步骤等概念的总称，具有非常相似的内涵。比如，习近平指出："要在坚持全国一盘棋的前提下，确定好改革重点、路径、次序、方法，创造性落实好中央精神，使改革更加精准地对接发展所需、基层所盼、民心所向。"[2] 在思想政治理论教学中，"思政课的教学目标、课程设置、教材使用、教学管理等方面有统一要求，但具体落实要因地制宜、因时制宜、因材施教，结合实际把统一性要求落实好，鼓励探索不同方法和路径"。[3]

因此，在本课题的研究中，习近平新时代中国特色社会主义思想武装青年的路径涵盖教育途径、载体和方法的基本内涵。但为了研究报告的行文方便和表述精准，对路径、载体和方法三个概念进行了适当区分。将载体界定为能够承载习近平新时代中国特色社会主义思想武装的目的、任务、原则和内容等信息，并能够为理论武装工作者所运用和掌握，连接理论武装主体和客体的各种影响因素、基本单元和承载形式。方法是习近平新时代中国特色社会主义思想武装工作中，把各种中介和工具因素整合起来的具体过程和环节，协调了活动过程中诸多要素，是在理论武装过程中运用一定途径和载体开展理论武装的具体方式和办法。与载体、方法相比，理论武装路径概念更综合，具有更强的目的导向性、全局性和统领性，是习近平新时代中国特色社会主义思想武装实践的总蓝图，是理论内容武装青年的途径、渠道、载体、方法、步骤，可以统领综合各个理论武装活动单元，组成一个完整的理论武装活动的综合性过程。简而言之，

[1]《思想政治教育学原理》编写组：《思想政治教育学原理》第2版，高等教育出版社2018年版，第217页。

[2]《习近平谈治国理政》第二卷，外文出版社2017年版，第108页。

[3] 习近平：《思政课是落实立德树人根本任务的关键课程》，人民出版社2020年版，第21页。

习近平新时代中国特色社会主义思想武装青年的路径，就是理论武装途径、渠道、载体和方法等形式因素的总和。

三、相关研究综述

课题组以习近平新时代中国特色社会主义思想武装青年路径主题为核心，以中国知网数据库总库、中国国家数字图书馆为文献来源，对相关研究文献进行搜集分析。

（一）新时代青年理论武装路径研究的历程

党的十八大以来，伴随党的理论创新步伐，本主题的研究文献量呈现快速增长的态势。关于本主题的研究最早的文献出现于 2013 年，是学习贯彻习近平总书记五四重要讲话精神方面的研究。相关研究总体上处于对理论武装青年路径的宏观综合性研究以及对个别青年群体理论武装路径研究的状态，可以分为两大阶段。

第一阶段是 2013—2016 年，主要是学习习近平总书记系列重要讲话。这一时期相关研究主要处于起步和逐步增加阶段，直接的文献数量相对较少。课题组在国家社科基金项目数据库进行检索，有 5 项课题聚焦习近平系列重要讲话的理论创新、实践创新和思想精髓等方面，但是没有研究用系列重要讲话武装青年的课题。这一时期研究成果聚焦于引导青年学习践行习近平总书记系列重要讲话精神、中国梦和社会主义核心价值观等，分析用党的十八大和十八届历次中央全会精神、习近平总书记系列重要讲话精神武装青年头脑的路径。

第二阶段是 2017 年至今，主要是研究用习近平新时代中国特色社会主义思想武装青年途径、载体、方法和形式。党的十九大报告提出加强理论武装和推动习近平新时代中国特色社会主义思想深入人心的重大任务，之后本主题进入爆发式增长时期。课题组在国家社科基金项目数据库进行检索，有 349 项课题研究习近平新时代中国特色社会主义思想，其中涉及理论宣传的项目有 6 项，含习近平新时代中国特色社会主义思想对外传播研究 1 项、习近平新时代中国特色社会主义思想大众化研究 2 项、习近平新时代中国特色社会主义思想微传播研究 1 项、习近平新时代中国特色社会主义思想融入大中小学思政课一体化建设研究 1 项和本课题组的习近平新时代中国特色社会主义思想武装青年路径研究 1 项。这一时期研究主题更加聚焦，一是从宏观层面开始系统探讨习近平新时代中国特色社会主义思想武装青年的途径、载体和方法等。二是聚焦重点群体的理论武装路径研究，比如学校思想政治理论课、课程思政和"三全育人"路径，共青团的理论武装，做好青年党员干部这个关键少数的理论武装等。

（二）新时代青年理论武装路径研究的内容

1.习近平新时代中国特色社会主义思想武装青年路径综合研究

习近平新时代中国特色社会主义思想武装青年需要从理论武装工作者、理论武装内容、理论武装形式、理论武装环境和理论武装组织保障等方面综合发力，推动习近平新时代中国特色社会主义思想深入人心。

代表性观点认为，贯彻习近平关于新时代意识形态重要论述，要用好新时代的意识形态工作的方法论，包括：既要坚持以正面宣传教育为主，又要开展积极的舆论斗争；既要坚持认真总结经验，又要不断改革创新；既要坚持科学认识中国特色，又要善于进行国际比较；既要坚持因势而谋，又要做到应势而动、顺势而为等。[1] 有学者分析了新时代青年学生思想引领的提升路径，认为要以方向引领为根本，引领青年学生树立正确政治方向；以明辨是非为关键，引导青年学生提升对大是大非的辨别能力；以科学评价为保障，把实践作为检验青年学生思想引领成效的根本标准。[2] 有学者在对包括青年在内的社会群体理论武装大规模调研的基础上，从实践途径、理论创新途径、间接途径、隐性途径、自主途径、网络新媒体途径、对外宣传途径等方面对习近平新时代中国特色社会主义思想武装路径进行了系统勾勒。[3]

2.习近平新时代中国特色社会主义思想武装青年路径专题研究

一是对习近平新时代中国特色社会主义思想信息传播途径的研究。主要包括网络新闻媒体渠道、家庭亲友渠道、学校教育渠道（思想政治理论课、校园

---

[1] 石云霞：《习近平关于新时代意识形态重要论述研究》，《马克思主义研究》2022 年第 8 期，第 61—74 页。
[2] 骆郁廷、高裕：《新时代青年学生思想引领有效性的提升》，《思想教育研究》2022 年第 4 期，第 140—145 页。
[3] 佘双好：《推动习近平新时代中国特色社会主义思想深入人心的路径选择》，《马克思主义理论学科研究》2018 年第 1 期，第 124—133 页。

文化等）、社会宣传渠道、组织性传播渠道（党团组织、社会组织、单位组织等）、文化传播渠道（民族文化、民间艺术、大众文化等）、社区基层传播渠道、法治政策渠道、日常生活和社会实践渠道等。

二是对习近平新时代中国特色社会主义思想武装青年载体的研究。主要包括网络新媒体及自媒体载体、传统大众传媒载体、党团组织载体、课程载体（思想政治理论课、专业课程等）、社会活动载体、社会环境载体、文化艺术载体、书籍文本载体、重大社会事件载体、典型人物载体等。

三是对习近平新时代中国特色社会主义思想武装青年方法的研究。主要包括理论灌输方法、课程教学方法、实践与活动教育方法、自我教育方法、心理疏导教育方法、比较教育法、典型学习教育法、激励感染及环境熏陶教育法、大众传媒教育法、法治及管理教育法、网络教育法等。

3.习近平新时代中国特色社会主义思想武装重点青年群体的路径研究

习近平新时代中国特色社会主义思想武装青年党员干部路径研究。青年党员干部是理论武装的重点群体，要优化理论武装形式、完善理论武装方法、转化理论武装成果、落实理论武装保障、加强理论武装组织领导。比如，代表性观点认为，一是优化理论武装形式，发挥"学习强国"App、微信微博网络平台、培训讲座、党委学习教育活动、自学原著、讲话文件、党报党刊、知识竞赛、电视专栏节目、小微视频等理论武装途径的作用。二是完善学习方法，合理制订学习计划，采取调研考察、研讨交流和集中培训等方式，抓住重要时间节点、重点环节安排学习。三是转化学习成果，到业务一线、艰苦岗位上去攻坚克难，自觉运用理论去理解把握本职工作、面临的形势任务和思考对策。四是落实学习保障，提高教育培训制度的刚性，做好师资保障、经费保障和学风保障，使年轻干部能集中精力和时间学习。五是加强组织领导，各级党委（党组）要认真履行主体责任，落实好具体工作职责，使年轻干部安心、舒心、用心地学习。[1]

习近平新时代中国特色社会主义思想武装大学生路径研究。代表性观点认为，一是通过提高理论知晓度来开展大学生理论武装工作，在课堂教学中增强教育实效，做好理论教育不同学历阶段的衔接，不断总结新时代党的理论教育新经验。二是遵循大学生思想转化机制开展理论武装工作，把握思想政治教育规律、大学生成长成才规律和思想特点。三是遵循各种影响因素的作用机制促

---

[1] 深圳市直机关工委课题组：《机关年轻干部学习习近平新时代中国特色社会主义思想研究》，《机关党建研究》2020年第10期，第52—54页。

进大学生理论武装工作，发挥政治观中介变量的积极作用，发挥各教育因素的合力作用。四是在社会思潮批判中推动大学生理论武装工作，科学分析社会思潮对大学生影响的机制，做好社会思潮对大学生影响的动态监测。[1]

习近平新时代中国特色社会主义思想武装青年团员路径研究。代表性观点认为，可以通过打造青年讲师团等方式，加强团组织系统的青年理论武装工作：一是突出"活"字，打造青年宣讲特色，根据青年成长成才的需要和重要事件、时间节点讲活内容，通过视频直播、微课展播、网络文化产品创作、"大课+小课"和"清单+点单"等线上线下方式用活载体；二是突出"效"字，发挥青年宣讲作用，有效激发青年学习科学理论的热情，引领青年投身实践报国的行动，有效提升青年研学理论的能力；三是突出"严"字，确保青年宣讲质量，严格把控准入标准，优化队伍结构，严格管理过程，激发队伍活力。[2]

4.党的创新理论武装青年的历程、经验及启示研究

研究青年理论武装的发展历程和基本经验，为探索习近平新时代中国特色社会主义思想武装青年的路径提供历史依据及启示。代表性观点认为，中国共产党用马克思主义理论最新成果武装青年的宝贵经验包括：注重理论宣传和舆论引导、走群众路线、分类进行思想引导、思想理论武装与组织建设相结合等。新时代要全面系统地宣讲和解读习近平新时代中国特色社会主义思想、全面了解和正确看待当代青年、准确把握当前理论武装青年的环境和条件。[3]还有学者梳理党的十八大以来我国立德树人政策体系及基本经验，教育主体以学校和教师为主导，多主体协调配合，实施路径覆盖全过程、全领域，高度重视质量评价，注重发挥评价的导向作用，政策体系呈现由离散到聚合、由虚向实、由一般到具体的发展趋势。[4]

高校思想政治理论课是青年学生理论武装的主渠道，其课程建设历史及经验也备受关注。代表性观点如高校思想政治理论课程设置的历史经验，其中包括：党的思想理论创新取得重大成果是课程调整的根本动因、高等教育培养目标和任务发生变化是课程调整的客观要求、对思想政治理论课教学规律及学科归属认识的深化是课程调整的科学依据、对学生思想政治观念发展新特点的关注是

[1] 邢鹏飞：《推动习近平新时代中国特色社会主义思想武装大学生的路径选择》，《兰州学刊》2019年第9期，第17—26页。
[2] 团黑龙江省委：《突出"活、效、严"做龙江青年理论武装"轻骑兵"》，《中国共青团》2020年第24期，第78—80页。
[3] 张春枝：《中国共产党理论武装青年历程、经验及启示》，《中南民族大学学报（人文社会科学版）》2020年第6期，第160—165页。
[4] 冯刚，王亚男：《党的十八大以来立德树人政策发展特征及趋势研究——基于政策文本分析》，《湖北社会科学》2022年第4期，第12—17页。

课程亲和力和针对性要求、思想政治理论课螺旋发展是课程调整的整体趋势。[1]
有学者对思想政治理论课建设的"守正"与"创新"进行分析，认为要：守落
实立德树人任务之正，创教材编写思路之新，研究透理论体系与教材体系的联
系和区别、强化问题导向；守马克思主义理论研究之正，创教学内容备课之新，
在正确处理教材与教案的关系中、教学形式设计中、重点难点问题阐释中创新；
守教学内容讲授之正，创教学方式方法之新，进行思政课教学话语变革和教学
中的行动研究。[2]

（三）新时代青年理论武装路径研究的不足

从研究的深度来看，习近平新时代中国特色社会主义思想武装青年路径相
关研究多偏重于应用操作和经验总结层面，尚缺乏比较系统的理论分析和研究
专著成果。研究视野多偏重于马克思主义大众化和思想政治教育的宏观视野，
对应该怎么样开展理论武装工作的分析较多，而关于青年对习近平新时代中国
特色社会主义思想认同现状、获取理论的渠道、期待的理论武装路径现状等主
题的精细化研究比较薄弱。

从具体的研究对象来看，对习近平新时代中国特色社会主义思想武装青年
的路径研究主要处于面向青年群体的宏观层面的研究，对习近平新时代中国特
色社会主义思想武装青年路径的特点，对不同学历、职业、年龄、家庭居住地
的青年缺乏针对性专题式研究。在不同青年群体中，主要关注青年干部和青年
学生的习近平新时代中国特色社会主义思想武装路径研究，尤其是对高校思想
政治理论课和大学生理论武装路径研究比较充分，而对农村青年、自由职业青
年、事业单位青年、企业青年等群体的理论武装路径尚缺乏充分的研究。

从研究内容来看，对习近平新时代中国特色社会主义思想武装青年路径的
研究，比较多地关注微观教学路径、自上而下的主导性路径、理论性路径、显
性路径，而对宏观教育路径、自下而上的偶发路径、实践性路径、隐性路径等
关注相对不足，对不同理论武装渠道、载体和方法的内在关联及机制研究不充分。

从研究方法来看，习近平新时代中国特色社会主义思想武装青年路径的相
关研究主要运用经验总结法、理论思辨法、案例分析法、历史研究法，而对量
化研究法、质性研究法和实验研究方法运用得较少。

---

[1] 余双好、王妮：《中华人民共和国成立以来高校思想政治理论课程设置的历史经验及展望》，《西北工业大学学报（社
　　会科学版）》2020 年第 4 期，第 1—9 页。
[2] 张雷声：《思想政治理论课建设的"守正"与"创新"》，《理论与改革》2021 年第 1 期，第 20—25 页。

鉴于此，课题组充分借鉴现有文献积累的宝贵经验，在系统的理论分析、历史研究的基础上，开展大规模的问卷调查和访谈研究，针对青年学生、青年领导干部、事业单位青年、企业青年、农村青年、自由职业青年群体开展实证研究、专题研究和综合研究，探讨习近平新时代中国特色社会主义思想武装青年路径。

四、研究思路和研究方法

（一）基本思路

本课题按照"总—分—总"的研究思路，遵循理论与实践研究、历史与逻辑研究、量化与质性研究、实验与实证研究等相结合的研究原则，在总体上分析习近平新时代中国特色社会主义思想武装青年路径的相关概念和基本理论问题的基础上，总结新时代青年理论武装的历史经验，通过实证调查评估青年理论武装的效果，分析相关因素对理论武装的影响，进而探讨青年理论武装路径优化之策。同时，课题组分专题开展研究，针对习近平新时代中国特色社会主义思想武装不同行业和群体的青年的具体特点进行分析，并选择部分群体进行实验研究，提出在不同青年群体中开展理论武装的具体路径。在综合研究的基础上，提出新时代青年理论武装路径的总体对策。

1.习近平新时代中国特色社会主义思想武装青年的基本理论问题

习近平新时代中国特色社会主义思想武装青年路径研究的展开，需要精准把握习近平新时代中国特色社会主义思想、理论武装、青年和路径等基本概念和基本理论。要把握习近平新时代中国特色社会主义思想的基本内容，构建理论武装的内容体系。要准确理解马克思主义理论武装的基本理论问题，回答什么是理论武装的本质、理论武装主体、理论武装内容、理论武装过程及理论武装结果，从学理上说明理论武装与理论灌输、理论武装与理论说教、理论武装内容与形式、理论武装与实践发展、理论武装与理论斗争的关系。要准确把握理论武装路径的基本理论问题，总结习近平新时代中国特色社会主义思想武装青年的历史经验。这些基本理论问题是本研究的基础性研究内容和研究目标之一。

2.习近平新时代中国特色社会主义思想武装青年的现状

党的十八大以来，全党和全国各地开展了丰富多彩的习近平新时代中国特色社会主义思想武装青年活动，青年对习近平新时代中国特色社会主义思想的政治认同、思想认同和情感认同度得到大幅提升。那么，当前青年对习近平新时代中国特色社会主义思想的认识如何？青年获取理论的渠道有哪些？青年理论武装路径运用状况和效果如何？这些是探讨习近平新时代中国特色社会主义思想武装青年路径的基础。因此，课题组要评估青年理论武装现状，总结青年理论武装的历史经验，分析目前青年理论武装路径的效果，为探讨习近平新时代中国特色社会主义思想武装青年路径优化提供历史和现实基础。

3.习近平新时代中国特色社会主义思想武装青年路径的建议对策

习近平新时代中国特色社会主义思想武装青年需要找到有效的路径，这是本课题研究的最终目的。习近平新时代中国特色社会主义思想武装青年路径中，既存在全党和全社会共同的路径，又存在针对青年群体的不同路径，且在青年学生、青年领导干部、事业单位青年、企业青年、农村青年和自由职业青年等不同群体中理论武装路径又存在差异，各具特殊性。在各种理论武装路径中，不同渠道、载体和方法具有内在的共通之处，也存在差异。因此，这就给课题组提出如何兼顾习近平新时代中国特色社会主义思想武装青年路径的共性与个性的问题。课题组从研究目标上，既着眼于对不同青年群体提出具体的理论武装路径，又从总体上探讨习近平新时代中国特色社会主义思想武装青年的路径。最终，课题组将综合寻找习近平新时代中国特色社会主义思想武装青年的有效路径，提出建议对策。

（二）研究方法

本课题研究坚持以马克思主义为指导，以思想政治教育学科为学科依托，综合利用心理学、社会学、教育学、传播学等学科研究方法，对习近平新时代中国特色社会主义思想武装青年路径进行系统研究。主要研究方法介绍如下：

文献研究法。广泛收集与本课题相关的研究文献，全面掌握既有研究的成效和不足，使研究充分吸收前人的成果。对马克思主义理论经典作家和党的主要领导人著作进行搜集和整理，研究马克思主义理论武装青年的理论基础和基本理论问题。

历史分析法。对中国共产党推进习近平新时代中国特色社会主义思想武装青年的发展过程进行分析，总结党的创新理论武装青年的基本经验，梳理习近平新时代中国特色社会主义思想武装青年的基本路径。

问卷调查法。这是本课题最核心的研究方法，通过问卷调查，把握习近平新时代中国特色社会主义思想武装青年现状、路径运用现状、特点及影响因素等，进行精细的量化研究。

深度访谈法。对不同青年群体进行关于习近平新时代中国特色社会主义思想武装路径的访谈，获取质性研究资料。从青年自身视角深入其思想世界的内部，提炼总结青年对习近平新时代中国特色社会主义思想的获取渠道、认同情况和影响因素。

第一章　新时代青年理论武装的理论基础与实践经验

中国共产党为什么能，中国特色社会主义为什么好，归根到底是马克思主义行，是中国化时代化的马克思主义行。习近平新时代中国特色社会主义思想是马克思主义中国化时代化的最新理论成果。党的二十大报告强调，要"坚持不懈用新时代中国特色社会主义思想凝心铸魂"，"全面加强党的思想建设，坚持用新时代中国特色社会主义思想统一思想、统一意志、统一行动"。[1] 新时代的青年是名副其实的强国一代，是理论武装的重点人群。新时代的青年要以实现中华民族伟大复兴为己任，增强做中国人的志气、骨气、底气，不负时代，不负韶华，不负党和人民的殷切期望！马克思主义经典作家关于马克思主义理论武装青年的论述，为新时代青年理论武装工作奠定了理论基础。党的十八大以来，在创新青年理论武装的途径、载体和方法方面，积累了新的经验。系统梳理马克思主义理论武装青年的理论基础、总结习近平新时代中国特色社会主义思想武装青年的历程及基本经验，有利于把控新时代党的创新理论武装青年大局，做到逻辑与历史相统一、理论与实践相统一。

---

[1]《习近平著作选读》第一卷，人民出版社 2023 年版，第 53 页。

一、新时代青年理论武装的理论基础

青年是社会上最富活力和最具创造性的群体。马克思主义经典作家在探求无产阶级和全人类解放的伟大实践中充分肯定了青年的独特作用，真切关心青年，高度重视用马克思主义理论武装青年，为青年成长指明方向。

（一）马克思恩格斯关于无产阶级理论武装青年的思想

马克思恩格斯对马克思主义理论武装工人群众尤其是代表无产阶级未来的青年群众做出丰富的论述，并开展了卓有成效的实践探索，熔铸着对马克思主义理论武装青年、提升青年战斗力的殷切希望。

1.马克思主义理论武装青年关乎无产阶级事业的未来

青年是无产阶级革命大军的"突击队""核心和真正力量"。1895年2月，恩格斯撰写了《卡·马克思〈1848年至1850年的法兰西阶级斗争〉一书导言》，充分肯定德国社会民主党利用普选权的斗争策略取得的成就。恩格斯指出，德国社会民主党"派去参加投票的200万选民，以及虽非选民却拥护他们的那些男青年和妇女，共同构成一个最广大的、坚不可摧的人群，构成国际无产阶级大军的决定性的'突击队'"。[1]1951年，恩格斯在《德国的革命和反革命》中分析了无产阶级领导权和工农联盟问题，指出青年和工人的结合可以承担起战斗的全部重任，青年成为革命武装的核心和真正力量。"但同时一部分工人也武装起来了，每当发生战斗时，他们和大学生总是承担起战斗的全部重任；约4000名装备优良、训练远比国民自卫军要好的大学生，成为革命武装的核心和真正力量。"[2]

青年是无产阶级政党的鲜活力量。青年的入党和成长，可以传播党的思想，推动无产阶级政党不断壮大和发展进步。1840年，20岁的恩格斯写下《伊默曼的〈回忆录〉》一文，分析青年拥有崇高奔放的激情："《回忆录》中描写的

[1]《马克思恩格斯选集》第四卷，人民出版社2012年版，第395页。
[2]《马克思恩格斯选集》第一卷，人民出版社2012年版，第595—596页。

那个时代的性格主要是年轻人的性格，年轻人的基调响起来了，年轻人的情绪表达出来了。难道我们的时代不也正是这样吗？文学界的老前辈都去世了，年轻人掌握了发言权。我们的未来比任何时期都更多地取决于正在成长的一代，因为他们必须解决日益突出的矛盾。"[1]1891 年 10 月，恩格斯在《德国的社会主义》中统计了 1871 年至 1890 年投给社会民主党的票数，由于资产阶级政府迫害工会、镇压罢工等反动行为，只会越来越把人民群众推向社会主义。与四分五裂的资产阶级政党相比，社会民主党则是一个紧密团结的和人数不断增加的集体，"一个拥有 250 万张以上选票的强大的党能迫使任何一个政府投降"。在这个过程中，恩格斯突出强调了青年的作用，德国社会民主主义的主要力量绝不在于选民的人数，更在于青年一代的加入，为党补充了鲜活力量。恩格斯具体分析说："在我们这里 25 岁才能成为选民，而 20 岁就能成为士兵。既然对党提供补充人员最多的正是年轻的一代，那么由此可以得出结论说，德国军队将越来越受到社会主义的影响。"[2]1895 年，《恩格斯致保尔·施土姆普弗》指出，"由于我们的党事实上是唯一真正先进的党，而且是唯一可以取得某些成就的强大的党"，党的机体十分健康，小城市或农村地区的工人、"大学生、店员"等人的加入丝毫无损于它，可以推动党不断壮大和发展[3]。

用马克思主义理论武装起来的青年可以推动革命理论和革命运动的发展，是关乎无产阶级未来的宝贵力量。理论一经掌握群众，也会变成物质力量。青年接受了马克思主义理论的武装，就能更好地推动革命运动发展进步。马克思在《给临时中央委员会代表的关于若干问题的指示》中指出："工人阶级中比较先进的那部分人则完全懂得，他们阶级的未来，因而也是人类的未来，完全取决于新一代工人的成长。他们知道，首先必须使工作的儿童和少年免受现存制度之害。"[4]

2.马克思主义理论武装青年的本质是无产阶级思想闪电唤醒头脑

用无产阶级理论武装青年的最终目的就是揭下虚假意识形态的外衣，推动青年接受和认同代表自身和无产阶级根本利益的马克思主义理论，实现自身思想从自发到自觉的转变，用科学的理论指引自身改造世界。统治阶级的思想在每一时代都是占统治地位的思想。马克思恩格斯深刻地揭露了人类历史上统治

---

[1]《马克思恩格斯全集》第二卷，人民出版社 2005 年版，第 304 页。
[2]《马克思恩格斯全集》第二十九卷，人民出版社 2020 年版，第 334 页。
[3]《马克思恩格斯文集》第十卷，人民出版社 2009 年版，第 683 页。
[4]《马克思恩格斯全集》第二十一卷，人民出版社 2003 年版，第 270 页。

阶级意识形态的虚假本质，揭露了以往统治阶级用代表自身利益的意识形态蛊惑青年的意图，戳穿了统治阶级无不"把自己的利益说成是社会全体成员的共同利益"并把它们伪装描绘成"唯一合乎理性的、有普遍意义的思想"的"戏法"[1]。为此，马克思恩格斯极力推动马克思主义理论武装，这个过程被形容为思想的闪电击中朴素的人民群众头脑和唤醒青年的过程。"哲学把无产阶级当做自己的物质武器，同样，无产阶级也把哲学当做自己的精神武器；思想的闪电一旦彻底击中这块素朴的人民园地，德国人就会解放成为人。"[2]

马克思主义理论是无产阶级理论武装的最基本内容。马克思恩格斯始终高度重视工人群众对马克思主义理论的掌握，努力争取青年的真心拥护和认同。正如恩格斯极力争取无产阶级拥护马克思主义的信念，"我们决不想把新的科学成就写成厚厚的书，只向'学术'界吐露。正相反，我们两人已经深入到政治运动中；我们已经在知识分子中间，特别是在德国西部的知识分子中间获得一些人的拥护，并且同有组织的无产阶级建立了广泛联系"。[3]掌握马克思主义理论武器是无产阶级的重要优势。恩格斯分析德国工人运动"强大有力和不可战胜"的原因时指出，德国工人阶级实现了自从有工人运动以来第一次在"理论方面、政治方面和实践经济方面（反抗资本家）互相配合，互相联系，有计划地推进"。"如果工人没有理论感，那么这个科学社会主义就决不可能像现在这样深入他们的血肉。这个优越之处无比重要。"[4]

3.马克思主义理论武装青年要坚持内容与形式的统一

具备扎实的理论内容和适宜的理论武装形式，是马克思主义理论武装青年工作成功的关键。马克思主义理论武装青年必须具备扎实的理论基础，没有科学理论支撑的理论武装工作很容易导致急躁冒进的鼓动和吸人眼球的广告宣传。马克思对英国工人宪章派的后期领袖厄·琼斯急躁冒进和追求鼓动的表面形式进行了批评："他大肆喧嚣，毫无章法地借各种理由进行鼓动，不顾时机急躁冒进，会把一切都毁掉。当他不可能进行真正的鼓动时，他就追求表面形式，随意地掀起一个又一个的运动（自然，一切都不会有什么进展），而且使自己周期性地处于一种虚假的兴奋状态中。"[5]如何在马克思主义理论武装青年过程中坚持内容与形式的统一，马克思恩格斯进行了丰富的理论分析和实践探索。

---

[1]《马克思恩格斯选集》第一卷，人民出版社 2012 年版，第 180 页。
[2]《马克思恩格斯选集》第一卷，人民出版社 2012 年版，第 16 页。
[3]《马克思恩格斯选集》第四卷，人民出版社 2012 年版，第 203 页。
[4]《马克思恩格斯选集》第三卷，人民出版社 2012 年版，第 36 页。
[5]《马克思恩格斯全集》第四十九卷，人民出版社 2016 年版，第 650 页。

（1）彻底的理论宣传与错误思潮批判相统一

彻底的说理和宣传教育，是马克思主义理论武装青年的基本方法。马克思恩格斯十分重视通过主动宣传的方式实现青年群众对马克思主义理论的掌握，"社会主义自从成为科学以来，就要求人们把它当做科学来对待，就是说，要求人们去研究它。必须以高度的热情把由此获得的日益明确的意识传布到工人群众中去，必须不断增强党组织和工会组织的团结"。[1] 为此，马克思恩格斯十分重视报纸杂志、理论读本、演讲等理论宣传载体的作用。他们关注当时欧美几乎全部的主要媒体，创办报刊，为报刊撰稿，积极为工人群众撰写理论读本和宣传性的小册子。比如，恩格斯将《反杜林论》中的三章内容改编成《社会主义从空想到科学的发展》的小册子。由于"这一著作原来根本不是为了直接在群众中进行宣传而写的"，恩格斯慎重思考："纯学术性的著作怎样才能适用于直接的宣传呢？在形式和内容上需要作些什么修改呢？"[2] 他对这本小册子的内容和形式都非常重视，最终该书对普通工人和群众都没有阅读的困难。该书成为科学社会主义的入门读物，被译成欧洲多种文字，在工人中得到广泛传播，对宣传马克思主义起了巨大作用。马克思恩格斯还经常到工人中开展演讲宣传。恩格斯曾指出："站在真实的活生生的人面前，直接地、面对面地、坦率地进行宣讲，比起胡乱写一些令人讨厌的抽象文章、用自己'精神的眼睛'看着自己抽象的公众，是完全不同的两回事。"[3]

错误思潮对青年思想理论认识及革命运动会产生极大的危害。在开展马克思主义理论正面宣传的同时，还必须同错误思潮进行斗争，努力消除错误思潮对青年的不利影响。开展错误思潮的批判，可以充分揭露虚假意识形态的虚伪性，彰显无产阶级意识形态的真理性和人民性，增强青年和工人群众对马克思主义理论的认同。马克思恩格斯革命的一生始终贯穿着对各种错误思潮的批判，对魏特林空想共产主义、克利盖"真正的社会主义"、蒲鲁东主义、拉萨尔主义和巴枯宁主义等错误思想的批判斗争就是典型的例证。通过这些批判错误思潮的斗争，马克思主义理论成为工人运动中占据统治地位的指导思想，有力地促进了包括青年在内的工人群众的理论武装。

（2）理论武装与实践活动相统一

通过理论灌输与实践活动相结合的方式开展青年马克思主义理论武装。共产主义不是教义，而是运动。它不是从原则出发，而是从事实出发。恩格斯在

---

[1]《马克思恩格斯选集》第三卷，人民出版社 2012 年版，第 38 页。
[2]《马克思恩格斯选集》第三卷，人民出版社 2012 年版，第 745 页。
[3]《马克思恩格斯全集》第四十七卷，人民出版社 2004 年版，第 344 页。

写给弗洛伦斯·凯利－威士涅威茨基的信中说："我们的理论是发展着的理论，而不是必须背得烂熟并机械地加以重复的教条。越少从外面把这种理论硬灌输给美国人，而越多由他们通过自己亲身的经验（在德国人的帮助下）去检验它，它就越会深入他们的心坎。"[1] 马克思恩格斯非常注重理论宣传与社会实际相结合，恩格斯在写给左尔格的信中也指出："无论是你们那儿，还是这里，而现在还有德国的煤矿区，单靠宣传，运动是不可能开展的。应当由事实来使人们信服"，单靠讲课是不能使人信服的，"一切都要亲身去体验"[2]。

通过教育与生产劳动相结合的方式开展青年马克思主义理论武装。在社会主义制度之前的社会发展阶段，劳动都是扭曲的异化的力量，只有在社会主义制度下，由于消灭了生产资料对人的奴役，"生产劳动给每一个人提供全面发展和表现自己的全部能力即体能和智能的机会，这样，生产劳动就不再是奴役人的手段，而成了解放人的手段"[3]，人的全面发展开始逐步实现。如果不能把青年劳动和教育结合起来，青年劳动必然会被资产阶级所利用和剥削，导致青年畸形发展。马克思恩格斯把生产劳动同智育和体育相结合看成是培养全面发展的人的唯一方法，"未来教育对所有已满一定年龄的儿童来说，就是生产劳动同智育和体育相结合，它不仅是提高社会生产的一种方法，而且是造就全面发展的人的唯一方法"[4]。因此，教育与物质生产相结合，是实现人的全面发展这一价值追求的唯一方法，也是促进青年掌握马克思主义理论的基本方法。

（3）外在宣传教育与自主学习相统一

马克思主义理论武装青年过程中要注重宣传工作者和理论接受者的双向互动，杜绝将理论武装工作变成喋喋不休的理论说教，实现外在宣传教育与自主学习相统一。青年是人生发展的过渡阶段，既朝气蓬勃，理论学习和阶级觉悟上进步异常迅速，又因生理、心理还未成熟，容易受资产阶级不良习性的影响，存在政治上幼稚无知的缺点，政治立场容易动摇。马克思在《1848 年至 1850 年的法兰西阶级斗争》中指出，二月革命已把军队逐出巴黎了，资产阶级各个阶层的势力组成的国民自卫军觉得自己还不能对付无产阶级，临时政府便组织了由 15 岁到 20 岁的青年组成 24 营别动队，以便"使一部分无产者与另一部分无产者相对立"。"他们的性格在受临时政府征募的青年时期是极易受人影响的，能够做出轰轰烈烈的英雄业绩和狂热的自我牺牲，也能干出最卑鄙的强盗

---

[1]《马克思恩格斯选集》第四卷，人民出版社 2012 年版，第 588 页。
[2]《马克思恩格斯全集》第三十七卷，人民出版社 1971 年版，第 348 页。
[3]《马克思恩格斯选集》第三卷，人民出版社 2012 年版，第 681 页。
[4]《马克思恩格斯选集》第二卷，人民出版社 2012 年版，第 230 页。

行径和最龌龊的卖身勾当。"[1] 由于青年自身的局限性，需要加强青年的马克思主义理论武装，通过外在系统的理论宣传唤醒青年的头脑。当然，外在宣传教育并不是理论说教。恩格斯把资产阶级社会主义者萨克斯对资本家的道德说教比喻为老母鸡对小鸭子的说教。"这种说教同站在水池边的老母鸡向它孵出的在池中欢快地游来游去的小鸭所作的说教是一样的。虽然水里容易淹死，小鸭还是下了水。"[2]

马克思主义理论是代表青年和无产阶级自身利益的科学理论，外在理论武装最终需要转化为青年内在自主的学习、认同和实践。恩格斯在《英国工人阶级状况》一文中，对无产阶级自主学习掌握马克思主义理论进行了分析。当无产阶级意识到了自身的利益，他们就不会再去学习资产阶级技术学校所传授的政治和宗教，转而都自愿地到无产阶级的阅览室去阅读，讨论和自己切身利益相关的各种关系。恩格斯描绘了无产阶级自主学习科学理论的场景："所有无产阶级的，特别是社会主义者的教育机构里经常举行关于自然科学、美学和国民经济学问题的演讲，而且听众很多。我常常会听到一些穿着褴褛不堪的粗布夹克的工人谈论地质学、天文学及其他学科，他们在这方面的知识比一些有教养的德国资产者还多。"[3] 可见，这些工人虽然衣着褴褛不堪，但是他们表现出了对无产阶级科学理论的真切热爱和强烈学习的渴望。因此，青年马克思主义理论武装既需要外在的科学理论宣传教育，更需要调动青年自身对理论的情感，使其积极自主地学习和掌握。

（二）列宁关于马克思主义理论武装青年的思想

列宁在长期的革命实践中进一步发展了马克思主义理论武装青年的思想，并结合本国建设实际开展了丰富的实践探索。

1.马克思主义理论武装是造就共产主义新人的根本途径

马克思主义理论武装青年在无产阶级革命和建设过程中始终具有重要地位。列宁指出，在俄国工人阶级争取自身解放的斗争中，俄国社会民主党的"任务是帮助俄国工人阶级进行这一斗争，方法是提高工人的阶级自觉，促使他们

---

[1]《马克思恩格斯选集》第一卷，人民出版社2012年版，第461页。
[2]《马克思恩格斯选集》第三卷，人民出版社2012年版，第217页。
[3]《马克思恩格斯选集》第一卷，人民出版社2012年版，第131页。

组织起来，指出斗争的任务和目的"[1]。在革命胜利以后，用马克思主义理论武装青年和工人群众是保卫革命胜利果实和培养社会主义的建设者和接班人的迫切需要。列宁提出培养"建设共产主义社会的新一代人"的重大任务。新一代人要掌握一切现代知识，把共产主义变成实际工作的指针，"真正建立共产主义社会的任务正是要由青年来担负"[2]。开展青年一代的马克思主义理论武装，不仅是对学校的要求，也是对全党和全社会的共同要求，"在无产阶级专政时期"，"学校不仅应当传播一般共产主义原则，而且应当对劳动群众中的半无产者和非无产者阶层传播无产阶级在思想、组织、教育等方面的影响，以培养能够最终实现共产主义的一代人"[3]。

2.理论灌输是马克思主义理论武装青年的基本原则

从工人运动的实际情况来看，马克思主义理论虽然是工人阶级的理论，但它不是工人阶级自发形成的，仅靠工人阶级自发的力量，还不可能达到马克思主义理论的高度。列宁指出："工人阶级单靠自己本身的力量，只能形成工联主义的意识。"[4] 马克思主义理论是从有产阶级的有教养的人即知识分子创造的哲学理论、历史理论和经济理论中发展起来的。俄国社会民主党的理论学说也不是工人运动自发增长而产生的，而是革命的社会主义知识分子的思想发展的自然和必然的结果。

既然工人群众不能自发形成马克思主义理论，欲让工人群众系统了解马克思主义理论内容，就需要外在理论宣传灌输。列宁指出："阶级政治意识只能从外面灌输给工人，即只能从经济斗争外面，从工人同厂主的关系范围外面灌输给工人。只有从一切阶级和阶层同国家和政府的关系方面，只有从一切阶级的相互关系方面，才能汲取到这种知识。"[5] 无产阶级政党要通过有目的、有组织的马克思主义理论宣传，实现广大青年和工人群众对马克思主义理论的掌握。列宁要求理论宣传工作者不仅要积极地到工人中去，也应当以理论家、宣传员、鼓动员和组织者等多重身份，到群众的一切阶级中去宣传理论。

3.针对青年的特点采取适宜的马克思主义理论武装路径

列宁指出，不同专业特点的人群接受马克思主义理论的途径是不一样的，

---

[1]《列宁全集》第二卷，人民出版社2013年版，第70页。
[2]《列宁选集》第四卷，人民出版社2012年版，第281页。
[3]《列宁选集》第三卷，人民出版社2012年版，第725—726页。
[4]《列宁选集》第一卷，人民出版社2012年版，第317页。
[5]《列宁选集》第一卷，人民出版社2012年版，第363页。

"工程师为了接受共产主义而经历的途径将不同于过去的地下宣传员和著作家，他们将通过自己那门科学所达到的成果来接受共产主义，农艺师将循着自己的途径来接受共产主义，林学家也将循着自己的途径来接受共产主义，如此等等"[6]。因此，马克思主义理论武装青年，需要关注不同青年的年龄、职业、文化水平等方面的差别，采用切合青年实际的方法。

（1）学校共产主义教育课程路径

学校应当使青年获得基本知识，掌握共产主义的观点，成为有学识的人。1919 年 3 月，俄共（布）第八次代表大会通过的《俄国共产党（布尔什维克）纲领》，制定了学校及教育方面的基本原则。其中，"培养具有共产主义思想的新的教育工作者骨干"和"开展最广泛的共产主义思想的宣传工作，并为此利用国家政权的机构和资财"的原则，都涉及青年学生的马克思主义理论武装问题。[7]此后，列宁明确提出在学校教育中设立普通教育课程和共产主义课程的具体教学科目，通过课程教学的方式推进青年学生的马克思主义理论武装工作。"按年编制教学大纲：共产主义、通史、革命史、1917 年革命史、地理、文学、其他。"[8]通过开设思想政治理论课的方式系统开展青年学生的马克思主义理论武装工作，是重大创举，也是社会主义国家学校教育的鲜明政治优势。

（2）青年团组织教育路径

列宁指出，青年团的"任务主要就是，使所有正在成长的青年工人和青年农民的活动能成为共产主义青年的楷模和榜样"。[9]共青团是一支能够支援各种工作、处处都表现出主动性和首创精神的突击队，更是马克思主义理论武装青年的重要组织路径。青年团如果真正想成为共产主义青年团的话，就应当遵循共产党的全部指示，都应该学习共产主义。青年团要善于吸取人类的全部知识，只有了解人类创造的一切精神财富以丰富自己的头脑，才能成为共产主义者。根据列宁的指示，俄国共产主义青年团第三次代表大会强调："俄国共产主义青年团的基本任务是对劳动青年进行共产主义教育，在这一教育中要把理论教育与积极参加劳动群众的生活、工作、斗争和建设紧密结合起来。"[10]

（3）理论知识学习与实际锻炼相结合的路径

一方面，马克思主义理论武装青年必须坚持理论与实际相结合。列宁指出："训练、培养和教育要是只限于学校以内，而与沸腾的实际生活脱离，那我们

---

[6]《列宁选集》第四卷，人民出版社 2012 年版，第 442 页。
[7]《列宁全集》第三十六卷，人民出版社 2017 年版，第 413 页。
[8]《列宁全集》第四十卷，人民出版社 2017 年版，第 229 页。
[9]《列宁全集》第三十九卷，人民出版社 2017 年版，第 352 页。
[10]《列宁选集》第四卷，人民出版社 2012 年版，第 837 页。

是不会信赖的。"[1] 马克思主义理论具有抽象性，列宁主张理论联系实际，运用通俗易懂的语言、日常生活事例和典型来宣传理论。列宁在 1918 年 9 月批评党报充斥着"政治空谈"的做法时说："我们很少用现实生活各个方面存在的生动具体的事例和典型来教育群众，而这正是报刊在从资本主义到共产主义的过渡时期的主要任务。"[2] 列宁善于运用举例子、打比方的生动方式开展马克思主义理论武装青年工作。例如，为了让共青团更好地理解怎样进行共产主义教育的问题，他从青年组织工作经验中举了"扫除文盲""城郊菜园""卫生工作或分配食物的工作"等大家熟悉的例子。

另一方面，马克思主义理论武装青年要坚持理论学习与实际锻炼相结合。马克思主义理论武装青年不仅仅是传授马克思主义理论知识，更在于青年将马克思主义理论转化为自己的行动指南和实际行动。列宁指出，在社会主义和共产主义社会里，"没有年轻一代的教育和生产劳动的结合，未来社会的理想是不能想象的"，生产劳动如果与教学和教育脱离，就"不能达到现代技术水平和科学知识现状所要求的高度"[3]。青年只有在与工农的共同劳动中，才能成为真正的共产主义者。青年只有善于把共产主义理论变成能将直接工作统一起来的活生生的东西，变成实际工作的指南，才能完成建成共产主义的任务。

（三）中国共产党主要领导人关于马克思主义理论武装青年的思想

中国共产党历来重视青年的马克思主义理论武装工作，党的主要领导人在推进马克思主义中国化时代化的过程中，对青年马克思主义理论武装的重要意义、内容体系和方法等进行了丰富的论述。

1.马克思主义理论武装青年是无产阶级事业的"万年大计"

毛泽东多次阐述马克思主义理论武装的重要性，强调青年马克思主义理论武装是"关系我们党和国家命运的生死存亡的极其重大的问题。这是无产阶级革命事业的百年大计，千年大计，万年大计"[4]。马克思列宁主义思想在中国被广泛地传播和接受，首先也是在知识分子和青年学生中。毛泽东分析了青年的特点，将青年比喻为早晨八九点钟的太阳。青年是整个社会力量中最积极最有

---

[1]《列宁选集》第四卷，人民出版社 2012 年版，第 292 页。
[2]《列宁选集》第三卷，人民出版社 2012 年版，第 573 页。.
[3]《列宁全集》第二卷，人民出版社 2013 年版，第 463—464 页。
[4]《建国以来重要文献选编》第十九册，中央文献出版社 1998 年版，第 71 页。

生气的一部分，在社会主义时代尤其是这样。1951 年 3 月，毛泽东回信李达，认为李达对《实践论》的解说极好，"对于用通俗的言语宣传唯物论有很大的作用"。他指出："关于辩证唯物论的通俗宣传，过去做得太少，而这是广大工作干部和青年学生的迫切需要，希望你多多写些文章。"[1]

邓小平认为，青年马克思主义理论武装关系到社会主义的前途命运。面临改革开放以来国内外的新环境，邓小平强调"一定不能让我们的青少年作资本主义腐朽思想的俘虏"[2]，马克思主义理论教育要从娃娃抓起，培养忠于社会主义的优秀人才。必须关注青少年的思想政治的进步，各个部门都要负责，尤其是中小学和幼儿教育者负有培养革命接班人的幼苗的重任，要大力"把青少年培养成为忠于社会主义祖国、忠于无产阶级革命事业、忠于马克思列宁主义毛泽东思想的优秀人才"，将来成为在工作岗位上"专心致志地为人民积极工作的劳动者"[3]。邓小平在南方谈话中深刻地指出，"帝国主义搞和平演变，把希望寄托在我们以后的几代人身上"，因而必须"要把我们的军队教育好，把我们的专政机构教育好，把共产党员教育好，把人民和青年教育好"[4]。因此，只有用马克思主义理论武装全军、全党和全国人民，打牢青年的马克思主义理论根基，才能更好地挫败帝国主义和平演变的阴谋。

马克思主义理论武装青年是关系到 21 世纪中国兴旺发达和民族振兴的大事。江泽民指出："马克思主义政党只有赢得青年，才能赢得未来"，"我们党要赢得青年，就必须用先进的理论引导青年，用光辉的事业凝聚青年，用良好的作风吸引青年。"[5]胡锦涛强调，要坚持不懈地用马克思主义理论武装青年头脑，青年要"刻苦学习马克思主义基本理论，特别是要用辩证唯物主义和历史唯物主义武装自己，努力掌握马克思主义关于历史发展和社会进步的科学观点，增强在实际生活中识别和抵御各种唯心主义错误思潮和观点的能力，在改造社会的伟大实践中不断丰富和充实自己的精神世界"。[6]

党的十八大以来，习近平对青年一代寄予殷切希望，青年是实现中华民族伟大复兴的先锋力量。在党的二十大报告中，习近平强调："全党要把青年工作作为战略性工作来抓，用党的科学理论武装青年，用党的初心使命感召青年，

[1]《毛泽东文集》第六卷，人民出版社 1999 年版，第 154 页。
[2]《邓小平文选》第三卷，人民出版社 1993 年版，第 111 页。
[3]《邓小平文选》第二卷，人民出版社 1994 年版，第 106 页。
[4]《邓小平文选》第三卷，人民出版社 1993 年版，第 380 页。
[5]《江泽民文选》第三卷，人民出版社 2006 年版，第 487 页。
[6]《胡锦涛文选》第一卷，人民出版社 2016 年版，第 368 页。

做青年朋友的知心人、青年工作的热心人、青年群众的引路人。"[1]

2.马克思主义理论武装青年的目标是铸魂育人

在革命战争年代,毛泽东强调要造就一大批"革命的先锋队",培养具有政治远见的、充满着斗争精神和牺牲精神的、胸怀坦白的、忠诚的、积极的、正直的、不谋私利的、不怕困难的和脚踏实地的人。中华人民共和国成立后,毛泽东同志提出,培养无产阶级革命事业的接班人是关乎马克思列宁主义的革命事业后继有人的问题。青年理论武装工作要加大力度,"为了保证我们的党和国家不改变颜色,我们不仅需要正确的路线和政策,而且需要培养和造就千百万无产阶级革命事业的接班人"。[2]在中共八届三中全会上,毛泽东进一步强调把青年的思想政治觉悟和业务能力结合起来,坚持政治摸底、基础摸底、业务摸底,使青年"精通工业、农业各种技术业务",成为"又红又专"的社会主义事业接班人,壮大"建立无产阶级知识分子队伍","造成马克思主义的工人阶级的专家队伍"[3]。

党的十一届三中全会后,邓小平指出,要把马克思主义理论武装工作落实到党的各项工作当中去,不搞"两张皮",打好思想基础,坚持"又红又专"的方向。要做到物质文明和精神文明并重,引导广大青年"做到有理想、有道德、有文化、有纪律"[4],成为实现四个现代化的有用人才。江泽民强调思想政治教育"生命线"的重要地位,提出"德育为首",明确把德育、智育、体育、美育等有机结合,提出要"造就'有理想、有道德、有文化、有纪律'的、德智体美等全面发展的社会主义事业建设者和接班人"[5]。胡锦涛强调,坚持以人为本,"要全面贯彻党的教育方针,坚持教育为社会主义现代化建设服务,为人民服务,与生产劳动和社会实践相结合,培养德智体美全面发展的社会主义建设者和接班人"[6]。

党的十八大以来,党中央把青年马克思主义理论武装工作摆在更加突出的位置。注重培育社会主义核心价值观,强化思想引领,弘扬劳动精神,培养德智体美劳全面发展的担负现代化强国建设使命的时代新人。习近平强调,青少年是祖国的未来和民族的希望,"我们党立志于中华民族千秋伟业,必须培养

[1]《习近平著作选读》第一卷,人民出版社 2023 年版,第 58 页。
[2]《建国以来重要文献选编》第十九册,中央文献出版社 1998 年版,第 70 页。
[3]《建国以来重要文献选编》第十册,中央文献出版社 1994 年版,第 593 页。
[4]《邓小平文选》第三卷,人民出版社 1993 年版,第 190 页。
[5]《十五大以来重要文献选编》中,人民出版社 2001 年版,第 859 页。
[6]《胡锦涛文选》第三卷,人民出版社 2016 年版,第 418 页。

一代又一代拥护中国共产党领导和我国社会主义制度、立志为中国特色社会主义事业奋斗终身的有用人才"。[1] 为青年打牢信仰根基,补足精神之钙,必须用习近平新时代中国特色社会主义思想铸魂育人。

3.不断创新发展马克思主义理论武装青年的内容体系

马克思列宁主义是中国共产党开展青年理论武装的基本内容。早在1938年,毛泽东就提出"系统地而不是零碎地、实际地而不是空洞地"学习马克思列宁主义的任务。要将马克思主义理论当做"行动的指南"和"革命的科学"来学习,把"学习马克思列宁主义的词句"同学习其"一般规律的结论"及"观察问题和解决问题的立场和方法"相结合,提高马克思列宁主义的修养[2]。要把学习马克思主义基本原理与创新发展马克思主义理论结合起来,既要读"马克思这些老祖宗的书",又"要创造新的理论,写出新的著作,产生自己的理论家"[3]。宣传工作战线要说服青年接受马克思主义,让知识分子懂得比较多的马克思主义。马克思主义是我们立党立国的根本指导思想,是我们党的灵魂和旗帜。

中国共产党人坚持把马克思主义基本原理同中国具体实际相结合、同中华优秀传统文化相结合,形成了中国化时代化的马克思主义理论,不断推动青年理论武装内容的丰富与发展。马克思主义理论不是教条而是行动指南,必须随着实践发展而发展,必须中国化才能落地生根、本土化才能深入人心。中国共产党人创立了毛泽东思想、中国特色社会主义理论体系、习近平新时代中国特色社会主义思想,不断推进马克思主义中国化时代化的历史性飞跃。必须抓好后继有人这个根本大计,"要坚持用习近平新时代中国特色社会主义思想教育人,用党的理想信念凝聚人,用社会主义核心价值观培育人,用中华民族伟大复兴历史使命激励人,培养造就大批堪当时代重任的接班人"[4]。

4.不断推进马克思主义理论武装青年的方法创新

(1)说理教育法

说理教育法是中国共产党用马克思主义理论武装青年的基本方法。毛泽东对此进行了深刻的论述:"凡属于思想性质的问题,凡属于人民内部的争论问题,只能用民主的方法去解决,只能用讨论的方法、批评的方法、说服教育的方法

[1]《习近平谈治国理政》第三卷,外文出版社2020年版,第328—329页。
[2]《毛泽东选集》第二卷,人民出版社1991年版,第533页。
[3]《毛泽东文集》第八卷,人民出版社1999年版,第109页。
[4]《中共中央关于党的百年奋斗重大成就和历史经验的决议》,人民出版社2021年版,第74页。

去解决，而不能用强制的、压服的方法去解决。"[1] 通过讨论和民主的方法，使青年认识到自己思想理论方面所存在的问题，实现自己对马克思主义理论的认同，增强自身对错误思想的免疫力。改革开放以来，党中央多次强调说理教育和疏导教育，开展活的马克思主义理论教育，"对于错误的意见，应当采取教育和疏导的方针。真正以诚相待，实事求是，开展必要的批评，要摆事实，讲道理，以理服人"。[2] 习近平把说理教育法巧妙比喻为"盐"，好的思想政治工作应该将盐溶解到各种食物中自然而然吸收，"一切创作技巧和手段最终都是为内容服务的，都是为了更鲜明、更独特、更透彻地说人说事说理"[3]。

（2）党团组织理论学习法

利用党的组织优势，开展深入全面的理论学习活动，是中国共产党用马克思主义理论武装青年的重要路径。毛泽东在延安高级干部会议上指出要"好好保护与教育青年学生、新干部、新党员"[4]，突出了对青年加强马克思主义理论武装工作的重要性。改革开放之初，邓小平发出全党重新学习的伟大号召，要求各级党校、团校要重视组织学习马克思主义理论，切实提升青年党员干部的马克思主义理论修养和政治自觉性。党的十四大以后，江泽民明确要求新形势下"一定要使马克思主义理论、建设有中国特色社会主义思想观念和道德要求，不断灌注到并真正深入全体党员、干部和全体人民的头脑之中，成为他们自觉的思想要求和行为规范"[5]，并组织开展"讲学习、讲政治、讲正气"教育，深入学习邓小平理论、"三个代表"重要思想等活动。党的十六大以后，以胡锦涛为代表的中国共产党人提出"建设马克思主义学习型政党，提高全党思想政治水平"[6] 的战略任务，指导开展了保持共产党员先进性教育活动、学习实践科学发展观活动等集中性学习教育。党的十八大以来，习近平更加注重加强党员干部的学习教育，开展广泛的群众路线教育实践活动、"两学一做"学习教育、"三严三实"专题教育活动、"不忘初心，牢记使命"主题教育活动、党史学习教育活动、学习贯彻习近平新时代中国特色社会主义思想主题教育等。每次主题教育活动在党内起到"补钙壮骨"的作用，也在整个社会中掀起了系统地用党的创新理论武装青年的热潮。

---

[1]《毛泽东文集》第七卷，人民出版社 1999 年版，第 209 页。
[2]《十二大以来重要文献选编》下，人民出版社 1988 年版，第 1124 页。
[3]《习近平谈治国理政》第二卷，外文出版社 2017 年版，第 319 页。
[4]《毛泽东文集》第二卷，人民出版社 1993 年版，第 227 页。
[5]《江泽民文选》第三卷，人民出版社 2006 年版，第 199 页。
[6]《十七大以来重要文献选编》中，中央文献出版社 2011 年版，第 145 页。

（3）思想政治理论课程教学法

在新民主主义革命时期，为了更好地整顿和改革学校教育，根据整风的精神，在各级学校教育中开设政治课，科目包括边区建设概论、中国革命史、革命人生观、时事教育等。中华人民共和国成立后，高校开始系统设置辩证唯物论与历史唯物论、中国革命史、政治经济学、马列主义基础等马列主义课程。改革开放以后，党中央持续出台关于学校思想政治工作的文件，对思想政治理论课建设提出明确要求，不断推动思想政治理论课改革。仅高校系统就先后形成"85方案""98方案""05方案""20方案"，思想政治理论课成为对大学生开展马克思主义理论教育的主阵地和主渠道。习近平强调："青少年教育最重要的是教给他们正确的思想，引导他们走正路。思政课是落实立德树人根本任务的关键课程，思政课作用不可替代，思政课教师队伍责任重大。"[1]

（4）实践锻炼教育法

教育与物质生产活动相结合是马克思主义理论武装青年的一条基本经验。毛泽东指出："教育与劳动结合的原则是不可移易的。"[2]邓小平指出："为了培养社会主义建设需要的合格的人才，我们必须认真研究在新的条件下，如何更好地贯彻教育与生产劳动相结合的方针。"[3]胡锦涛向青年提出劳动教育和社会志愿服务的要求，指出青年要"争当奉献社会的模范，带头学雷锋，积极参加志愿服务活动，多做扶贫济困、扶弱助残的实事好事，大力传播我为人人、人人为我的社会公德"[4]。习近平指出："全社会都要贯彻尊重劳动、尊重知识、尊重人才、尊重创造的重大方针，全社会都要以辛勤劳动为荣、以好逸恶劳为耻，任何时候任何人都不能看不起普通劳动者，都不能贪图不劳而获的生活。"[5]每一个平凡劳动者的付出都会汇聚成实现中华民族伟大复兴的强大动力，全社会都要尊重青年快递员、外卖员、基层工作者等青年群体的劳动付出，使得青年在更有获得感和成就感的氛围中成长生活。可见，通过开展劳动教育、社会志愿服务活动、社会实践活动等方式开展青年的马克思主义理论武装工作，是中国共产党在长期实践中一以贯之的宝贵经验。

（5）榜样示范法

中国共产党自成立起就高度重视发挥榜样的作用，运用榜样示范法开展青年的马克思主义理论武装工作。毛泽东先后指导开展了向张思德学习、学习雷

[1] 习近平:《思政课是落实立德树人根本任务的关键课程》，人民出版社2020年版，第2页。
[2]《毛泽东文集》第七卷，人民出版社1999年版，第398页。
[3]《邓小平文选》第二卷，人民出版社1994年版，第107页。
[4]《胡锦涛文选》第三卷，人民出版社2016年版，第590页。
[5]《论坚持人民当家作主》，中央文献出版社2021年版，第120页。

锋、学习县委书记的好榜样"焦裕禄"、学习"铁人"王进喜、农业学大寨等活动，调动了青年的马克思主义理论学习积极性。改革开放以来，党中央号召青年学习英雄人物、先进人物、美好事物，在学习中养成好的思想品德追求。学习青少年英雄的故事，比如"过去电影《红孩子》《小兵张嘎》《鸡毛信》《英雄小八路》《草原英雄小姐妹》等说的就是一些少年英雄的故事"，学习青年身边的"最美青年""最美少年"，学习各行各业的榜样，"包括航天英雄、奥运冠军、大科学家、劳动模范、青年志愿者，还有那些助人为乐、见义勇为、诚实守信、敬业奉献、孝老爱亲的好人，等等"[1]。党的十八大以来，党中央创新榜样教育的理念和形式，以重要节日、时间节点为契机，依托全媒体信息传播平台，发现平凡人物的光辉事迹，开展青年模范人物评选活动。例如，开展"榜样"系列评选活动，塑造了扶贫干部黄文秀等贴近青年生活的榜样形象、给青年带来更具冲击力的榜样模范，充分唤起青年的责任和担当。

（6）大众传媒宣传法

大众传媒影响范围广，传播速度快，是开展马克思主义理论武装的基本载体。党的报纸或者刊物是青年了解党的各项方针、路线、政策的最生动、最有效、最迅速、最广泛的方式，"办好报纸，把报纸办得引人入胜，在报纸上正确地宣传党的方针政策，通过报纸加强党和群众的联系"[2]。毛泽东主张将土改政策的成功经验印成小册子来宣传，"这种叙述典型经验的小册子，比我们领导机关发出的决议案和指示文件，要生动丰富得多，能够使缺乏经验的同志们得到下手的方法"[3]。改革开放以来，针对电视、广播、报刊等大众媒体宣传，邓小平强调要坚持实事求是的态度，"报刊、电视和所有的宣传工作都要注意"，都"不能拿空话而是要拿事实来"来消除青年的思想顾虑，"要特别教育我们的下一代下两代，一定要树立共产主义的远大理想"[4]。江泽民指出，新闻事业要敢于创新，常干常新，"在坚持党的新闻工作的基本方针和原则的前提下，新闻工作者应当不断开拓新的报道领域，不断探索新的报道形式，不断采用新的报道手法，不断写出富有新意的优秀作品"[5]。胡锦涛强调，各级领导干部要提高同媒体打交道能力，善于通过新闻宣传推动实际工作，热情支持新闻媒体采访报道和舆论监督，"研究媒体分众化、对象化新趋势，以党报党刊、电台电视台为主，整合都市类媒体、网络媒体等多种宣传资源，努力构建定位明确、特色鲜明、功能互补、

[1]《习近平谈治国理政》第一卷，外文出版社 2018 年版，第 182—183 页。
[2]《毛泽东选集》第四卷，人民出版社 1991 年版，第 1319 页。
[3]《毛泽东文集》第五卷，人民出版社 1996 年版，第 80 页。
[4]《邓小平文选》第三卷，人民出版社 1993 年版，第 111 页。
[5]《江泽民文选》第一卷，人民出版社 2006 年版，第 567 页。

覆盖广泛的舆论引导格局"。[1]党的十八大以来，习近平强调把新闻舆论工作作为凝心聚力的有力武器，坚持党管媒体，"深入开展马克思主义新闻观教育，把马克思主义新闻观作为党的新闻舆论工作的'定盘星'"[2]。加强融媒体中心建设，坚持以用户为中心，内容为本，展现青年好故事、好人物、好画面，真正抢占舆论的制高点，让党的声音在青年中传播得更开、更广、更深入。

二、新时代青年理论武装的实践探索

党的十八大以来，中国共产党将意识形态工作放到极端重要的地位，扎实推进习近平新时代中国特色社会主义思想武装青年工作，取得了显著实效。

（一）习近平总书记系列重要讲话武装青年的路径

党的十八大以来，以习近平同志为核心的党中央团结带领全国各族人民，紧紧围绕实现"两个一百年"奋斗目标和中华民族伟大复兴的中国梦，围绕改革发展稳定、内政外交国防、治党治国治军发表一系列重要讲话，进一步丰富和发展了党的科学理论，开辟了马克思主义发展的新境界。全党用党的创新理论最新成果武装青年，系统推动了习近平总书记系列重要讲话精神武装青年。

1.引领青年全面学习贯彻落实党的十八大精神

党的十八大报告描绘了全面建成小康社会、加快推进社会主义现代化的宏伟蓝图，对新的时代条件下推进中国特色社会主义事业作出了全面部署。党的十八大报告明确提出，推进马克思主义中国化、时代化、大众化，坚持不懈用中国特色社会主义理论体系武装全党、教育人民的任务。认真学习宣传贯彻党的十八大精神，关系党和国家工作全局及中国特色社会主义事业长远发展。为此，中共中央印发了《关于认真学习宣传贯彻党的十八大精神的通知》，从充分认识学习宣传贯彻党的十八大精神的重大意义、全面准确学习领会党的十八大精神、认真做好党的十八大精神的宣传、坚持联系实际推动工作和切实加强

[1]《胡锦涛文选》第三卷，人民出版社 2016 年版，第 64 页。
[2]《习近平著作选读》第一卷，人民出版社 2023 年版，第 454 页。

组织领导等方面对学习宣传贯彻党的十八大精神进行了系统部署。

紧紧围绕坚持和发展中国特色社会主义的主题,各级各部门采取一系列措施,引领广大青年深入学习贯彻党的十八大精神。各级党委和政府部门积极召开青年座谈会,就青年学习贯彻党的十八大精神作了部署,举办了各类形式的主题学习培训班、研讨班,及时推动党的十八大精神进教材、进课堂、进学生头脑。各级领导干部带头,各级宣传、组织部门组织专门宣讲团到学校、城乡基层青年中开展面对面宣讲,带动广大青年的学习。各级党报、党刊、电台、电视台等精心组织广大青年学习贯彻党的十八大精神成效的新闻宣传,深入解读党的重大理论观点。运用微博、社交网络和移动多媒体等新技术、新手段开展网络宣传,策划系列宣传报道,主动引导网上舆论,增强网络宣传的实效性和影响力。

2.在全面从严治党中加强青年党员干部的理论武装工作

旗帜鲜明讲政治,在坚定青年党员、干部政治信仰和政治立场中推动党的创新理论武装。共产党员在任何情况下都要做到政治信仰不变、政治立场不移、政治方向不偏。旗帜鲜明讲政治,要真正贯彻落实到党员工作、生活的方方面面,党内政治生活和组织生活都要讲政治、讲原则、讲规矩,不能搞假大空,不能随意化、平淡化,更不能娱乐化、庸俗化。习近平将理想信念比作党员、干部精神上的钙,如果缺乏理想信念的钙,必然导致机体上的软骨病。"新干部、年轻干部尤其要抓好理论学习,通过坚持不懈学习,学会运用马克思主义立场、观点、方法观察和解决问题,坚定理想信念。"[1]

大力构建不敢腐、不能腐、不想腐的权力监督机制,在全面从严治党中推进青年党员干部的理论武装工作。党的十八大以来,党中央对腐败始终保持"零容忍"的高压态度,大力推进不敢腐、不能腐、不想腐的权力监督机制建设,强化党员干部理论武装工作的实效。习近平强调:"反对腐败、建设廉洁政治,保持党的肌体健康,始终是我们党一贯坚持的鲜明政治立场。"[2]党的十八大以来,正风、肃纪、惩贪协同推进,"打虎""拍蝇""猎狐"齐头并进,不敢腐、不能腐、不想腐机制系统逐步构建,党风廉政建设和反腐败斗争成效卓著。一系列"组合拳"锻造了党员、干部坚定政治信仰和全心全意为人民服务的宗旨,提高了人民群众的满意度,提升了青年党员、干部实现理论武装工作的自觉。

---

[1]《习近平谈治国理政》第一卷,外文出版社 2018 年版,第 154 页。
[2]《习近平谈治国理政》第一卷,外文出版社 2018 年版,第 16 页。

加强共产党员自身修养，在党内不断掀起学习教育新高潮。党的十八大以来，党高度重视党员自身修养建设，坚持筑牢党员思想根基，引导青年党员、干部牢固树立"四个意识"，坚定"四个自信"，做到"两个维护"。党中央把思想政治建设摆在更加突出的位置，在党内不断掀起学习教育新高潮，实现了党的学习教育从"关键少数"向全体党员的覆盖，从集中性教育向经常性教育的扩展。党的群众路线教育实践活动为党员干部洗礼思想、锻炼党性，"三严三实"专题教育为县处级以上领导干部集中"补钙壮骨"，"两学一做"学习教育活动为全体党员在学做结合中筑牢信念堤坝。一系列集中学习教育，推动了党员、干部对习近平总书记系列重要讲话的学习和践行，推动了马克思主义理论武装党员、干部的实践进程。

3.推进党的创新理论武装青年的方法创新

一是创新宣传思想工作方法。一方面，充分发挥新闻舆论引导作用。坚持团结稳定鼓劲、正面宣传为主，是宣传思想工作必须遵循的重要方针。党的十八大以来，各级宣传思想部门加大了习近平系列重要讲话的阐释力度，及时传达讲话精神，在青年中开展了系统的理论宣传活动。"在新的时代条件下，党的新闻舆论工作的职责和使命是：高举旗帜、引领导向，围绕中心、服务大局，团结人民、鼓舞士气，成风化人、凝心聚力，澄清谬误、明辨是非，联接中外、沟通世界。"[1]中央和地方官方媒体率先垂范，积极推进媒体融合发展，把政治方向置于首位，坚持正确舆论导向，形成了传统媒体与新兴媒体互补融合的新态势。比如，到2017年，"人民日报微博粉丝突破9300万，新华社客户端下载量高达2亿多次，央视新闻海外社交媒体账号粉丝数达5700多万"。[2]另一方面，用好网络新媒体路径。新时代的青年人无人不网、无时不网。既然青年人都在网上，自然宣传思想工作不能离网。很多人特别是年轻人基本不看主流传统媒体，大部分信息都从网上获取。这就要求党的创新理论武装工作必须掌握网络舆论战场上的主动权。"网络空间是亿万民众共同的精神家园。网络空间天朗气清、生态良好，符合人民利益。网络空间乌烟瘴气、生态恶化，不符合人民利益。"[3]党的十八大以来，《中华人民共和国网络安全法》《互联网新闻信息服务管理规定》等法律法规相继出台，"净网""秋风""护苗"等一系专

[1]《习近平谈治国理政》第二卷，外文出版社2017年版，第332页。

[2] 霍小光等：《主旋律更响亮正能量更强劲——党的十八大以来宣传思想文化工作综述》，《光明日报》2017年9月21日，第1版。

[3]《习近平谈治国理政》第二卷，外文出版社2017年版，第336页。

项整治活动系统开展，推动了网络空间的风清气正，形成了党的创新理论武装青年的良好网络氛围。

二是通过理论话语创新开展青年理论武装。习近平对党的创新理论的表述具有独特的话语风格，推动了习近平系列重要讲话武装青年的话语内容和载体创新。一方面，习近平善于从恢宏的历史视野对党的历史和创新理论进行阐述。比如，他用社会主义五百年的发展史来讲授中国特色社会主义的理论根基，用中华民族五千年文明史讲授中国特色社会主义的文化渊源。另一方面，习近平善于运用具体微观、生活叙事等形象生动的话语阐述党的创新理论。比如，他用"中国梦"概括近代以来中华民族伟大复兴的不懈追求和新时代的奋斗目标；用"扣好人生第一粒扣子"来比喻青年树立社会主义核心价值观的重大意义；用拿破仑"睡狮"的比喻从国际战略的高度塑造中国特色社会主义的国际形象和和平主张；用"打铁还需自身硬"，"打虎""拍蝇""猎狐"，来表明加强党的建设和反腐倡廉的决心。

三是通过培育文化自信推动青年理论武装。习近平特别强调运用人类社会一切优秀文化成果推进以文化人，特别是挖掘中华优秀传统文化来滋养中国特色社会主义理论。对历史文化特别是先人传承下来的价值理念和道德规范，要坚持古为今用、推陈出新，用中华民族创造的一切精神财富来以文化人、以文育人。中华优秀传统文化是马克思主义中国化的深厚沃土，中国特色社会主义道路的开辟不是偶然，而是中华民族5000年来的历史传承和文化传统的必然。"坚定中国特色社会主义道路自信、理论自信、制度自信，说到底是要坚定文化自信。文化自信是更基本、更深沉、更持久的力量。"[1]的十八大以来，我们全面加强了青少年优秀传统文化、革命文化和社会主义先进文化教育。

四是通过对外宣传开展青年理论武装工作。面对日益白热化的国际话语权竞争，要在国际上加大中国特色社会主义宣传力度，要经常说、反复讲中国21世纪的马克思主义、新时代的马克思主义。"要加强国际传播能力建设，增强国际话语权，集中讲好中国故事，同时优化战略布局，着力打造具有较强国际影响的外宣旗舰媒体。"[2]党的十八大以来，中国国际电视台正式开播，中央和地方各类媒体积极参与外宣工作，敢于并善于发声，阐明中国主张与方案，服务国家对外工作大局。习近平身体力行，他说："我每次出访，不论是会谈、交流还是演讲，都要讲中国道路的历史渊源和现实基础，讲中国梦的背景和内涵，

---

[1]《习近平谈治国理政》第二卷，外文出版社2017年版，第339页。
[2]《习近平谈治国理政》第二卷，外文出版社2017年版，第333页。

讲中国和平发展的理念和主张，还在不少国家主流媒体发表署名文章。这就是做思想舆论工作，就是到国外去做思想政治工作。"[1] 比如，美国人说中国搭美国便车，习近平就向世界公开提出欢迎大家搭乘中国发展的列车，搭快车也好，搭便车也好，我们都欢迎。在回应境外势力及舆论压力上，外交部新闻发言部门持续发力，王毅外长，华春莹、赵立坚、汪文斌等新闻发言人被青年亲切地称为"外交天团"，对习近平外交思想在青年群体中的传播发挥了巨大成效。

4.抓好习近平系列重要讲话武装青年的关键领域

一是抓好学校思想政治理论武装工作。学校是培育德智体美劳全面发展青年的重要阵地，必须做好青年学生理论武装工作，维护各级学校意识形态安全。首先，党的十八大以来，各级学校更加坚定正确的办学方向。学校牢牢紧扣立德树人根本任务，更加坚定培育符合社会建设要求和能自觉践行社会主义核心价值观的时代新人。2014年3月，教育部印发《关于全面深化课程改革落实立德树人根本任务的意见》，成为各级学校贯彻落实立德树人根本任务的指南。其次，提升各级学校教师素养，用习近平系列重要讲话武装学生。教师始终是学校教育最为关键的一环，教师的政治站位一定程度上决定了学生的政治站位。重点针对各级学校教师思想政治素质及师德师风素养进行提升优化，取得了积极效果。为落实《国务院关于加强教师队伍建设的意见》，教育部门针对教师群体开展多层次多元化的教育培训、理论宣讲、实践锻炼等工作，有效推进了新时代教师的理论武装工作。最后，重视思想政治理论课在党的创新理论武装青年学生中的主渠道作用。习近平强调："思想政治理论课要坚持在改进中加强，提升思想政治教育亲和力和针对性，满足学生成长发展需求和期待，其他各门课都要守好一段渠、种好责任田，使各类课程与思想政治理论课同向同行，形成协同效应。"[2] 党的十八大以来，马克思主义学院建设力度空前，中宣部、教育部遴选的全国重点马克思主义学院成为理论人才培养的高地。思政课进入了发展的黄金期，理直气壮开好思政课成为各级学校的主流声音，思政课在落实党的创新理论武装青年工作中的地位和作用愈发突出。

二是加强共青团党的理论武装工作。共青团是青年成长成才的重要阵地，习近平要求："共青团要在广大青少年中深入开展'我的中国梦'主题教育实践活动，为每个青少年播种梦想、点燃梦想，让更多青少年敢于有梦、勇于追梦、

---

[1]《习近平关于社会主义文化建设论述摘编》，中央文献出版社2017年版，第210页。
[2]《习近平谈治国理政》第二卷，外文出版社2017年版，第378页。

勤于圆梦，让每个青少年都为实现中国梦增添强大青春能量。"[1]党的十八大以来，共青团作为党的后备军，培养青年的目标、地位、途径更加明确。青年团更加密切联系青年，扩大青年群众基础，有力推动了党的创新理论武装青年的进程。

三是大力构建具有中国特色的哲学社会科学体系。中国特色社会主义实践是宏大而独特的实践创新，为理论创造、学术繁荣提供强大动力和广阔空间。习近平主持召开哲学社会科学工作座谈会，要求结合中国特色社会主义伟大实践，"着力构建中国特色哲学社会科学，在指导思想、学科体系、学术体系、话语体系等方面充分体现中国特色、中国风格、中国气派"。[2]当代中国哲学社会科学区别于其他哲学社会科学的根本标志在于坚持以马克思主义为指导。哲学社会科学在回应重大理论和现实问题上取得系列成果，马克思主义理论研究宣传不断深入，学科、学术和话语"三大体系"系统推进，学术研究成果丰硕，人才培育规模逐步扩大，服务党和国家大局的水平和能力不断提高，为青年提供了更多精神食粮，推进了党的创新理论深入人心。

（二）习近平新时代中国特色社会主义思想武装青年的路径

党的十九大报告明确提出和概括了习近平新时代中国特色社会主义思想，并将其写入党章，确立为党的行动指南。习近平新时代中国特色社会主义思想武装青年工作系统展开，不断创新发展。

1.明确习近平新时代中国特色社会主义思想武装青年目标是培养时代新人

党的十九大以来，习近平深刻阐述并亲自指导推动培育"时代新人"这一使命任务，明确了时代新人培养的重大意义、目标方向、科学内涵和根本路径，为习近平新时代中国特色社会主义思想武装青年提供了根本的目标遵循。习近平在党的十九大和二十大报告中都单独用一段话阐述新时代青年的历史重任，对新时代的青年提出殷切希望。2018年8月，习近平再次出席全国宣传思想工作会议，系统谋划和推进新时代宣传思想工作的守正创新，要求宣传思想工作"自觉承担起举旗帜、聚民心、育新人、兴文化、展形象的使命任务"，"推动宣传思想工作不断强起来"[3]。2019年3月，习近平在学校思想政治理论课教师

---

[1]《习近平谈治国理政》第一卷，外文出版社2018年版，第53页。
[2]《习近平谈治国理政》第二卷，外文出版社2017年版，第338页。
[3]《习近平谈治国理政》第三卷，外文出版社2020年版，第310页。

座谈会上强调:"努力培养担当民族复兴大任的时代新人,培养德智体美劳全面发展的社会主义建设者和接班人。"[1]2020 年 9 月,习近平在教育文化卫生体育领域专家代表座谈会上再次强调:"'十四五'时期,我们要从党和国家事业发展全局的高度,全面贯彻党的教育方针,坚持优先发展教育事业,坚守为党育人、为国育才,努力办好人民满意的教育,在加快推进教育现代化的新征程中培养担当民族复兴大任的时代新人。"[2]2021 年 4 月,习近平总书记在清华大学考察时指出:"广大青年要肩负历史使命,坚定前进信心,立大志、明大德、成大才、担大任,努力成为堪当民族复兴重任的时代新人,让青春在为祖国、为民族、为人民、为人类的不懈奋斗中绽放绚丽之花。"[3]社会各界迅速行动,构建德智体美劳全面培养的教育体系,强化教育引导、实践养成、制度保障,引导青年坚定理想信念和爱国主义情怀,提高品德修养、知识见识和社会责任感,激发奋斗创新精神,增强综合素质,提高实践能力。

2.以学理阐释夯实习近平新时代中国特色社会主义思想武装青年的内容体系

对习近平新时代中国特色社会主义思想的科学理解和全面掌握,是推动习近平新时代中国特色社会主义思想武装青年工作走深、走实和走心的前提和基础。这就要求不断加强对习近平新时代中国特色社会主义思想深刻阐释和系统研究,推动理论体系向教材体系、教学体系转化,从而全面提高青年理论武装的针对性、精准性和成效持久性。

通过广泛的学习宣传阐释工作,编写权威教材,推动习近平新时代中国特色社会主义思想在青年中落地生根。为第一时间将习近平新时代中国特色社会主义思想进教材、进课堂、进学生头脑,全国思想政治理论课教材及时修订,将习近平新时代中国特色社会主义思想贯穿始终。《毛泽东思想和中国特色社会主义理论体系概论》从 2018 年版开始,将中国特色社会主义理论体系的各理论成果独立成篇,单独对习近平新时代中国特色社会主义思想进行了系统阐释。为把理论武装工作进一步引向深入,2019 年 6 月,中央宣传部组织编写《习近平新时代中国特色社会主义思想学习纲要》一书。全书共 21 章、99 目、200 条,近 15 万字,对习近平新时代中国特色社会主义思想作了全面系统的阐述。《习近平谈治国理政》《习近平新时代中国特色社会主义思想三十讲》等大批权威读

---

[1] 习近平:《思政课是落实立德树人根本任务的关键课程》,人民出版社 2020 年版,第 10 页。

[2]《习近平谈治国理政》第四卷,外文出版社 2022 年版,第 339 页。

[3]《习近平在清华大学考察时强调:坚持中国特色世界一流大学建设目标方向为服务国家富强民族复兴人民幸福贡献力量》,《人民日报》2021 年 04 月 20 日,第 1 版。

物陆续出版，帮助全党全社会更加深刻领会党的创新理论的精髓要义。2021年2月，中共中央宣传部组织编写出版《习近平新时代中国特色社会主义思想学习问答》，以问答体的形式聚焦理论热点难点，回应干部群众关切。教育部组织编写了大中小学《习近平新时代中国特色社会主义思想学生读本》，从2021年秋季学期起在全国各地学校使用，成为学生学习习近平新时代中国特色社会主义思想的重要教材和载体。从2022年秋季学期开始，全国高校普遍单独开设"习近平新时代中国特色社会主义思想概论"课程，教育部组织团队研发了配套教学课件。2023年8月，马克思主义理论研究和建设工程重点教材《习近平新时代中国特色社会主义思想概论》正式出版，供全国高校思政课教学使用。

推进习近平新时代中国特色社会主义思想研究阐释学理化和系统化，用学理和学术向青年讲政治。中央党校编写出版《习近平新时代中国特色社会主义思想基本问题》，引导青年和群众深刻掌握习近平新时代中国特色社会主义思想"是什么""何以产生""学什么""怎么用"。中国社会科学院组织专家学者编写的"习近平新时代中国特色社会主义思想学习丛书"，分十二个专题阐释习近平新时代中国特色社会主义思想。国家社科基金项目是目前中国最高级别的社科研究项目，具有重要的影响力、导向性、权威性和示范作用。国家社科基金项目围绕习近平新时代中国特色社会主义思想主题立项了系列研究项目。一方面加强了习近平新时代中国特色社会主义思想总体性研究，比如《习近平新时代中国特色社会主义思想的科学体系和独创性贡献研究》《习近平新时代中国特色社会主义思想的实践根据与理论体系研究》等。另一方面细化了习近平新时代中国特色社会主义思想某一具体内容的研究，比如《习近平新时代中国特色社会主义外交思想研究》《习近平生态文明思想研究》《习近平总书记关于全面依法治国的重要论述研究》《习近平总书记关于贫困治理的思想和实践研究》等。通过对习近平新时代中国特色社会主义思想的学理化和系统化阐释，为宣传思想战线运用学理学术向青年开展理论武装奠定了坚实的基础。

3.全面创新习近平新时代中国特色社会主义思想武装青年的路径

（1）全面创新课堂教学主渠道

一方面，充分发挥思想政治理论课主阵地作用。2019年3月18日，习近平主持座谈会，与大中小学的思想政治理论课教师进行了3个小时的面对面交流。习近平强调："思政课是落实立德树人根本任务的关键课程，思政课作用不可替代，思政课教师队伍责任重大。"[1]并对课程改革创新提出坚持"八个相统一"要求，即要坚持政治性和学理性相统一、要坚持价值性和知识性相统一、要坚持建设性和批判性相统一、要坚持理论性和实践性相统一、要坚持统一性和多样性相统一、要坚持主导性和主体性相统一、要坚持灌输性和启发性相统一、要坚持显性教育和隐性教育相统一。2019年8月，中共中央办公厅、国务院办公厅印发了《关于深化新时代学校思想政治理论课改革创新的若干意见》。2020年12月18日，中共中央宣传部、教育部印发《新时代学校思想政治理论课改革创新实施方案》。一系列指导性文件密集出台，聚焦解决好培养什么人、怎样培养人、为谁培养人的根本问题，全国思政课教师精神振奋，讲清理，讲出彩，探索出用习近平新时代中国特色社会主义思想铸魂育人教学改革新路径。教育部积极实施"一省一策思政课"集体行动，形成了北京市"习近平新时代中国特色社会主义思想在京华大地的生动实践"案例教学、湖北"深度中国"示范思政课推广计划、湖南思政课教师"开放式"课堂培训、浙江"课说浙江"思政课教学集体大备课活动、贵州红色文化融入思政课教学、宁夏高校思政课资源共享平台建设、西藏马克思主义国家观民族观历史观文化观宗教观"三进"创优行动、新疆思政课实践教学大舞台建设等思政课品牌项目。教育部会同中宣部在国家社科基金设立"思政课研究专项"，教育部"高校哲学社会科学繁荣计划"中设立"高校思想政治理论课教师研究专项"，加大思政课研究支持力度。教育部还要求高校思政课教学进一步提高教学和教学研究占比，将教学效果作为思政课教师专业技术职务（职称）评聘的根本标准，思政课"指挥棒"开始转向。思政课教师更加自信，以崭新的精神风貌、工作状态，深入推动新时代学校思政课改革创新，坚持不懈用习近平新时代中国特色社会主义思想铸魂育人，为青年人打好精神底色、夯实人生根基。

另一方面，发挥课程思政合力作用。2020年5月28日，教育部印发《高等学校课程思政建设指导纲要》，把思想政治教育贯穿人才培养体系，全面推进高校课程思政建设，发挥好每门课程的育人作用。各学校守好课堂教学主渠道，抓好课程思政建设，课程思政全覆盖，思政教育与专业教育融合发展。课程思政成果丰硕，形成了复旦大学新闻学院"记录中国"专业实践活动，西安交大军事教研室"两遵循、四突破、六维度"的"国防教育"课程思政建设体系,北京中医药大学培养学生科学精神并探索发展祖国药学事业的"有机化学"，邢台学院编演原创的"舞"动课堂等课程思政品牌。用习近平新时代中国特色

[1] 习近平：《思政课是落实立德树人根本任务的关键课程》，人民出版社2020年版，第2页。

社会主义思想武装青年学生，不仅仅是思政课教师的本职，也成了所有课程和教师的职责。

（2）综合提升大众传媒舆论传播力、引导力、影响力和公信力

切实提高新闻舆论工作传播力、引导力、影响力、公信力。在 2018 年全国宣传思想工作会议上，习近平强调："牢牢把握正确舆论导向，唱响主旋律，壮大正能量，做大做强主流思想舆论，把全党全国人民士气鼓舞起来、精神振奋起来，朝着党中央确定的宏伟目标团结一心向前进。"[1] 进入新时代，舆论环境、媒体格局和传播方式无不发生深刻的变化，新闻舆论战线沉着应变，围绕中心、服务大局，在青年中广泛传播习近平新时代中国特色社会主义思想。2019 年 10 月 1 日，广大新闻工作者通过文字、图片、视频即时播报庆祝中华人民共和国成立 70 周年大会盛况，让中华儿女真实感受威武雄壮的受阅部队、意气风发的群众游行和载歌载舞的联欢活动。2021 年 7 月 1 日，庆祝中国共产党成立 100 周年大会在北京天安门广场隆重举行。中央广播电视总台和新华网进行现场直播，各级广播电视主频道、主频率，各新闻网站、新媒体平台同步转播，全场高唱《唱支山歌给党听》《我们走在大路上》《没有共产党就没有新中国》等经典歌曲，100 响礼炮响彻云霄，全场齐声高唱中华人民共和国国歌，五星红旗在天安门广场上空迎风飘扬。共青团员和少先队员代表集体致献词，向党致以青春的礼赞，抒发"请党放心、强国有我"的铮铮誓言。习近平发表重要讲话，并寄语青年："未来属于青年，希望寄予青年。新时代的中国青年要以实现中华民族伟大复兴为己任，增强做中国人的志气、骨气、底气，不负时代，不负韶华，不负党和人民的殷切期望。"[2] 党的生日也是人民的节日，全国多地群众以广场舞、快闪、文艺汇演等形式，展开丰富多彩的庆祝活动。从庆祝改革开放 40 周年、新中国成立 70 周年、中国共产党成立 100 周年，到聚焦经济、文化、脱贫攻坚、科技建设等辉煌成就，新闻舆论战线用镇版刷屏的优秀作品，记录伟大时代，凝聚前行力量。面对各种错误思想，新闻战线敢于亮剑，帮助人们明辨是非，牢牢掌握意识形态工作主动权。从中美经贸摩擦中密集播发重磅评论，到揭批"港独"分子反中乱港真面目，再到发布涉疆问题的系列白皮书，事实充分、形式丰富、传播精准，增强了新闻舆论工作的传播力、引导力、影响力、公信力。

运用信息技术，发挥全媒体载体作用。新时代信息技术日新月异，全媒体

---

[1]《习近平谈治国理政》第三卷，外文出版社 2020 年版，第 312 页。
[2] 习近平：《在庆祝中国共产党成立 100 周年大会上的讲话》，人民出版社 2021 年版，第 21 页。

时代扑面而至。2019 年 1 月 25 日，中央政治局把集体学习从中南海会议室搬到媒体融合发展第一线。习近平在主持学习时发表重要讲话，深刻分析全媒体时代的挑战和机遇，科学把握媒体融合发展的趋势和规律，明确提出推动媒体融合向纵深发展的重大要求。提升新闻舆论传播力、引导力、影响力、公信力，必须牢牢占领互联网这个主阵地。习近平深刻指出："过不了互联网这一关，就过不了长期执政这一关。"[1]2019 年 12 月，《网络信息内容生态治理规定》发布，旨在构建更为健全的网络综合治理体系。与此同时，"净网""护苗"等一系列专项整治持续开展，网络乱象得到有效整治。全国宣传思想战线积极开展县级融媒体中心建设工作。中央主要媒体也纷纷加快融合发展步伐，人民日报社形成报、刊、网、端、微、屏等多种载体传播新格局，新华社加快实现一次采集、N 次加工、多元分发、全媒体覆盖，中央广播电视总台实施台网并重、先网后台战略等，形成媒体融合发展大格局，互联网从最大变量逐步转变为党和人民事业发展的最大增量。

（3）开发立体多元的文化载体

党的十九大以来，宣传思想战线更加充分发挥文化育人作用，开展优秀文化、革命文化和社会主义先进文化的宣传教育，夯实习近平新时代中国特色社会主义思想武装青年的文化根基，营造文化氛围。

重视对优秀传统文化传承弘扬的支持和扶持，推动中华优秀传统文化创造性转化、创新性发展，用中华优秀传统文化涵养人。《关于加强文物保护利用改革的若干意见》正式出台，中华优秀传统文化传承发展工程深入实施。

继承革命文化，激活青年理论武装的红色基因。党的十九大闭幕不久，习近平带领十九届中央政治局常委前往上海、嘉兴瞻仰中共一大会址和南湖红船。习近平多次踏上红色革命圣地，从徐州市淮海战役烈士纪念塔和纪念馆到江西省赣州市于都县中央红军长征出发纪念碑和纪念馆，从甘肃省张掖市高台县中国工农红军西路军纪念碑和阵亡烈士公墓到北京香山革命纪念馆，从吉林省四平市四平战役纪念馆到安徽省合肥市渡江战役纪念馆，从湖南省汝城县文明瑶族乡沙洲村"半条被子的温暖"专题陈列馆到广西桂林全州县中央红军长征湘江战役纪念馆等，习近平多次来到革命历史纪念场所，缅怀先烈、激励后人。落实习近平总书记重要指示要求，2018 年 7 月，中共中央办公厅和国务院办公厅印发《关于实施革命文物保护利用工程（2018 — 2022 年）的意见》，夯实革命文物基础工作、加大革命文物保护力度、拓展革命文物利用途径、提升革命

[1]《习近平谈治国理政》第三卷，外文出版社 2020 年版，第 317 页。

文物展示水平、创新革命文物传播方式，坚决打击否定历史、抹黑英雄等错误行为。各级部门积极组织青年到红色旧址和红色场馆开展学习教育，成了习近平新时代中国特色社会主义思想武装青年的新路子。自觉到革命纪念馆和红色遗址学习打卡，开展红色旅游，接受红色精神洗礼，成为青年学习党的历史，学习习近平新时代中国特色社会主义思想的新潮。

加强社会主义核心价值观培育，用社会主义先进文化铸魂育人。通过教育引导、舆论宣传、文化熏陶、实践养成、制度保障等把社会主义核心价值观融入社会生活和各种精神文明创建活动之中，引导青少年扣好人生的第一粒扣子，让社会主义核心价值观在青少年的心田中生根发芽。提升公共文化服务水平，健全现代文化产业体系，推进社会主义文化强国建设，为青年提供精神指引。讴歌塞罕坝几代造林人的电视剧《最美的青春》，讲述改革开放壮阔历程的电视剧《大江大河》，文艺扶贫力作《乡村国是》，电影《我和我的祖国》《长津湖》，是广大文化文艺工作者用心用情用功抒写伟大时代的缩影，在青年中引发热潮。

（4）系统开展群众性主题宣传教育活动

借助党和国家重大会议和节庆节点，开展群众性主题宣传教育活动，营造欢乐喜庆祥和的节日气氛，是习近平新时代中国特色社会主义思想武装青年的重要路径。中共中央办公厅、国务院办公厅印发了《关于庆祝中国共产党成立100周年组织开展"永远跟党走"群众性主题宣传教育活动的通知》等通知，对群众性主题宣传教育活动作出安排部署。党的二十大胜利召开后，《中共中央关于认真学习宣传贯彻党的二十大精神的决定》对深入学习宣传贯彻党的二十大精神进行系统部署，党中央组织中央宣讲团赴各省（自治区、直辖市、特别行政区）开展宣讲，各地要参照这一做法，抽调骨干力量组成宣讲团，深入企业、农村、机关、校园、社区进行宣讲。这些举措形成了青年理论学习热潮涌动神州大地，思想光芒照亮精神家园的良好氛围。

一是青年主题宣讲活动。广泛组织开展百姓宣讲活动，围绕党和国家相关领域伟大成就和理论成果进行主题宣讲，组织重要事件亲历者和见证者、理论工作者、"时代楷模"、"最美人物"等深入基层开展巡回宣讲，发挥青年讲师团理论轻骑兵优势，在青年中开展理论宣讲。广泛开展"党课开讲啦"活动，各级电视台等新闻媒体和党员教育平台开设专题专栏，集中展播一批精品党课。从中央宣讲团奔赴全国各地同干部群众面对面互动交流，到各地精心组织形式丰富、生动活泼的基层宣讲，党的创新理论"飞入寻常百姓家"。

二是青少年"心向党"教育活动。围绕"少年强，中国强""理想照亮未来"

等主题，聚焦"我和祖国共成长""党的盛典、人民的节日"，制作播出"开学第一课"电视专题节目，组织全国大中小学开展专题党团队活动等，引导广大青少年加强政治理论学习，自觉做中国特色社会主义的坚定信仰者、忠实实践者。

三是青年学习体验实践活动。利用革命旧址、革命纪念馆、烈士陵园等红色资源，组织共产党员、共青团员、少先队员重温入党、入团、入队誓词。精心设计推出一批学习体验线路和精品红色旅游线路，引导青年干部群众就近就便开展实地考察、国情调研，组织青少年暑期参加红色主题夏令营、体验营等，体验革命情怀，传承红色基因。引导各领域基层党组织团结青年围绕完成本地区、本部门、本单位中心任务，奋发进取、建功立业。

四是各类群众性文化活动。组织开展主题作品征集和展示展播活动，开展微宣讲、微视频等融媒体宣传活动，开展红色题材影视剧展播，传播主流价值理念。"我和我的祖国"快闪、高校师生拉歌接力等活动，让爱国主义热情更加迸发。组织开展广场舞展演、合唱节、音乐节等活动，深化国庆新民俗游园活动，广泛开展全民国防教育活动，深化"我们的节日"活动，在城乡社区举办邻居节，推动形成良好风尚。开展公益广告宣传，充分利用街头阵地，张贴悬挂展示标语口号、宣传挂图，打造街头正能量，精心打造社会公共环境。

（5）开展学习贯彻习近平新时代中国特色社会主义思想主题教育

根据党的二十大部署，在全党深入开展学习贯彻习近平新时代中国特色社会主义思想主题教育。新时代10年伟大变革，是全党全国各族人民一道奋斗出来的，最根本在于有习近平总书记掌舵领航，有习近平新时代中国特色社会主义思想科学指引，这是推动党和国家事业取得历史性成就、发生历史性变革的决定性因素。《中共中央关于在全党深入开展学习贯彻习近平新时代中国特色社会主义思想主题教育的意见》对全党分两批深入开展主题教育作出周密部署，明确了主题教育的重大意义、目标要求、工作安排和组织领导。2023年4月3日，学习贯彻习近平新时代中国特色社会主义思想主题教育工作会议在北京召开，习近平发表重要讲话强调，要扎实抓好主题教育，为奋进新征程凝心聚力，"坚持读原著学原文悟原理，坚持多思多想、学深悟透，全面学习领会新时代中国特色社会主义思想的科学体系、核心要义、实践要求，做到整体把握、融会贯通"。[1] 开展学习贯彻习近平新时代中国特色社会主义思想主题教育，用新思想凝心铸魂，对于推动全党更加深刻领悟"两个确立"的决定性意义，更

---

[1] 习近平：《在学习贯彻习近平新时代中国特色社会主义思想主题教育工作会议上的讲话》，《求是》2023年第9期，第4—14页。

加自觉增强"四个意识"、坚定"四个自信"、做到"两个维护"，始终在思想上、政治上、行动上同以习近平同志为核心的党中央保持高度一致，具有十分重大的意义。开展主题教育，总要求是"学思想、强党性、重实践、建新功"，主题教育不划阶段、不分环节，把理论学习、调查研究、推动发展、检视整改等贯通起来，有机融合、一体推进。

随着全党深入开展学习贯彻习近平新时代中国特色社会主义思想主题教育，习近平新时代中国特色社会主义思想主题教育活动在青年中也广泛开展起来，引起强烈反响。2023 年 4 月 11 日，团中央召开学习贯彻习近平新时代中国特色社会主义思想主题教育动员部署会，传达学习习近平总书记在中央主题教育工作会议上的重要讲话精神，贯彻落实中央重要部署，进行动员安排。各级团组织着力提高宣传阐释党的创新理论的能力，更好引领广大青年团员永远跟党走，努力增进与广大青年的密切联系，更有效地服务青年成长成才的迫切需要，通过扎实推动主题教育深入开展，为做好新时代党的青年工作提供有力思想武器和坚强政治保证。《习近平著作选读》（共 2 卷）、《习近平新时代中国特色社会主义思想学习纲要（2023 年版）》和《习近平新时代中国特色社会主义思想的世界观和方法论专题摘编》等学习材料系统出版，为青年在主题教育中提升理论素养、强化思想武装提供了权威教材。青年主题教育中，不断创新活动形式，提高学习质量和效果，取得了扎实实效。

4.加强习近平新时代中国特色社会主义思想武装青年的制度建设

加强中国共产党宣传思想工作制度建设。2019 年 4 月 19 日，习近平总书记主持召开中央政治局会议，审议通过《中国共产党宣传工作条例》。6 月 29 日，中共中央印发《中国共产党宣传工作条例》。这是中国共产党宣传领域的主干性、基础性党内法规，为全党开展宣传工作提供了刚性法规制度和工作指南，宣传工作从此有章可循、纲举目张，标志着宣传工作科学化、规范化、制度化建设迈上新的台阶，具有重要的里程碑意义。《中国共产党宣传工作条例》共 13 章 53 条，大致分为 3 个板块。第一板块包括总则、组织领导和职责两章，主要是目的依据、定位作用、指导思想、根本任务、工作原则，以及机构设置、党委和党委宣传部职责等管总的内容。第二板块是第三章到第十一章，规定了宣传领域各方面工作，包括理论、新闻舆论和出版、思想道德建设、文化文艺、互联网宣传和信息内容管理、对外宣传、基层宣传工作、意识形态管理、加强党对宣传工作的全面领导等。第三板块包括保障和监督、附则两章，主要是机制保障、经费保障、表彰激励、调研舆情和信息化保障、法治保障、监督检查、责任追究等规定。其作为中国共产党第一部关于宣传工作的核心性中央党内法规，明确了宣传思想工作的根本任务。

完善马克思主义在意识形态领域指导地位的根本制度。2019 年 10 月 31 日，党的十九届四中全会通过《中共中央关于坚持和完善中国特色社会主义制度推进国家治理体系和治理能力现代化若干重大问题的决定》，明确了"坚持马克思主义在意识形态领域指导地位的根本制度"。"全面贯彻落实习近平新时代中国特色社会主义思想，健全用党的创新理论武装全党、教育人民工作体系，完善党委（党组）理论学习中心组等各层级学习制度，建设和用好网络学习平台。深入实施马克思主义理论研究和建设工程，把坚持以马克思主义为指导，全面落实到思想理论建设、哲学社会科学研究、教育教学各方面。加强和改进学校思想政治教育，建立全员、全程、全方位育人体制机制。落实意识形态工作责任制，注意区分政治原则问题、思想认识问题、学术观点问题，旗帜鲜明反对和抵制各种错误观点。"[1]

中共中央办公厅印发《2019 — 2023 年全国党政领导班子建设规划纲要》，中共中央印发《中国共产党农村基层组织工作条例》，中共中央政治局召开会议审议《关于适应新时代要求大力发现培养选拔优秀年轻干部的意见》等，都为年轻干部的成长铺就更坚实的道路。《新时代爱国主义教育实施纲要》提出要把青少年作为爱国主义教育的重中之重。《新时代公民道德建设实施纲要》提出构建德智体美劳全面培养的教育体系。全国《志愿服务条例》首次颁布和实施，明确了文明委统筹协调，民政、行政部门管理，以及共青团等组织推进的发展机制，鼓励社会力量和公众力量参与。《深化新时代学校思政课改革创新的若干意见》《加强新时代中小学思政课教师队伍建设的意见》等陆续出台，着力在青少年中点亮理想信念的明灯。习近平新时代中国特色社会主义思想武装青年的制度更加完善，青年理想信念的根基愈加牢固，精神文明的花朵愈发灿烂。

青年工作战线充分吸收和落实新时代宣传思想工作的重要理论创新、实践创新和制度创新成果，推动了习近平新时代中国特色社会主义思想武装青年工作的制度化发展。2019 年 9 月，共青团十八届三中全会审议通过了《新时代共青团宣传思想文化工作规划（2019—2023 年）》，聚焦学深讲透习近平新时代中国特色社会主义思想，提升共青团思想工作水平，发挥实践体验的教化功能，

---

[1]《十九大以来重要文献选编（中）》，中央文献出版社 2021 年版，第 283—284 页。

项目化实施，锻造会做善做思想政治工作的青年干部队伍，强化全团抓思想政治引领行动。在青年中广泛持续深入开展了"青年大学习"行动，通过导学、讲学、研学、比学、践学、督学，把线下深入宣讲与线上生动阐释结合起来，广大青年不断学懂弄通做实习近平新时代中国特色社会主义思想，青年宣传思想工作掀开崭新一页。

5.锻造政治硬、本领强的新时代宣传思想工作队伍

做好习近平新时代中国特色社会主义思想武装青年工作，离不开政治过硬、本领高强、求实创新、能打胜仗的宣传思想工作队伍。一方面，加强党对宣传思想工作的全面领导，旗帜鲜明坚持党管宣传、党管意识形态。党的十九大以来，各级党委将学习贯彻习近平新时代中国特色社会主义思想作为巡视的首要内容，不断压实意识形态工作责任制。以十九届中央第七轮巡视为例，"教育部党组和中管高校党委管党治党责任意识得到明显提升，办学治校工作取得新成效，服务国家战略和经济社会发展作出积极贡献"，但是也存在突出问题，比如"有的落实立德树人根本任务有不足，思想政治教育比较薄弱，校风学风建设有短板，师德师风建设有待加强"，"有的做好新时代意识形态工作有不足，不同程度存在风险隐患"[1]。抓好巡视整改是必须坚决完成的政治任务，巡视提出的党管意识形态工作方面的问题，直接督促压实了被巡视单位和相关部门的责任，必须整改落实到位。

另一方面，提升广大宣传思想干部的本领能力。面对波澜壮阔的新时代，壮大习近平新时代中国特色社会主义思想武装青年的工作队伍，提升宣传思想干部的本领能力，比以往任何时候都更加重要紧迫。中宣部系统部署，以党的政治建设为统领，加强宣传思想队伍建设，不断增强宣传思想队伍的政治判断力、政治领悟力、政治执行力，提高专业本领，改革创新，形成优良作风，提升整体素质。以学校思想政治理论教育队伍为例，2019年9月，教育部、中央组织部、中央宣传部、财政部、人力资源社会保障部五部门印发《关于加强新时代中小学思想政治理论课教师队伍建设的意见》，2020年1月，中华人民共和国教育部令第46号《新时代高等学校思想政治理论课教师队伍建设规定》发布，2021年9月，中共中央办公厅印发了《关于加强新时代马克思主义学院建设的意见》，这些文件成为新时代青年思想政治理论教育队伍建设和培育的基本遵循。宣传思想战线善学善做、敢想敢干，把握正确方向导向的能力、巩

---

[1]《十九届中央第七轮巡视完成反馈》，《人民日报》2021年09月06日，第1版。

固壮大主流思想文化的能力、强化意识形态阵地管理的能力、加强网上舆论宣传和斗争的能力、处理复杂问题和突发事件的能力不断增强，本领高强的目标不断取得实质性进展。

三、新时代青年理论武装的基本经验

党的十八大以来，宣传思想工作战线开展了卓有成效的实践探索，持续推动习近平新时代中国特色社会主义思想武装青年工作，积累了丰富的经验。

（一）坚持党的领导，用党的创新理论最新成果武装青年

坚持党对习近平新时代中国特色社会主义思想武装青年工作的坚强领导，确保理论武装工作不变质不贬值。习近平新时代中国特色社会主义思想以崭新的思想内容丰富和发展了马克思主义。面对这一广博的科学理论体系，仅仅依靠青年自身去开展学习，进而掌握其核心要义、精神实质、丰富内涵和实践要求，这几乎是不可能的。这必然要求各级党委夯实意识形态工作责任制，坚持党对习近平新时代中国特色社会主义思想武装青年工作的绝对领导。做好宣传思想工作必须全党动手。各级党委要负起政治责任和领导责任。《中国共产党宣传工作条例》以刚性的党内法规制度规定，各级党委对宣传工作负主体责任，应当把学习宣传贯彻习近平新时代中国特色社会主义思想作为首要政治任务。党的十八大以来，历次中央巡视都将意识形态工作作为巡视的核心内容，用习近平新时代中国特色社会主义思想武装青年更是教育领域巡视的关键内容。加强党对习近平新时代中国特色社会主义思想武装青年工作的全面领导，大力提高青年对党的创新理论内容体系掌握的系统性和深刻性，为青年理论武装工作提供了根本保证。

用党的创新理论最新成果武装青年。习近平新时代中国特色社会主义思想是一个不断发展的科学理论体系，这就要求推进习近平新时代中国特色社会主义思想武装青年内容的与时俱进。党的十八大后，习近平在参观《复兴之路》展览时首次提出"中国梦"，明确"实现中华民族伟大复兴，就是中华民族近代

以来最伟大的梦想"。[1] 中宣部、教育部、团中央举办系列深化中国梦宣传教育报告会和座谈会,开展网上展播活动,编写《中国梦青少年教育读本》,引导青年汇聚实现中国梦的青春力量。每当习近平总书记提出新的重要论述时,宣传思想战线都及时将习近平总书记重要讲话和中央精神及时传输到青年中,推动党的创新理论最新成果第一时间武装青年。中共中央宣传部组织编写《习近平总书记系列重要讲话读本》,并及时修订完善。党的十九大以后,又及时出版《习近平新时代中国特色社会主义思想三十讲》《习近平新时代中国特色社会主义思想学习纲要》《习近平新时代中国特色社会主义思想学习问答》《党的二十大报告辅导读本》等权威读本,推动习近平新时代中国特色社会主义思想武装青年内容体系的丰富完善和与时俱进。

(二)坚持正面教育为主,同时坚决进行意识形态斗争

坚持正面宣传教育为主,系统全面地在青年中开展习近平新时代中国特色社会主义思想宣传教育。习近平强调:"坚持不懈用新时代中国特色社会主义思想武装全党、教育人民、推动工作,在学懂弄通做实上下功夫。"[2] 对青年开展理论宣传,要坚持团结稳定鼓劲,正面宣传为主,以理服人,增强吸引力和感染力。加强对习近平新时代中国特色社会主义思想的学理化和系统化阐释,推动理论体系向教材体系、教学体系转化,用学理学术向青年讲政治。通过广泛的学习宣传阐释工作,编写权威教材,推动习近平新时代中国特色社会主义思想在青年中深入人心、落地生根。充分运用党和政府宣传、课堂讲授、书籍等传统权威型理论武装载体,牢牢掌握青年理论武装工作的主动权。优化主流媒体理论信息内容和呈现形式,打造精良的青年学习习近平新时代中国特色社会主义思想的新媒体平台。

坚决进行意识形态斗争,旗帜鲜明地抵制错误社会思潮。马克思主义就是在同各种错误思潮的不断斗争中开辟前进道路的。面对世界百年未有之大变局,习近平新时代中国特色社会主义思想武装青年面临更加复杂的意识形态斗争环境。正如习近平指出:"当今时代,社会思想观念和价值取向日趋活跃,主流的和非主流的同时并存,先进的和落后的相互交织,社会思潮纷纭激荡。"[3] 为此,必须与错误社会思潮开展斗争,在传播马克思主义立场、观点、方法的基础上

---

[1]《习近平谈治国理政》第一卷,外文出版社 2018 年版,第 36 页。

[2]《习近平谈治国理政》第三卷,外文出版社 2020 年版,第 312 页。

[3]《习近平谈治国理政》第二卷,外文出版社 2017 年版,第 328 页。

用好批判的武器，直面各种错误观点和思潮，旗帜鲜明地进行剖析和批判。党的十八大以来，宣传思想战线对错误社会思潮更加敢于亮剑，深刻揭露了错误社会思潮发生的深层次哲学基础、方法论表现及生成逻辑，大大压缩了社会思潮的"黑色"地盘，引导青年认清社会思潮的本质，学会思考、善于分析、正确抉择，以真理的力量驱散社会不良思潮对青年的影响。

（三）关注青年特点，创新理论武装路径

习近平新时代中国特色社会主义思想武装青年必须充分把握新时代青年的特点。走近青年、倾听青年，深刻把握新时代青年的特点，是开展习近平新时代中国特色社会主义思想武装青年工作的前提和基础。当代青年出生在改革开放后的富裕年代，独生子女占多数，是在蜜罐里成长的"掌上明珠"，"任性""自我""娇气""不靠谱""佛系"时常成为社会贴在他们身上的标签。习近平对新时代青年代际特点进行过系统的分析："当代青年思想活跃、思维敏捷，观念新颖、兴趣广泛，探索未知劲头足，接受新生事物快，主体意识、参与意识强，对实现人生发展有着强烈渴望。"[1]既要看到青年具有的活力、激情、想象力和创造力的优势，也要看到青年人阅历不广，容易从自身角度、从理想状态的角度来认识和理解世界的局限性。在习近平新时代中国特色社会主义思想武装青年的实践中，宣传思想战线要更加注重走近青年、倾听青年，做青年朋友的知心人。

根据青年的特点创新习近平新时代中国特色社会主义思想武装青年路径。在理论武装过程中，既要重视习近平新时代中国特色社会主义思想的理论阐释，又要强化观察认识当代世界和中国的立场、观点、方法的培养。提高青年群体理论武装对象的针对性，面对党政系统、青年党团组织、大中小学校、社区、企业、军队、农村不同领域的青年群体的不同特点，采取切实的理论武装方法。面对青年对学业、情感、职业选择等多方面考量时出现的疑惑、彷徨、失落、冲动或偏激，给予他们真切的帮助、热情鼓励和教育包容，引导他们振奋精神、勇往直前。尊重青年天性，照顾青年特点，到青年中开展零距离接触、面对面交流，了解他们的思想动态、价值取向、行为方式、生活方式，倾听他们对社会问题和现象的看法，对党和政府工作的意见和建议，采取启发式、研究式和参与式等理论武装方式。充分运用网络新媒体优势，运用技术手段强化网络监

---

[1]《论党的青年工作》，中央文献出版社 2022 年版，第 214 页。

管，积极占领思想阵地，提高社会实践与考察、树立正面典型人物方法运用水平，满足青年对理论武装方法的创新期待。建构党和政府、社会、家庭、学校整体性教育体系，关注青年所思、所忧、所盼，帮助青年解决好他们在毕业求职、创新创业、社会融入、婚恋交友、老人赡养、子女教育等方面的操心事、烦心事，以实实在在的关爱努力为青年创造良好发展条件。

（四）健全组织机构与完善规章制度，打造高素质理论武装队伍

健全组织机构与完善规章制度，为习近平新时代中国特色社会主义思想武装青年工作提供坚实的组织和制度保障。党的十八大以来，宣传思想工作顶层设计不断深化，习近平新时代中国特色社会主义思想武装青年的组织机构与规章制度不断完善，推动了理论武装的组织化、制度化、科学化。各级党委宣传部门组织机构更加充实，肩负主体责任，将学习宣传贯彻习近平新时代中国特色社会主义思想作为首要政治任务。基层组织机构更加健全，乡镇（街道）党组织明确 1 名党委（党工委）委员负责宣传工作，村（社区）党组织配备宣传员，各级党和国家机关中党的基层组织、国企和事业单位的党组织设置宣传工作机构（宣传部），非公有制经济组织和社会组织中的党组织配备宣传员。高校马克思主义学院全面建立，中小学思想政治理论课组织机构全面强化。《党委（党组）意识形态工作责任制实施办法》《中国共产党宣传工作条例》《中共中央关于坚持和完善中国特色社会主义制度　推进国家治理体系和治理能力现代化若干重大问题的决定》对坚持马克思主义在意识形态领域指导地位的根本制度进行系统完善。《新时代爱国主义教育实施纲要》《新时代公民道德建设实施纲要》《志愿服务条例》的颁布和实施，为习近平新时代中国特色社会主义思想武装青年的社会制度建设提供了全面支撑。中共中央办公厅、国务院办公厅印发的《关于深化新时代学校思想政治理论课改革创新的若干意见》和《教育部等八部门关于加快构建高校思想政治工作体系的意见》，对习近平新时代中国特色社会主义思想武装青年的主渠道进行系统优化。这些举措为习近平新时代中国特色社会主义思想武装青年提供了健全的组织机构与完善的规章制度。

打造高素质理论武装队伍是习近平新时代中国特色社会主义思想武装青年的关键。党的十八大以来，习近平新时代中国特色社会主义思想武装青年的队伍主体建设视野更加开阔，构建了青年思想政治教育的"大思政"主体格局。党的宣传队伍、教师队伍、哲学社会工作者队伍、主流媒体队伍、群众组织队

伍等理论队伍建设协调推进，习近平新时代中国特色社会主义思想武装青年不再是宣传思想部门和思政课教师的私务，变成了全社会成员的公责。《新时代高等学校思想政治理论课教师队伍建设规定》《加强新时代中小学思政课教师队伍建设的意见》聚焦关键课程，着力打造政治强、情怀深、思维新、视野广、自律严、人格正的新时代思政课教师队伍。习近平强调："要全面提升国际传播效能，建强适应新时代国际传播需要的专门人才队伍。"[1]加强国际传播的理论研究，掌握国际传播的规律，构建对外话语体系，提高传播艺术水平，增强国际传播的亲和力和实效性。习近平新时代中国特色社会主义思想武装青年的工作队伍的身份定位更加清晰，职责与要求更加明确，配备与选聘更加规范，培养与培训更加完善，考核与评价更加科学，保障与管理更加充实，铸魂育人能力更加高强，履职尽责更加自觉。

（五）把实效性放在首位，坚持用科学标准检验青年理论武装效果

推动青年学习掌握习近平新时代中国特色社会主义思想，增强政治认同、思想认同、情感认同，是衡量青年理论武装工作的基本标准。理论武装的成效与反馈是理论武装的重要环节，以什么样的标准评价理论武装工作关系到理论武装工作的长期有效运行。习近平新时代中国特色社会主义思想在武装青年的过程中，始终坚持把理论武装实效性放在首位，坚持用科学标准来衡量理论武装实效，是党的青年理论武装工作的重要经验。党的十八大以来，青年对官方及主流媒体的关注和信任感显著增强，对习近平新时代中国特色社会主义思想充满热爱。《习近平谈治国理政》《习近平与大学生朋友们》《习近平用典》等书籍既具有理论深度又充满亲和力，激发了广大青年学习习近平新时代中国特色社会主义思想的兴趣。《平"语"近人——习近平喜欢的典故》系列视频引起青年广泛热议，并在海外多个国家上映，扩大了习近平新时代中国特色社会主义思想的影响范围。"学习强国""学习小组""青年大学习"等新媒体学习渠道为青年提供了学习习近平新时代中国特色社会主义思想的综合平台。党的十八大以来，对这些理论武装路径的评价更加凸显了社会效益因素，提高习近平新时代中国特色社会主义思想在青年群体中的知晓度，是青年理论武装工作的重要经验。学校思政课教师评价突破唯论文、唯课题、唯学历等弊端，更加重视用习近平新时代中国特色社会主义思想武装学生的实效，更加重视教学研

---

[1]《习近平谈治国理政》第四卷，外文出版社 2022 年版，第 318 页。

究和教学实效，探索单独制订符合思政课教师职业特点的评审标准，单列指标，推动了思政课评价的优化升级。

　　青年在实践中践行习近平新时代中国特色社会主义思想是检验理论武装工作成效的关键。"学习是成长进步的阶梯，实践是提高本领的途径。"[1] 对青年理论学习的评价，不能只看青年对习近平新时代中国特色社会主义思想的知识掌握，在理论考试中考出了多少分。近年来，学校思想政治教育评价更加重视过程性评价，提高了过程性评价的比例，构建起更加科学的过程性与终结性评价相结合的评价体系。只有在实践中践行习近平新时代中国特色社会主义思想才能真正推动青年成长成才。习近平在全国抗击新冠肺炎疫情表彰大会上的讲话指出："青年一代不怕苦、不畏难、不惧牺牲，用臂膀扛起如山的责任，展现出青春激昂的风采，展现出中华民族的希望！"[2] 把实效性放在首位，坚持用科学标准检验青年理论武装效果也是新时代青年理论武装工作的重要经验。

---

[1]《习近平谈治国理政》第一卷，外文出版社 2018 年版，第 51 页。
[2]《论党的青年工作》，中央文献出版社 2022 年版，第 225 页。

第二章　新时代青年理论武装路径的总体报告

　　青年是祖国的未来、民族的希望，更是党的未来和希望。中国共产党百年辉煌成就的取得凝聚着青年的热情和奉献，代表青年、赢得青年和依靠青年是党不断从胜利走向胜利的重要保证。中国共产党始终关注青年、关心青年、关爱青年，做青年朋友的知心人、青年工作的热心人、青年群众的引路人。习近平强调："一百年来，在中国共产党的旗帜下，一代代中国青年把青春奋斗融入党和人民事业，成为实现中华民族伟大复兴的先锋力量。"[1] 站在中国特色社会主义新时代的历史方位，新时代的青年最需要党的科学理论的指引，最需要用习近平新时代中国特色社会主义思想铸魂立魄。为此，课题组针对习近平新时代中国特色社会主义思想武装青年路径主题进行了专题调研。

---

[1]《习近平谈治国理政》第四卷，外文出版社 2022 年版，第 14 页。

一、研究设计及实施过程

本研究是一项涉及习近平新时代中国特色社会主义思想内容和理论武装形式相结合的研究，只有基于对青年对习近平新时代中国特色社会主义思想认识现状、青年理论武装路径运用现状充分了解的基础上，才能切实提出优化青年理论武装路径的建议。

（一）调查问卷设计

本研究调查问卷设计，主要从 5 个方面展开。一是青年人口学特征。根据不同群体的特征，从性别、年龄、家庭居住地、文化程度、政治面貌、学习或工作领域、家庭经济收入等方面，考察习近平新时代中国特色社会主义思想武装路径的不同特点。二是青年对习近平新时代中国特色社会主义思想的认识和评价。主要依据"十个明确""十四个坚持""十三个方面成就"和"六个必须坚持"的基本观点，调查青年对习近平新时代中国特色社会主义思想的知晓度、认同度、情感喜爱、价值信仰和实践践行现状。三是青年日常获取习近平新时代中国特色社会主义思想的路径。全面考察青年日常获取理论信息的主要渠道，具体考察青年获取理论信息的图书、报刊阅读渠道和网络新媒体渠道。四是青年对习近平新时代中国特色社会主义思想武装路径效果的评价。考察目前青年理论武装路径的效果如何，青年更信赖哪些理论武装路径，对理论武装路径有什么期待。五是习近平新时代中国特色社会主义思想武装青年的影响因素。青年理论武装成效，既与理论内容和理论武装路径有关，同时也与青年对现实政治活动和社会环境的认识和评价有关，甚至与青年的心理状态和个人生活态度密切相关。课题组主要从理论武装的内容和形式、社会思潮、现实政治看法、个人生活状况四个方面考察习近平新时代中国特色社会主义思想武装青年的影响因素。

课题组在问卷设计和编制过程中，咨询了马克思主义理论和社会学等学科专家的意见，参考了武汉大学余双好教授团队的相关问卷设计成果 [1]，并进行了

[1] 参见余双好：《中国特色社会主义理论体系普及计划研究报告》，社会科学文献出版社 2018 年版。本研究将调查数据与之进行对比，以便从更为开阔的纵向视野把握新时代青年理论武装路径的效果。

试测和探索性研究。课题组采取里克特等级量化标尺，列出要考察的问题及观点让青年进行选择，以提高调查问卷的科学化程度。比如，以习近平新时代中国特色社会主义思想知晓值为例，选择"不了解"计1分，"不太了解"计2分，"一般"计3分，"比较了解"计4分，"非常了解"计5分，取其均值作为评价"知晓值"的指标，以选择"非常了解＋比较了解"百分比总和作为衡量"知晓度"的指标。

（二）研究实施过程

课题组调查问卷设计考虑到部分青年群体的特殊性，在保持调查问卷主体内容一致的前提下，对习近平新时代中国特色社会主义思想武装青年路径研究的调查问卷进行了一些区分，共设计了3套问卷。第一套问卷面向青年学生群体（青年学生卷），第二套问卷面向青年领导干部（青年领导干部卷），第三套问卷面向青年民众（青年民众卷，适用于事业单位青年、企业青年、农村青年、自由职业青年群体）。课题组采取随机抽样、立意抽样和分层整取的方法进行抽样调查。问卷调查样本基本信息见表2-1，具体数据采集情况如下。

一是对青年学生的问卷调查。以湖南省为中心，选取全国不同地区具有代表性的高校和中学作为取样代表性学校，高校抽取了中国社会科学院大学、湖北经济学院、中南大学、湖南大学、湖南师范大学、湖南食品药品职业学院、山西农业大学、太原工业学院、陕西科技大学、西安工程大学、喀什大学共11所高校，中学抽取了上海市松江四中、上海师范大学附属外国语中学、河南省新乡市第一中学、河南省郑州群英中学、河南省虞城县春来高中、四川省大竹县石河中学共6所学校，课题组联系各院校的辅导员和思想政治理论课教师，按照教学班分层整取的方法，共发放青年学生问卷4000份，回收有效问卷3561份，有效回收率为89.03%。

表 2-1 调查样本基本信息

单位：人，%

项目	类别	人数	比例
性别	男	3513	44.8
	女	4321	55.2
民族	汉族	7230	92.2
	少数民族	609	7.8
年龄	17 岁及以下	895	11.4
	18-28 岁	4781	61.0
	29-35 岁	1397	17.8
	36 岁及以上	766	9.8
家庭居住地	直辖市、省会城市	1720	22.0
	地、县级市	2876	36.7
	乡镇	1199	15.3
	农村	2036	26.0
青年群体类型	企业青年	902	11.5
	青年学生	3561	45.4
	事业单位青年	1395	17.8
	农村青年	716	9.1
	自由职业青年	616	7.9
	青年领导干部	649	8.3
学历层次	初中及以下	722	9.2
	高中（含中专）	1363	17.4
	本专科	4257	54.3
	硕士及以上	1496	19.1
政治面貌	共产党员	1806	23.0
	共青团员	3552	45.3
	民主党派	56	0.7
	群众	2424	30.9
家庭年经济收入情况	50 万元以上	387	4.9
	20 万 -50 万元	1060	13.6
	10 万~20 万元	1875	24.0
	5 万~10 万元	2133	27.3
	5 万元以下	2366	30.3

二是对青年领导干部的问卷调查。采取联系党校授课教师的方式，选取中共湖南省委党校、中共国家税务总局党校、河南省中共商丘市委党校、河南省焦裕禄干部学院、湖南师范大学马克思主义学院干部培训班等不同单位的领导干部培训班进行了问卷调查，按照培训班学员青年干部整群抽样的方法，共发放青年领导干部问卷 700 份，回收有效问卷 649 份，有效回收率为 92.71%。

三是对青年民众的问卷调查。在湖南省高等学校师资培训中心教师研修班、湖南省职业院校教师培训与考核工作委员会办公室职业院校骨干教师培训班、湖南师范大学、湖南省人民医院、长沙市中心医院、山西农业大学、陕西科技大学、喀什大学、上海师范大学附属外国语中学、四川省大竹县石河中学、山西省壶关县审计局等事业单位的青年员工中随机发放问卷，在湖南财信金融控股集团有限公司、湖南九城投资集团有限公司、河南省西峡县通宇集团、中建三局集团有限公司等单位的企业青年中随机发放问卷，在湖南省长沙市宁乡市花明楼镇、河南省南阳市西峡县五里桥镇、河南省新乡市封丘县潘店镇、山西省长治市壶关县百尺镇、湖南省长沙市岳麓区师大社区和岳龙社区、长沙市芙蓉区火星街道月桂社区随机发放纸质问卷。线上方式由湖南师范大学主修习近平新时代中国特色社会主义思想概论课程的生物科学、旅游管理、会计专业的本科生以身边立意抽样的方式进行。共发放问卷 4000 份，回收 3629 份，有效回收率为 90.73%。

调查问卷全部回收后，课题组运用 SPSS 软件建立数据库，将每份问卷的填写结果逐一录入数据库，形成青年学生、青年领导干部、事业单位青年、企业青年、农村青年和自由职业青年共 6 个数据库，最终形成样本数为 7839 人的总库。[1]同时，课题组对青年开展访谈，形成了样本数为 120 人的访谈数据库。整个调研和数据分析工作于 2024 年 3 月全部完成。

（三）信度和效度

为了提高问卷调查的量化程度和水平，调查问卷在设计过程中，主要采取里科特量化标尺，列出我们要考察的内容让青年进行选择。克朗巴哈系数法（Cronbach's alpha），是目前社会科学研究中被广泛使用的信度分析方法。从总体调查数据显示出的情况来看，除去人口学变量项目之外，整个问卷内部一致性信度系数达 0.929，表明调查问卷有较好的信度，能稳定测量欲测量的目标。课题组编制调查问卷后，邀请两名马克思主义理论学科的专家对问卷题目进行考察，认为该问卷题目设计符合马克思主义理论学科属性，能够测量欲测量的问题，具有较高的效度。课题组采取探索性因素分析方法，对总体问卷中的主要题目进行探索性因子分析，取样足够度的 Kaiser-Meyer-Olkin 度量值为 0.975，

---

[1] 课题组在将每份问卷录入 SPSS 数据库时，遇到问卷上有题目未选择选项，或者单选题选择了多个选项的情况，统一当成缺失值处理。数据统计分析过程中，只统计每个题目的实际有效值和有效百分比。类似情况后文不再赘述。

接近 1，Bartlett 的球形度检验卡方值为 397385.457，p=0.000 ＜ 0.05，达到显著性水平，表示本问卷适用于因素分析。课题组采用主成分分析法提取因子，并且用方差最大的正交旋转方法，根据特征值大于 1 的标准，抽取出 6 个重要因子，解释总方差累积达到 68.735%。在旋转成分矩阵中，各因子与理论设想吻合，成分 1 代表习近平新时代中国特色社会主义思想内容体系的认同度，成分 2 代表习近平新时代中国特色社会主义思想武装青年路径的效果，成分 3 代表历史虚无主义思潮认同度，成分 4 代表新自由主义思潮认同度，成分 5 代表民主社会主义思潮认同度，成分 6 代表政治观念。可见，本课题调查问卷的题目设计与希望调查的主题具有很好的关联性，具有较高的效度。

二、新时代青年理论武装路径现状

　　课题组从青年对理论的了解程度、认同度和行为践行等层面考察青年对习近平新时代中国特色社会主义思想的认识状况，从青年日常获取理论信息的渠道、对现有理论武装路径的评价等方面分析新时代青年理论武装路径的效果。

（一）青年对新时代党的创新理论的认识

　　青年总体上对习近平新时代中国特色社会主义思想比较了解，但对具体理论内容的知晓度存在明显差异，对理论的系统性了解不足。课题组具体列举了习近平新时代中国特色社会主义思想的具体内容，让青年对各理论内容知晓度进行选择。调查表明，青年对习近平新时代中国特色社会主义思想总体达到比较了解的程度，知晓度为 65.4%，知晓值为 3.75。[1] 具体而言，知晓度最高的是"实现中华民族伟大复兴的中国梦"，知晓度为 74.2%，知晓值为 3.93；排在第二位的是"坚持以人民为中心"，知晓度为 72.0%，知晓值为 3.88；排在第三位的是"坚持'一国两制'和推进祖国统一"，知晓度为 70.8%，知晓值为 3.88；排在第四位的是"建设美丽中国"，知晓度为 70.1%，知晓值为 3.85；排在第五位的是"全

---

[1] 注：本文中"知晓度"以"非常了解＋比较了解"百分比总和作为衡量指标；依据里科特量计分法，"知晓值"以"不了解"计 1 分，"不太了解"计 2 分，"一般"计 3 分，"比较了解"计 4 分，"非常了解"计 5 分，取其均值作为评价指标。后文认同度、认同值等类似指标均采取相同的方法计算，故不再赘述。

面推进依法治国"，知晓度为 69.4%，知晓值为 3.82；排在第六位的是"带领人民创造更加幸福美好生活"，知晓度为 69.3%，知晓值为 3.82；排在第七位的是"新时代坚持和发展中国特色社会主义"，知晓度为 69.1%，知晓值为 3.81；排在第八位的是"中国特色社会主义进入新时代"，知晓度为 67.6%，知晓值为 3.76；排在第九位的是"中国共产党领导是中国特色社会主义最本质的特征"，知晓度为 66.1%，知晓值为 3.77；排在第十位的是"将全面深化改革进行到底"，知晓度为 65.8%，知晓值为 3.76；排在第十一位的是"推动社会主义文化繁荣兴盛"，知晓度为 65.2%，知晓值为 3.74；排在第十二位的是"坚持总体国家安全观"，知晓度为 61.8%，知晓值为 3.67；排在第十三位的是"发展社会主义民主政治"，知晓度为 61.7%，知晓值为 3.68；排在第十四位的是"把人民军队全面建成世界一流军队"，知晓度为 61.5%，知晓值为 3.67；排在第十五位的是"新时代坚持和发展中国特色社会主义的战略安排"，知晓度为 61.2%，知晓值为 3.67；排在第十六位的是"推动构建人类命运共同体"，知晓度为 61.1%，知晓值为 3.66；排在第十七位的是"把党建设得更加坚强有力"，知晓度为 60.0%，知晓值为 3.65；排在第十八位的是"以新发展理念引领经济高质量发展"，知晓度为 59.7%，知晓值为 3.64；排在第十九位的是"掌握马克思主义思想方法和工作方法"，知晓度为 55.6%，知晓值为 3.55。这表明青年对党的建设、新发展理念及马克思主义方法论的认识属于薄弱环节。因此，青年对习近平新时代中国特色社会主义思想的具体内容知晓度存在明显差异，知晓度水平尚需进一步综合提升。

青年对习近平新时代中国特色社会主义思想具有非常高的认同度，但仍存在较大的提升空间。调查显示，青年对习近平新时代中国特色社会主义思想内容的总体认同度为 84.1%，认同值为 4.26，认同水平比较高。具体而言，对"实现中华民族伟大复兴的中国梦"的认同度为 86.3%，认同值为 4.31；对"坚持以人民为中心"的认同度为 86.1%，认同值为 4.29；对"带领人民创造更加幸福美好生活"和"建设美丽中国"的认同度均为 85.9%，认同值为 4.33；对"全面推进依法治国"的认同度为 85.5%，认同值为 4.30；对"坚持'一国两制'和推进祖国统一"的认同度为 84.9%，认同值为 4.29；对"推动社会主义文化繁荣兴盛"的认同度为 84.7%，认同值为 4.28；对"将全面深化改革进行到底"的认同度为 84.1%，认同值为 4.26；对"坚持总体国家安全观"和"把人民军队全面建成世界一流军队"的认同度均为 84.0%，认同值为 4.28；对"发展社会主义民主政治"的认同度为 83.7%，认同值为 4.25；对"新时代坚持和发展中国特色社会主义"的认同度为 83.7%，认同值为 4.22；对"把党建设得更加坚强有力"的认同度为 83.6%，认同值为 4.26；对"推动构建人类命运共同体"的认同度为 83.5%，认同值为 4.26；对"以新发展理念引领经济高质量发展"的认同度为 83.2%，认同值为 4.24；对"新时代坚持和发展中国特色社会主义的战略安排"和"中国共产党领导是中国特色社会主义最本质的特征"的认同度均为 82.9%，认同值为 4.23；对"中国特色社会主义进入新时代"的认同度为 81.3%，认同值为 4.16；对"掌握马克思主义思想方法和工作方法"的认同度为 81.1%，认同值为 4.20。

青年对习近平新时代中国特色社会主义思想具有较高的心理归属感、价值信仰和情感喜爱，但主动学习的积极性较低。调查显示，在平时主动了解学习习近平新时代中国特色社会主义思想的积极性方面，青年选择积极性比较高和非常高的占 43.8%。对习近平新时代中国特色社会主义思想的情感喜好方面，选择比较喜欢和非常喜欢的占 66.1%。在对习近平新时代中国特色社会主义思想的亲近感和心理归属感方面，选择比较有归属感和非常有归属感的占 71.8%。在将习近平新时代中国特色社会主义思想作为自己的人生理想和价值追求方面，选择比较符合和非常符合的占 65.6%。在对马克思主义的信仰、对社会主义和共产主义的信念方面，选择比较坚定和非常坚定的占 69.0%。可见，青年总体能贯彻落实习近平新时代中国特色社会主义思想，同时也存在较大的提升空间，主动学习理论的积极性较低。

（二）青年获取新时代党的创新理论的路径

1.青年日常主要关注与自己学习相关的专业信息、与日常生活相关的服务信息和社会民生热点信息，对习近平新时代中国特色社会主义思想信息的主动关注度比较低

问卷列举了青年日常阅读所涉及的内容，让青年进行多项选择，进而来透视理论信息在青年中的受关注度。从青年日常阅读所关注的信息内容看，关注度最高的是与自己学习相关的专业信息，关注度为 70.4%；排名第二的是与日常生活相关的服务信息，关注度为 60.9%；排名第三的是社会、民生热点信息，关注度为 55.7%；排名第四的是国际国内时政要闻相关的信息，关注度为 48.4%；排名第五的是文学、历史、人文或与人生发展相关的励志信息，关注度为 44.4%；排名第六的是购物、美食、娱乐、旅游、健康养生信息，关注度为 38.7%；排名第七的是思想政治理论方面信息，关注度为 35.9%；排名第八的是明星资讯逸闻趣事相关的八卦信息，关注度为 26.2%；排名第九的是婚恋交友信息，关注度为 9.9%；排名第十的是星相和宗教信仰信息，关注度为 5.7%；排名第十一的是其他，关注度为 2.6%。可见，青年群体更加关注与自己学习、生活服务相关的信息及社会民生热点信息，对习近平新时代中国特色社会主义思想的主动关注度比较低。

2.青年日常获取习近平新时代中国特色社会主义思想信息主要依靠网站页面、微信和书籍渠道，对于报刊、报告讲座、宣传板或电子屏、职场培训等传统渠道依赖度较低

问卷列举了青年日常获取习近平新时代中国特色社会主义思想的渠道，让青年进行多项选择。青年获取理论信息的渠道，排名第一的是网络（网站页面），占 85.7%；排名第二的是微信，占 56.3%；排名第三的是书籍，占 51.4%；排名第四的是影视，占 40.1%；排名第五的是人际交往，占 39.6%；排名第六的是微博，占 39.4%；排名第七的是新闻客户端，占 35.1%；排名第八的是报刊，占 24.5%；排名第九的是报告讲座，占 22.5%；排名第十的是宣传板或电子屏，占 14.8%；排名第十一的是职场培训，占 11.5%；排名第十二的是其他，占 2.0%。可见，网络、微信和书籍是青年获取理论信息排在前三位的路径。在 2015 年，人们获取理论信息时对网络渠道的依赖度为 74.5%，对书籍渠道依赖度为 55.0%。可见，近年来网络渠道的影响力显著增强，远远超出其他任何一种渠道，书籍渠道的影响力有所减弱。

3.青年更相信党和政府宣传、课堂讲授、书籍、报告讲座等传统路径

课题组列举了青年获取思想政治理论信息的载体，让青年评价对其信息的可信度。如表 2-2 所示，排在第一位的是党和政府的宣传，排在第二位的是课堂讲授，排在第三位的是书籍。可见，尽管网络是青年日常获取习近平新时代中国特色社会主义思想信息排在第一位的路径，但青年更相信党和政府宣传、课堂讲授、书籍、讲座报告、报纸、内部文件等传统路径，且对网络、微信及手机短信载体最不信任。

表 2-2 青年对各种信息传播载体的信任情况

单位：人，%

观点/程度	不相信		不太相信		一般		相信		非常相信		信任度	信任值
	人数	比例	人数	比例	人数	比例	人数	比例	人数	比例		
课堂讲授	91	1.2	226	2.9	2148	27.5	3962	50.7	1385	17.7	68.4	3.81
讲座报告	60	0.8	249	3.2	2255	28.9	3898	49.9	1347	17.2	67.1	3.80
书籍	56	0.7	186	2.4	2279	29.2	4004	51.3	1286	16.5	67.8	3.80
报纸	71	0.9	275	3.5	2426	31.1	3763	48.2	1274	16.3	64.5	3.75
杂志	120	1.5	615	7.9	3545	45.4	2724	34.9	803	10.3	45.2	3.45
广播	79	1.0	426	5.5	3141	40.2	3192	40.9	971	12.4	53.3	3.58
电视	106	1.4	504	6.5	3067	39.3	3123	40.0	1007	12.9	52.9	3.57
电影	176	2.3	962	12.3	3970	50.9	2140	27.4	556	7.1	34.5	3.25
网络	197	2.5	1232	15.8	4197	53.8	1745	22.4	434	5.6	28.0	3.13
微信	237	3.0	1196	15.3	4211	54.0	1716	22.0	444	5.7	27.7	3.12
手机短信	464	5.9	1488	19.1	3864	49.5	1542	19.8	445	5.7	25.5	3.00
宣传板报	112	1.4	571	7.3	3344	42.9	2958	37.9	817	10.5	48.4	3.49
内部文件	99	1.3	363	4.7	2440	31.3	3136	40.2	1763	22.6	62.8	3.78
朋友、家人	98	1.3	598	7.7	3734	47.8	2575	33.0	799	10.2	43.2	3.43
党和政府宣传	53	0.7	150	1.9	1589	20.3	3054	39.1	2964	38.0	77.1	4.12

4.青年日常普遍依赖网络手段获取信息，网络活动内容主要是浏览信息、聊天交友及关注朋友动态、在线视听娱乐等，青年浏览思想理论类网站、App及公众号的频率比较低，内容不吸引人和缺乏兴趣是主要原因

课题组进一步就青年群体网上生活所从事的内容进行调查。如表 2-3 所示，以青年选择花费时间"较多"和"很多"的比例为依据排序，排在第一位的为浏览信息，排在第二位的为聊天交友、关注朋友动态，排在第三位的为视听娱乐在线，排在第四位的为学习或远程教育，排在第五位的为网上购物。可见，青年群体每日上网主要是为了浏览信息、聊天交友及关注朋友动态、在线视听娱乐，而网络游戏、收发邮件及逛网络社区贴吧并不是青年群体的网络活动主流。

从青年在电脑、手机网络上浏览思想理论类网站、App及公众号的情况来看，选择"没有"的有 575 人，占 7.4%；选择"较少"的有 2142 人，占 27.5%；选择"一般"的有 3185 人，占 40.9%；选择"较多"的有 1243 人，占 16.0%；选择"经常"的有 641 人，占 8.2%。可见，青年群体总体上浏览思想理论类网站、App及公众号的人数比较少。究其原因，排在第一位的原因是内容不吸引人，占 52.1%；排在第二位的原因是没有兴趣，占 35.5%；排在第三位的原因是网站形式不新颖，占 29.9%；排在第四位的原因是网站知名度不高，占 24.2%；排在第五位的原因是网站可用性较低，占 23.8%；排在第六位的是其他原因，占 5.9%。可见思想理论类网站、App 及公众号的思想理论类信息内容不吸引人，青年没有兴趣，是阻碍青年主动浏览理论信息的主要原因。

表 2-3 青年日常网络活动内容情况

单位：人，%

项目/程度	没有		较少		一般		较多		很多		关注度	关注值
	人数	比例	人数	比例	人数	比例	人数	比例	人数	比例		
学习或远程教育	510	6.5	1889	24.2	3169	40.6	1714	22.0	515	6.6	28.6	2.98
浏览信息	172	2.2	842	10.8	2561	32.8	3384	43.3	851	10.9	54.2	3.50
收发邮件	1593	20.5	3006	38.8	1984	25.6	936	12.1	237	3.1	15.2	2.38
聊天交友、关注朋友动态	247	3.2	1173	15.1	2679	34.5	2685	34.6	983	12.7	47.3	3.38
网络游戏	2411	31.1	2072	26.8	1939	25.0	941	12.2	378	4.9	17.1	2.33
视听娱乐在线	852	11.0	1919	24.8	2738	35.4	1750	22.6	479	6.2	28.8	2.88
网上购物	542	7.0	2280	29.4	2890	37.2	1573	20.3	475	6.1	26.4	2.89
逛网络社区贴吧	2442	31.5	2420	31.3	1887	24.4	750	9.7	244	3.2	12.9	2.22

5.在书籍阅读渠道中，青年更倾向于直接阅读习近平等党和国家领导人的讲话书籍，对国际国内时事与政策读本、思想道德修养读物也比较喜爱

书籍是青年群体日常获取习近平新时代中国特色社会主义思想信息排在第三位的渠道，也是青年信任度排在第三位的载体。课题组对青年思想政治理论类书籍阅读倾向进行分析，排在第一位的为习近平等党和国家领导人的讲话，占 47.8%；排在第二位的为国际国内时事与政策读本，占 43.6%；排在第三位的为思想道德修养读物，占 38.5%；排在第四位的为毛泽东思想理论著作，占 35.5%；排在第五位的为马克思主义理论经典著作，占 35.3%；排在第六位的为专业性很强的理论著作，占 29.9%；排在第七位的为党的政策解读书籍，占 28.7%；排在第八位的为党的理论通俗宣传读物，占 28.0%；排在第九位的为邓小平理论、"三个代表"重要思想、科学发展观著作，占 26.8%；排在第十位的为西方各种社会思潮读物，占 17.8%；排在第十一位的为其他，占 3.5%。可见，青年更加喜爱直接阅读习近平等党和国家领导人的讲话来进行理论学习，对国际国内时事与政策读本、思想道德修养读物也比较喜爱。

（三）青年对新时代党的创新理论武装路径效果的评价

系统把握青年对于各种理论武装路径效果的评价，有利于从青年自身角度出发把握各种路径的优缺点，为更好开展理论武装工作提供参考。

1.绝大多数青年能够认识到理论武装的必要性，对创新理论武装工作持比较感兴趣的态度，对当前理论宣传教育效果持比较肯定态度，但依然有部分青年对理论武装工作的兴趣和效果评价一般，仍存在进一步提升的较大空间

调查显示，在对当前加强习近平新时代中国特色社会主义思想宣传教育必要性的回答中，选择"完全不必要"的有 78 人，占 1.0%；选择"不太必要"的有 245 人，占 3.1%；选择"一般"的有 1293 人，占 16.6%；选择"有点必要"的有 2187 人，占 28.0%；选择"非常必要"的有 3996 人，占 51.2%。青年选择"有点必要"和"非常必要"加强习近平新时代中国特色社会主义思想宣传教育的累计占 79.2%。在 2015 年的调查中，人们对当前加强中国特色社会主义理论体系宣传普及活动必要性的回答中，选择"有点必要"和"非常必要"的累计占75.9%。可见，绝大多数青年对理论武装工作的重要性有充分的认识。

在关于青年对创新习近平新时代中国特色社会主义思想宣传教育工作的兴趣调查中，选择"没有兴趣"的有 96 人，占 1.2%；选择"不太感兴趣"的有408 人，占 5.2%；选择"一般"的有 2383 人，占 30.6%；选择"感兴趣"的有2722 人，占 34.9%；选择"非常感兴趣"的有 2189 人，占 28.1%。青年对创新习近平新时代中国特色社会主义思想宣传教育工作"感兴趣"和"非常感兴趣"的累计占 63.0%。在 2015 年的调查中，人们对中国特色社会主义普及计划"感兴趣"和"非常感兴趣"的累计占 59.7%。可见，当前青年对创新习近平新时代中国特色社会主义思想武装工作比较感兴趣，但仍然有部分青年缺乏兴趣。

青年对当前习近平新时代中国特色社会主义思想宣传教育效果的总体评价中，选择"没有效果"的有 68 人，占 0.9%；选择"不太有效"的有 407 人，占 5.2%；选择"一般"的有 2072 人，占 26.6%；选择"有效"的有 3146 人，占 40.4%；选择"非常有效"的有 2102 人，占 27.0%。青年对当前理论武装效果的总体评价较高，选择"有效"和"非常有效"的占 67.4%。在 2015 年的调查中，人们对理论武装效果的评价中，选择"有效"和"非常有效"的占 40.7%。这表明多数青年积极评价了当前理论武装的效果，但还有很大的上升空间。

2.近年来理论武装路径效果提升显著，青年对社会实践活动、树立正面典型人物、党团组织开展的学习活动的效果评价最高，对大众传播媒介及互联网宣传、理论宣传教育、家庭环境、职业教育路径也具有较高的评价，对听辅导报告、日常生活及自主学习活动的效果评价相对较低

问卷列举了习近平新时代中国特色社会主义思想武装路径，让青年对其效果进行评价。调查显示，依据有效度水平从高到低排序，排在第一位的是社会实践活动，有效度为 75.2%，有效值为 3.96；排在第二位的是树立正面典型人物，有效度为 74.4%，有效值为 3.96；排在第三位的是党、团组织开展的学习活动，有效度为 69.1%，有效值为 3.82；排在第四位的是大众传播媒介及互联网宣传，有效度为 67.0%，有效值为 3.80；排在第五位的是理论宣传教育，有效度为 64.3%，有效值为 3.75；排在第六位的是家庭环境，有效度为 62.6%，有效值为 3.70；排在第七位的是职业教育，有效度为 62.5%，有效值为 3.70；排在第八位的是网络、远程教育活动，有效度为 58.4%，有效值为 3.62；排在第九位的是听辅导报告，有效度为 58.3%，有效值为 3.61；排在第十位的是日常生活，有效度为 57.8%，有效值为 3.62；排在第十一位的是自主学习活动，有效度为 56.0%，有效值为 3.57。可见，青年群体对社会实践活动、树立正面典型人物及党、团组织开展的学习活动评价最高，对听辅导报告、日常生活及自主学习活动评价相对较低。

课题组将 2015 年党的创新理论武装路径效果评价数据与 2024 年的数据进行对比，以便综合评估各理论武装路径的效果。如表 2-4 所示，在 2015 年，被调查者对各理论武装路径效果评价中，排在前五位的分别是家庭环境、树立正面典型人物、社会实践活动、职业教育、党团组织开展的学习活动。从两次调查数据对比来看，除家庭环境这一路径效果评价略有降低之外，其余各理论武装路径效果评价都得到提升，效果提升幅度最大的分别是理论宣传教育、大众传播媒介及互联网宣传、党团组织开展的学习活动、社会实践活动、树立正面典型人物。可见，近年来党的创新理论武装路径效果提升显著，各理论武装路径效果总体得到较大提升，尤其是理论宣传教育、大众传播媒介及互联网宣传、党团组织开展的学习活动、社会实践活动、树立正面典型人物路径效果提升更加显著。

表 2-4 2015 年与 2024 年党的创新理论武装路径的效果评价对比

单位: 年, %

观点/程度	无帮助		较小		一般		有帮助		非常有帮助		有效度	
	2015	2024	2015	2024	2015	2024	2015	2024	2015	2024	2015	2024
听辅导报告	–	2.6	–	9.5	–	29.6	–	40.6	–	17.7	–	58.3
党、团组织开展的学习活动	2.3	2.0	9.4	5.9	35.2	23.0	40.1	46.3	13.1	22.8	53.2	69.1
社会实践活动	1.5	1.3	6.3	4.2	32.4	19.2	47.5	47.8	12.4	27.4	59.9	75.2
网络、远程教育活动	–	2.6	–	9.0	–	30.0	–	41.2	–	17.2	–	58.4
自主学习活动	2.2	2.6	9.6	11.6	41.4	29.8	37.7	38.5	9.1	17.5	46.8	56.0
家庭环境	2.1	2.0	6.1	8.6	23.3	26.8	42.0	42.2	26.5	20.4	68.5	62.6
职业教育	3.1	2.1	9.8	7.1	31.9	28.3	39.8	43.7	15.4	18.8	55.2	62.5
日常生活	2.1	2.3	10.3	9.1	38.4	30.8	36.4	40.0	12.9	17.8	49.3	57.8
大众传播媒介及互联网宣传	1.7	1.2	8.2	5.6	39.2	26.2	42.1	45.9	8.9	21.1	51.0	67.0
理论宣传教育	3.2	1.6	16.2	6.8	42.6	27.3	30.4	43.2	7.6	21.1	38.0	64.3
树立正面典型人物	1.7	1.1	6.8	4.0	30.6	20.5	47.2	46.5	13.7	27.9	60.9	74.4

3.青年最愿意接受的理论教育方法是社会实践与考察，对新媒体宣传、自学研读原著或原文、理论讲授的方式也具有较高期待，对文件精神传达、培训班方式的意愿最低

青年对"您最愿意接受什么样的理论教育活动"一问的回答中，选择社会实践与考察的有 2699 人，占 35.7%；选择新媒体宣传的有 1814 人，占 24.0%；选择自学、研读原著原文的有 1084 人，占 14.3%，选择理论讲授的有 864 人，占 11.4%；选择文件精神传达的有 647 人，占 8.6%；选择培训班的有 447 人，占 5.9%。可见，青年最愿意接受的理论教育方法是社会实践与考察，对新媒体宣传、自学研读原著或原文、理论讲授的方式也具有较高期待，对文件精神传达、培训班方式的意愿最低。

三、新时代青年对理论武装路径认识和评价的特点

为了分析不同青年群体对习近平新时代中国特色社会主义思想知晓、认同和理论武装路径评价的特点，课题组运用 t 检验、方差分析和卡方检验，进一步分析不同性别、年龄、家庭居住地、群体类型、文化程度、政治面貌和家庭收入的青年在理论武装路径上的差异性特点。

（一）青年对新时代党的创新理论知晓的特点

不同性别的青年对习近平新时代中国特色社会主义思想的知晓度具有显著性差异。统计结果显示，男性青年的理论知晓值为 3.77 ± 0.829，女性青年的理论知晓值为 3.73 ± 0.772；$t=2.225$，$p=0.026 < 0.05$，在 0.05 显著水平下存在显著性差异。可见，男性对于习近平新时代中国特色社会主义思想的知晓度要明显高于女性。

不同年龄的青年对习近平新时代中国特色社会主义思想的知晓度具有显著性差异。统计结果显示，17 岁及以下青年的理论知晓值为 3.46 ± 0.859，18～28 岁青年的理论知晓值为 3.78 ± 0.770，29～35 岁青年的理论知晓值为 3.66 ± 0.820，36 岁及以上青年的理论知晓值为 4.06 ± 0.729；$\chi^2=254.500$，$p=0.000 < 0.05$，在 0.05 显著水平下存在显著性差异。可见，总体上年龄的提升对于青年的习近平新时代中国特色社会主义思想知晓度的增强具有显著性意义。

不同家庭居住地的青年对习近平新时代中国特色社会主义思想的知晓度具有显著性差异。统计结果显示，直辖市、省会城市青年的理论知晓值为 3.77 ± 0.799，地、县级市青年的理论知晓值为 3.84 ± 0.800，乡镇青年的理论知晓值为 3.64 ± 0.783，农村青年的理论知晓值为 3.66 ± 0.790；$F=29.343$，$p=0.000 < 0.05$，在 0.05 显著水平下存在显著性差异。地、县级市的青年对习近平新时代中国特色社会主义思想知晓度最高，直辖市、省会城市次之，农村青年再次之，乡镇青年理论知晓度最低。总体而言，城镇青年对习近平新时代中国特色社会主义思想知晓度显著高于乡村青年。

　　不同群体类型青年对习近平新时代中国特色社会主义思想的知晓度具有显著性差异。统计结果显示，企业青年的理论知晓值为 3.59 ± 0.810，青年学生的理论知晓值为 3.84 ± 0.760，事业单位青年的理论知晓值为 3.78 ± 0.763，农村青年的理论知晓值为 3.24 ± 0.739，自由职业青年的理论知晓值为 3.41 ± 0.825，青年领导干部的理论知晓值为 4.29 ± 0.606；χ^2=836.694，p=0.000 < 0.05，在 0.05 显著水平下存在显著性差异。可见，青年领导干部理论知晓度最高，青年学生的理论知晓度次之，排名第三位的是事业单位青年，排名第四位的是企业青年，排名第五位的是自由职业青年，农村青年的理论知晓度最低。

　　不同政治面貌青年对习近平新时代中国特色社会主义思想的知晓度具有显著性差异。统计结果显示，青年党员对习近平新时代中国特色社会主义思想的知晓值为 4.12 ± 0.671，共青团员的理论知晓值为 3.79 ± 0.738，民主党派青年的理论知晓值为 3.56 ± 0.821，青年群众的理论知晓值为 3.41 ± 0.831；χ^2=890.768，p=0.000 < 0.05，在 0.05 显著水平下存在显著性差异。可见，中国共产党党员的理论知晓度最高，共青团员的理论知晓度次之，青年群众的理论知晓度最低。

　　不同家庭年收入青年对习近平新时代中国特色社会主义思想的知晓度具有显著性差异。统计结果显示，家庭年经济收入为 50 万元以上青年的理论知晓值为 3.69 ± 0.966，家庭年经济收入为 20 万元 ~ 50 万元青年的理论知晓值为 3.83 ± 0.738，家庭年经济收入为 10 万元 ~ 20 万元青年的理论知晓值为 3.76 ± 0.799，家庭年经济收入为 5 万元 ~ 10 万元青年的理论知晓值为 3.77 ± 0.790，家庭年经济收入为 5 万元以下青年的理论知晓值为 3.69 ± 0.798；χ^2=27.377，p=0.000 < 0.05，在 0.05 显著水平下存在显著性差异。可见，收入的提高对提升青年对习近平新时代中国特色社会主义思想的知晓度具有积极帮助，中等收入群体的理论知晓度最高。

　　不同学历层次的青年对习近平新时代中国特色社会主义思想的知晓度具有显著性差异。统计结果显示，学历层次为初中及以下青年的理论知晓值为 3.12 ± 0.897，高中（含中专）青年的理论知晓值为 3.49 ± 0.793，本专科青年的理论知晓值为 3.85 ± 0.745，硕士及以上青年的理论知晓值为 4.01 ± 0.675；χ^2=772.080，p=0.000 < 0.05，在 0.05 显著水平下存在显著性差异。可见，随着学历的递增，青年对习近平新时代中国特色社会主义思想的知晓度也在不断提升。

（二）青年对新时代党的创新理论认同的特点

不同年龄的青年在习近平新时代中国特色社会主义思想认同度方面存在显著性差异。统计结果显示，17 岁及以下青年的理论认同值为 4.11 ± 0.691，18 ~ 28 岁青年的理论认同值为 4.27 ± 0.681，29 ~ 35 岁青年的理论认同值为 4.22 ± 0.696，36 岁及以上青年的理论认同值为 4.46 ± 0.672；F=37.783，$p=0.000 < 0.05$，在 0.05 显著水平下存在显著性差异。可见，随着年龄的增长、人生阅历和社会实践程度的不断强化，青年对习近平新时代中国特色社会主义思想的认同度总体不断加强。

不同家庭居住地的青年在习近平新时代中国特色社会主义思想认同度方面存在显著性差异。统计结果显示，直辖市、省会城市青年的理论认同值为 4.26 ± 0.704，地、县级市青年的理论认同值为 4.37 ± 0.664，乡镇青年的理论认同值为 4.17 ± 0.674，农村青年的理论认同值为 4.17 ± 0.696；$\chi^2=150.969$，$p=0.000 < 0.05$，在 0.05 显著水平下存在显著性差异。可见，地、县级市青年的理论认同度最高，直辖市、省会城市次之，乡村青年最低。

不同群体类型的青年在习近平新时代中国特色社会主义思想认同度方面存在显著性差异。统计结果显示，企业青年对习近平新时代中国特色社会主义思想的认同值为 4.22 ± 0.630，青年学生的理论认同值为 4.31 ± 0.674，事业单位青年的理论认同值为 4.32 ± 0.648，农村青年的理论认同值为 3.76 ± 0.671，自由职业青年的理论认同值为 4.07 ± 0.709，青年领导干部的理论认同值为 4.67 ± 0.548；$\chi^2=751.777$，$p=0.000 < 0.05$，在 0.05 显著水平下存在显著性差异。可见，青年领导干部的理论认同度最高，排名第二位的是事业单位青年，排名第三位的是青年学生，排名第四位的是企业青年，排名第五位的是自由职业青年，排名第六位的是农村青年。

不同政治面貌青年对习近平新时代中国特色社会主义思想的认同度具有显著性差异。统计结果显示，青年共产党员对习近平新时代中国特色社会主义思想的认同值为 4.51 ± 0.608，共青团员的理论认同值为 4.29 ± 0.661，民主党派青年的理论认同值为 4.17 ± 0.698，青年群众的理论认同值为 4.03 ± 0.712；$\chi^2=555.175$，$p=0.000 < 0.05$，在 0.05 显著水平下存在显著性差异。可见，中共党员的理论认同度最高，共青团员的理论认同度次之，青年群众理论认同度最低。

不同家庭年收入青年对习近平新时代中国特色社会主义思想的认同度具有显著性差异。统计结果显示，家庭年经济收入为 50 万元以上青年的理论认同值为

4.21±0.829，家庭年经济收入为20万元～50万元青年的理论认同值为4.30±0.672，家庭年经济收入为10万元～20万元青年的理论认同值为4.32±0.664，家庭年经济收入为5万元～10万元青年的理论认同值为4.28±0.666，家庭年经济收入为5万元以下青年的理论认同值为4.19±0.705；χ^2=44.116，p=0.000 < 0.05，在0.05显著水平下存在显著性差异。可见，家庭年收入在10万元～20万元的青年对习近平新时代中国特色社会主义思想认同度最高。

不同学历层次的青年对习近平新时代中国特色社会主义思想的认同度具有显著性差异。统计结果显示，学历层次为初中及以下的青年对习近平新时代中国特色社会主义思想认同值为3.87±0.756，高中（含中专）青年的理论认同值为4.05±0.702，本专科青年的理论认同值为4.35±0.656，硕士及以上青年的理论认同值为4.41±0.615；χ^2=494.916，p=0.000 < 0.05，在0.05显著水平下存在显著性差异。可见，随着学历的递增，青年对习近平新时代中国特色社会主义思想的认同度也在不断提升。

（三）青年对理论武装路径效果评价的特点

1.青年日常获取习近平新时代中国特色社会主义思想渠道的特点

从不同性别的青年获取习近平新时代中国特色社会主义思想的渠道来看，如表2-5所示，女性青年更倾向于利用网络、影视、微信、微博、报告讲座、人际交往、宣传板或电子屏等渠道，男性青年对报刊渠道的依赖性高于女性。总体上，在网络新媒体、报告讲座和人际交往渠道，女性青年依赖度显著高于男性青年。

表2-5　不同性别青年与理论获取渠道交互分析

单位：人，%

项目/程度	男		女		统计学意义
	人数	比例	人数	比例	
报刊	932	26.5	983	22.8	χ^2=15.064，p=0.000 < 0.05
网络	2971	84.6	3743	86.6	χ^2=6.639，p=0.010 < 0.05
影视	1319	37.6	1827	42.3	χ^2=17.984，p=0.000 < 0.05
微信	1859	52.9	2550	59.0	χ^2=29.249，p=0.000 < 0.05
微博	994	28.3	2096	48.5	χ^2=331.408，p=0.000 < 0.05
报告讲座	722	20.6	1039	24.1	χ^2=13.600，p=0.000 < 0.05
人际交往	1288	36.7	1811	41.9	χ^2=22.383，p=0.000 < 0.05
宣传板或电子屏	460	13.1	693	16.0	χ^2=13.402，p=0.000 < 0.05

从不同年龄段的青年获取习近平新时代中国特色社会主义思想的渠道来看，如表 2-6 所示，17 岁以下的青年对书籍、影视、人际交往渠道的依赖度更高。18 ~ 28 岁的青年对网络、微博的依赖更高。29 ~ 35 岁的青年对微信依赖度最高。36 岁及以上青年对报刊、报告讲座、职场培训、新闻客户端、宣传板或电子屏的依赖度最高。

表 2-6　不同年龄阶段青年与理论获取渠道交互分析

单位：人，%

项目 / 程度	17 岁及以下		18 ~ 28 岁		29 ~ 35 岁		36 岁及以上		统计学意义
	人数	比例	人数	比例	人数	比例	人数	比例	
书籍	601	67.2	2376	49.7	585	41.9	466	60.8	$\chi^2=172.233$, $p=0.000 < 0.05$
报刊	214	23.9	1023	21.4	340	24.4	342	44.6	$\chi^2=193.066$, $p=0.000 < 0.05$
网络	765	85.5	4199	87.9	1148	82.2	604	78.9	$\chi^2=61.751$, $p=0.000 < 0.05$
影视	447	49.9	2143	44.9	413	29.6	143	18.7	$\chi^2=291.939$, $p=0.000 < 0.05$
微信	328	36.6	2755	57.6	872	62.4	456	59.5	$\chi^2=168.517$, $p=0.000 < 0.05$
微博	293	32.7	2378	49.8	344	24.6	76	9.9	$\chi^2=637.725$, $p=0.000 < 0.05$
报告讲座	87	9.7	1081	22.6	293	21.0	303	39.6	$\chi^2=214.050$, $p=0.000 < 0.05$
人际交往	497	55.5	1961	41.0	448	32.1	194	25.3	$\chi^2=197.558$, $p=0.000 < 0.05$
职场培训	36	4.0	497	10.4	214	15.3	157	20.5	$\chi^2=135.499$, $p=0.000 < 0.05$
新闻客户端	245	27.4	1638	34.3	547	39.2	318	41.5	$\chi^2=48.817$, $p=0.000 < 0.05$
宣传板或电子屏	118	13.2	677	14.2	219	15.7	142	18.5	$\chi^2=12.719$, $p=0.005 < 0.05$

从不同家庭居住地的青年获取习近平新时代中国特色社会主义思想的渠道来看，如表 2-7 所示，直辖市、省会城市青年对书籍、报刊、报告讲座、人际交往、职场培训和新闻客户端渠道的依赖度要显著高于地县级市、乡镇和农村青年。地县级市青年对网络、微信、书籍渠道的依赖度最高。可见，城镇青年获取理论信息的渠道更为多元，组织性更强，对书籍报刊、网络新媒体、报告讲座、职场培训等渠道依赖度都高于乡村青年，而乡村青年理论获取渠道自发性特点比较突出，网络新媒体、影视、书籍等自主渠道比较多。

表 2-7 不同家庭居住地青年与理论获取渠道交互分析

单位：人，%

项目/程度	直辖市、省会城市		地、县级市		乡镇		农村		统计学意义
	人数	比例	人数	比例	人数	比例	人数	比例	
书籍	970	56.4	1534	53.4	546	45.5	970	47.7	χ^2=49.429, p=0.000 < 0.05
报刊	524	30.5	810	28.2	229	19.1	351	17.3	χ^2=130.832, p=0.000 < 0.05
网络	1441	83.8	2530	88.0	1000	83.4	1738	85.4	χ^2=22.888, p=0.000 < 0.05
影视	641	37.3	1131	39.3	509	42.5	860	42.3	χ^2=13.224, p=0.004 < 0.05
微信	969	56.3	1679	58.4	631	52.6	1129	55.5	χ^2=12.286, p=0.006 < 0.05
微博	617	35.9	1211	42.1	439	36.6	823	40.4	χ^2=22.681, p=0.000 < 0.05
报告讲座	459	26.7	718	25.0	185	15.4	400	19.7	χ^2=71.286, p=0.000 < 0.05
人际交往	711	41.3	1158	40.3	425	35.5	802	39.4	χ^2=11.270, p=0.010 < 0.05
职场培训	274	15.9	381	13.3	86	7.2	161	7.9	χ^2=89.612, p=0.000 < 0.05
新闻客户端	673	39.1	1054	36.7	364	30.4	655	32.2	χ^2=34.748, p=0.000 < 0.05

从不同青年群体类型获取习近平新时代中国特色社会主义思想的渠道来看，如表 2-8 所示，企业青年对网络、微博渠道比较依赖。青年学生对书籍、网络、影视、微博、人际交往渠道比较依赖。青年领导干部对书籍、报刊、网络、微信、报告讲座、新闻客户端、宣传板或电子屏渠道比较依赖。事业单位青年对网络、微信、职场培训渠道比较依赖。自由职业和农村青年的特点不突出。

表 2-8 不同青年群体类型与理论获取渠道交互分析

单位：人，%

项目/程度	企业青年		青年学生		事业单位青年		农村青年		自由职业青年		青年领导干部		统计学意义
	人数	比例	人数	比例	人数	比例	人数	比例	人数	比例	人数	比例	
书籍	339	37.6	2140	60.1	686	49.2	219	30.6	206	33.4	438	67.5	χ^2=451.198, p=0.000 < 0.05
报刊	169	18.7	839	23.6	374	26.8	97	13.5	108	17.5	332	51.2	χ^2=333.927, p=0.000 < 0.05
网络	790	87.6	3116	87.6	1211	86.8	530	74.0	519	84.3	550	84.7	χ^2=95.165, p=0.000 < 0.05
影视	329	36.5	1700	47.8	474	34.0	264	36.9	244	39.6	135	20.8	χ^2=217.766, p=0.000 < 0.05
微信	499	55.3	1882	52.9	910	65.2	362	50.6	319	51.8	439	67.6	χ^2=111.139, p=0.000 < 0.05
微博	393	43.6	1661	46.7	505	36.2	193	27.0	230	37.3	109	16.8	χ^2=277.666, p=0.000 < 0.05
报告讲座	97	10.8	877	24.6	385	27.6	42	5.9	62	10.1	301	46.4	χ^2=481.961, p=0.000 < 0.05
人际交往	321	35.6	1705	47.9	497	35.6	193	27.0	211	34.3	173	26.7	χ^2=219.007, p=0.000 < 0.05
职场培训	144	16.0	218	6.1	311	22.3	51	7.1	49	8.0	131	20.2	χ^2=346.953, p=0.000 < 0.05
新闻客户端	329	36.5	1241	34.9	559	40.1	167	23.3	158	25.6	294	45.3	χ^2=113.399, p=0.000 < 0.05
宣传板或电子屏	131	14.5	515	14.5	229	16.4	92	12.8	76	12.3	113	17.4	χ^2=11.892, p=0.036 < 0.05

从不同政治面貌青年获取习近平新时代中国特色社会主义思想的渠道来看，如表 2-9 所示，中共党员在获取理论信息时侧重于书籍、报刊、网络、微信、报告讲座、职场培训、新闻客户端等渠道。共青团员更加依赖网络、微博、影视、人际交往等渠道。青年群众、民主党派青年对网络、微信、书籍渠道依赖度较高。

表 2-9 不同政治面貌的青年与理论获取渠道交互分析

单位：人，%

项目/程度	共产党员		共青团员		民主党派		群众		统计学意义
	人数	比例	人数	比例	人数	比例	人数	比例	
书籍	1083	60.0	1898	53.5	32	57.1	1014	41.8	χ^2=148.694, p=0.000 < 0.05
报刊	679	37.6	747	21.0	11	19.6	482	19.9	χ^2=219.532, p=0.000 < 0.05
网络	1545	85.5	3162	89.1	43	76.8	1965	81.1	χ^2=79.049, p=0.000 < 0.05
影视	544	30.1	1631	46.0	26	46.4	945	39.0	χ^2=127.662, p=0.000 < 0.05
微信	1212	67.1	1962	55.3	31	55.4	1205	49.7	χ^2=130.087, p=0.000 < 0.05
微博	559	31.0	1793	50.5	18	32.1	720	29.7	χ^2=333.999, p=0.000 < 0.05
报告讲座	676	37.5	779	21.9	15	26.8	293	12.1	χ^2=383.318, p=0.000 < 0.05
人际交往	569	31.5	1593	44.9	20	35.7	917	37.8	χ^2=94.056, p=0.000 < 0.05
职场培训	338	18.7	311	8.8	6	10.7	249	10.3	χ^2=122.037, p=0.000 < 0.05
新闻客户端	822	45.5	1197	33.7	15	26.8	713	29.4	χ^2=125.137, p=0.000 < 0.05

从不同学历层次的青年获取习近平新时代中国特色社会主义思想的渠道来看，如表 2-10 所示，对于书籍、报刊、网络、微信、微博、报告讲座、职场培训、新闻客户端渠道来讲，随着学历层次的逐步提高，青年对其依赖也整体增加。高中（含中专）及本专科学生对影视、人际交往渠道更为依赖。

表 2-10 不同学历层次的青年群体与理论获取渠道交互分析

单位：人，%

项目/程度	初中及以下		高中（含中专）		本专科		硕士及以上		统计学意义
	人数	比例	人数	比例	人数	比例	人数	比例	
书籍	296	41.0	629	46.1	2217	52.1	886	59.2	χ^2=83.835, p=0.000 < 0.05
报刊	129	17.9	296	21.7	1057	24.8	437	29.2	χ^2=41.245, p=0.000 < 0.05
网络	529	73.3	1122	82.3	3762	88.4	1302	87.0	χ^2=131.451, p=0.000 < 0.05
影视	288	39.9	598	43.9	1752	41.2	508	34.0	χ^2=33.656, p=0.000 < 0.05
微信	271	37.5	662	48.6	2529	59.4	949	63.4	χ^2=184.409, p=0.000 < 0.05
微博	131	18.1	412	30.2	1894	44.5	654	43.7	χ^2=242.800, p=0.000 < 0.05
报告讲座	51	7.1	117	8.6	1041	24.5	555	37.1	χ^2=442.154, p=0.000 < 0.05
人际交往	275	38.1	550	40.4	1756	41.3	519	34.7	χ^2=21.090, p=0.000 < 0.05
职场培训	38	5.3	97	7.1	563	13.2	206	13.8	χ^2=73.270, p=0.000 < 0.05
新闻客户端	162	22.4	359	26.3	1578	37.1	648	43.3	χ^2=148.512, p=0.000 < 0.05
宣传板或电子屏	111	15.4	162	11.9	698	16.4	185	12.4	χ^2=25.172, p=0.000 < 0.05

2.青年对习近平新时代中国特色社会主义思想武装路径效果评价特点

从不同年龄阶段的青年对习近平新时代中国特色社会主义思想武装路径效果评价来看，如表 2-11 所示，不同路径都发挥了积极作用。年龄越大，对听辅导报告、党团组织开展的学习活动、社会实践活动、网络远程教育活动、自主学习活动、家庭环境、职业教育、日常生活、大众传播媒介及互联网宣传、理论宣传教育、树立正面典型人物路径效果评价越高。

表 2-11　不同年龄阶段青年对理论武装路径效果评价情况

单位: 分

项目／程度	17岁及以下	18 ~ 28岁	29 ~ 35岁	36岁及以上	统计学意义
听辅导报告	3.44±0.933	3.55±0.952	3.64±0.968	4.15±0.865	χ^2=310.987, p=0.000 < 0.05
党、团组织开展的学习活动	3.70±0.946	3.79±0.918	3.81±0.913	4.15±0.832	χ^2=122.646, p=0.000 < 0.05
社会实践活动	3.85±0.914	3.95±0.856	3.93±0.872	4.20±0.818	χ^2=81.805, p=0.000 < 0.05
网络、远程教育活动	3.53±0.989	3.57±0.951	3.63±0.942	3.94±0.924	χ^2=109.265, p=0.000 < 0.05
自主学习活动	3.41±1.029	3.52±0.983	3.59±0.979	3.98±0.919	χ^2=168.888, p=0.000 < 0.05
家庭环境	3.57±1.002	3.71±0.951	3.65±0.936	3.89±0.919	χ^2=52.546, p=0.000 < 0.05
职业教育	3.50±1.028	3.69±0.908	3.72±0.905	3.95±0.875	χ^2=88.053, p=0.000 < 0.05
日常生活	3.51±0.995	3.63±0.941	3.53±0.976	3.82±0.939	χ^2=54.198, p=0.000 < 0.05
大众传播媒介及互联网宣传	3.64±0.933	3.81±0.869	3.78±0.858	4.01±0.822	χ^2=72.504, p=0.000 < 0.05
理论宣传教育	3.63±0.965	3.72±0.913	3.75±0.890	4.10±0.840	χ^2=131.970, p=0.000 < 0.05
树立正面典型人物	3.82±0.931	3.96±0.845	3.95±0.844	4.19±0.847	χ^2=82.868, p=0.000 < 0.05

从不同家庭居住地的青年对习近平新时代中国特色社会主义思想武装路径效果评价来看，如表 2-12 所示，青年在听辅导报告、党团组织开展的学习活动、社会实践活动、网络远程教育活动、自主学习活动、家庭环境、职业教育、日常生活、大众传播媒介及互联网宣传、理论宣传教育、树立正面典型人物路径方面具有显著性差异。可见，总体上直辖市、省会城市青年对各种理论武装路径的评价相对较高，乡村青年对各种理论武装路径效果评价较低。

表 2-12　不同家庭居住地青年对理论武装路径效果评价情况

单位：分

项目 / 程度	直辖市、省会城市	地、县级市	乡镇	农村	统计学意义
听辅导报告	3.71 ± 0.941	3.72 ± 0.999	3.42 ± 0.936	3.49 ± 0.937	$\chi^2=148.687$, $p=0.000 < 0.05$
党、团组织开展的学习活动	3.86 ± 0.894	3.91 ± 0.936	3.71 ± 0.881	3.72 ± 0.921	$\chi^2=82.267$, $p=0.000 < 0.05$
社会实践活动	4.00 ± 0.834	4.06 ± 0.860	3.80 ± 0.884	3.88 ± 0.869	$\chi^2=110.863$, $p=0.000 < 0.05$
网络、远程教育活动	3.67 ± 0.925	3.71 ± 0.981	3.48 ± 0.946	3.51 ± 0.935	$\chi^2=85.970$, $p=0.000 < 0.05$
自主学习活动	3.62 ± 0.955	3.66 ± 1.025	3.38 ± 0.986	3.49 ± 0.956	$\chi^2=91.969$, $p=0.000 < 0.05$
家庭环境	3.73 ± 0.914	3.83 ± 0.972	3.53 ± 0.966	3.60 ± 0.929	$\chi^2=126.201$, $p=0.000 < 0.05$
职业教育	3.74 ± 0.879	3.81 ± 0.952	3.53 ± 0.918	3.62 ± 0.906	$\chi^2=106.519$, $p=0.000 < 0.05$
日常生活	3.66 ± 0.918	3.76 ± 0.961	3.39 ± 0.970	3.52 ± 0.936	$\chi^2=159.500$, $p=0.000 < 0.05$
大众传播媒介及互联网宣传	3.85 ± 0.836	3.92 ± 0.875	3.63 ± 0.877	3.69 ± 0.872	$\chi^2=153.233$, $p=0.000 < 0.05$
理论宣传教育	3.78 ± 0.888	3.88 ± 0.930	3.59 ± 0.907	3.65 ± 0.897	$\chi^2=127.932$, $p=0.000 < 0.05$
树立正面典型人物	3.96 ± 0.829	4.08 ± 0.864	3.81 ± 0.875	3.88 ± 0.845	$\chi^2=123.848$, $p=0.000 < 0.05$

从不同青年群体类型对习近平新时代中国特色社会主义思想武装路径效果评价来看，如表 2-13 所示，不同青年群体类型在听辅导报告、党团组织开展的学习活动、社会实践活动、网络远程教育活动、自主学习活动、家庭环境、职业教育、日常生活、大众传播媒介及互联网宣传、理论宣传教育、树立正面典型人物路径方面具有显著性差异。其中，青年领导干部对各种理论武装路径效果的评价显著高于其他青年群体，青年学生和事业单位青年对各种理论武装路径效果的评价也较高，农村青年对各种理论武装路径效果的评价相对较低。

表 2-13 不同青年群体类型对理论武装路径效果评价情况

单位: 分

项目/程度	企业青年	青年学生	事业单位青年	农村青年	自由职业青年	青年领导干部	统计学意义
听辅导报告	3.41±0.963	3.59±0.957	3.71±0.905	3.25±0.917	3.31±0.950	4.47±0.667	$\chi^2=779.436$, $p=0.000<0.05$
党、团组织开展的学习活动	3.67±0.924	3.86±0.912	3.86±0.870	3.43±0.866	3.53±0.958	4.43±0.687	$\chi^2=564.455$, $p=0.000<0.05$
社会实践活动	3.90±0.851	3.98±0.845	4.02±0.827	3.57±0.902	3.71±0.950	4.47±0.651	$\chi^2=454.084$, $p=0.000<0.05$
网络、远程教育活动	3.52±0.949	3.62±0.946	3.62±0.937	3.35±0.939	3.40±0.970	4.19±0.834	$\chi^2=340.473$, $p=0.000<0.05$
自主学习活动	3.40±0.991	3.59±0.979	3.56±0.965	3.26±0.945	3.33±1.009	4.25±0.804	$\chi^2=450.356$, $p=0.000<0.05$
家庭环境	3.61±0.947	3.74±0.947	3.69±0.941	3.40±0.934	3.57±0.983	4.11±0.866	$\chi^2=222.492$, $p=0.000<0.05$
职业教育	3.59±0.923	3.69±0.933	3.79±0.878	3.44±0.887	3.55±0.930	4.16±0.826	$\chi^2=268.856$, $p=0.000<0.05$
日常生活	3.48±0.946	3.71±0.926	3.59±0.951	3.21±0.939	3.36±0.982	4.07±0.861	$\chi^2=367.925$, $p=0.000<0.05$
大众传播媒介及互联网宣传	3.73±0.864	3.85±0.865	3.83±0.842	3.38±0.864	3.57±0.872	4.29±0.722	$\chi^2=447.110$, $p=0.000<0.05$
理论宣传教育	3.59±0.898	3.79±0.916	3.79±0.861	3.39±0.858	3.46±0.934	4.43±0.675	$\chi^2=601.205$, $p=0.000<0.05$
树立正面典型人物	3.83±0.866	4.02±0.838	3.98±0.822	3.53±0.871	3.74±0.874	4.49±0.660	$\chi^2=541.890$, $p=0.000<0.05$

从不同政治面貌青年对习近平新时代中国特色社会主义思想武装路径效果评价来看,如表 2-14 所示,青年总体上对树立正面典型人物、社会实践活动、党团组织开展的学习活动评价最高。中共党员对各种理论武装路径效果的评价要显著高于共青团员、民主党派及群众,共青团员的评价也较高,青年群众对各种理论武装路径的效果评价一般。

表 2-14　不同政治面貌青年对理论武装路径效果评价情况

单位: 分

项目 / 程度	共产党员	共青团员	民主党派	群众	统计学意义
听辅导报告	4.01±0.864	3.54±0.959	3.46±0.990	3.42±0.974	χ^2=447.860, p=0.000 < 0.05
党、团组织开展的学习活动	4.14±0.803	3.79±0.920	3.80±0.840	3.62±0.936	χ^2=372.171, p=0.000 < 0.05
社会实践活动	4.24±0.734	3.94±0.866	3.80±0.903	3.78±0.901	χ^2=298.908, p=0.000 < 0.05
网络、远程教育活动	3.86±0.900	3.56±0.965	3.75±0.939	3.51±0.954	χ^2=166.469, p=0.000 < 0.05
自主学习活动	3.89±0.905	3.50±1.000	3.54±1.026	3.43±0.988	χ^2=259.695, p=0.000 < 0.05
家庭环境	3.90±0.903	3.71±0.962	3.52±1.044	3.56±0.952	χ^2=132.766, p=0.000 < 0.05
职业教育	3.95±0.858	3.67±0.930	3.41±0.968	3.56±0.927	χ^2=192.123, p=0.000 < 0.05
日常生活	3.82±0.914	3.64±0.944	3.45±1.127	3.45±0.969	χ^2=152.078, p=0.000 < 0.05
大众传播媒介及互联网宣传	4.05±0.779	3.81±0.868	3.66±1.032	3.60±0.896	χ^2=278.435, p=0.000 < 0.05
理论宣传教育	4.09±0.808	3.72±0.916	3.70±0.893	3.56±0.924	χ^2=362.098, p=0.000 < 0.05
树立正面典型人物	4.26±0.736	3.96±0.847	3.75±1.014	3.75±0.891	χ^2=382.876, p=0.000 < 0.05

　　从不同学历层次的青年对习近平新时代中国特色社会主义思想武装路径效果评价来看，如表 2-15 所示，青年在听辅导报告、党团组织开展的学习活动、社会实践活动、网络远程教育活动、自主学习活动、家庭环境、职业教育、日常生活、大众传播媒介及互联网宣传、理论宣传教育、树立正面典型人物路径方面具有显著性差异。本专科青年对网络远程教育活动、家庭环境、日常生活渠道的效果评价最高，而其他理论武装路径效果的评价随着学历的提升而不断提高。

表 2-15　不同学历层次青年群体类型对理论武装路径效果评价情况

单位: 分

项目 / 程度	初中及以下	高中（含中专）	本专科	硕士及以上	统计学意义
听辅导报告	3.34 ± 0.998	3.41 ± 0.984	3.68 ± 0.954	3.72 ± 0.933	χ^2=157.803, p=0.000 < 0.05
党、团组织开展的学习活动	3.52 ± 0.954	3.63 ± 0.934	3.90 ± 0.910	3.91 ± 0.860	χ^2=185.694, p=0.000 < 0.05
社会实践活动	3.65 ± 0.977	3.77 ± 0.896	4.03 ± 0.850	4.07 ± 0.761	χ^2=201.844, p=0.000 < 0.05
网络、远程教育活动	3.43 ± 1.000	3.48 ± 0.980	3.68 ± 0.949	3.65 ± 0.913	χ^2=73.283, p=0.000 < 0.05
自主学习活动	3.31 ± 1.008	3.39 ± 1.007	3.63 ± 0.995	3.68 ± 0.920	χ^2=124.176, p=0.000 < 0.05
家庭环境	3.44 ± 1.001	3.54 ± 0.983	3.79 ± 0.936	3.73 ± 0.915	χ^2=138.807, p=0.000 < 0.05
职业教育	3.43 ± 1.000	3.51 ± 0.966	3.78 ± 0.900	3.77 ± 0.868	χ^2=150.613, p=0.000 < 0.05
日常生活	3.36 ± 1.005	3.38 ± 1.008	3.71 ± 0.931	3.70 ± 0.891	χ^2=188.521, p=0.000 < 0.05
大众传播媒介及互联网宣传	3.47 ± 0.912	3.58 ± 0.918	3.88 ± 0.854	3.94 ± 0.790	χ^2=262.781, p=0.000 < 0.05
理论宣传教育	3.50 ± 0.950	3.55 ± 0.942	3.82 ± 0.903	3.88 ± 0.855	χ^2=175.089, p=0.000 < 0.05
树立正面典型人物	3.65 ± 0.939	3.74 ± 0.908	4.04 ± 0.831	4.11 ± 0.773	χ^2=247.773, p=0.000 < 0.05

四、新时代青年理论武装的影响因素

课题组就青年生活满意度、生活态度、人生目标、政治观、社会思潮、教育因素等对习近平新时代中国特色社会主义思想武装的影响进行了分析。

（一）青年生活满意度的影响

生活满意度作为青年群体的主观感受，真实地影响着青年对个体、社会的整体认知。调查显示，在对目前自己生活的满意度评价中，青年选择"不满意"的有 290 人，占 3.7%；选择"不太满意"的有 739 人，占 9.4%；选择"一般"

的有 3006 人，占 38.4%；选择"满意"的有 3198 人，占 40.8%；选择"非常满意"的有 605 人，占 7.7%。青年生活满意度为 48.5%，满意值为 3.39。可见，青年总体上生活满意度处于中等水平，对自身生活非常满意和不满意的人数都较少，非常满意的人数多于不满意的人数。

青年随着生活满意度的提高，对习近平新时代中国特色社会主义思想的知晓度、认同度呈现提高趋势，存在显著性差异。青年生活满意度与习近平新时代中国特色社会主义思想知晓度之间存在显著性正相关关系，相关系数 $r=0.185$，$p=0.000 < 0.01$。青年生活满意度与习近平新时代中国特色社会主义思想认同度之间存在显著性正相关关系，相关系数 $r=0.163$，$p=0.000 < 0.01$。可见，青年总体上生活满意度越高对习近平新时代中国特色社会主义思想的知晓度和认同度也越高。

（二）青年生活态度的影响

生活态度是青年在遵循其较为成熟的世界观、人生观、价值观下对待生活的总体状态，对个体理论认知、认同及践行会产生较大影响。调查显示，在对目前自己生活态度的评价中，青年选择"消极"的有 80 人，占 1.0%；选择"不太积极"的有 375 人，占 4.8%；选择"一般"的有 2014 人，占 25.7%；选择"基本积极"的有 3724 人，占 47.5%；选择"非常积极"的有 1646 人，占 21.0%。青年人生态度的积极度为 68.5%，积极值为 3.83。在 2015 年的调查中，人们的人生态度积极度为 79.4%。可见，青年总体上生活态度比较积极，仍有大量青年生活态度积极性一般，生活态度为消极的青年则极少。

不同日常生活态度积极性的青年在习近平新时代中国特色社会主义思想知晓度、认同度方面存在显著性差异。青年日常生活态度积极性与习近平新时代中国特色社会主义思想知晓度之间存在显著性正相关关系，相关系数 $r=0.250$，$p=0.000 < 0.01$。青年日常生活态度积极度与习近平新时代中国特色社会主义思想认同度之间存在显著性正相关关系，相关系数 $r=0.214$，$p=0.000 < 0.01$。可见，青年总体上日常生活态度越积极对习近平新时代中国特色社会主义思想的知晓度和认同度也越高。

（三）青年人生目标明确度的影响

调查显示，在对自身人生目标明确度的评价中，青年选择"不明确"的有134人，占1.7%；选择"不太明确"的有810人，占10.3%；选择"一般"的有1877人，占24.0%；选择"基本明确"的有3647人，占46.6%；选择"非常明确"的有1361人，占17.4%。人生目标明确度为64.0%，人生目标明确值为3.68。在2015年的调查中，人们人生目标明确度为77.4%。可见，青年人生目标总体比较明确，但也有部分青年人生目标并不明确。

不同人生目标明确度的青年在习近平新时代中国特色社会主义思想知晓度、认同度方面存在显著性差异。青年人生目标明确度与习近平新时代中国特色社会主义思想知晓度之间存在显著性正相关关系，相关系数$r=0.253$，$p=0.000 < 0.01$。青年人生目标明确度与习近平新时代中国特色社会主义思想认同度之间存在显著性正相关关系，相关系数$r=0.184$，$p=0.000 < 0.01$。可见，青年人生目标明确度越高，其对习近平新时代中国特色社会主义思想知晓度、认同度也越高。

（四）青年政治观念的影响

问卷列举了我国当前的政治形势、经济形势、新一届中央领导集体推出了一系列经济政治建设等重要举措、本届中央政府最近一年来的工作、中国特色社会主义道路理论制度文化优越性、对中国特色社会主义今后发展信心等问题的看法，让青年进行评价，总分作为衡量政治观念的依据。总体来看，青年政治观念方面的选择，不积极的有20人，占0.3%；不太积极的有177人，占2.3%；一般的有1319人，占16.8%；比较积极的有3530人，占45.1%；非常积极的有2783人，占35.5%。青年政治观念积极度为80.6%，积极值为4.13。具体而言，青年认为我国当前的政治形势比较稳定和非常稳定的占70.2%，认同值为3.90；对目前经济形势的看法持比较好和非常好的占65.4%，认同值为3.74；对新一届中央领导集体推出的一系列经济、政治建设等重要举措比较认同和非常认同的占90.2%，认同值为4.33；对本届中央政府最近一年来的工作比较满意和非常满意的占81.2%，认同值为4.20；与其他国家相比认为中国特色社会主义道路、理论、制度和文化比较优越和非常优越的占88.4%，认同值为4.26；对中国特色社会主义今后发展有信心和非常有信心的占88.5%，认同值为4.37。可见，青年政治观念比较积极正确，对中央领导集体推出的一系列经济政治建设等重要举措和中央政府的工作高度满意，认为中国特色社会主义道路、理论、制度和文化非常优越，对中国特色社会主义今后发展非常有信心，但对中国经济政治形势也存在一些忧虑。

　　青年政治观念积极度不同，在习近平新时代中国特色社会主义思想的知晓度、认同度方面也存在显著性差异。政治观念积极度与习近平新时代中国特色社会主义思想知晓度之间存在显著性正相关关系，相关系数 $r=0.361$，$p=0.000 < 0.01$。青年政治观念积极度与习近平新时代中国特色社会主义思想认同度之间存在显著性正相关关系，相关系数 $r=0.424$，$p=0.000 < 0.01$。可见，青年政治观念积极度越高，其对习近平新时代中国特色社会主义思想的知晓度和认同度也越高。

（五）社会思潮的影响

　　社会思潮往往代表了其背后不同立场、阶层和领域群体的复杂利益，研判社会思潮对习近平新时代中国特色社会主义思想的影响，有利于把握社会思潮走向，掌握新时代党的创新理论武装工作的主动权。调查显示，青年对各社会思潮自评知晓度从高到低依次为民主社会主义（21.6%）、历史虚无主义（18.5%）、新自由主义（15.4%）、普世价值论（12.2%）、民粹主义（11.8%）、新儒家（11.7%）、宪政思潮（10.0%）、新"左"派（8.6%）。青年对各社会思潮的认同度从高到低依次为新自由主义（33.5%）、民主社会主义（32.2%）、新儒家（21.1%）、普世价值论（20.3%）、宪政思潮（18.4%）、历史虚无主义（17.0%）、民粹主义（15.7%）、新"左"派（15.1%）。青年对各社会思潮的知晓度总体处于不太了解的水平，但是少数青年对各社会思潮依然存在错误认知，社会思潮对青年的影响仍然不容小觑。如表2-16所示，青年对各社会思潮的认同度与对习近平新时代中国特色社会主义思想认同度之间均存在显著性负相关关系。可见，青年对各社会思潮的认同度与对习近平新时代中国特色社会主义思想的认同度之间此消彼长。

表2-16　社会思潮对青年的习近平新时代中国特色社会主义思想认同的影响

	习近平新时代中国特色社会主义思想知晓度	习近平新时代中国特色社会主义思想认同度	新自由主义	历史虚无主义	民主社会主义	普世价值论	宪政思潮	新"左"派	新儒家	民粹主义
习近平新时代中国特色社会主义思想知晓度	1									
习近平新时代中国特色社会主义思想认同度	0.594**	1								
新自由主义	−0.242**	−0.301**	1							
历史虚无主义	−0.291**	−0.352**	0.627**	1						
民主社会主义	−0.205**	−0.187**	0.570**	0.583**	1					
普世价值论	−0.202**	−0.137**	0.276**	0.316**	0.385**	1				
宪政思潮	−0.205**	−0.140**	0.277**	0.310**	0.373**	0.798**	1			
新"左"派	−0.244**	−0.178**	0.295**	0.320**	0.364**	0.750**	0.797**	1		
新儒家	−0.178**	−0.099**	0.238**	0.279**	0.341**	0.726**	0.756**	0.757**	1	
民粹主义	−0.260**	−0.185**	0.291**	0.334**	0.362**	0.716**	0.761**	0.806**	0.743**	1

注：**表示在0.01水平（双侧）上显著相关。

　　在形形色色的社会思潮中，青年对民主社会主义、新自由主义和历史虚无主义三种思潮的知晓度和认同度相对较高。课题组列举了民主社会主义思潮代表性观点，让青年进行评价。调查显示，青年对"社会思想丰富多样，不应该只是一种'主义'来作为指导思想"观点的认同度为28.1%，对"国家已经不再是阶级国家，不需要进行暴力革命"观点的认同度为26.9%，对"共产党可以由具有不同信仰和思想的人组成的一个共同体"观点的认同度为26.4%，对"民主社会主义是一种社会主义的模式"观点的认同度为25.1%，对"人道主义、自由、平等和人类共同理想高于国家利益"观点的认同度为17.4%，对"社会主义可以通过对资本主义的改良来实现"观点的认同度为16.3%，对"社会主义是一种价值追求，不需要进行社会制度变更实现"观点的认同度为12.8%。青年对民主社会主义思潮代表性观点的认同度为21.9%，认同值为2.58。从总体上看，青年群体对民主社会主义认同度比较低，但是民主社会主义思潮对青年具有较大迷惑性。在涉及民主社会主义的本质、国家性质、马克思主义指导、党的领导等核心问题上，青年群体并不能完全鉴别真伪。

　　课题组列举了新自由主义思潮代表性观点，让青年进行评价。调查显示，青年对"个人是社会的前提，个人自由不应受到限制"观点的认同度为15.7%，对"国际贸易不应设置壁垒，应完全开放自由竞争"观点的认同度为13.4%，对"管的最少的政府是最好的政府"观点的认同度为7.2%，对"市场经济会自动地把一切都调整好"观点的认同度为7.0%，对"市场是万能的，不需要进行人为干预"观点的认同度为6.7%，对"私有化是国有企业改革的唯一出路"观点的认同度为6.5%。青年对新自由主义思潮代表性观点总体认同度为9.4%，认同值为1.97。这说明青年对新自由主义思潮代表性观点具有比较清晰的认识，总体处于不太认同的水平。

课题组列举了历史虚无主义思潮代表性观点，让青年进行评价。调查显示，青年对"李鸿章为了维护大清国的利益鞠躬尽瘁，不能说他卖国"观点的认同度为16.6%，对"五四运动是激进主义思潮的产物"观点的认同度为16.4%，对"义和团运动是盲目排斥外国人及外来文化的极端愚昧的行为"观点的认同度为12.7%，对"中国如果走资本主义道路，能更好地实现发展"观点的认同度为7.0%，对"近代以来中国革命是少数人鼓动的结果，不是必然发生的"观点的认同度为6.6%，对"近代以来中国革命造成流血牺牲、社会动荡和经济发展的停滞，只有破坏性作用"观点的认同度为6.1%，对"西方国家侵略中国有助于中国更好发展"观点的认同度为5.9%，对"中国走社会主义道路偏离了近代人类文明的主流"观点的认同度为4.6%。青年对历史虚无主义思潮代表性观点总体认同度为9.5%，认同值为1.99。这说明青年对历史虚无主义思潮代表性观点具有比较清晰的认识，总体处于不太认同的水平。

（六）宣传教育因素的影响

调查显示，青年对习近平新时代中国特色社会主义思想知晓度与认同度之间存在显著性正相关关系（$r=0.594$，$p=0.000$），知晓度越高认同度也越高。课题组列举了影响习近平新时代中国特色社会主义思想宣传教育效果的主要因素，让青年进行评价。如表2-17所示，领导干部的公信力、宣传教育方法、社会环境的影响、宣传教育形式是影响青年的习近平新时代中国特色社会主义思想教育效果的主要因素，宣传教育话语体系、宣传教育安排的时间的影响作用较小。影响青年的习近平新时代中国特色社会主义思想教育效果的主要因素并不单一，是多种效果合力产生的结果。

表 2-17　影响青年理论宣传教育效果的主要因素

单位：人，%

观点/程度	不重要		有点重要		一般		比较重要		非常重要		重要度	重要值
	人数	比例	人数	比例	人数	比例	人数	比例	人数	比例		
思想理论的内容	97	1.2	789	10.1	1518	19.4	3213	41.1	2193	28.1	69.2	3.85
宣传教育形式	64	0.8	638	8.2	1536	19.7	3420	43.8	2150	27.5	71.3	3.89
宣传教育方法	55	0.7	662	8.5	1379	17.7	3460	44.3	2252	28.8	73.1	3.92
宣传教育者个人	110	1.4	575	7.4	2012	25.8	3248	41.6	1862	23.9	65.5	3.79
宣传教育话语体系	79	1.0	599	7.7	2030	26.0	3319	42.5	1778	22.8	65.3	3.78
宣传教育安排的时间	162	2.1	653	8.4	2255	28.9	3093	39.6	1643	21.0	60.6	3.69
思想理论对个人今后的影响	76	1.0	553	7.1	1714	22.0	3268	41.9	2196	28.1	70.0	3.89
个人对理论的兴趣	73	0.9	570	7.3	1666	21.3	3226	41.3	2271	29.1	70.4	3.90
社会环境的影响	63	0.8	527	6.8	1518	19.4	3494	44.8	2203	28.2	73.0	3.93
网络信息的影响	61	0.8	556	7.1	1752	22.4	3331	42.7	2106	27.0	69.7	3.88
组织保障问题	74	0.9	587	7.5	1888	24.2	3304	42.3	1953	25.0	67.3	3.83
领导干部的公信力	73	0.9	493	6.3	1494	19.1	3034	38.9	2713	34.8	73.7	4.00

五、新时代青年理论武装机制质性研究

运用质性研究方法有利于深入青年内心，从深层次分析青年的理论认同机制、理论武装影响因素及理论武装路径作用机制。课题组采取半结构化访谈模式开展深度访谈。采用经典扎根理论的开放式编码、轴心编码和理论编码方法，系统处理访谈材料、建构模型，分析青年理论武装机制[1]。

（一）访谈对象及数据处理

1.访谈对象

课题组通过预先设置访谈大纲及问题，在充分尊重访谈对象主观能动性的基础上对其加以引导，达到既紧紧围绕访谈主题又充分发挥访谈对象自主性的目的。访谈提纲的第一部分是被访者基本信息及访谈引入，第二部分是被访者对习近平新时代中国特色社会主义思想的认识和评价，第三部分是被访者日

---

[1] 邢鹏飞：《习近平新时代中国特色社会主义思想凝心铸魂的机制及路径研究——基于对120位青年的深度访谈》，《贵州师范大学学报（社会科学版）》2023年第4期，第35—46页。

常获取理论信息的渠道，第四部分是被访者对理论武装路径效果的评价，第五部分是影响理论武装效果的因素。在征得被访者同意后，对访谈过程进行录音和做笔记。访谈结束后，将访谈录音逐句转化为文字，形成研究文本。借助NVIVO 质性研究软件，建立质性研究数据库，导入访谈文本及相关材料，编辑节点展开编码研究。

课题组采用立意抽样方法确定访谈对象，选取日常对思想政治理论比较有想法并愿意表达出来的青年开展访谈。共确定了 120 个访谈样本，职业分别为青年领导干部（编码为 GB）、事业单位青年（编码为 SY）、青年学生（编码为XS）、自由职业青年（编码为 ZY）、农村青年（编码为 NC）和企业青年（编码为 QY）。访谈对象详细信息见表 2-18。

表 2-18　访谈对象基本信息

项目	类别	人数	比例（%）
性别	男	60	50.0
	女	60	50.0
年龄	28 岁及以下	81	67.5
	29-35 岁	34	28.3
	36 岁及以上	5	4.2
受教育程度	高中及以下	19	15.8
	本专科	81	67.5
	硕士及以上	20	16.7
政治面貌	共产党员	52	43.3
	共青团员	44	36.7
	群众	24	20.0
群体分布	青年领导干部	20	16.7
	青年学生	20	16.7
	事业单位青年	20	16.7
	企业青年	20	16.7
	自由职业青年	20	16.7
	农村青年	20	16.7

2.开放式编码

在开放式编码中，课题组多采用动名词分析原始访谈文本，尽力使代码去契合文本数据本意。例如，文本内容"我觉得我学习习近平新时代中国特色社会主义思想的积极性和主动性都比较高，自己在平时的生活中也会自学，不但是学习这个理论知识，也会关注一些新颖的内容，比如说在抖音上关注新闻联播"，研究者将这段文本处理为代码"积极学习习近平新时代中国特色社会主义思想"。通过动名词形式的编码方式,共得到开放式代码 310 个,节点 5825 个。开放式编码的高频概念示例见表 2-19。

表 2-19　开放式编码高频概念示例

概念	数量	案例
高度认同习近平新时代中国特色社会主义思想	104	真的特别认同,习近平新时代中国特色社会主义思想给社会带来了大变化,对普通人的影响是显著的。
对生活状态比较满意	99	在农村里种田、养鱼、养鸡,有一定的收入,对自己的生活还是比较满意的。
新闻媒体宣传	99	召开党的十九大、二十大的时候,我和家人一上午都在电视前看新闻。
电视电影渠道	95	《觉醒年代》《长津湖》这些电视电影作品真的有特别大的影响力。
网络渠道	89	因为工作的缘故吧,平常主要通过上网来了解思想理论信息。
人际交流渠道	87	面对理论困惑,我会和一些资深的党员或者政治老师进行交谈,从交谈中得到更多有用的知识。
反腐败成效显著	84	可以真实感受到党的十八大以来贪污腐败问题有了根本性的逆转,政治生态和社会凝聚力都得到了升华。
认为中国总体形势较好	83	从孟晚舟事件当中可以看出中国人民的团结意识越来越强,同时也体现出中国的综合实力正在稳步提升。
积极学习习近平新时代中国特色社会主义思想	78	我觉得我还是非常喜好习近平新时代中国特色社会主义思想的,因为如果有理论宣讲活动,那么我一定会报名。
反对历史虚无主义	76	这种错误的倾向是绝对不允许产生的,因为如果我们持着历史虚无的态度,那么前辈们的牺牲就变得没有任何意义了。

3.轴心编码

轴心编码旨在将开放式编码形成的不同种类和性质的概念进行系统化的梳理,回答关于"谁、在哪里、是什么、为什么、怎么办、评价是什么"等一系列逻辑问题。通过轴心编码可以将开放式编码形成的相关概念加以串联,形成更加清晰的类属。课题组经过轴心编码发现,310 个开放式编码按照不同的性质可以划分为 9 个核心属类。

一是"个人利益"。可以划分为个人的心理情感、经济收益、生活目标、职业发展、情绪动态等关乎青年个体实际的正反两方面利益的属类。个人利益属类包括"对生活状态比较满意(99)""想进一步提升自己的生活水平(65)""个人因素影响理论学习(64)""人生态度积极乐观(41)"和"生活压力和焦虑感(20)"等 31 个概念。

二是"个人担当"。可以划分为青年对自身发展、家庭发展、社会发展、民族复兴的责任及义务的认识等。个人担当属类包括"充满信心奋战新时代

（59）""个人奉献精神（41）""参与志愿服务活动（40）""强调要认真学习历史（38）""从自己工作做起（34）"和"经常关注时事新闻（33）"等34个概念。

三是"政治观念"。可以划分为青年对政治形势的看法，对习近平新时代中国特色社会主义思想的归属感和信任感，对党和政府工作、基层党组织的认可等。政治观念类属包括"认为中国总体形势较好（83）""认为党群关系总体和谐（78）""信任党员干部（62）"和"对中国特色社会主义充满信心（59）"等43个概念。

四是"宣传教育"。主要探讨影响习近平新时代中国特色社会主义思想武装青年的宣传教育系统的因素，包括青年对宣传教育路径的效果评价、对思想政治理论信息的关注度、对宣传教育路径创新的建议等。宣传教育因素类属包括"家庭家人影响理论学习（71）""个人位置影响自己了解党的创新理论（62）""党员的先锋模范作用（60）""理论宣传有效果（59）""理论宣传要接地气（49）"和"理论宣传政策因素（40）"等47个概念。

五是"国家发展"。主要包括党和国家事业上取得重大发展成就，对青年的习近平新时代中国特色社会主义思想认同的影响。国家发展类属具体包括"中外疫情对比提升理论认同（57）""感到党和政府真正关心人民（38）""由衷感到国家强大（29）"和"经济建设取得重大成就（23）"等28个概念。

六是"理论认同"。青年对习近平新时代中国特色社会主义思想的认同是本课题的核心范畴，主要涵盖对理论的了解度、认同度、信任度及践行程度等。理论认同类属具体包括"高度认同习近平新时代中国特色社会主义思想（104）""对习近平新时代中国特色社会主义思想具有归属感（67）""了解习近平新时代中国特色社会主义思想（47）"和"不太了解习近平新时代中国特色社会主义思想（24）"等22个概念。

七是理论武装"具体路径"。找到习近平新时代中国特色社会主义思想凝心铸魂有效路径是本课题的研究目标，在访谈文本及开放式编码中，"路径"始终是高频出现的关键词。理论武装具体路径类属涵盖"新闻媒体宣传渠道（99）""电视电影渠道（95）""网络渠道（89）""人际交流渠道（87）""课堂渠道（58）""实践（58）""宣讲（58）""书籍（57）"和"党课及主题党日活动（55）"等44个概念。

八是"社会现实"。社会现实是影响习近平新时代中国特色社会主义思想凝心铸魂效果的客观事实和环境。社会现实类属包括"住房和房价问题（40）""社会舆论影响大（32）""关注共同富裕（31）""社会公正的影响（29）"和"医疗问题（27）"等 37 个概念。

九是"社会思潮"。社会思潮主要涵盖青年对各种主要社会思潮的了解和评价情况，是开放式编码中出现较多的词汇。社会思潮类属主要包括"反对历史虚无主义（76）""不了解社会思潮（73）""不太相信社会思潮观点（64）"和"反对新自由主义（33）"等 24 个概念。

4.理论编码

理论编码是扎根理论三级编码中关键的一环，理论编码的合理性直接影响质性研究推理的逻辑性和叙事的饱满性。理论编码旨在将初始阶段支离破碎的开放式编码和形成核心类属的轴心编码重新聚拢起来，构建理论模型并形成完整的故事线。课题组发现理论认同在 9 个核心类属中居于核心位置，其他任何一个类属均围绕理论认同类属展开或者与之有着直接的联系。其他 8 个类属又可以划分为四大理论板块。个人利益、个人担当及政治观念直接同青年本身相关，系统完整地体现了青年对习近平新时代中国特色社会主义思想认同的思维和实践全貌，是青年理论认同中青年个体层面的具体展开。国家发展、社会思潮、社会现实是青年对习近平新时代中国特色社会主义思想认同的外在社会环境，同青年个体层面相呼应，综合影响着青年的理论认同。宣传教育因素是青年对习近平新时代中国特色社会主义思想认同的推进剂，对青年理论武装工作起到了推动作用。理论武装具体路径则是习近平新时代中国特色社会主义思想宣传教育和其他各层面因素影响青年理论认同的重要中介，起到了桥梁作用。

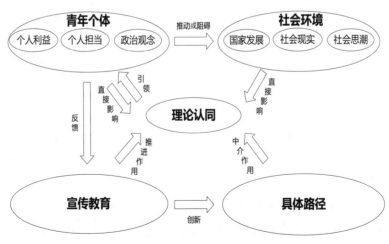

▲图 2-1　习近平新时代中国特色社会主义思想武装青年理论模型

如图2-1所示,课题组通过理论编码,形成了围绕"理论认同",以"青年个体"和"社会环境"为直接影响因素,以"宣传教育"为推进及催化,以"具体途径"为中介的习近平新时代中国特色社会主义思想武装的理论模型。

5.理论饱和度检验

理论饱和是指经过三级编码得到的理论模型能够容纳新的访谈文本出现的开放式和轴心式编码。为检验理论模型饱和度,课题组采用综合型理论检验法。一方面,课题组通过再次进行访谈文本分析来检验理论饱和度,针对预留的 10 名青年访谈文本再次进行开放式编码,发现新出现的代码均能够被轴心编码得到的 9 个核心类属包含。另一方面,课题组成员交互检验,将访谈文本分别交予课题组其他成员进行编码验证,得到的结果与该理论模型一致。因此,本理论模型总体趋于饱和。

(二)新时代青年理论武装机制质性分析

1.习近平新时代中国特色社会主义思想武装青年现状

青年总体上对习近平新时代中国特色社会主义思想比较了解,具有高度的认同度,呈现理性认同和感性认同交织叠加的特点。高度认同概念为 8 个,频数达到 459 次,比较认同概念为 7 个,频数为 95 次。党的十八大以来,党和国家事业取得历史性成就、发生历史性变革,国家快速发展、社会风气好转和人民生活水平得到提高等成就,促进了青年对党的创新理论的情感喜爱和理论认同。比如,有被访者说:"我特别认同习近平新时代中国特色社会主义思想,我觉得习近平总书记他看到了现在中国社会所面临的一些情况和挑战,党中央也是有很强大的毅力去解决这些问题,更好地推动中国社会发展(QY02)。""可以看出习近平新时代中国特色社会主义思想是符合我们国家当下国情,符合中国社会发展实际的,例如对此次新冠疫情的反应就可以看出这一思想的正确性和可行性(XS17)。""说实话,我理论学习就是新闻播放的时候关注一下,所以也就是知道个大概,但是我也是认同习近平新时代中国特色社会主义思想的(NC06)。"访谈分析发现,青年对习近平新时代中国特色社会主义思想"不太认同"概念为 7 个。这些持不太认同态度的人员,无一例外,都缺乏对习近平新时代中国特色社会主义思想的系统了解。比如,有被访青年说:"我平时也没有太过主动地去关注这些理论问题,只是比较关心贴近自己生活的一些方面，譬如医疗保险、生活物价、劳动和教育等方面（NC10）。""在习近平新时代中国特色社会主义思想的指导下，中国未来怎样，我们也不好下定论，而且我本人对这个也不是很了解，要讲完全相信也是不可能，还是看之后的发展吧（NC01）。"可见，青年总体对习近平新时代中国特色社会主义思想比较了解，但深入系统了解不足，且青年对理论的知晓度越高，对理论的认同度也越高。

2.习近平新时代中国特色社会主义思想武装青年机制

访谈数据得到的理论模型揭示了习近平新时代中国特色社会主义思想武装青年的机制。理论认同是理论武装的目标和核心，全面受到来自各方面的影响。青年个体的主观意愿势必会对其学习习近平新时代中国特色社会主义思想的积极性和认同度产生影响，是主体因素。社会环境因素，例如社会风气、国家发展等，同样会借助青年个体层面，唤起青年个体同理心，起到加强或者弱化理论认同的效果。宣传教育及具体途径层面作为理论认同的推动和中介力量也会对青年理论认同产生直接影响。当青年对习近平新时代中国特色社会主义思想认同度产生动态变化后，理论认同便会直接反馈到青年个体，对青年的具体利益、青年担当及政治观念产生影响。在此基础之上，动态变化的青年个体便对社会环境产生客观影响，推动或阻碍国家事业、社会现实的发展和社会思潮的传播。同时，动态变化的青年个体也会对宣传教育层面产生直接的反馈作用，并最终落实到习近平新时代中国特色社会主义思想武装路径的优化上。

一是青年的个人利益、政治观念及担当意识是影响理论认同的主体因素。统计结果显示，青年个人利益包含概念 31 个，出现频次为 483 次；个人担当概念为 34 个，出现频次为 498 次；政治观念概念为 43 个，出现频次为 603 次。比如，有被访青年指出："我们不管如何去生活，生活在怎样的环境里，都必须沿着习近平新时代中国特色社会主义思想这条思想道路走下去，只有这样我们才能更好地工作，各方面才能更标准更顺畅（SY19）。"青年对学历、生活、职业等方向的美好期待提升了青年对习近平新时代中国特色社会主义思想的认同度，而青年的责任感和使命感促使青年在思想上和组织上自觉向党组织靠拢，更加意识到党的科学理论指引的重要性。

二是国家发展、社会环境和社会思潮是影响青年理论认同的环境因素。统计结果显示，国家发展概念有 28 个，出现频次为 464 次；社会现实概念有 37 个，出现频次为 480 次；社会思潮概念有 24 个，出现频次为 456 次。随着国家反腐败事业、全面建成小康社会和抗击新冠肺炎疫情等成就，国家发展给人民带来便利，成为社会环境中最关键的影响因素。而社会发展过程中出现的过度娱乐化、房价、教育、医疗问题及社会思潮也对青年造成一定的负面影响。

三是宣传教育因素是影响青年理论认同的直接因素。统计结果显示，宣传教育因素的概念有 47 个，出现频次为 794 次。被访者对创新习近平新时代中国特色社会主义思想武装工作具有较高的期待，认为当前的理论宣传有效果（59）、建议理论宣传要接地气（49）、完善理论宣传政策（40）、用理论指引自身实践（34）和创新理论宣传形式（34）等。例如，有被访者表示："我们村为了加强宣传和丰富农民精神文化生活，建设了高标准的文化广场、农村书屋、篮球场、乒乓球台（GB07）。""如果你经常关注微博热搜，你就会发现一些国家级的时政新闻，我有时候就会点进去看一下（XS03）。"可见，宣传教育的力度广度越大，越对青年的习近平新时代中国特色社会主义思想认同产生推动作用。

习近平新时代中国特色社会主义思想武装青年具体路径的性质、地位及影响存在差异。直接和显性路径是青年理论武装的主渠道。党政部门组织的理论学习活动、网络新媒体宣传、基层党组织开展的主题生活会和理论学习会、书籍阅读、报告讲座、社区张贴的宣传标语等路径都直接显性地表达了理论武装的内容和要求。比如，有青年表示："就我们单位来说的话，主要是学习会议，由主讲人来进行讲述，然后进行理解分享，大家各自发言来说自己对习近平新时代中国特色社会主义思想的感受（SY03）。""我们有的时候会组织去看一些党的教育的，还有爱国教育的宣传片，纪录片，我觉得效果其实挺好的（QY18）。"可见，直接和显性的理论武装路径具有主题明确、受信任度高、操作成熟、效果显著、影响力广的特点，在习近平新时代中国特色社会主义思想武装路径中具有主渠道地位，发挥着主导作用。

在关注直接和显性路径主导作用的同时，间接和隐性的路径也是习近平新时代中国特色社会主义思想武装青年路径的重要补充。青年自身生活满意度、生活态度、利益满足度等个人因素与习近平新时代中国特色社会主义思想认同之间存在显著性正向关联。近年来，党和政府关心关爱青年，在国家层面制定和落实青年发展规划，解决青年的急难愁盼问题，得到了青年的高度认可。各大主流媒体及官方发声平台逐步针对青年喜好，运用微博、微信、抖音等载体，转变话语体系和叙事风格，尝试用更多隐性的方式潜移默化地感染青年。比如，有青年指出："作为宣传人员，在知乎上刷到一条可以作为宣传的材料，你就发到微信群里面，用闲聊的方式来说说这件事，让他们也参与讨论，这样他们有了参与感，就会更加喜欢这方面的东西（XS15）。"

六、新时代青年理论武装路径的初步结论

基于青年对习近平新时代中国特色社会主义思想了解、认同现状及特点，青年获取理论信息的渠道、对理论武装路径效果的评价现状及特点，以及对影响青年理论武装效果的因素的实证分析，课题组得到以下初步结论。

（1）青年对习近平新时代中国特色社会主义思想总体比较了解，对具体理论内容知晓度存在明显差异，对各理论内容的了解并不深入，且对于各社会思潮也具有一定的知晓度，对民主社会主义、历史虚无主义、新自由主义的知晓度位居所有社会思潮前三位。对习近平新时代中国特色社会主义思想各具体理论内容的知晓度排在前三位的分别是"实现中华民族伟大复兴的中国梦""坚持以人民为中心"和"坚持'一国两制'和推进祖国统一"，排在后三位的分别是"把党建设得更加坚强有力""以新发展理念引领经济高质量发展"和"掌握马克思主义思想方法和工作方法"。这说明青年对党的领导和中国特色社会主义的本质关系认识存在盲区，青年对中国共产党领导是中国特色社会主义最本质的特征和中国特色社会主义制度的最大优势缺乏深刻的认识。

不同群体类型青年对习近平新时代中国特色社会主义思想的知晓度具有显著性差异。青年领导干部对习近平新时代中国特色社会主义思想的知晓度最高，青年学生的知晓度次之，排名第三位的是事业单位青年，排名第四位的是企业青年，排名第五位的是自由职业青年，农村青年对习近平新时代中国特色社会主义思想的知晓度最低。

不同人口学特征的青年对习近平新时代中国特色社会主义思想的知晓度具有显著差异。男性对习近平新时代中国特色社会主义思想的知晓度要明显高于女性。年龄的提升对青年理论知晓度的增强具有积极意义。少数民族对习近平新时代中国特色社会主义思想的知晓度要高于汉族。地、县级市的青年对习近平新时代中国特色社会主义思想知晓度最高，直辖市、省会城市次之，乡村青年理论知晓度最低。中国共产党员的理论知晓度明显高于共青团员，共青团员理论知晓度高于青年群众。青年学历越高对理论的知晓度也越高，提升青年学历层次对加强党的创新理论宣传具有重要意义。

（2）青年对习近平新时代中国特色社会主义思想具有非常高的认同度，但仍存在较大的提升空间，且对新自由主义和民主社会主义等社会思潮也有一定的认同度。对习近平新时代中国特色社会主义思想各具体理论内容的认同度排在前三位的分别是实现中华民族伟大复兴的中国梦、坚持以人民为中心、带领人民创造更加幸福美好生活，排在最后三位的分别是中国共产党领导是中国特色社会主义最本质的特征、中国特色社会主义进入新时代、掌握马克思主义思想方法和工作方法。青年对习近平新时代中国特色社会主义思想具有较高的心理归属感、价值信仰和情感喜爱，对习近平新时代中国特色社会主义思想具有比较高的贯彻践行度，但仍存在较大的提升空间。青年对习近平新时代中国特色社会主义思想的心理归属感、价值信仰高于情感喜爱度，心理归属、价值认同和情感喜爱度高于贯彻践行度，青年主动学习理论的积极性较低。青年学生对"掌握马克思主义思想方法和工作方法"观点的知晓度和认同度都是最低的，说明青年学生缺乏对马克思主义思想方法和工作方法的深刻认识和把握。

青年领导干部对习近平新时代中国特色社会主义思想的认同度最高，排名第二位的是事业单位青年，排名第三位的是青年学生，排名第四位的是企业青年，排名第五位的是自由职业青年，排名第六位的是农村青年。年龄在青年对习近平新时代中国特色社会主义思想认同度方面具有很大影响，随着年龄增加、人生阅历和社会实践程度的不断强化，青年理论认同度总体不断加强。地、县级市青年对习近平新时代中国特色社会主义思想的认同度最高，直辖市、省会城市次之，乡村青年的理论认同度最低。中共党员的认同度最高，共青团员的认同度次之，青年群众认同度最低。随着学历的递增，青年对习近平新时代中国特色社会主义思想的认同度也在不断提升，大力发展教育事业，促进新时代青年学历提升对习近平新时代中国特色社会主义思想的认同度提升有帮助。

（3）青年日常更加关注与自己学习相关的专业信息、与日常生活相关的服务信息和社会民生热点信息，对习近平新时代中国特色社会主义思想信息的主动关注度比较低。青年日常获取习近平新时代中国特色社会主义思想信息主要依靠网络、微信和书籍渠道，对于报刊、报告讲座、宣传板或电子屏、职场培训等传统路径依赖度较低。尽管网络是青年获取习近平新时代中国特色社会主义思想信息排在第一位的路径，但青年更相信党和政府宣传、课堂讲授、书籍、报告讲座等传统载体，且对于网络、微信及手机短信载体最不信任。青年日常普遍依赖网络手段获取信息，网络活动内容主要是浏览信息、聊天交友及关注朋友动态、在线视听娱乐等，青年浏览思想理论类网站、App 及公众号的频率比较低，内容不吸引人及没有兴趣是阻碍青年主动浏览思想理论信息的主要原因。青年更倾向于直接阅读习近平等党和国家领导人的讲话来进行理论学习，对国际国内时事与政策读本、思想道德修养读物也比较喜爱。

从青年获取习近平新时代中国特色社会主义思想渠道的特点来看，企业青年对网络、微博渠道比较依赖，青年学生对书籍、网络、影视、微博、人际交往渠道比较依赖，青年领导干部对书籍、报刊、网络、微信、报告讲座、新闻客户端、宣传板或电子屏渠道比较依赖，事业单位青年对网络、微信、职场培训渠道比较依赖，自由职业青年和农村青年的特点不突出。在网络新媒体、报告讲座和人际交往渠道，女性青年依赖度显著高于男性青年。17 岁及以下的青年对书籍、影视、人际交往渠道的依赖度更高，18 ~ 28 岁的青年对网络、微博的依赖度更高，29 ~ 35 岁的青年对于微信的依赖度最高，36 岁及以上青年对报刊、报告讲座、职场培训、新闻客户端、宣传板或电子屏的依赖度最高。汉族青年明显要比少数民族青年更加依赖微博渠道，少数民族则更多依赖报告讲座、宣传板或电子屏渠道。城镇青年获取习近平新时代中国特色社会主义思想的渠道更为多元，组织性更强，对书籍报刊、网络新媒体、报告讲座、职场培训等渠道依赖度都高于乡村青年，而乡村青年理论获取渠道自发性特点比较突出，网络新媒体、影视、书籍等自主渠道比较多。中共党员在获取思想理论信息时侧重于书籍、报刊、网络、微信、报告讲座、职场培训、新闻客户端等渠道，共青团员更加依赖网络、微博、影视、人际交往等渠道，青年群众、民主党派青年对网络、微信、书籍渠道依赖性较高。对于书籍、报刊、网络、微信、微博、报告讲座、职场培训、新闻客户端渠道来讲，随着学历层次的逐步提高，青年对其依赖度也整体增加，而高中（含中专）及本专科学生对影视、人际交往渠道获取信息更为依赖。

（4）绝大多数青年能够认识到习近平新时代中国特色社会主义思想宣传的必要性，对创新理论宣传路径持比较感兴趣态度，对当前理论宣传教育效果持比较肯定态度。尤其值得注意的是，近年来青年对理论武装工作重要性的认识、感兴趣的程度和效果评价都得以提升，尤其是对党的创新理论武装效果的评价从 2015 年的 40.7% 上升到 2024 年的 67.4%。同时，依然有部分青年对理论武装工作的重要性、感兴趣程度和理论武装效果评价一般，存在较大进一步提升的空间。青年群体对社会实践活动、树立正面典型人物、党团组织开展的学习活动的效果评价最高，对大众传播媒介及互联网宣传、理论宣传教育、家庭环境、职业教育路径也具有较高的评价，对听辅导报告、日常生活及自主学习活动的效果评价相对较低。近年来党的创新理论路径效果提升显著，除家庭环境这一路径效果评价略有降低之外，各理论武装路径效果评价都得到提升，效果提升幅度最大的分别是理论宣传教育、大众传播媒介及互联网宣传、党团组织开展的学习活动、社会实践活动、树立正面典型人物。青年最愿意接受的理论教育方法是社会实践与考察，对新媒体宣传、自学研读原著或原文、理论讲授的方式也具有较高期待，对文件精神传达、培训班方式的意愿最低。

青年领导干部对各种理论武装途径效果的评价显著高于其他青年群体。青年总体上年龄越大对各种理论武装路径的效果评价越高。少数民族青年对各种理论武装途径效果评价更高。直辖市、省会城市青年对各种理论武装路径的效果评价相对较高，乡村青年对各种理论武装路径效果评价较低。青年共产党员对各种理论武装路径效果的评价要显著高于共青团员、民主党派及群众。家庭年经济收入为 5 万 ~ 10 万元的青年对各种理论武装路径效果评价较高，5 万元以下的青年对各种路径评价相对较低。本、专科青年对网络远程教育活动、家庭环境、日常生活渠道的效果评价最高，而其他路径的有效性评价随着学历的提升而不断提高。

（5）习近平新时代中国特色社会主义思想武装受到多方面的影响，青年生活满意度、生活态度积极性、人生目标明确度与习近平新时代中国特色社会主义思想知晓度、认同度之间存在正相关关系，生活满意度越高、生活态度越积极、人生目标明确度越高对党的创新理论知晓度和认同度也越高。青年政治观念与习近平新时代中国特色社会主义思想知晓度、认同度之间存在正相关关系，政治观念越积极乐观对党的创新理论的知晓度和认同度也越高。青年对各社会思潮的认同度与对习近平新时代中国特色社会主义思想的认同度之间存在显著性负相关关系，尽管青年不太知晓和认同社会思潮，但社会思潮对青年的影响仍然不容小觑。民主社会主义思潮是对青年影响最大的社会思潮，新自由主义、历史虚无主义也有一定的市场。绝大多数青年能够知晓中国共产党的本质，但仍然有部分青年无法认清党的本质特征，对党的领导与中国特色社会主义的本质联系缺乏深刻的理解。影响青年的习近平新时代中国特色社会主义思想武装效果的宣传教育因素并不单一，是多种因素合力产生的结果，领导干部的公信力、宣传教育方法、社会环境的影响、宣传教育形式是主要因素。

（6）调查表明，开展习近平新时代中国特色社会主义思想武装青年工作，提高青年对习近平新时代中国特色社会主义思想知晓度有助于提高其对习近平新时代中国特色社会主义思想的认同度，不同理论武装路径在提升青年对习近平新时代中国特色社会主义思想认同度方面存在差异性。遵循青年对习近平新时代中国特色社会主义思想认同各子系统的现状和内在思想转化机制，应以提高青年对习近平新时代中国特色社会主义思想内容掌握的系统性和深刻性为关键，以进一步巩固理论情感喜好为基础，以坚定理论信仰为突破口，以促成青年贯彻践行理论为归宿。用习近平新时代中国特色社会主义思想武装青年，既可以通过正面宣传教育方式，也可以采取批判错误社会思潮方式展开；既可以采取理论宣传教育方式，也可以采取家庭教育、社会教育、自我学习、实践活动等多样方式进行；既可以采取直接理论武装方式，也可以通过不断提升青年生活满意度、生活态度积极性和人生目标明确度等方面助力青年对习近平新时代中国特色社会主义思想的认同和践行；既要充分运用党和政府宣传、课堂讲授、书籍阅读、社会实践与考察、树立正面典型人物等传统权威型理论武装路径，又要补齐单一路径在思想理论宣传方面的短板，推动习近平新时代中国特色社会主义思想武装青年路径的融合发展和综合创新，满足青年对理论武装路径的创新期待。不同群体宜采取不同的理论武装路径，比如，对于青年领导干部要突出对习近平新时代中国特色社会主义思想学习贯彻的"质"的提升，对青年学生、事业单位青年、企业青年要在巩固知晓度的基础上以"量"促"质"，而对于自由职业青年、农村青年应重点扩大普及面，提高其对习近平新时代中国特色社会主义思想的关注度，主要解决知晓方面"量"的问题。需要根据不同青年群体特点，有针对性地开展习近平新时代中国特色社会主义思想武装。

第三章　新时代青年学生理论武装路径现状及对策

青年学生是最富有活力和创造力的群体，是推动社会进步最活跃和最有生气的力量，是中国特色社会主义建设事业的建设者和接班人。毛泽东说："共产党从诞生之日起，就是同青年学生、知识分子结合在一起的；同样，青年学生、知识分子也只有跟共产党在一起，才能走上正确的道路。"[1] 习近平强调："我们党立志于中华民族千秋伟业，必须培养一代又一代拥护中国共产党领导和我国社会主义制度、立志为中国特色社会主义事业奋斗终身的有用人才。"[2] 在全面建设社会主义现代化强国新征程中，青年学生是未来实现中华民族伟大复兴中国梦的主力军，广大教师就是打造这支中华民族"梦之队"的筑梦人。用习近平新时代中国特色社会主义思想武装青年学生，为学生打牢信仰之基，补足精神之钙，对凝聚和团结青年学生为实现"两个一百年"奋斗目标、实现中华民族伟大复兴的中国梦而奋斗具有重大意义。

[1]《毛泽东文集》第二卷，人民出版社 1993 年版，第 256 页。
[2]《毛泽东文集》第二卷，人民出版社 1993 年版，第 256 页。

一、新时代青年学生理论武装路径现状

（一）青年学生对新时代党的创新理论的认识

青年学生对习近平新时代中国特色社会主义思想具有较高的知晓度，但能深入系统了解习近平新时代中国特色社会主义思想内容体系的人数并不多，在各具体理论内容上表现出差异性。如表 3-1 所示，青年学生对习近平新时代中国特色社会主义思想内容的总体知晓度较高，知晓度为 70.0%，知晓值为 3.84，达到比较了解的程度。青年学生对习近平新时代中国特色社会主义思想具有很高的认同度，但仍存在较大进一步提升的空间。青年学生对习近平新时代中国特色社会主义思想内容的总体认同度为 86.2%，认同值为 4.31。青年学生对习近平新时代中国特色社会主义思想内容具有很高的认同度，对"中国梦""带领人民创造更加幸福美好生活""建设美丽中国"观点的认同度最高，对掌握马克思主义思想方法和工作方法、中国共产党领导是中国特色社会主义最本质的特征的认同度相对较低。青年学生对党的领导和中国特色社会主义的关系认识有待进一步提升，对习近平新时代中国特色社会主义思想内容缺乏系统全面的理解。

青年学生对习近平新时代中国特色社会主义思想具有较高的亲近感和心理归属感，对中国特色社会主义的信念比较坚定，但主动学习了解习近平新时代中国特色社会主义思想的积极性一般。在平时主动了解学习习近平新时代中国特色社会主义思想的积极性方面，青年学生选择积极性较高和很高的占44.6%。对习近平新时代中国特色社会主义思想的情感喜好方面，选择比较喜欢和非常喜欢的占 67.9%。在对习近平新时代中国特色社会主义思想的亲近感和心理归属感方面，选择比较有归属感和非常有归属感的占 75.4%。在将习近平新时代中国特色社会主义思想作为自己的人生理想和价值追求方面，选择比较符合和非常符合的占 67.9%。在将习近平新时代中国特色社会主义思想贯彻落实于自己的工作和生活方面，选择比较符合和非常符合的占 64.0%。在对马克思主义的信仰、对社会主义和共产主义的信念方面，选择比较坚定和非常坚定的占 70.6%。可见，青年学生对习近平新时代中国特色社会主义思想具有较高的亲近感和心理归属感，对马克思主义的信仰、对社会主义和共产主义的信念较为坚定，但主动学习了解习近平新时代中国特色社会主义思想的积极性较低，在将其贯彻落实于自己的工作和生活上仍需改善。

表 3-1　青年学生对新时代党的创新理论知晓和认同情况

单位：%

内容 / 项目	知晓度	知晓值	认同度	认同值
中国特色社会主义进入新时代	71.9	3.84	83.6	4.20
新时代坚持和发展中国特色社会主义	73.6	3.89	86.0	4.26
坚持以人民为中心	77.0	3.97	87.7	4.33
实现中华民族伟大复兴的中国梦	79.5	4.03	88.7	4.36
新时代坚持和发展中国特色社会主义的战略安排	66.0	3.76	84.9	4.27
中国共产党领导是中国特色社会主义最本质的特征	70.8	3.86	84.6	4.27
将全面深化改革进行到底	71.6	3.87	86.2	4.31
全面推进依法治国	74.5	3.93	87.7	4.35
以新发展理念引领经济高质量发展	64.0	3.73	85.3	4.29
发展社会主义民主政治	67.0	3.77	85.9	4.30
推动社会主义文化繁荣兴盛	70.6	3.85	87.1	4.34
带领人民创造更加幸福美好生活	73.7	3.91	88.5	4.38
建设美丽中国	75.4	3.95	87.9	4.38
坚持总体国家安全观	66.2	3.76	86.1	4.33
把人民军队全面建成世界一流军队	66.5	3.76	85.6	4.32
坚持"一国两制"和推进祖国统一	76.0	3.98	86.7	4.35
推动构建人类命运共同体	63.9	3.72	86.0	4.32
把党建设得更加坚强有力	62.8	3.71	85.9	4.32
掌握马克思主义思想方法和工作方法	59.3	3.64	83.2	4.25
平均数	70.0	3.84	86.2	4.31

（二）青年学生获取新时代党的创新理论的路径

1.青年学生日常阅读更关注与自己相关的专业信息、与日常生活相关的服务信息和社会民生热点信息，对思想政治理论的主动关注度一般

问卷列举了青年学生日常阅读所涉及的内容，让青年学生进行多项选择，进而来透视习近平新时代中国特色社会主义思想信息在青年学生阅读中的受关注度。从青年学生日常阅读所关注的信息内容来看，关注度最高的是与自己学

习相关的专业信息，占 77.5%；排在第二位的是与日常生活相关的服务信息，占 60.8%；排在第三位的是社会、民生热点信息，占 55.4%；排在第四位的是文学、历史、人文或与人生发展相关的励志信息，占 50.2%；排在第五位的是国际国内时政要闻相关的信息，占 48.6%；排在第六位的是购物、美食、娱乐、旅游、健康养生信息，占 41.1%；排在第七位的是思想政治理论方面信息，占 39.1%；排在第八位的是明星资讯逸闻趣事相关的八卦信息，占 31.2%；排在第九位的是婚恋交友信息，占 10.6%；排在第十位的是星相和宗教信仰信息，占 7.1%；排在第十一位的是其他信息，占 3.7%。可见，青年学生日常最关注的信息是与自己学习相关的专业信息、与日常生活相关的服务信息和社会民生热点信息，但对思想政治理论方面信息的关注度排在第七位，且关注度较低。

2.青年学生获取思想政治理论信息的路径呈现多样化特点，以网络、书籍和微信为主要渠道，更倾向于新型媒体、文字载体和多向路径

从青年学生日常获取思想政治理论方面信息的主要路径来看，排在第一位的是网络，占 87.6%；排在第二位的是书籍，占 60.1%；排在第三位的是微信，占 52.9%；排在第四位的是人际交往，占 47.9%；排在第五位的是影视，占 47.8%；排在第六位的是微博，占 46.7%；排在第七位的是新闻客户端，占 34.9%；排在第八位的是报告讲座，占 24.6%；排在第九位的是报刊，占 23.6%；排在第十位的是宣传板或电子屏，占 14.5%；排在第十一位的是职场培训，占 6.1%；排在第十二位的是其他，占 2.8%。2015 年，青年学生日常获取思想政治理论方面信息的主要路径排在第一位的是网络，占 73.2%；排在第二位的是书籍，占 53.4%；排在第三位的是微信，占 27.2%；排在第四位的是影视，占 25.2%；排在第五位的是朋友交谈，占 24.8%；排在第六位的是报刊，占 22.0%；排在第七位的是报告讲座，占 17.6%；排在第八位的是手机短信，占 10.5%；排在第九位的是各种培训，占 5.4%；排在第十位的是其他，占 1.4%。可见，网络、书籍和微信是青年学生获取习近平新时代中国特色社会主义思想排在前三位的路径。并且与 2015 年相比青年学生从网络、书籍和微信获取思想政治理论方面信息的比例显著增多，网络仍旧是青年学生获取思想政治理论信息的第一渠道。青年学生获取习近平新时代中国特色社会主义思想信息更倾向于新型媒体、文字路径和多向路径，且近年来青年学生从新媒体路径和多向路径获取信息的比例有所上升。

3.尽管网络新型媒体是青年学生获取思想政治理论信息排在第一位的路径，但青年学生更相信传统路径和文字载体在思想政治理论信息传播中的作用，党和政府宣传、课堂讲授、讲座报告、内部文件、书籍、报纸等传统正式载体的公信力大幅提升

课题组列举了青年学生获取思想政治理论信息的载体，让学生评价其信息的可信度。

表 3-2　青年学生对各种信息传播载体的信任情况

单位：人，%

观点/程度	不相信		不太相信		一般		相信		非常相信		信任度	信任值
	人数	比例	人数	比例	人数	比例	人数	比例	人数	比例		
课堂讲授	34	1.0	80	2.3	976	27.5	1866	52.5	596	16.8	69.3	3.82
讲座报告	29	0.8	96	2.7	974	27.4	1866	52.5	587	16.5	69.0	3.81
书籍	25	0.7	70	2.0	1057	29.7	1853	52.2	548	15.4	67.6	3.80
报纸	28	0.8	104	2.9	1151	32.4	1730	48.7	540	15.2	63.9	3.75
杂志	48	1.4	281	7.9	1679	47.2	1197	33.7	349	9.9	43.5	3.43
广播	31	0.9	188	5.3	1499	42.2	1432	40.3	403	11.3	51.6	3.56
电视	41	1.2	237	6.7	1458	41.0	1387	39.0	431	12.1	51.1	3.54
电影	73	2.1	433	12.2	1850	52.1	934	26.3	261	7.4	33.7	3.25
网络	72	2.0	559	15.7	1926	54.2	769	21.6	228	6.4	28.0	3.15
微信	91	2.6	540	15.2	1927	54.2	771	21.7	226	6.4	28.1	3.14
手机短信	209	5.9	707	19.9	1764	49.6	658	18.5	215	6.1	24.6	2.99
宣传板报	60	1.7	279	7.9	1556	43.8	1313	36.9	346	9.7	46.6	3.45
内部文件	48	1.4	190	5.4	1213	34.2	1395	39.3	703	19.8	59.1	3.71
朋友、家人	42	1.2	256	7.2	1685	47.4	1170	32.9	401	11.3	44.2	3.46
党和政府宣传	21	0.6	52	1.5	676	19.0	1355	38.1	1449	40.8	78.9	4.17

如表 3-2 所示，党和政府宣传、课堂讲授、讲座报告、书籍、报纸、内部文件是青年学生最为信赖的获取思想政治理论信息的载体，这些载体全部属于传统载体。排在最后 5 位的载体，从最后一位排序依次是手机短信、微信、网络、电影、杂志，而手机短信、网络、微信、电影都是新型媒体载体。2015 年调查数据显示，学生最为信赖的载体依次为课堂讲授（58.4%）、书籍（57.8%）、专业教师（56.8%）、内部文件（54.0%）、思政课教师（51.5%）、讲座（50.7%）、政府宣传（44.9%）、报纸（43.3%）、电视（34.3%）、广播（33.2%）、宣传板报（30.3%）、杂志（29.2%），最为不信赖的载体从最后一位排序依次为手机短

信（17.8%）、微信（18.8%）、电影（22.3%）、网络（22.7%）。可见，近年来虽然青年学生日常获取习近平新时代中国特色社会主义思想信息更加青睐于新型媒体，但是对新型媒体传播的信息有着谨慎的判断，对新型媒体传播的信息信任度较低，传统媒体、文字载体在青年学生理论信息获取方面依然发挥着优势。尤其是青年学生对党和政府宣传的信任度大幅提升，从 2015 年的 44.9% 上升到 2024 年的 78.9%。虽然青年学生对网络新型媒体获取信息依赖性更强，但是课堂讲授、讲座报告、书籍、报纸、内部文件等传统正式载体的信任度都有所提升。

4.网络新媒体在青年学生中运用普遍，浏览信息、聊天交友及关注朋友动态和视听娱乐在线为青年学生网络活动的主要内容，但青年学生对网络思想政治理论类信息的关注度较低，近年来思想政治理论类网站可用性和形式质量有所提高，但是内容不吸引人、没有兴趣和网站形式不新颖是主要影响因素

既然青年学生对网络新媒体获取信息深度依赖，那么青年学生上网都具体从事什么活动内容呢？如表 3-3 所示，青年学生网络活动内容主要是浏览信息、聊天交友及关注朋友动态和视听娱乐在线，且青年学生对网络活动的深度参与性并不强，更多的是被动了解相关信息。从青年学生在电脑、手机网络上浏览思想理论类网站、App 及公众号的情况来看，选择"没有"的有 202 人，占 5.7%；选择"较少"的有 873 人，占 24.8%；选择"一般"的有 1611 人，占 45.7%；选择"较多"的有 574 人，占 16.3%；选择"经常"的有 263 人，占 7.5%。这说明青年学生网络活动内容主要是浏览信息、聊天交友，仅 23.8% 的青年学生经常或者较多浏览思想政治理论类信息，对网络思想政治理论类信息的关注度非常低。对影响青年学生浏览思想理论类网站、App 及公众号的原因进行分析，排在第一位的原因是内容不吸引人，占 53.0%；排在第二位的是没有兴趣，占 34.5%；排在第三位的是网站形式不新颖，占 32.0%；排在第四位的是网站知名度不高，占 27.1%；排在第五位的是网站可用性较低，占 25.8%；排在第六位的是其他原因，占 5.7%，主要是青年学生反映日常学习任务太多，没有时间去关注思想政治理论网络信息。可见，影响青年学生浏览思想理论类网站、App 及公众号的原因主要还是网络资源自身的问题，而提高思想政治理论类网站资源的内容吸引力、提高网站形式新颖性和提高网站知名度，则是增强青年学生关注兴趣和提高网络思想政治理论传播力的主要路径。

表 3-3 青年学生上网关注的信息内容情况

单位：人，%

项目/程度	没有		较少		一般		较多		很多		关注度	关注值
	人数	比例	人数	比例	人数	比例	人数	比例	人数	比例		
学习或远程教育	137	3.9	785	22.1	1567	44.2	815	23.0	245	6.9	29.9	3.07
浏览信息	80	2.3	373	10.5	1252	35.3	1502	42.3	343	9.7	52.0	3.47
收发邮件	882	24.9	1429	40.3	793	22.4	339	9.6	99	2.8	12.4	2.25
聊天交友、关注朋友动态	87	2.4	496	14.0	1190	33.5	1281	36.1	499	14.0	50.1	3.45
网络游戏	930	26.2	1008	28.4	934	26.3	474	13.4	200	5.6	19.0	2.44
视听娱乐在线	288	8.1	811	22.9	1343	37.9	856	24.2	245	6.9	31.1	2.99
网上购物	245	6.9	1055	29.7	1388	39.1	662	18.7	198	5.6	24.3	2.86
逛网络社区贴吧	1030	29.0	1069	30.1	894	25.2	416	11.7	138	3.9	15.6	2.31

5.青年学生更倾向于直接阅读党和国家领导人讲话来开展思想政治理论学习，同时思想道德修养读物书籍也较为受学生青睐，读原著学原文悟原理成为青年学生阅读的新倾向

书籍是青年学生日常获取思想政治理论信息排在第二位的渠道，也是青年学生信任度较高的理论获取路径。课题组对青年学生思想政治理论类书籍阅读倾向进行分析，如表 3-4 所示，青年学生更倾向于直接阅读习近平等党和国家领导人讲话来开展思想政治理论学习。如果我们把所列书目分为三类，第一类为专业性思想政治理论著作，第二类为马克思主义理论原著原文，第三类为党的理论和政策通俗化解读书籍。可见，青年学生更倾向于马克思主义理论原著原文书籍。与 2015 年调查数据相比较，2015 年学生最倾向于从国际国内时势与政策读本和西方各种社会思潮读物的书籍中获取思想政治理论信息，但是 2024 年青年学生对西方各种社会思潮读物的意愿有所降低，对习近平等党和国家领导人的讲话、思想道德修养读物、马克思主义理论经典著作、毛泽东思想理论著作、邓小平理论、"三个代表"重要思想、科学发展观著作的阅读意愿全部都大幅提升，也就是说近年来最突出的表现就是青年学生阅读马克思主义理论原著原文的意愿大幅增强，对西方各种社会思潮读物的阅读意愿大大降低，读原著、学原文和悟原理成为青年学生理论书籍阅读学习的新倾向。

表 3-4 青年学生阅读思想政治理论书籍倾向

单位：人，%

项目/程度	2024 年		2015 年	
	人数	比例	人数	比例
马克思主义理论经典著作	1461	41.1	1765	23.6
专业性很强的理论著作	1198	33.7	1372	18.3
毛泽东思想理论著作	1366	38.4	1406	18.8
邓小平理论、"三个代表"重要思想、科学发展观著作	1071	30.1	1912	25.5
习近平等党和国家领导人的讲话	1708	48.0	1242	16.6
党的理论通俗宣传读物	901	25.3	1187	15.9
党的政策解读书籍	973	27.3	1957	26.1
思想道德修养读物	1474	41.4	2282	30.5
国际国内时势与政策读本	1582	44.5	3629	48.5
西方各种社会思潮读物	819	23.0	2804	37.5
其他	145	4.1	194	2.6

对青年学生日常获取习近平新时代中国特色社会主义思想渠道的特点进行分析，17 岁及以下的青年更倾向于从书籍、影视、人际交往渠道获得理论信息，18～28 岁的青年学生中大部分倾向于从书籍、微博、网络渠道获取理论信息，29 岁及以上的青年学生更倾向于从书籍、网络、微信、报告讲座、职场培训、新闻客户端渠道获取理论信息。乡镇和农村青年学生对网络、微信路径依赖性最高，地县级市青年学生对微信、微博渠道依赖性最高，直辖市及省会城市的青年对书籍、报刊、人际交往路径依赖性最高。初中和高中生对书籍和人际交往渠道依赖性最大，本专科生对网络、影视渠道依赖性最大，研究生和博士生对微信、微博、报告讲座、新闻客户端渠道依赖性最大。共产党员学生更倾向于报刊、网络、微信、微博、报告讲座、新闻客户端渠道，共青团员学生更倾向于网络、微博渠道，群众学生更倾向于网络、人际交往渠道获取理论信息。文科学生对书籍、报刊、微信、微博、报告讲座、新闻客户端路径依赖性最强，理工农医科学生对网络、职场培训渠道依赖性最强。

（三）青年学生对新时代党的创新理论武装路径效果评价

1.青年学生普遍认识到习近平新时代中国特色社会主义思想武装工作的重大意义，对创新理论武装工作具有较高的兴趣，对当前理论武装工作效果的评

价较高，但仍存在较大进一步提升的空间

调查显示，在对当前加强习近平新时代中国特色社会主义思想宣传教育必要性的回答中，选择"完全不必要"的有 43 人，占 1.2%；选择"不太必要"的有 92 人，占 2.6%；选择"一般"的有 516 人，占 14.6%；选择"有点必要"的有 1073 人，占 30.3%；选择"非常必要"的有 1820 人，占 51.4%。青年学生选择有点必要和非常必要加强习近平新时代中国特色社会主义思想宣传教育的累计占 81.7%。可见，当前青年学生普遍认识到习近平新时代中国特色社会主义思想武装工作的重要性。

在青年学生对创新习近平新时代中国特色社会主义思想宣传教育工作的兴趣调查中，选择"没有兴趣"的有 43 人，占 1.2%；选择"不太感兴趣"的有 142 人，占 4.0%；选择"一般"的有 1046 人，占 29.5%；选择"感兴趣"的有 1247 人，占 35.2%；选择"非常感兴趣"的有 1065 人，占 30.1%。青年学生对加强习近平新时代中国特色社会主义思想宣传教育工作感兴趣和非常感兴趣的累计占 65.3%。可见，当前大部分青年学生对创新习近平新时代中国特色社会主义思想武装工作的兴趣有所提高并具有较大的兴趣，但仍有部分学生对此缺乏兴趣。

青年学生对当前习近平新时代中国特色社会主义思想宣传教育效果的总体评价中，选择"没有效果"的有 36 人，占 1.0%；选择"不太有效"的有 141 人，占 4.0%；选择"一般"的有 879 人，占 24.8%；选择"有效"的有 1447 人，占 40.8%；选择"非常有效"的有 1040 人，占 29.4%。大部分青年学生对当前习近平新时代中国特色社会主义思想宣传教育效果的总体评价较高，选择有效和非常有效的占 70.2%。可见，青年学生的理论宣传工作取得了较大成效，但仍存在一定的提升空间。

在 2015 年的调查中，青年学生对加强中国特色社会主义理论体系宣传教育必要性的认同度为 69.9%，对中国特色社会主义理论体系普及计划的感兴趣度为 45.2%，对中国特色社会主义理论体系宣传普及活动效果的总体评价有效性为 38.3%。可见，近年来党的理论武装工作成效显著，青年学生对党的创新理论武装工作的重要性和感兴趣度都得以大幅提升，尤其是理论宣传教育效果得以极大提升。

2.青年学生对树立正面典型人物、社会实践活动和学校思想政治理论课程教育的有效性评价最高，对党团组织开展的学习活动、大众传播媒介及互联网宣传、理论宣传教育普遍给予高度评价，而对听辅导报告、自主学习活动、

网络远程教育活动、学校其他教育、职业教育等活动效果评价较差，理论宣传教育效果尚需进一步综合提升

问卷列举了习近平新时代中国特色社会主义思想宣传教育方式，让青年学生对其效果进行评价。如表 3-5 所示，青年学生对树立正面典型人物、社会实践活动、学校思想政治理论课程教育、党团组织开展的学习活动、大众传播媒介及互联网宣传、理论宣传教育的有效性评价最高，而对社会职业教育、自主学习和生活层面的教育活动，青年学生对此效果评价相对较低。尤其值得注意的是，青年学生对学校的思想政治理论课程教育的效果评价从 2015 年的 36.0% 提高到了 2024 年的 71.3%，增长了一倍。学校其他课程教育的有效性排在第十位，有效度为 59.9%，虽然具有积极的效果，但是课程思政功能发挥并不充分。

表 3-5 青年学生对理论武装路径的效果评价

单位：人，%

观点/程度	无帮助		较小		一般		有帮助		非常有帮助		有效度	有效值
	人数	比例	人数	比例	人数	比例	人数	比例	人数	比例		
学校思想政治理论课程教育	52	1.5	236	6.6	731	20.6	1728	48.7	802	22.6	71.3	3.84
学校的其他教育	61	1.7	285	8.0	1075	30.3	1563	44.0	566	15.9	59.9	3.64
听辅导报告	93	2.6	343	9.7	1063	29.9	1476	41.6	575	16.2	57.8	3.59
党、团组织开展的学习活动	68	1.9	198	5.6	764	21.5	1664	46.9	857	24.1	71.0	3.86
社会实践活动	34	1.0	143	4.0	666	18.8	1719	48.4	989	27.9	76.3	3.98
网络、远程教育活动	82	2.3	312	8.8	1076	30.3	1468	41.4	612	17.2	58.6	3.62
自主学习活动	81	2.3	410	11.5	1011	28.5	1429	40.3	619	17.4	57.7	3.59
家庭环境	63	1.8	296	8.3	895	25.2	1526	43.0	770	21.7	64.7	3.74
职业教育	80	2.3	266	7.5	984	27.7	1559	43.9	660	18.6	62.5	3.69
日常生活	58	1.6	283	8.0	988	27.8	1522	42.9	700	19.7	62.6	3.71
大众传播媒介及互联网宣传	37	1.0	190	5.4	845	23.8	1678	47.3	800	22.5	69.8	3.85
理论宣传教育	54	1.5	247	7.0	886	25.0	1584	44.6	779	21.9	66.5	3.79
树立正面典型人物	32	0.9	119	3.4	664	18.7	1672	47.1	1064	30.0	77.1	4.02

3.近年来思想政治理论课教学效果得到大幅提高，各门思想政治理论课教学效果都达到比较有效的水平，青年学生对中国近现代史纲要课程有效性评价最高，而对道德与法治课程有效性评价最低，思想政治理论课教学效果仍存在较大的提升空间

问卷列举了各个思想政治理论课程，让青年学生对其教学效果进行评价。如表 3-6 所示，依据有效度水平从高到低排序，依次为中国近现代史纲要、毛泽东思想和中国特色社会主义理论体系概论（习近平新时代中国特色社会主义思想概论）、马克思主义基本原理概论、思想道德与法治、思想政治、形势与政策、新时代中国特色社会主义理论与实践、中国马克思主义与当代、道德与法治。2015年青年学生对各个思想政治理论课程教学效果评价按照有效度从高到低排序，排在第一位的是思想道德与法治，有效度为46.0%，有效值为3.36；排在第二位的是中国近现代史纲要，有效度为45.4%，有效值为3.36；排在第三位的是形势与政策教育，有效度为44.0%，有效值为3.33；排在第四位的是毛泽东思想与中国特色社会主义理论体系概论，有效度为41.6%，有效值为3.26；排在最后一位的是马克思主义基本原理概论，有效度为38.7%，有效值为3.18。可见，近年来青年学生对思想政治理论课教学效果评价极大地提升，各门思想政治理论课的教学效果都比较好，但仍存在较大的提升空间。

表3-6　青年学生对思想政治理论课程的效果评价

单位：人，%

观点/程度	无效		较小		一般		有效		非常有效		有效度	有效值
	人数	比例	人数	比例	人数	比例	人数	比例	人数	比例		
道德与法治	40	1.3	108	3.5	789	25.3	1489	47.7	693	22.2	69.9	3.86
思想政治	25	0.8	84	2.9	672	22.8	1523	51.7	639	21.7	73.4	3.91
马克思主义基本原理概论	19	0.9	61	2.8	485	22.3	1081	49.7	531	24.4	74.1	3.94
中国近现代史纲要	15	0.7	46	2.1	440	19.9	1149	52.1	556	25.2	77.3	3.99
毛泽东思想和中国特色社会主义理论体系概论（习近平新时代中国特色社会主义思想概论）	15	0.7	46	2.1	467	21.0	1101	49.5	596	26.8	76.3	4.00
思想道德与法治	21	0.9	57	2.4	543	22.7	1182	49.3	593	24.7	74.0	3.95
形势与政策	30	1.3	73	3.1	535	22.6	1135	47.8	599	25.3	73.1	3.93
新时代中国特色社会主义理论与实践	3	0.5	14	2.1	161	24.5	330	50.2	149	22.7	72.9	3.93
中国马克思主义与当代	0	0	3	4.0	25.3	25.3	41	54.7	12	16.0	70.7	3.83
平均数	19	0.8	55	2.8	457	22.9	1004	50.3	486	23.2	73.5	3.93

4.青年学生最愿意接受的理论教育方法是社会实践与考察的方式，也倾向于接受新媒体宣传，对文件精神传达和培训班方式的意愿不高

青年学生在"您最愿意接受什么样的理论教育活动"一问的回答中，选择社会实践与考察的有1421人，占42.4%；选择新媒体宣传的有739人，占22.1%；选择自学、研读原著或原文的有463人，占13.8%；选择理论讲授的有359人，占10.7%；选择文件精神传达的有248人，占7.4%；选择培训班的有

121人，占3.6%。可见，青年学生最愿意接受的理论教育方式比较多元，最倾向于接受社会实践与考察的方式，对新媒体宣传的活动方式也比较喜欢，对文件精神传达和培训班的方式意愿不高。

就青年学生对习近平新时代中国特色社会主义思想武装路径效果评价特点进行分析，29岁及以上的青年学生对学校其他教育、听辅导报告、党团组织开展的学习活动、社会实践活动、自主学习活动、大众传播媒介及互联网宣传的有效性评价最高，18～28岁的青年学生次之，17岁及以下的青年学生最低。18～28岁学生对家庭环境、职业教育、日常生活、理论宣传教育、树立正面典型人物的有效性评价最高。直辖市、省会城市的青年学生对学校其他教育、听辅导报告、网络远程教育、自主学习活动、家庭环境、职业教育、日常生活的效果评价最高，地县级市次之，乡镇和农村最低。博士生对学校思想政治理论课程教育、学校其他教育、听辅导报告、党团组织开展的学习活动、社会实践活动、自主学习活动、大众传媒及互联网传播的评价高于其他学生，本科学生对家庭环境、职业教育、日常生活、树立正面典型人物的效果评价高于其他学生。党员学生对学校其他教育、听辅导报告、党团组织开展的学习活动、社会实践活动、大众传媒及互联网宣传、自主学习、理论宣传教育、树立正面典型人物等路径的效果评价最高。家庭收入高的青年学生对家庭环境、职业教育和日常生活路径的效果评价更高。文科学生对社会实践活动、自主学习活动、大众传媒及互联网传播、理论宣传教育和树立正面典型人物的路径的效果评价较高，理工农医类学生对听辅导报告、网络、远程教育活动、职业教育的路径评价较高。

二、新时代青年学生理论武装的影响因素

（一）青年学生生活满意度的影响

调查显示，在对目前自己生活的满意度评价中，青年学生选择"不满意"的有148人，占4.2%；选择"不太满意"的有327人，占9.2%；选择"一般"的有1404人，占39.4%；选择"满意"的有1388人，占39.0%；选择"非常满意"的有294人，占8.3%。生活满意度为47.3%，满意值3.38。可见，青年学生总

体上对自身生活基本满意，生活满意度水平一般，对生活高满意度的人数多于低满意度的人数。

随着青年学生生活满意度提高，对习近平新时代中国特色社会主义思想的知晓度、认同度也呈现提高趋势。青年学生生活满意度与习近平新时代中国特色社会主义思想知晓度之间存在显著性正相关关系，相关系数 $r=0.115$，$p=0.000 < 0.01$。青年学生生活满意度与习近平新时代中国特色社会主义思想认同度之间存在显著性正相关关系，相关系数 $r=0.092$，$p=0.000 < 0.01$。青年学生总体上生活满意度越高，对习近平新时代中国特色社会主义思想知晓度和认同度越高。

（二）青年学生生活态度的影响

调查显示，在对目前自己生活态度的评价中，青年学生选择"消极"的有46人，占 1.3%；选择"不太积极"的有 200 人，占 5.6%；选择"一般"的有988 人，占 27.7%；选择"基本积极"的有 1655 人，占 46.5%；选择"非常积极"的有 672 人，占 18.9%。人生态度积极度为 65.4%，积极值为 3.76。2015 年学生生活态度积极度为 70.1%，积极值为 3.79。可见，近年来青年学生生活态度积极度有所下降，但多数青年学生生活态度比较积极，选择消极的人数较少。

随着日常生活态度积极性的提高，青年学生对习近平新时代中国特色社会主义思想的知晓度、认同度也呈现提高趋势。青年学生日常生活态度积极性与习近平新时代中国特色社会主义思想知晓度之间存在显著性正相关关系，相关系数 $r=0.187$，$p=0.000 < 0.01$。青年学生日常生活态度积极度与习近平新时代中国特色社会主义思想认同度之间存在正相关关系，相关系数 $r=0.142$，$p=0.000 < 0.01$。

（三）青年学生人生目标明确度的影响

调查显示，在对自身人生目标明确度的评价中，青年学生选择"不明确"的有 80 人，占 2.2%；选择"不太明确"的有 436 人，占 12.2%；选择"一般"的有 913 人，占 25.6%；选择"基本明确"的有 1632 人，占 45.8%；选择"非常明确"的有 499 人，占 14.0%。人生目标明确度为 59.8%，人生目标明确值为3.57。在 2015 年的调查中，学生人生目标明确度为 63.6%，积极值为 3.63。可见，青年学生自身人生目标明确度有所下降，但总体上人生目标比较明确，人生目标不明确的为少数。

随着人生目标明确度的提高，青年学生的理论知晓度、认同度也呈现提高趋势。青年学生人生目标明确度与习近平新时代中国特色社会主义思想知晓度之间存在显著性正相关关系，相关系数 $r=0.197$，$p=0.000<0.01$。青年学生人生目标明确度与习近平新时代中国特色社会主义思想认同度之间存在显著性正相关关系，相关系数 $r=0.126$，$p=0.000<0.01$。

（四）青年学生政治观念的影响

表 3-7　青年学生政治观念现状

单位：人，%

观点/程度	不认同		不太认同		一般		比较认同		非常认同		认同度	认同值
	人数	比例	人数	比例	人数	比例	人数	比例	人数	比例		
您认为我国当前的政治形势	11	0.3	104	2.9	901	25.4	1689	47.5	848	23.9	71.4	3.92
您对目前经济形势的看法是	14	0.4	139	3.9	773	21.7	1881	52.9	751	21.1	74.0	3.90
新一届中央领导集体推出了一系列经济、政治建设等重要举措，您对这些举措	7	0.2	25	0.7	220	6.2	1613	45.4	1690	47.5	92.9	4.39
您对本届中央政府最近一年来的工作	8	0.2	39	1.1	501	14.1	1464	41.2	1543	43.4	84.6	4.26
与其他国家相比，您认为中国特色社会主义道路、理论、制度和文化	9	0.3	18	0.5	267	7.5	1764	49.6	1496	42.1	91.7	4.33
您对中国特色社会主义今后发展	6	0.2	26	0.7	271	7.6	1261	35.5	1993	56.0	91.5	4.46
平均数	10	0.3	59	1.7	489	13.7	1612	45.3	1387	39.0	84.3	4.21

如表 3-7 所示，总体来看，青年学生政治观念不积极的有 10 人，占 0.3%；不太积极的有 59 人，占 1.7%；一般的有 489 人，占 13.7%；比较积极的有 1612 人，占 45.3%；非常积极的有 1387 人，占 39.0%；政治观念积极度为 84.3%，积极值为 4.21。可见，青年学生对我国当前的政治形势、经济形势较为认可，对中央领导集体推出了一系列经济政治建设等重要举措和中央政府的工作比较满意，

认为中国特色社会主义道路、理论、制度和文化比较优越，对中国特色社会主义今后发展非常有信心。需要注意的是，青年学生对目前经济、政治形势也存在一些忧虑的情绪。

随着政治观念积极度的提高，青年学生习近平新时代中国特色社会主义思想知晓度、认同度也呈现提高趋势。青年学生政治观念积极度与习近平新时代中国特色社会主义思想知晓度之间存在显著性正相关关系，相关系数 $r=0.318$，$p=0.000<0.01$。青年学生政治观念积极度与习近平新时代中国特色社会主义思想认同度之间存在显著性正相关关系，相关系数 $r=0.388$，$p=0.000<0.01$。总体上青年学生政治观念积极度越高，对习近平新时代中国特色社会主义思想知晓度和认同度也越高。

（五）社会思潮的影响

青年学生对各种社会思潮的知晓度从高到低排序，依次为民主社会主义（28.4%）、历史虚无主义（28.4%）、新自由主义（18.8%）、新儒家（15.2%）、普世价值论（15.2%）、民粹主义（14.7%）、宪政思潮（12.8%）、新"左"派（10.3%）。对各社会思潮总体处于不太了解的知晓水平。青年学生对各种社会思潮的认同度从高到低排序，依次为新自由主义（38.8%）、民主社会主义（37.5%）、新儒家（23.9%）、普世价值论（22.9%）、宪政思潮（21.3%）、历史虚无主义（19.4%）、民粹主义（17.8%）、新"左"派（17.3%）。这说明少数青年学生对各社会思潮依然存在错误认知，对各社会思潮都存在一定的认同度，尤其是对新自由主义和民主社会主义两种社会思潮的认同度分别达到 38.8% 和 37.5%。就各社会思潮对习近平新时代中国特色社会主义思想认同度的影响展开分析，新自由主义（$r=-0.253$,$p=0.000$）、历史虚无主义（$r=-0.299$,$p=0.000$）、民主社会主义（$r=-0.134$，$p=0.000$）、普世价值论（$r=-0.059$，$p=0.000$）、宪政思潮（$r=-0.057$，$p=0.001$）、新"左"派（$r=-0.108$,$p=0.000$）、新儒家（$r=-0.039$,$p=0.020$）、民粹主义（$r=-0.118$，$p=0.000$）与习近平新时代中国特色社会主义思想认同度之间存在显著的负相关关系。可见，青年学生对各社会思潮的认同度与对习近平新时代中国特色社会主义思想的认同度之间存在此消彼长的关系。

课题组列举了民主社会主义思潮代表性观点，让青年学生进行评价。青年学生对民主社会主义思潮代表性观点总体认同度为 23.4%，认同值 2.65，说明青年学生对民主社会主义思潮代表性观点认同度比较低。在 2015 年，青年学生对民主社会主义思潮代表性观点认同度为40.9%，说明近年来青年学生对民主社会主义思潮认同度明显降低。具体而言，排在第一位的是"社会思想丰富多样，不应该只是一种'主义'来作为指导思想"，认同度为32.2%，认同值为2.91；排在第二位的是"共产党可以由具有不同信仰和思想的人组成的一个共同体"，认同度为28.1%，认同值为2.72；排在第三位的是"国家已经不再是阶级国家，不需要进行暴力革命"，认同度为27.4%，认同值为2.78；排在第四位的是"民主社会主义是一种社会主义的模式"，认同度为26.4%，认同值为2.94；排在第五位的是"人道主义、自由、平等和人类共同理想高于国家利益"，认同度为19.4%，认同值为2.50；排在第六位的是"社会主义可以通过对资本主义的改良来实现"，认同度为17.7%，认同值为2.49；排在第七位的是"社会主义是一种价值追求，不需要进行社会制度变更实现"，认同度为12.3%，认同值为2.23。可见，大多数青年学生对民主社会主义思潮的核心观点具有清晰的认识，但依然有23.4%的学生持赞同的立场。在涉及马克思主义指导、共产党的领导和国家性质等核心问题上，部分青年学生对科学社会主义与民主社会主义的本质区别缺乏清晰的认识。

课题组列举了新自由主义思潮代表性观点，让青年学生进行评价。青年学生对新自由主义思潮代表性观点总体认同度为9.3%，认同值1.94，说明青年学生对新自由主义思潮代表性观点总体处于不太认同的水平。在2015年，青年学生新自由主义思潮代表性观点认同度为19.7%，说明近年来新自由主义思潮对青年学生影响力有所降低，但仍有少数青年学生对此认同。具体而言，排在第一位的是"个人是社会的前提，个人自由不应受到限制"，认同度为15.7%，认同值为2.25；排在第二位的是"国际贸易不应设置壁垒，应完全开放自由竞争"，认同度为12.8%，认同值为2.15；排在第三位的是"管的最少的政府是最好的政府"，认同度为7.3%，认同值为1.76；排在第四位的是"市场经济会自动地把一切都调整好"，认同度为7.1%，认同值为1.81；排在第五位的是"市场是万能的，不需要进行人为干预"，认同度为6.5%，认同值为1.78；排在第六位的是"私有化是国有企业改革的唯一出路"，认同度为6.4%，认同值为1.86。可见，绝大多数青年学生对新自由主义思潮的核心观点具有较为清晰的认识，但是依然有9.3%的持赞同的立场，对新自由主义思潮缺乏清晰的认识。

课题组列举了历史虚无主义思潮代表性观点，让青年学生进行评价。青年学生对历史虚无主义思潮代表性观点总体认同度为11.2%，认同值2.04，说明青年学生对历史虚无主义思潮代表性观点总体处于不太认同的水平。具体而言，排在第一位的是"五四运动是激进主义思潮的产物",认同度为 19.8%,认同值为 2.48；排在第二位的是"李鸿章为了维护大清国的利益鞠躬尽瘁,不能说他卖国",认同度为 19.2%,认同值为 2.61；排在第三位的是"义和团运动是一场盲目排斥外国人及外来文化的极端愚昧的行为",认同度为 15.4%,认同值为 2.34；排在第四位的是"中国如果走资本主义道路,能更好地实现发展",认同度为 8.0%,认同值为 1.83；排在第五位的是"近代以来中国革命是少数人鼓动的结果,不是必然发生的",认同度为 7.8%,认同值为 1.90；排在第六位的是"西方国家侵略中国有助于中国更好发展",认同度为 6.9%,认同值为 1.76；排在第七位的是"近代以来中国革命造成流血牺牲、社会动荡和经济发展的停滞,只有破坏性作用",认同度为 6.6%,认同值为 1.72；排在第八位的是"中国走社会主义道路偏离了近代人类文明的主流",认同度为 5.5%,认同值为 1.68。可见,绝大多数青年学生对历史虚无主义思潮的核心观点具有较为清晰的认识,但是依然有 11.2% 的青年学生持赞同的立场。

（六）宣传教育因素的影响

课题组列举了影响习近平新时代中国特色社会主义思想宣传教育效果的主要因素,让青年学生进行评价。

表 3-8　影响青年学生理论宣传教育效果的主要因素

单位：人,%

观点 / 程度	不重要		有点重要		一般		重要		非常重要		认同度	认同值
	人数	比例	人数	比例	人数	比例	人数	比例	人数	比例		
思想理论的内容	40	1.1	387	10.9	657	18.5	1552	43.7	917	25.8	69.5	3.82
宣传教育形式	34	1.0	312	8.8	666	18.7	1634	46.0	907	25.5	71.5	3.86
宣传教育方法	32	0.9	300	8.4	606	17.1	1663	46.8	950	26.8	73.6	3.90
宣传教育者个人	55	1.5	268	7.5	947	26.7	1481	41.7	802	22.6	64.3	3.76
宣传教育话语体系	35	1.0	292	8.2	910	25.6	1529	43.0	786	22.1	65.1	3.77
宣传教育安排的时间	84	2.4	264	7.4	1023	28.8	1434	40.3	749	21.1	61.4	3.70
思想理论对个人今后的影响	39	1.1	253	7.1	738	20.8	1501	42.2	1023	28.8	71.0	3.90
个人对理论的兴趣	39	1.1	274	7.7	735	20.7	1484	41.8	1021	28.7	70.5	3.89
社会环境的影响	35	1.0	248	7.0	642	18.1	1588	44.7	1039	29.3	74.0	3.94
网络信息的影响	33	0.9	253	7.1	757	21.3	1535	43.2	975	27.4	70.6	3.89
组织保障问题	40	1.1	279	7.9	828	23.3	1529	43.0	878	24.7	67.7	3.82
党员干部的公信力	40	1.1	233	6.6	643	18.1	1410	39.7	1228	34.6	74.3	4.00

如表 3-8 所示，影响青年学生理论武装效果的因素是多重因素共同作用的结果，党员干部的公信力、社会环境的影响是排在前两位的因素，宣传教育方法、宣传教育形式、思想理论对个人今后的影响和网络信息的影响等因素是影响习近平新时代中国特色社会主义思想宣传教育效果的主要因素，而宣传话语体系、宣传教育者个人、宣传教育安排的时间则是影响相对较小的因素。与 2015 年相比，青年学生中"个人对理论的兴趣"的影响力大幅提升，由 2015 年的 57.2% 增加到 2024 年的 70.5%，说明青年学生期待提升理论宣传教育的吸引力以增加理论兴趣。可见，提高习近平新时代中国特色社会主义思想武装青年学生效果尤其要从提升党员干部公信力、塑造良好稳定的社会环境、改进宣传教育形式和方法上下功夫。

三、新时代青年学生理论武装路径的建议

（一）加大宣传力度，增强理论学习内容的系统性和全面性

增强习近平新时代中国特色社会主义思想宣传教育的系统性和全面性。调查显示，青年学生对习近平新时代中国特色社会主义思想具有较高的知晓度，但能深入系统了解其内容体系的人数并不多，在各具体理论内容上表现出差异性。要加大习近平新时代中国特色社会主义思想的宣传普及力度，提高青年学生理论内容的知晓度，进而提升青年学生的理论认同度。青年学生对"中国梦"形象化的理论内容知晓度和认同度更高，这启发我们要从理论上加强对习近平新时代中国特色社会主义思想的话语提炼。高校要依据《习近平谈治国理政》《习近平新时代中国特色社会主义思想学习纲要》《习近平新时代中国特色社会主义思想学习问答》和党的二十大报告等教材，全面系统地开展习近平新时代中国特色社会主义思想教育，避免零碎化的学习，引导青年学生真正学深、悟透、弄通、做实习近平新时代中国特色社会主义思想。

回应青年学生对习近平新时代中国特色社会主义思想认识的盲区。调查显示，青年学生对党的领导和中国特色社会主义的本质关系认识存在盲区。要引导学生深刻认识和理解"中国特色社会主义最本质的特征是中国共产党领导，

中国特色社会主义制度的最大优势是中国共产党领导"。[1]调查表明青年学生对"掌握马克思主义思想方法和工作方法"观点的知晓度和认同度都是最低的，说明青年学生缺乏对马克思主义思想方法和工作方法的深刻认识和把握。因此要教育青年学生认识到习近平新时代中国特色社会主义思想就是运用马克思主义立场观点方法解决当代中国实际问题的杰出典范，认真学习这一思想的世界观和方法论。让青年学生学会用习近平新时代中国特色社会主义思想观察、分析和解决实际问题，真正搞懂面临的时代课题，深刻把握世界发展走向，认清中国和世界发展大势。

（二）突出新型媒体和文字载体优势，综合利用多元立体化理论武装载体

充分发挥网络新型媒体的传播优势。调查显示，在青年学生获取思想理论信息的渠道中，网络是最主要的渠道。近年来青年学生对浏览思想理论类网站、App 及公众号的关注兴趣有了提高。而且影响青年学生主动关注思想政治理论网络信息的主要原因由"没有兴趣"转变为了"内容不吸引人"，但是影响青年学生浏览思想理论类网站、App 及公众号的原因主要还集中在网络资源自身。因此，应把增强思想政治理论类网站资源的内容吸引力、提高网站形式新颖性及提升网站知名度作为增强青年学生关注兴趣和提高网络思想政治理论传播力的主要路径。调查还表明，青年学生日常最关注的信息是与自己学习相关的专业信息、与日常生活相关的服务信息和社会民生热点信息，但对思想政治理论方面信息的关注度排在第七位，略高于明星资讯轶闻趣事相关的八卦信息的关注度，且关注度较低。尤其值得注意的是，有极少数青年学生对星象和宗教信仰信息的关注较高，应该警惕星象和宗教信仰信息所包含的隐晦内容。因此，要综合运用网络、微信等新媒体载体，发挥新型媒体、文字载体和多向载体的作用。统筹好各类新媒体，充分发挥媒体融合发展优势，全方位、多层次宣传解读习近平新时代中国特色社会主义思想。要用好新媒体互动平台，设置青年学生喜闻乐见的互动话题，收集青年学生的"网言网语"，从网络沟通中掌握青年学生的需求和脉动，将思想理论学习植入到与青年学生学习和日常生活相关的信息中去。要提升信息内容传播的针对性，充分考虑学生利用新媒体的倾向性特征，制作传播贴近大学生特点的新媒体内容产品，使理论宣传更加贴合青年学生关注的信息，突出互动式、服务式传播，增强理论学习的共鸣性、趣

[1]《习近平谈治国理政》第二卷，外文出版社 2017 年版，第 43 页。

味性和可读性。要积极配合中央媒体，及时梳理提供典型素材、报道线索等，深入报道学习贯彻理论取得的成效。要充分借助青年倾向使用的网络、微信等工具，将传统的文字载体和活动载体与青年学生常用的交流互动工具相结合，如报告讲座与实时弹幕互动相结合，社会实践活动与抖音直播相结合等，促进青年学生积极参与思想理论学习。

创新书籍文字载体的形式。调查显示，书籍是青年学生日常获取思想政治理论信息排在第二位的渠道，也是青年学生信任度较高的理论获取路径。青年学生更倾向于直接阅读习近平等党和国家领导人讲话来开展思想政治理论学习，同时思想道德修养读物也较受学生青睐，青年学生对西方各种社会思潮读物的阅读意愿大大降低，读原著、学原文和悟原理成为青年学生理论书籍阅读学习的新倾向。习近平曾强调："学习理论最有效的办法是读原著、学原文、悟原理，强读强记，常学常新，往深里走、往实里走、往心里走。"[1] 因此要鼓励青年学生读原著、学原文、悟原理，使各类书籍成为传播习近平新时代中国特色社会主义思想的重要载体。要编写高质量的党和国家领导人讲话书籍，打造党的理论通俗读物、国际国内时事与政策读本供青年学生学习，为青年学生读原著、学原文、悟原理提供有利条件。探索习近平新时代中国特色社会主义思想书籍的在线传播渠道，实现视听说形式的多样化。

综合利用多元立体化理论武装载体。调查显示，尽管网络新型媒体是青年学生获取习近平新时代中国特色社会主义思想信息排在第一位的路径，但青年学生对新型媒体传播的信息信任度较低，更相信传统路径和文字载体在思想政治理论信息传播中的作用，党和政府宣传、课堂讲授、讲座报告、内部文件、书籍、报纸等传统正式载体的思想政治理论信息传播公信力大幅提升。因此，要充分发挥党和政府宣传、课堂讲授、讲座报告、书籍、报纸、内部文件等传统正式载体的思想政治理论信息传播能力，充分结合新媒体传播的优势加强党和政府的宣传路径的理论传播能力。调查显示，近年来青年学生对从朋友和家人获取思想理论信息的依赖性增强，信任度提升，而且父母职业对青年学生理论认知具有显著性影响。这也启发我们运用家教、家风建设开展理论武装工作。党的十八大以来，习近平总书记站在党和国家事业发展全局的高度，多次强调注重家庭，注重家教，注重家风，指出"广大家庭都要重言传、重身教，教知识、育品德，身体力行、耳濡目染，帮助孩子扣好人生的第一粒扣子，迈好人生的第一个台阶。"[2] 同时注重发挥学校的纽带作用，建立好学校与家庭、社会的有

---

[1]《习近平谈治国理政》第三卷，外文出版社 2020 年版，第 519 页。
[2]《习近平谈治国理政》第二卷，外文出版社 2017 年版，第 355 页。

效衔接，使家教、家风建设成果在理论武装工作中彰显实效。

（三）发挥党的宣传思想部门的主导作用，办好铸魂育人的关键课程

应充分发挥党的宣传思想部门在青年学生理论武装过程中的主导作用。调查显示，在青年学生对思想政治理论信息传播载体的信任度中，排在前三位的分别为党和政府宣传、课堂讲授和讲座报告。习近平新时代中国特色社会主义思想武装青年学生，是多种主体、路径和影响因素共同起作用的结果，其中高校党委承担着根本领导责任，党的宣传思想部门发挥着主导作用。随着世界发生百年未有之大变局，中国日益走近世界舞台中央，中国同世界的联系更趋紧密、相互影响更趋深刻，意识形态领域面临的形势和斗争也更加复杂。各级学校党委要落实好意识形态工作责任制，党的宣传思想部门在理论武装工作中的要发挥好主导作用，促进习近平新时代中国特色社会主义思想武装青年学生大格局的形成，积极创新理论武装方法，推动习近平新时代中国特色社会主义思想深入青年学生内心。

切实办好思想政治理论课。思想政治理论课是习近平新时代中国特色社会主义思想武装青年学生的关键课程。调查显示，近年来思想政治理论教学效果得到大幅提高，青年学生认为各门思想政治理论课的教学都较为有效，但思想政治理论课教学效果仍存在较大的提升空间。习近平高度重视思想政治理论课建设，要求"办好思政课，要放在世界百年未有之大变局、党和国家事业发展全局中来看待，要从坚持和发展中国特色社会主义、建设社会主义现代化强国、实现中华民族伟大复兴的高度来对待"，并从"八个统一"的高度深刻揭示了办好思政课教学的内在规律。[1]调查表明，当前各个学段思想政治理论教学效果并不协调，本专科的思想政治理论课教学效果高于研究生阶段的教学效果，研究生阶段又高于中小学阶段思想政治理论课教学效果。习近平指出："在大中小学循序渐进、螺旋上升地开设思想政治理论课非常必要，是培养一代又一代社会主义建设者和接班人的重要保障。"[2]这就要求必须统筹推进大中小学思政课一体化、内涵式发展，坚持问题与目标导向相统一、守正和创新相统一。调查也表明，就思想政治理论课教学过程的内部因素来看，宣传教育方法、宣传教育形式、思想理论对个人今后的影响是影响习近平新时代中国特色社会主义思想宣传教

---

[1] 习近平：《思政课是落实立德树人根本任务的关键课程》，人民出版社 2020 年版，第 5—23 页。
[2] 《习近平谈治国理政》第三卷，外文出版社 2020 年版，第 329 页。

育效果的主要因素，而宣传话语体系、宣传教育者个人、宣传教育安排的时间则是影响相对较小的因素。因此，学校要坚持用习近平新时代中国特色社会主义思想铸魂育人，遵循思想政治理论教育规律和学生成长规律，坚持大中小学纵向主线贯穿、循序渐进，完善不同学段思想政治理论课的教师队伍体系、课程目标体系、课程设置体系、课程内容体系、教材体系、考核评价体系和组织领导体系，让老师安安心心、自信满满、扎扎实实地上好每一堂课，创新教学方法，让思想政治理论课真正成为学生终身受益和毕生难忘的铸魂课程。

善用"大思政课"。调查显示，在青年学生对思想政治理论信息传播载体的信任度中，排在第二位的是课堂讲授，但是青年学生对学校其他课程教育的有效性评价明显低于思想政治理论课教学效果，排在第十位，课程思政功能发挥并不充分。要善用大思政课，上思政课不能拿着文件干巴巴地宣读。比如，湖南师范大学"习近平新时代中国特色社会主义思想概论"课程在青年大学生中探索坚持"五个结合"、推进"五化建设"、打造"五个课堂"的教学改革创新，打造高阶性、创新性、挑战度的思政"金课"。即坚持政治与思想相结合，实现教学理念科学化，将党的创新理论讲深、讲透、讲活、讲懂、讲新；坚持理论与实际相结合，实现教学资源优质化，打造一流的专题教学资源库；坚持课内与课外相结合，实现教学方式立体化，理论课堂为主阵地，网络课堂拓空间、移动课堂重体验、开放课堂做示范、名师课堂立潮头；坚持传统与现代相结合，实现教学手段信息化，打造线上一流课堂和虚拟仿真课程；坚持教学和科研相结合，实现教学科研一体化，着眼于教学水平提升和教学实效性增强，以教助赛、以赛领教。要切实解决好各类课程和思政课相互配合的问题，鼓励教学名师、要求各地区各部门负责干部去讲思政课，实现所有教职员工与思政课教师相辅相成，推动党的创新理论武装工作贯通整个人才培养体系，发挥融入式、嵌入式、渗透式的铸魂育人协同效应。

（四）将理论宣传与青年学生日常生活和专业发展深度融合，充分发挥间接式和活动式理论武装方法的作用

将习近平新时代中国特色社会主义思想的理论宣传与青年学生专业发展和日常生活深度融合。调查显示，青年学生日常阅读更关注与自己相关的专业信息、与日常生活相关的服务信息和社会民生热点信息，对习近平新时代中国特色社会主义思想信息的主动关注度一般。调查表明，青年学生生活满意度、生

活态度、人生目标明确度总体比较积极，但是近年来有所降低，生活满意度、生活态度积极性、人生目标明确度与习近平新时代中国特色社会主义思想知晓度、认同度之间存在显著性正相关关系。因此，在做好直接的理论教育工作和提高青年学生对习近平新时代中国特色社会主义思想的理论知晓度的同时，应充分重视间接途径的作用，将理论武装工作与青年学生专业发展和日常生活深度融合，将关注学生的思想政治理论素养提升与为青年学生成长成才办实事相结合。

发挥青年学生榜样示范作用。调查显示，在青年学生对习近平新时代中国特色社会主义思想宣传教育方式有效性评价中，排在第一位的是树立正面典型人物。这说明，树立正面典型人物在习近平新时代中国特色社会主义思想武装青年学生工作中具有显著性优势。榜样的力量是无穷的，"青年模范人物是广大青少年学习的榜样，肩负着更多社会责任和公众期望，在青少年中乃至全社会都有着很强的示范带动作用"。[1]宣传正面典型人物和事迹有利于树立有形的榜样标杆以最大限度地激发和调动青年学生求真向善的精神力量。青年学生榜样示范教育也积累了丰富的经验，教育部举办"高校辅导员年度人物"和"大学生年度人物"推选展示活动，以典型带动整体，树立起新时代辅导员和大学生的学习榜样，实现学生群体的共同进步和自我教育。因此，对青年学生进行理论武装要善于挖掘正面典型人物在增进青年学生精神力量上的作用，结合"奋斗的我、最美的国"新时代先进人物进校园工作，发挥共和国勋章获得者、时代楷模、人民教育家、人民科学家等不同领域先进人物作用，为青年学生树立榜样示范，积极营造学习正面典型人物的良好氛围。

发挥党团组织优势，通过社会实践活动提高理论武装效果。调查显示，在青年学生对习近平新时代中国特色社会主义思想宣传教育方式有效性评价中，排在第二位的是社会实践活动，排在第四位的是党、团组织开展的学习活动；在青年学生最愿意接受的理论教育方式中，排在第一位的是社会实践与考察。这说明在直接的理论教育途径之外，社会实践活动是大学生评价非常高而且非常期待的理论武装方式。高校应落实《中共中央、国务院关于加强和改进新形势下高校思想政治工作的意见》中关于"强化社会实践育人"的系统部署："系统设计实践育人教育教学体系，分类制定实践教学标准，提高实践教学比重，组织师生参加社会实践活动，了解体验国情民情。组织学生参与科研活动中的社会调研，参与产业化科研项目，完善科教融合、校企联合等协同育人模式。

---

[1]《习近平谈治国理政》第一卷，外文出版社 2018 年版，第 53 页。

加强实践教学基地建设，促进教学和科研紧密结合、学校和社会密切合作。建立健全国家机关、企事业单位、社会团体接收大学生实习实训制度。开设创新创业教育专门课程，组织创新创业实践活动，推进高校实践育人创新创业基地、实习实践基地建设，落实大学生创业优惠政策。增强军事训练实效，强化学生国防意识。建立健全学雷锋志愿服务制度，广泛开展社会公益活动，把志愿服务纳入学分。"[1]要善于利用党、团组织在联系、服务、组织和动员青年学生上的桥梁纽带作用和优势，扩大覆盖面，开展多种形式的主题教育活动、实践考察活动，走出校门，走向基层，走到人民群众中去，把理论与实践、理想与现实、祖国需要与个人发展有机结合起来，学习新思想，提升新境界，争做新青年。

（五）增强党员干部公信力，塑造学习践行习近平新时代中国特色社会主义思想的浓郁社会氛围

增强党员干部公信力，提升青年学生思想政治观念。调查显示，影响青年学生理论武装效果的因素是多重因素共同作用的结果，党员干部的公信力、社会环境的影响是排在前两位的因素。提高习近平新时代中国特色社会主义思想武装青年学生效果，尤其要从提升党员干部公信力着手，提升青年学生思想政治观念。党员干部的形象及公信力与党和政府的公信力息息相关、紧密相连，人民群众往往是通过党员干部的形象来认识我们党和政府的。全面从严治党，党员干部要讲党性、重品行、做表率，才能有助于增强青年学生对习近平新时代中国特色社会主义思想的认同度，才能有助于增强理论的宣传教育效果。学校要健全高校基层党组织，加强教师党支部、学生党支部建设，充分发挥党支部战斗堡垒作用。调查表明，青年学生政治观念比较积极正确，对中国经济政治发展形势较为认可，对中央推出的一系列经济政治建设等重要举措和中央政府的工作高度满意，认为中国特色社会主义道路、理论、制度和文化比较优越，对中国特色社会主义今后发展充满信心，但对中国经济、政治形势也存在一些忧虑。青年学生对现实政治现象认识的积极性与对习近平新时代中国特色社会主义思想认同度之间存在显著性正相关关系。这也启发我们，要引导青年学生树立积极的政治观，要教育引导学生正确看待、辩证认识、理性分析现实问题，辨明大是大非、真假黑白，在对社会假恶丑现象的批判中弘扬真善美。

塑造学习践行习近平新时代中国特色社会主义思想的浓郁社会氛围。调查

---

[1]《十八大以来重要文献选编》下，中央文献出版社 2018 年版，第 489 页。

显示，社会环境是影响青年学生理论武装效果的第二位因素，青年学生对习近平新时代中国特色社会主义思想的认同度明显高于理论知晓度，认同度与生活满意度、生活态度、人生目标明确度紧密相关。这说明青年学生对党的创新理论的认同主要源于日常生活中对实践的认识，也源自青年学生自身的生活状态和思想政治观念。这启示我们，应结合党和国家的重大事件，在全社会组织开展群众性主题活动，深入学习宣传贯彻习近平新时代中国特色社会主义思想，营造"党的盛典、人民的节日"浓厚社会氛围。阐述党和政府对广大青年学生的关心、关爱，让学生体会到新时代青年的幸福感和使命感，营造"听党话、感党恩、跟党走"的浓郁氛围，激发青年学生为社会主义事业奋斗的信心和动力。

（六）警惕社会思潮对青年学生的影响，在错误社会思潮批判中强化理论武装

教育引导学生正确认识各种社会思潮的本质，提升政治鉴别力。调查显示，青年学生对民主社会主义、新自由主义等错误社会思潮的知晓度和认同度总体都不高，对各错误社会思潮的认同度与对习近平新时代中国特色社会主义思想的认同度之间存在此消彼长的关系，对习近平新时代中国特色社会主义思想的认同度越高，也就越能抵御各种社会思潮的侵蚀，对各种社会思潮的观点认同度越高，也就越容易抵消对习近平新时代中国特色社会主义思想的认同。"忽视了马克思主义所指引的方向，学习就容易陷入盲目状态甚至误入歧途，就容易在错综复杂的形势中无所适从，就难以抵御各种错误思潮。"[1] 因此，要帮助青年学生全面了解各种社会思潮，把握各种社会思潮的性质和基本特点，为青年学生提供系统的判别社会思潮的理论方法，提升学生对社会思潮的鉴别力，澄清模糊认识，规避错误思潮的冲击和蛊惑。

做好社会思潮对青年学生影响的动态监测，加强对重大社会思潮的分析和批判力度。调查显示，近年来社会思潮对青年学生的影响呈下降趋势，但是民主社会主义、新自由主义和历史虚无主义等思潮依然具有一定的影响力。在民主社会主义思潮各具体观点中，青年学生对涉及民主社会主义的本质、国家性质、马克思主义指导、党的领导等核心问题上的认同度排在前几位，青年学生对科学社会主义与民主社会主义的本质区别缺乏清晰的认识。因此，应引导学生明确民主社会主义思潮的思想实质，认清民主社会主义思潮的积极消极影响，廓清学生对民主社会主义思潮代表性观点的迷惑。可以结合苏联的前车之鉴，

---

[1]《习近平谈治国理政》第一卷，外文出版社 2018 年版，第 406 页。

运用科学社会主义基本原则对其观点进行分析，从而划清思想界限，从而进一步增强对习近平新时代中国特色社会主义思想的认同度和自觉性。调查显示，青年学生对新自由主义的认同具有朴素自由主义倾向。在对新自由主义的批判方面，应帮助青年学生区分朴素自由主义倾向与作为西方垄断资本主义意识形态的新自由主义观点本质区别，从而提高警觉性。调查显示，告别革命论、虚无中国近现代史等错误倾向在少数青年学生中依然存在。要向学生普及历史虚无主义观点所产生的历史背景和渊源，认真学习党史、新中国史、改革开放史、社会主义发展史，引导青年学生正确认识和科学评价党史上的重大事件、重要会议、重要人物，加强思想引导和理论辨析，澄清对党史上一些重大历史问题的模糊认识和片面理解。要准确分析研判重大社会思潮对青年学生的影响趋势，及时发现倾向性、苗头性问题，对学生关注的社会现实问题给予及时的回应和深入的引导，占领线上线下舆论斗争的主战场，清理隐秘角落，做到敢说话、早说话、会说话。应用先进信息技术手段，对错误社会思潮从源头上治理，对传播者、传播内容、传播媒介、受众等环节加以有效控制，加强对传播机构人员的政治把关和监管，同时加强对境外有害传播的精准应对。

（七）结合青年学生实际和特点，提高理论武装方法的针对性

根据青年学生理论知晓的特点采取有针对性的理论武装方式。调查显示，从青年学生对习近平新时代中国特色社会主义思想知晓情况的特点来看，女性青年学生对习近平新时代中国特色社会主义思想知晓度高于男性学生。随着年龄和学习阶段的提高，学生对习近平新时代中国特色社会主义思想知晓度逐渐提高。乡镇和农村青年学生、地县级市青年学生理论知晓度高于直辖市和省会城市学生。青年学生共产党员理论知晓度显著高于共青团员和其他学生。专业为文科的青年学生理论知晓度高于其他学科，父亲职业为农村务农务工、机关的青年学生的理论知晓度高于其他职业，母亲职业为农村务农务工、机关的青年学生的理论知晓度高于其他职业。因此，青年学生理论武装工作中，尤其是要把提高理论知晓度作为重点任务，将理论武装工作的重点对象放在男性学生，年龄和学习阶段偏低的学生，直辖市和省会城市学生，团员学生和群众学生，专业为理工农医科的学生，父母亲职业为自由职业、个体户及其他的学生身上。

根据青年学生理论认同的特点采取有针对性的理论武装方式。从青年学生对习近平新时代中国特色社会主义思想认同情况的特点来看，女性青年学生对

习近平新时代中国特色社会主义思想认同度高于男性学生。随着年龄的提高，青年学生对习近平新时代中国特色社会主义思想认同度逐渐提高。地县级市、乡镇和农村的青年学生对习近平新时代中国特色社会主义思想认同度高于直辖市、省会城市青年学生。青年学生总体上随着学习阶段提高，对理论认同度不断增高。党员学生理论认同度高于团员学生和群众学生。文科青年学生对习近平新时代中国特色社会主义思想认同度较高，理工科的青年学生对习近平新时代中国特色社会主义思想认同度较低。父亲、母亲从事职业为机关、农村务农及务工的青年学生对习近平新时代中国特色社会主义思想认同度最高，父母职业为企业、自由职业及其他的青年学生对习近平新时代中国特色社会主义思想认同度较低。因此，理论武装工作中，要注意男性青年学生，年龄和学习阶段偏低的学生，直辖市和省会城市学生，团员学生和群众学生，理工科的学生，父母职业为企业、自由职业、个体户及其他的学生。

根据青年学生理论武装路径倾向的特点采取有针对性的理论武装方式。从青年学生日常获取思想理论信息渠道来看，低龄青年学生更倾向于从书籍、影视、人际交往渠道获得理论信息，高龄青年学生更倾向于从书籍、网络、微信、报告讲座、职场培训、新闻客户端渠道获取理论信息。乡镇和农村青年学生对网络、微信渠道依赖性最强，地县级市青年学生对微信、微博渠道依赖性强，直辖市、省会城市青年学生对书籍、报刊、人际交往渠道依赖性最强。初高中生对书籍和人际交往渠道依赖性最强，本专科生对网络、影视渠道依赖性最强，研究生和博士生对微信、微博、报告讲座、新闻客户端渠道依赖性最强。共产党员学生更倾向于报刊、网络、微信、微博、报告讲座、新闻客户端渠道，共青团员学生更倾向于网络、微博渠道，群众学生更倾向于网络、人际交往渠道。家庭年收入低的青年学生对网络路径依赖性更强，家庭年收入高的青年学生对报刊、职场培训路径依赖性更强。文科学生对书籍、报刊、微信、微博、报告讲座、新闻客户端路径依赖性最强，理工农医科学生对网络、职场培训渠道依赖性最强。从青年学生对理论武装路径效果评价来看，年龄偏大的青年学生对学校的其他教育、听辅导报告、党团组织开展的学习活动、社会实践活动、自主学习活动、大众传播媒介及互联网宣传的有效性评价最高。直辖市、省会城市的青年学生对学校的其他教育、听辅导报告、网络远程教育、自主学习活动、家庭环境、职业教育、日常生活的效果评价最高。博士生对学校思想政治理论课程教育、学校的其他教育、听辅导报告、党团组织开展的学习活动、社会实践活动、自主学习活动、大众传媒及互联网宣传的评价高于其他学生，本科学生对家庭环境、职业教育、日常生活、树立正面典型人物的效果评价高于其他学生。党员学生在对学校的其他教育、听辅导报告、党团组织开展的学习活动、社会实践活动、大众传媒及互联网宣传、自主学习、理论宣传教育、树立正面典型人物等路径的效果评价最高。家庭收入高的青年学生对家庭环境、职业教育和日常生活路径的效果评价更高。文科学生对社会实践活动、自主学习活动、大众传媒及互联网传播、理论宣传教育和树立正面典型人物的路径的效果评价较高，理工农医科学生对党团组织开展的学习活动、网络远程教育活动、职业教育路径的评价较高。因此，在对青年学生进行习近平新时代中国特色社会主义思想的宣传普及时，应针对不同特点的青年学生从不同的渠道采取有针对性的宣传，提升理论武装的针对性和有效性。

第四章　新时代青年领导干部理论武装路径现状及对策

　　领导干部是党和国家的基本理论、基本路线、基本方略和具体政策的决策者、执行者，是国家和社会生活的领导者、组织者和模范带头人，地位关键，责任重大。在全党深入开展学习贯彻习近平新时代中国特色社会主义思想主题教育，用科学理论凝心铸魂，是党中央为全面贯彻党的二十大精神、动员全党同志为完成党的中心任务而团结奋斗所作的重大部署，是深入推进新时代党的建设新的伟大工程的重大部署。用习近平新时代中国特色社会主义思想武装党员干部，对于凝聚全党全国各族人民的思想共识，夺取新时代中国特色社会主义伟大胜利具有重大意义。青年领导干部是领导干部中的生力军，更直接关系到新时代中国特色社会主义事业的未来走向，"新干部、年轻干部尤其要抓好理论学习，通过坚持不懈学习，学会运用马克思主义立场、观点、方法观察和解决问题，坚定理想信念"。[1] 为此，课题组针对习近平新时代中国特色社会主义思想武装青年领导干部路径主题进行了专题调研。

---

[1]《习近平谈治国理政》第一卷，外文出版社 2018 年版，第 154 页。

一、新时代青年领导干部理论武装路径现状

（一）青年领导干部对新时代党的创新理论的认识

青年领导干部对习近平新时代中国特色社会主义思想的具体内容具有较高的知晓度，在各种具体观点上表现出差异性。调查显示，青年领导干部对习近平新时代中国特色社会主义思想各观点的总体知晓度较高，知晓度为89.9%，知晓值为4.29，达到比较了解的程度。具体而言，知晓度最高的是"实现中华民族伟大复兴的中国梦"，知晓度为92.9%，知晓值为4.39；其次是"坚持以人民为中心"，知晓度为92.8%，知晓值为4.37；排在第三位的是"新时代坚持和发展中国特色社会主义"，知晓度为92.6%，知晓值为4.35；排在第四位的是"中国特色社会主义进入新时代"，知晓度为92.4%，知晓值为4.34；排在第五位的是"中国共产党领导是中国特色社会主义最本质的特征"，知晓度为91.8%，知晓值为4.34；排在第六位的是"将全面深化改革进行到底"，知晓度为91.2%，知晓值为4.31；排在第七位的是"建设美丽中国"，知晓度为90.5%，知晓值为4.29；排在第八位的是"全面推进依法治国"，知晓度为90.4%，知晓值为4.30；排在第九位的是"带领人民创造更加幸福美好生活"，知晓值为4.28；排在第十位的是"新时代坚持和发展中国特色社会主义的战略安排"，知晓度为89.6%，知晓值为4.29；排在第十一位的是"把党建设得更加坚强有力"，知晓度为89.4%，知晓值为4.27；排在第十二位的是"以新发展理念引领经济高质量发展"和"坚持总体国家安全观"，知晓度为89.0%，知晓值为4.25；排在第十四位的是"坚持'一国两制'和推进祖国统一"，知晓度为88.8%，知晓值为4.27；排在第十五位的是"推动社会主义文化繁荣兴盛"，知晓度为88.8%，知晓值为4.23；排在第十六位的是"把人民军队全面建成世界一流军队"和"推动构建人类命运共同体"，知晓度为88.5%，知晓值为4.25；排在第十八位的是"发展社会主义民主政治"，知晓度为86.6%，知晓值为4.21；排在第十九位的是"掌握马克思主义思想方法和工作方法"，知晓度为85.9%，知晓值为4.18。可见，青年领导干部对内政方面的理论知晓度高于国防和外交方面，

内政方面涉及习近平新时代中国特色社会主义思想的价值导向、历史方位的宏观目标性内容知晓度高于"五位一体"总体布局等具体领域性理论内容。从青年领导干部对习近平新时代中国特色社会主义思想知晓情况的特点来看，随着年龄的提高，领导干部理论知晓度逐渐提高，乡村和地县级市青年领导干部理论知晓度高于直辖市和省会城市领导干部，机关、事业单位青年领导干部理论知晓度显著高于企业青年领导干部，青年领导干部行政级别越高，对习近平新时代中国特色社会主义思想知晓度越高。

青年领导干部对习近平新时代中国特色社会主义思想具有非常高的认同度，总体达到非常认同的水平。调查显示，青年领导干部对习近平新时代中国特色社会主义思想具体理论内容的总体认同度为95.8%，认同值为4.67。具体而言，青年领导干部对"建设美丽中国""把人民军队全面建成世界一流军队"的认同度均为96.3%，认同值为4.69；对"推动社会主义文化繁荣兴盛""坚持总体国家安全观""把党建设得更加坚强有力"的认同度均为96.1%，认同值为4.68；对"带领人民创造更加幸福美好生活"的认同度为96.0%，认同值为4.69；对"实现中华民族伟大复兴的中国梦"的认同度为96.0%，认同值为4.67；对"坚持以人民为中心"的认同度为95.9%，认同值为4.69；对"发展社会主义民主政治"的认同度为95.9%，认同值为4.67；对"将全面深化改革进行到底""以新发展理念引领经济高质量发展"的认同度均为95.8%，认同值为4.67；对"中国共产党领导是中国特色社会主义最本质的特征"的认同度为95.8%，认同值为4.66；对"全面推进依法治国"的认同度为95.7%，认同值为4.68；对"新时代坚持和发展中国特色社会主义"的认同度为95.7%，认同值为4.66；对"坚持'一国两制'和推进祖国统一"的认同度为95.5%，认同值为4.67；对"新时代坚持和发展中国特色社会主义的战略安排"的认同度为95.5%，认同值为4.65；对"掌握马克思主义思想方法和工作方法"的认同度为95.3%，认同值为4.65；对"推动构建人类命运共同体"的认同度为95.2%，认同值为4.65；对"中国特色社会主义进入新时代"的认同度为94.8%，认同值为4.63。可见，青年领导干部对习近平新时代中国特色社会主义思想具有非常高的认同度，但也存在进一步提升的空间。

青年领导干部对习近平新时代中国特色社会主义思想具有较高的情感喜爱和价值信仰。调查显示，在平时主动了解学习习近平新时代中国特色社会主义思想的积极性方面，选择积极性较高和很高的占85.3%。对习近平新时代中国特色社会主义思想的情感喜好方面，选择比较喜欢和非常喜欢的占90.9%。在对习近平新时代中国特色社会主义思想的亲近感和心理归属感方面，选择比较有归属感和非常有归属感的占92.0%。在将习近平新时代中国特色社会主义思想作为自己的人生理想和价值追求方面，选择比较符合和非常符合的占90.8%。在对马克思主义的信仰、对社会主义和共产主义的信念方面，选择比较坚定和非常坚定的占92.4%。在青年领导干部将理论贯彻落实到工作与生活中方面，选择比较符合和非常符合的占89.4%。可见，青年领导干部对习近平新时代中国特色社会主义思想具有较高的情感喜爱和价值信仰，能够将习近平新时代中国特色社会主义思想作为自己的人生理想和价值追求，但主动学习了解理论的积极性相对偏低。

（二）青年领导干部获取新时代党的创新理论的路径

1.青年领导干部日常阅读更关注与自己专业发展、社会民生时政和自身生活相关的信息，对思想政治理论信息的主动关注度一般

问卷列举了青年领导干部日常阅读所涉及的内容，让青年领导干部进行多项选择，进而来透视习近平新时代中国特色社会主义思想信息在青年领导干部中的受关注度。从青年领导干部日常阅读所关注的信息内容来看，如表4-1所示，关注度最高的是与自己学习相关的专业信息，排在第二位的是社会、民生热点信息，排在第三位的是国际国内时政要闻相关的信息。可见，青年领导干部日常最关注的信息是与自己相关的专业信息、社会民生热点信息和国际国内时政

表4-1　青年领导干部日常阅读时比较关注的信息

单位：人，%

关注信息内容	人数	比例
与自己学习相关的专业信息	504	77.7
与日常生活相关的服务信息	349	53.8
思想政治理论方面信息	420	64.7
国际国内时政要闻相关的信息	457	70.4
婚恋交友信息	13	2.0
明星资讯逸闻趣事相关的八卦信息	36	5.5
文学、历史、人文或与人生发展相关的励志信息	390	60.1
购物、美食、娱乐、旅游、健康、养生信息	126	19.4
社会、民生热点信息	463	71.3
星相和宗教信仰信息	6	0.9
其他	5	0.8

要闻相关的信息，对思想政治理论方面信息的关注度排在第四位，对思想政治
理论方面信息的关注度有待进一步提高。

**2.青年领导干部获取习近平新时代中国特色社会主义思想信息的路径呈现多
样化特点，网络、微信和书籍为主要渠道**

从青年领导干部日常获取思想政治理论方面信息的主要路径来看，如表 4-2
所示，排在第一位的是网络，排在第二位的是微信，排在第三位的是书籍。可见，
网络、微信和书籍是青年领导干部获取习近平新时代中国特色社会主义思想排
在前三位的渠道。青年领导干部获取习近平新时代中国特色社会主义思想信息
更倾向于新媒体、文字载体和多向路径。

表 4-2　青年领导干部获取思想政治理论信息的路径

单位：人，%

主要渠道	人数	比例
书籍	438	67.5
报刊	332	51.2
网络	550	84.7
影视	135	20.8
微信	439	67.6
微博	109	16.8
报告讲座	301	46.4
人际交往	173	26.7
职场培训	131	20.2
新闻客户端	294	45.3
宣传板或电子屏	113	17.4
其他	7	1.1

**3.尽管网络新型媒体是青年领导干部获取习近平新时代中国特色社会主义思
想信息排在第一位的路径，但青年领导干部更相信传统路径和文字载体，党
和政府宣传、课堂讲授、讲座报告、内部文件、书籍、报纸等传统正式载体
的思想政治理论信息传播公信力大幅提升**

课题组列举了青年领导干部获取思想政治理论信息的载体，让领导干部评
价对其信息的可信度。如表 4-3 所示，排在第一位的是党和政府宣传，信任度
为 93.1%；排在第二位的是课堂讲授，信任度为 93.1%；排在第三位的是讲座
报告，信任度为 91.2%。可见，党和政府宣传、课堂讲授、讲座报告、内部文

表 4-3　青年领导干部对各种思想政治理论信息传播载体的信任情况

单位: 人, %

观点/程度	不相信		不太相信		一般		相信		非常相信		信任度	信任值
	人数	比例	人数	比例	人数	比例	人数	比例	人数	比例		
课堂讲授	0	0.0	0	0.0	44	6.9	315	49.3	280	43.8	93.1	4.37
讲座报告	0	0.0	1	0.2	55	8.6	310	48.7	271	42.5	91.2	4.34
书籍	0	0.0	1	0.2	72	11.3	321	50.4	243	38.1	88.5	4.27
报纸	0	0.0	3	0.5	79	12.4	306	48.2	247	38.9	87.1	4.26
杂志	2	0.3	11	1.7	170	26.9	282	44.5	168	26.5	71.1	3.95
广播	0	0.0	7	1.1	119	18.7	301	47.4	208	32.8	80.2	4.12
电视	1	0.2	13	2.1	159	25.2	262	41.5	197	31.2	72.6	4.01
电影	4	0.6	41	6.5	257	40.7	227	35.9	103	16.3	52.2	3.61
网络	7	1.1	66	10.5	334	52.9	163	25.8	61	9.7	35.5	3.32
微信	12	1.9	74	11.8	341	54.2	140	22.3	62	9.9	32.1	3.26
手机短信	14	2.2	83	13.2	339	53.9	125	19.9	68	10.8	30.7	3.24
宣传板报	1	0.2	16	2.5	191	30.4	268	42.7	152	24.2	66.9	3.88
内部文件	1	0.2	5	0.8	66	10.5	221	35.0	338	53.6	88.5	4.41
朋友、家人	6	1.0	23	3.7	255	40.5	226	35.9	119	18.9	54.8	3.68
党和政府宣传	0	0.0	0	0.0	44	6.9	182	28.6	410	64.5	93.1	4.58

件、书籍、报纸是青年领导干部最为信赖的获取思想政治理论信息的载体，这些载体全部属于传统载体。排在最末 4 位的是手机短信、微信、网络、电影，都是新媒体载体。2015 年调查数据显示，领导干部最为信赖的载体依次为课堂讲授（85.3%）、讲座（84.8%）、内部文件（76.2%）、政府宣传（72.3%）、书籍（75.3%），最后几位为手机短信（26.2%）、微信（31.4%）、网络（43.2%）、朋友家人（45.9%）、宣传板报（48.0%）。可见，近年来虽然青年领导干部日常获取习近平新时代中国特色社会主义思想信息更加青睐于新媒体，但是对新媒体传播的信息有着谨慎的判断，对新媒体传播的信息信任度较低，传统媒体、文字载体在青年领导干部思想政治理论信息获取方面依然发挥着长足优势。十分有趣的是，青年领导干部对从朋友、家人中获取思想政治理论信息，信任度从 2015 年的 45.9% 上升到目前的 54.8%，尽管有一定的信任度，但是信任度依然较低。虽然青年领导干部对网络新型媒体获取信息依赖性更强，但是对党和政府宣传的信任度从 2015 年的 72.3% 大幅度上升到 93.1%，课堂讲授、讲座报告、内部文件、书籍、报纸等传统正式载体的信任度都大幅提升，传统媒体的思想政治理论信息传播公信力极大提升。

4.网络新媒体在青年领导干部中运用普遍，浏览信息、学习或远程教育、聊天交友及关注朋友动态为青年领导干部网络活动的主要内容，但青年领导干部对网络思想政治理论类信息的关注度较低，网站内容不吸引人和形式不新颖依然是主要原因

调查显示，在对"一般每天通过电脑和手机等方式上网的时间"的回答中，青年领导干部选择基本没有的有 5 人，占 0.8%；选择 1 小时以内的有 76 人，占 11.7%；选择 1 ~ 2 小时的有 241 人，占 37.1%；选择 2 ~ 3 小时的有 231 人，占 35.6%；选择 4 小时以上的有 96 人，占 14.8%。在 2015 年的领导干部调查中，选择基本没有的占 0.8%，选择 1 小时以内的占 19.0%；选择 1 ~ 2 小时的占 44.2%；选择 2 ~ 3 小时占 26.4%；选择 4 小时以上的占 9.5%。可见，绝大多数青年领导干部对网络新媒体十分依赖，每天上网时间在 2 小时以上。

既然青年领导干部对网络新媒体获取信息深度依赖，那么青年领导干部上网都具体从事什么活动内容呢？调查显示,按照青年领导干部选择花费时间"较多"和"很多"的比例为依据排序，排在第一位的为浏览信息，关注度 68.5%，关注值 3.76；排在第二位的为学习或远程教育，关注度 39.2%，关注值 3.24；排在第三位的为聊天交友、关注朋友动态，关注度 23.9%，关注值 2.75；排在第四位的为收发邮件，关注度 18.7%，关注值 2.67；排在第五位的为网上购物，关注度 10.2%，关注值 2.32；排在第六位的为视听娱乐在线，关注度 9.2%，关注值 2.1；排在第七位的为逛网络社区贴吧，关注度 2.5%，关注值 1.72；排在第八位的为网络游戏，关注度 1.7%，关注值 1.58。可见，青年领导干部网络活动内容主要是浏览信息、学习或远程教育、聊天交友及关注朋友动态。

既然青年领导干部网络活动内容主要是浏览信息、学习或远程教育、聊天交友及关注朋友动态，那么青年领导干部浏览思想政治理论信息情况怎么样呢？从青年领导干部在电脑、手机网络上浏览思想理论类网站、App 及公众号的情况来看，选择"没有"的有 19 人，占 2.9%；选择"较少"的有 82 人，占 12.7%；选择"一般"的有 251 人，占 38.9%；选择"较多"的有 140 人，占 21.7%；选择"经常"的有 153 人，占 23.7%。与 2015 年调查情况对比，可以发现青年领导干部近年来运用网络获取思想政治理论信息的主动性明显提高，从 23.5% 上升到 45.4%。可见，虽然青年领导干部网络活动内容主要是浏览信息、学习或远程教育，但是仅 45.4% 的青年领导干部经常或者较多浏览思想政治理论类信息，对网络思想政治理论类信息的关注度较低。

对影响青年领导干部浏览理论类网站、App 及公众号的原因进行分析，排

在第一位的原因是内容不吸引人，占41.1%；排在第二位的是网站形式不新颖，占22.2%；排在第三位的是网站知名度不高，占18.6%；排在第四位的是网站可用性较低，占14.8%；排在第五位的是没有兴趣，占13.1%；排在第六位的是其他原因，占12.8%，主要是青年领导干部反映日常工作太忙，没有时间去关注思想政治理论网络信息。与2015年调查数据对比，思想政治理论类网站可用性和形式质量有所提高，但是内容不吸引人和网站形式不新颖依然是影响青年领导干部主动关注思想政治理论网络信息的主要原因。可见，影响青年领导干部浏览思想理论类网站、App及公众号的原因主要是网络资源自身的问题，而提高思想政治理论类网站资源的内容吸引力、提高网站形式新颖性和提高网站知名度，则是提高网络思想政治理论传播力的主要路径。

5.青年领导干部更倾向于直接阅读党和国家领导人讲话来开展思想政治理论学习，同时党的理论和政策通俗化解读书籍也较为受领导干部所青睐，不喜欢阅读专业性思想政治理论著作，读原著、学原文、悟原理成为青年领导干部理论书籍阅读学习的新倾向

书籍是青年领导干部日常获取思想政治理论信息排在第三位的渠道，也是青年领导干部信任度较高的理论获取路径。课题组对青年领导干部思想政治理论类书籍阅读倾向进行分析，如表4-4所示，排在第一位的为习近平等党和国家领导人的讲话，占78.3%；排在第二位的为党的政策解读书籍，占58.2%；排在第三位的为国际国内时势与政策读本，占57.5%。如果我们把所列书目分为三类，一类为专业性思想政治理论著作，二类是马克思主义理论原著原文，三类是党的理论和政策通俗化解读书籍。可见，青年领导干部更倾向于直接阅读马克思主义理论的原著原文来开展思想政治理论学习，同时党的理论和政策通俗化解读书籍也较为受青年领导干部所青睐。2015年的调查显示，领导干部最倾向于从党的理论和政策通俗化解读的书籍中获取思想政治理论信息，而目前领导干部阅读倾向发生了明显改变，马克思主义理论经典著作，毛泽东思想理论著作，邓小平理论、"三个代表"重要思想、科学发展观著作，习近平等党和国家领导人的讲话阅读意愿全部都大幅提升。也就是说近年来最突出的表现就是青年领导干部阅读马克思主义理论原著原文的意愿大幅增加，读原著、学原文和悟原理成为青年领导干部理论书籍阅读学习的新倾向。

表 4-4 青年领导干部阅读思想政治理论书籍倾向

单位：人，%

项目/程度	2024 年			2015 年		
	人数	比例	排序	人数	比例	排序
马克思主义理论经典著作	270	41.6	7	138	27.0	9
专业性很强的理论著作	162	25.0	9	148	28.9	7
毛泽东思想理论著作	348	53.6	4	173	33.8	6
邓小平理论、"三个代表"重要思想、科学发展观著作	244	37.6	8	139	27.1	8
习近平等党和国家领导人的讲话	508	78.3	1	333	65.0	2
党的理论通俗宣传读物	319	49.2	5	227	44.3	5
党的政策解读书籍	378	58.2	2	303	59.2	3
思想道德修养读物	287	44.2	6	247	48.2	4
国际国内时势与政策读本	373	57.5	3	344	67.2	1
西方各种社会思潮读物	50	7.7	10	64	12.5	10
其他	4	0.6	11	8	1.6	11

从青年领导干部日常获取习近平新时代中国特色社会主义思想渠道的特点来看，领导干部年龄越大，越倾向于阅读书籍、报刊，而年龄越低越倾向于从影视、微博渠道等获取思想政治理论信息。乡镇和农村青年领导干部对网络、微信、微博、宣传板或电子屏路径依赖性最高，地县级市青年领导干部次之，直辖市省会城市青年领导干部最低。青年领导干部文化程度越高，对书籍、网络、报告讲座、人际交往、职场培训路径依赖性越大，本专科学历青年领导干部对微博、宣传板或电子屏路径的依赖性最高。机关、事业单位青年领导干部对书籍、报刊、网络、微博路径的依赖性高于企业青年。青年领导干部行政级别越高，对书籍、报刊、报告讲座路径依赖性越强，领导干部行政级别越低，对微博、宣传板或电子屏渠道的依赖性较高。

（三）青年领导干部对新时代党的创新理论武装路径效果的评价

1.绝大多数青年领导干部充分认识到习近平新时代中国特色社会主义思想武装工作的重大意义，对创新理论武装工作具有较高的兴趣，对当前理论武装工作效果的评价较高，但依然有少数青年领导干部对理论武装工作的兴趣和效果评价一般，存在进一步提升的较大空间

调查显示，在对当前加强习近平新时代中国特色社会主义思想宣传教育必要性的回答中，选择"完全不必要"的有 4 人，占 0.6%；选择"不太必要"的有 2 人，

占 0.3%；选择"一般"的有 17 人，占 2.7%；选择"有点必要"的有 47 人，占 7.4%；选择"非常必要"的有 567 人，占 89.0%。青年领导干部选择有点必要和非常必要加强习近平新时代中国特色社会主义思想宣传教育的累计占 96.4%。可见，当前青年领导干部普遍党的理论武装工作的重要性有充分的认识。

在青年领导干部对创新习近平新时代中国特色社会主义思想宣传教育工作的兴趣调查中，选择"没有兴趣"的有 1 人，占 0.2%；选择"不太感兴趣"的有 3 人，占 0.5%；选择"一般"的有 36 人，占 5.7%；选择"感兴趣"的有 208 人，占 32.7%；选择"非常感兴趣"的有 389 人，占 61.1%。青年领导干部对加强习近平新时代中国特色社会主义思想宣传教育工作感兴趣和非常感兴趣的累计占 93.8%。可见，当前青年领导干部普遍对创新习近平新时代中国特色社会主义思想武装工作具有较大的兴趣，只有极少数人对创新宣传教育方式缺乏兴趣。

青年领导干部对当前习近平新时代中国特色社会主义思想宣传教育效果的总体评价中，选择"没有效果"的有 1 人，占 0.2%；选择"不太有效"的有 3 人，占 0.5%；选择"一般"的有 54 人，占 8.5%；选择"有效"的有 220 人，占 34.6%；选择"非常有效"的有 357 人，占 56.2%。青年领导干部对当前习近平新时代中国特色社会主义思想宣传教育效果的总体评价较高，选择有效和非常有效的占 90.8%。可见，习近平新时代中国特色社会主义思想武装青年领导干部工作取得了较好的效果，但也有进一步提升的较大空间。

在 2015 年的调查中，领导干部对加强中国特色社会主义理论体系宣传教育必要性的认同度为 91.0%，对中国特色社会主义理论体系普及计划的感兴趣度为 79.5%，对中国特色社会主义理论体系宣传普及活动效果的总体评价有效性为 39.4%。可见近年来党的理论武装工作成效显著，青年领导干部对党的创新理论武装工作的重要性和感兴趣度都得以大幅提升，尤其是理论武装效果得以极大提升。

2.青年领导干部对党校学习和上党课、"不忘初心，牢记使命"主题教育、党的群众路线教育实践活动的有效性评价最高，对党内系统开展的规范性理论学习教育活动普遍给予高度评价，而对社会层面的大众传播媒介及互联网宣传、自主学习活动、职业教育等活动效果评价较差，党内系统的理论宣传教育活动明显高于社会系统的宣传教育和自主学习效果

问卷列举了习近平新时代中国特色社会主义思想宣传教育方式，让青年领导干部对其效果进行评价。如表 4-5 所示，排在第一位的是党校学习、上党课，排在第二位的是"不忘初心，牢记使命"主题教育，排在第三位的是党的群众路线教育实践活动。可见，青年领导干部对党校学习和上党课、"不忘初心，牢记使命"主题教育、党的群众路线教育实践活动、听辅导报告、社会实践活动、党风廉政的"八条规定"和树立正面典型人物等路径的有效性评价最高，对党内系统开展的理论学习教育活动效果给予高度评价。有效性排在第十一位至十七位的是大众传播媒介及互联网宣传、自主学习活动、网络远程教育活动、其他、职业教育、日常生活，这些多属于大众传媒、社会职业和生活层面的宣传教育活动，青年领导干部对此效果评价相对较低。可见，党内系统的理论宣传教育活动的效果明显高于社会系统的宣传教育和自主学习效果，习近平新时代中国特色社会主义思想宣传教育效果尚需进一步综合提升。

表 4-5　青年领导干部对理论武装路径的效果评价

单位：人，%

观点／程度	无帮助		较小		一般		有帮助		非常有帮助		有效度	有效值
	人数	比例	人数	比例	人数	比例	人数	比例	人数	比例		
党校学习、上党课	1	0.2	1	0.2	31	4.8	159	24.5	456	70.4	94.9	4.65
各战线系统开展的理论培训活动	1	0.2	5	0.8	55	8.5	235	36.5	348	54.0	90.5	4.43
听辅导报告	1	0.2	5	0.8	42	6.5	239	37.0	359	55.6	92.6	4.47
党、团组织开展的学习活动	0	0.0	6	0.9	55	8.6	240	37.3	342	53.2	90.5	4.43
社会实践活动	0	0.0	4	0.6	44	6.8	242	37.6	353	54.9	92.5	4.47
网络、远程教育活动	1	0.2	23	3.6	99	15.4	250	38.9	270	42.0	80.9	4.19
自主学习活动	1	0.2	12	1.9	105	16.4	231	36.0	293	45.6	81.6	4.25
家庭环境	2	0.3	21	3.3	133	20.9	231	36.4	248	39.1	75.5	4.11
职业教育	0	0.0	17	2.7	123	19.4	237	37.4	257	40.5	77.9	4.16
日常生活	0	0.0	18	2.8	159	25.1	215	34.0	241	38.1	72.1	4.07
大众传播媒介及互联网宣传	0	0.0	5	0.8	85	13.4	267	42.0	279	43.9	85.8	4.29
理论宣传教育	0	0.0	3	0.5	58	9.1	241	37.8	335	52.6	90.4	4.43
树立正面典型人物	0	0.0	3	0.5	50	7.8	214	33.6	370	58.1	91.7	4.49
党风廉政的"八条规定"	1	0.2	3	0.5	49	7.7	186	29.2	398	62.5	91.7	4.53
党的群众路线教育实践活动	0	0.0	3	0.5	43	6.7	185	29.0	407	63.8	92.8	4.56
"不忘初心，牢记使命"主题教育	0	0.0	3	0.5	40	6.3	170	26.6	425	66.6	93.2	4.59
其他	1	0.2	7	1.5	95	20.1	180	38.1	190	40.2	78.3	4.16

3.青年领导干部最愿意接受的理论教育方法是理论讲授法，对自学研读原著或原文、社会实践与考察的方式也具有较高期待，对培训班的理论教育方式

的意愿显著下降，对多元的理论武装方法充满期待

青年领导干部在"您最愿意接受什么样的理论教育活动"一问的回答中，选择理论讲授的有 175 人，占 27.3%；选择自学、研读原著或原文的有 147 人，占 22.9%；选择社会实践与考察的有 129 人，占 20.1%；选择培训班的有 94 人，占 14.6%；选择新媒体宣传的有 50 人，占 7.8%；选择文件精神传达的有 47 人，占 7.3%。可见，青年领导干部对理论讲授的方法最为青睐，对自学研读原著或原文、社会实践与考察的活动方式也具有较高期待。与 2015 年对比，青年领导干部对理论讲授和自学研读原著或原文的理论教育方法的意愿显著提高，对培训班的理论教育方法的意愿显著下降。总体来看，青年领导干部最愿意接受的理论教育方式比较多元，对理论讲授、自学研读原著或原文和社会实践与考察的活动方式比较喜欢，对文件精神传达、培训班和新媒体宣传也有所涉及，对培训班的理论教育方式的意愿显著下降，对多元的理论武装方法充满期待。

从青年领导干部对习近平新时代中国特色社会主义思想武装路径效果评价特点来看，领导干部年龄越大，对党校学习和上党课、各战线系统开展的理论培训活动、听辅导报告路径的理论武装效果评价越高。县级市、乡镇农村领导干部对各理论武装路径的效果评价高于直辖市省会城市干部。机关、事业单位领导干部对习近平新时代中国特色社会主义思想武装路径的评价较高，而企业、其他领域的领导干部评价较低。领导干部行政级别越高，对党校学习、上党课的效果评价越高，对社会层面的武装路径效果的评价较低。

二、新时代青年领导干部理论武装的影响因素

（一）青年领导干部生活满意度的影响

生活满意度是青年领导干部对自身生活质量做出的综合判断，生活满意度的高低必然影响着个体的认知、情绪体验和行为追求的取向，对心理健康和思想政治观念会产生重要影响。调查显示，在对目前自己生活的满意度评价中，青年领导干部选择"不满意"的有 7 人，占 1.1%；选择"不太满意"的有 25 人，占 3.9%；选择"一般"的有 122 人，占 18.8%；选择"满意"的有 385 人，占

59.4%；选择"非常满意"的有 109 人，占 16.8%。生活满意度为 76.2%，满意值为 3.87。可见，青年领导干部总体上对自身生活处于比较满意的状态，对生活满意度较低的仅是少数。

青年领导干部生活满意度与习近平新时代中国特色社会主义思想知晓度、认同度之间存在正相关关系，其生活满意度越高，对理论的知晓度和认同度也越高。青年领导干部生活满意度与习近平新时代中国特色社会主义思想知晓度之间存在显著性正相关关系，相关系数 $r=0.203$，$p=0.000 < 0.01$。青年领导干部生活满意度与习近平新时代中国特色社会主义思想认同度之间存在显著性正相关关系，相关系数 $r=0.195$，$p=0.000 < 0.05$。

（二）青年领导干部生活态度的影响

青年领导干部的生活态度持续积极向上向好，持不太积极的人数极少，无人持消极态度。调查显示，在对目前自己生活态度的评价中，青年领导干部选择"不太积极"的有 4 人，占 0.6%；选择"一般"的有 49 人，占 7.6%；选择"基本积极"的有 283 人，占 43.7%；选择"非常积极"的有 312 人，占 48.1%。生活态度积极度为 91.8%，生活态度的积极值为 4.39。与 2015 年的调查数据比较，2015 年领导干部生活态度积极度为 89.8%，积极值为 4.14。可见，青年领导干部总体上生活态度比较积极，生活态度持续积极向上向好。

青年领导干部日常生活态度积极性与习近平新时代中国特色社会主义思想知晓度、认同度之间存在正相关关系。青年领导干部日常生活态度积极性与习近平新时代中国特色社会主义思想知晓度之间存在显著性正相关关系，相关系数 $r=0.343$，$p=0.000 < 0.01$。青年领导干部日常生活态度积极度与习近平新时代中国特色社会主义思想认同度之间存在显著性正相关关系，相关系数 $r=0.312$，$p=0.000 < 0.01$。

（三）青年领导干部人生目标明确度的影响

调查显示，在对自身人生目标明确度的评价中，青年领导干部选择"不明确"的有 1 人，占 0.2%；选择"不太明确"的有 9 人，占 1.4%；选择"一般"的有 50 人，占 7.7%；选择"基本明确"的有 297 人，占 45.8%；选择"非常明确"的有 292 人，占 45.0%。人生目标明确度为 90.8%，人生目标明确值为 4.34。

与 2015 年的调查数据比较，2015 年领导干部人生目标明确度为 87.3%，积极值为 4.07。可见，青年领导干部人生目标总体上比较明确。

青年领导干部人生目标明确度与习近平新时代中国特色社会主义思想知晓度、认同度之间存在正相关关系，总体上人生目标越明确，对理论的知晓度和认同度也越高。青年领导干部人生目标明确度与习近平新时代中国特色社会主义思想知晓度之间存在显著性正相关关系，相关系数 $r=0.320$，$p=0.000 < 0.01$。青年领导干部人生目标明确度与习近平新时代中国特色社会主义思想认同度之间存在显著性正相关关系，相关系数 $r=0.252$，$p=0.000 < 0.01$。

（四）青年领导干部政治观念的影响

调查显示，青年领导干部政治观念不太积极的有 10 人，占 1.5%；一般的有 53 人，占 8.2%；比较积极的有 215 人，占 33.2%；非常积极的有 369 人，占 57.0%；政治观念积极度 90.2%，积极值 4.46。具体而言，青年领导干部认为我国当前的政治形势稳定和非常稳定的占 86.6%，认同值 4.29；对目前经济形势的看法是比较好和非常好的占 70.3%，认同值 3.86；对新一届中央领导集体推出了一系列经济、政治建设等重要举措比较认同和非常认同的占 99.0%，认同值 4.73；对本届中央政府最近一年来的工作比较满意和非常满意的占 93.8%，认同值 4.61；认为与其他国家相比中国特色社会主义道路、理论、制度和文化比较优越和非常优越的占 96.3%，认同值 4.60；对中国特色社会主义今后发展有信心和非常有信心的占 95.8%，认同值 4.66。可见，青年领导干部政治观念比较乐观积极，认为我国当前的政治、经济形势比较稳定，对中央领导集体推出的一系列经济政治建设等重要举措和中央政府的工作比较满意，认为中国特色社会主义道路、理论、制度和文化比较优越，对中国特色社会主义今后发展充满信心。需要注意的是，青年领导干部对中国政治、经济形势存在一些忧虑情绪。

青年领导干部政治观念与习近平新时代中国特色社会主义思想知晓度、认同度之间存在正相关关系，总体上政治观念越积极乐观，对理论的知晓度和认同度也越高。青年领导干部政治观念积极度与习近平新时代中国特色社会主义思想知晓度之间存在显著性正相关关系，相关系数 $r=0.370$，$p=0.000 < 0.01$。青年领导干部政治观念积极度与习近平新时代中国特色社会主义思想认同度之间存在显著性正相关关系，相关系数 $r=0.460$，$p=0.000 < 0.01$。

（五）社会思潮的影响

调查显示，青年领导干部对各种社会思潮的知晓度从高到低排序，依次为民主社会主义（16.1%）、新自由主义（14.6%）、历史虚无主义（14.1%）、普世价值论（10.7%）、民粹主义（9.4%）、宪政思潮（8.1%）、新儒家（7.8%）、新"左"派（6.0%）。青年领导干部对各种社会思潮的认同度从高到低排序，依次为民主社会主义（13.3%）、新自由主义（10.4%）、新儒家（9.3%）、普世价值论（7.1%）、历史虚无主义（6.6%）、宪政思潮（6.4%）、新"左"派（5.5%）、民粹主义（5.3%）。对各社会思潮处于不太了解的知晓水平和处于不太认同的水平。对新自由主义（$r=-0.304, p=0.000$）、历史虚无主义（$r=-0.344, p=0.000$）、民主社会主义（$r=-0.383$, $p=0.000$）、普世价值论（$r=-0.212$, $p=0.000$）、宪政思潮（$r=-0.237$, $p=0.000$）、新"左"派（$r=-0.234, p=0.000$）、新儒家（$r=-0.205, p=0.000$）、民粹主义（$r=-0.261$, $p=0.000$）认同度与习近平新时代中国特色社会主义思想认同度之间均存在显著性负相关关系。可见，青年领导干部对主要错误社会思潮的认同度与对习近平新时代中国特色社会主义思想的认同度之间存在此消彼长的关系，对错误社会思潮认同度越高，对习近平新时代中国特色社会主义思想认同度越低，对错误社会思潮认同度越低则对习近平新时代中国特色社会主义思想认同度越高。

课题组列举了民主社会主义思潮代表性观点，让青年领导干部进行评价。青年领导干部对民主社会主义思潮代表性观点总体认同度为10.9%，认同值1.87，说明青年领导干部对民主社会主义思潮代表性观点具有比较清晰的认识，总体处于不太认同的水平。与2015年的调查数据对比，2015年领导干部对民主社会主义代表性观点认同度为16.2%，说明近年来民主社会主义思潮认同度有所降低，但仍有十分之一的青年领导干部对此认同。具体而言，排在第一位的是"民主社会主义是一种社会主义的模式"，认同度为16.4%（2015年认同度为22.1%），认同值为2.15；排在第二位的是"国家已经不再是阶级国家，不需要进行暴力革命"，认同度为14.4%（2015年认同度为23.5%），认同值为2.02；排在第三位的是"社会思想丰富多样，不应该只是一种'主义'来作为指导思想"，认同度为11.8%（2015年认同度为20.2%），认同值为1.92；排在第四位的是"共产党可以由具有不同信仰和思想的人组成的一个共同体"，认同度为10.8%（2015年认同度为12.7%），认同值为1.75；排在第五位的是"社会主义可以通过对资本主义的改良来实现"，认同度为8.2%（2015年认同度为15.0%），认同值为1.79；排在第六位的是"人道主义、自由、平等和人类共同理想高于国家利益"，认同度为 8.0%（2015 年认同度为 12.1%），认同值为 1.74；排在第七位的是"社会主义是一种价值追求，不需要进行社会制度变更实现"，认同度为 6.9%（2015年认同度为 8.0%），认同值为 1.69。可见，绝大多数青年领导干部对民主社会主义思潮的核心观点具有较为清晰的认识，但是依然有 10.9% 的青年领导干部持赞同的立场。在涉及民主社会主义的本质、国家性质、马克思主义指导、党的领导等核心问题上，一部分青年领导干部对科学社会主义与民主社会主义的本质区别缺乏清晰的认识。

课题组列举了新自由主义思潮代表性观点，让青年领导干部进行评价。青年领导干部对新自由主义思潮代表性观点总体认同度为 6.7%，认同值 1.66，说明青年领导干部对新自由主义思潮代表性观点具有比较清晰的认识，总体处于不太认同的水平。与 2015 年的调查数据对比，2015 年领导干部对新自由主义思潮代表性观点认同度为 9.2%，说明近年来新自由主义思潮对青年领导干部影响力有所降低，但仍有少数青年领导干部对此认同。具体而言，排在第一位的是"国际贸易不应设置壁垒，应完全开放自由竞争"，认同度为 15.9%（2015 年认同度为 15.1%），认同值为 2.08；排在第二位的是"个人是社会的前提，个人自由不应受到限制"，认同度为 7.5%（2015 年认同度为 9.9%），认同值为 1.62；排在第三位的是"管的最少的政府是最好的政府"，认同度为 6.7%（2015 年认同度为20.4%），认同值为 1.67；排在第四位的是"市场是万能的，不需要进行人为干预"，认同度为 3.8%（2015 年认同度为 3.4%），认同值为 1.48；排在第五位的是"市场经济会自动地把一切都调整好"，认同度为 3.4%（2015 年认同度为 3.4%），认同值为 1.59；排在第六位的是"私有化是国有企业改革的唯一出路"，认同度为 3.0%（2015 年认同度为 3.2%），认同值为 1.51。可见，绝大多数青年领导干部对新自由主义思潮的核心观点具有较为清晰的认识，但是依然有 6.7% 的人持赞同的立场，对新自由主义思潮缺乏清晰的认识。

课题组列举了历史虚无主义思潮代表性观点，让青年领导干部进行评价。青年领导干部对历史虚无主义思潮代表性观点总体认同度为 4.0%，认同值 1.45，说明青年领导干部对历史虚无主义思潮代表性观点具有非常清晰的认识，总体处于不认同的水平。具体而言，排在第一位的是"义和团运动是盲目排斥外国人及外来文化的极端愚昧的行为"，认同度为 7.8%，认同值为 1.73；排在第二位的是"李鸿章为了维护大清国的利益鞠躬尽瘁，不能说他卖国"，认同度为 6.9%，认同值为 1.78；排在第三位的是"五四运动是激进主义思潮的产物"，认同度为 6.8%，认同值为 1.60；排在第四位的是"近代以来中国革命造成流血牺牲、社会动荡和经济发展的停滞，只有破坏性作用"，认同度为 2.7%，认同值为 1.35；排在第五位的是"近代以来中国革命是少数人鼓动的结果，不是必然发生的"，认同度为 2.5%，认同值为 1.34；排在第六位的是"西方国家侵略中国有助于中国更好发展"，认同度为 2.0%，认同值为 1.26；排在第七位的是"中国走社会主义道路偏离了近代人类文明的主流"，认同度为 1.9%，认同值为 1.28；排在第九位的是"中国如果走资本主义道路，能更好地实现发展"，认同度为 1.7%，认同值为 1.28。可见，绝人多数青年领导干部对历史虚无主义思潮的核心观点具有清晰的认识，但是依然有 4.0% 的青年领导干部持赞同的立场。

（六）宣传教育因素的影响

课题组列举了影响习近平新时代中国特色社会主义思想宣传教育效果的主要因素，让青年领导干部进行评价。

表 4-6　影响青年领导干部理论宣传教育效果的主要因素

单位：人，%

观点 / 程度	不重要		有点重要		一般		重要		非常重要		影响度	影响值
	人数	比例	人数	比例	人数	比例	人数	比例	人数	比例		
思想理论的内容	3	0.5	11	1.7	42	6.6	193	30.3	389	61.0	91.3	4.50
宣传教育形式	0	0.0	9	1.4	33	5.2	215	33.8	380	59.7	93.5	4.52
宣传教育方法	0	0.0	8	1.3	36	5.7	205	32.2	387	60.8	93.0	4.53
宣传教育者个人	1	0.2	8	1.3	61	9.6	248	39.1	316	49.8	88.9	4.37
宣传教育话语体系	0	0.0	8	1.3	57	9.0	259	41.0	308	48.7	89.7	4.37
宣传教育安排的时间	2	0.3	11	1.7	93	14.7	264	41.8	261	41.4	83.2	4.22
思想理论对个人今后的影响	0	0.0	10	1.6	49	7.7	231	36.5	343	54.2	90.7	4.43
个人对理论的兴趣	2	0.3	8	1.3	46	7.3	247	39.0	330	52.1	91.3	4.41
社会环境的影响	1	0.2	8	1.3	46	7.3	248	39.2	330	52.1	91.3	4.42
网络信息的影响	0	0.0	9	1.4	56	8.8	251	39.7	317	50.1	89.8	4.38
组织保障问题	0	0.0	8	1.3	48	7.6	224	35.4	353	55.8	91.2	4.46
领导干部的公信力	0	0.0	8	1.3	34	5.4	192	30.4	398	63.0	93.4	4.55

如表 4-6 所示，排在第一位的影响因素是宣传教育形式，排在第二位的是领导干部的公信力，排在第三位的是宣传教育方法。影响青年领导干部理论武装效果的因素是多重因素共同作用的结果，宣传教育形式、领导干部的公信力和宣传教育方法是排在前三位的因素，而网络信息的影响、宣传教育话语体系、

宣传教育者个人、宣传教育安排的时间则是影响相对较小的因素。可见，提高习近平新时代中国特色社会主义思想武装青年领导干部效果尤其要从理论武装内部和过程中发力，高度重视领导干部自身公信力、理论武装形式和方法的因素。

（七）基层党委意识形态领导能力的影响

课题组从党内意识形态宣传教育能力、社会意识形态系统的领导能力、社会思潮引领能力三个方面考察基层党委意识形态领导能力现状，让青年领导干部进行评价。

表 4-7　基层党委意识形态领导能力分析

单位：人，%

观点／程度	非常差		比较差		一般		比较强		非常强		认同度	认同值
	人数	比例	人数	比例	人数	比例	人数	比例	人数	比例		
完成中央意识形态工作任务要求的情况	0	0.0	1	0.2	76	11.8	268	41.5	301	46.6	88.1	4.35
用党的思想理论凝聚社会共识的能力	0	0.0	5	0.8	75	11.6	259	40.2	306	47.4	87.6	4.34
对思想理论领域形势与发展趋势分析研判的能力	0	0.0	4	0.6	102	15.8	252	39.1	286	44.4	83.5	4.27
对意识形态领域重大问题及时处理的能力	0	0.0	2	0.3	102	15.8	247	38.4	293	45.5	83.9	4.29
占领网络意识形态话语权的能力	1	0.2	8	1.2	133	20.7	243	37.7	259	40.2	77.9	4.17
开展主流意识形态对外传播的能力	0	0.0	8	1.2	120	18.6	240	37.3	276	42.9	80.2	4.22
落实党委意识形态领导的主体责任与监督的能力	0	0.0	5	0.8	82	12.8	255	39.7	301	46.8	86.5	4.33
对多元社会思潮中不合理因素的鉴别能力	1	0.2	7	1.1	109	16.9	249	38.7	278	43.2	81.9	4.24
对错误思潮及时亮剑的批判能力	2	0.3	7	1.1	112	17.4	241	37.4	282	43.8	81.2	4.23
回应社会舆论焦点问题、澄清思想是非的能力	0	0.0	8	1.2	105	16.3	245	38.1	285	44.3	82.4	4.26
平均数	1	0.1	6	0.9	102	15.8	250	38.8	287	44.5	83.3	4.27

如表 4-7 所示，青年领导干部对所在党委意识形态领导能力给予较高的评价，基层党委意识形态领导能力总体评价为 83.3%，认同值为 4.27。基层党委意识形态领导能力总体比较高，但并没有达到非常高的水平，基层党委意识形态领导仍然存在能力不足的问题。基层党委对完成中央意识形态工作任务要求、用党的思想理论凝聚社会共识、落实党委意识形态领导的主体责任与监督方面的能力较强，但及时处理意识形态领域重大问题的能力、分析研判思想理论领域形势与发展趋势的能力、回应社会舆论焦点问题及澄清思想是非的能力、鉴

别及批判多元社会思潮中不合理因素的能力、开展主流意识形态对外传播的能力、占领网络意识形态话语权的能力则相对较低。基层党委的党内意识形态宣传教育能力比较强，对社会意识形态系统的领导能力一般，对社会思潮引领能力较低。

三、新时代青年领导干部理论武装路径的建议

（一）充分发挥党内系统的理论武装路径的优势和特殊作用，开展系统化、常态化、制度化的党内集中教育学习活动

调查显示，青年领导干部对党内系统开展的规范性理论学习教育活动普遍给予高度评价，而对社会层面的大众传播媒介及互联网宣传、自主学习活动、职业教育等活动效果评价较差，党内系统的理论宣传教育活动明显高于社会系统的宣传教育和自主学习的效果。因此，党内系统的理论武装路径在习近平新时代中国特色社会主义思想武装工作中具有显著性优势和特殊作用，开展系统化、常态化、制度化的主题教育和学习活动是青年领导干部理论武装的主渠道。

开展系统的主题教育实践活动是中国共产党用马克思主义理论武装全党、教育人民的宝贵经验和基本路径。2013 年 4 月 19 日，中共中央政治局召开会议，决定从 2013 年下半年开始，用一年左右的时间，在全党自上而下分批开展党的群众路线教育实践活动。2016 年 2 月，中共中央办公厅印发了《关于在全体党员中开展"学党章党规、学系列讲话，做合格党员"学习教育方案》，并发出通知，要求各地区各部门认真贯彻执行。开展"两学一做"学习教育，是面向全体党员深化党内教育的重要实践，是推动党内教育从"关键少数"向广大党员拓展、从集中性教育向经常性教育延伸的重要举措。

党的十九大决定，以县处级以上领导干部为重点，在全党开展"不忘初心，牢记使命"主题教育。习近平专门阐述了理论武装的目标："理论学习有收获，重点是教育引导广大党员干部在原有学习的基础上取得新进步，加深对新时代中国特色社会主义思想和党中央大政方针的理解，学深悟透、融会贯通，增强贯彻落实的自觉性和坚定性，提高运用党的创新理论指导实践、推动工作的能

力。"[1] 主题教育开展以来，各级党组织有力推动，广大党员、干部积极投入，人民群众热情支持，整个主题教育特点鲜明、扎实紧凑，达到了预期目的，取得了重大成果。习近平高度肯定了主题教育的成效："各级党组织和广大党员、干部深入学习实践新时代中国特色社会主义思想，提高了知信行合一能力。广大党员、干部带着责任、带着问题读原著学原文，通过中心组学习、举办读书班、集中交流研讨等形式，深学细悟、研机析理，加深理解和领会，推动学习往深里走、往实里走，强化理想信念和使命担当，较好解决了学习不深入、落实不到底的问题。大家都认识到，科学理论是我们推动工作、解决问题的'金钥匙'，越学越觉得有信心，越学越觉得有力量。"[2]

2021 年是中国共产党成立 100 周年，中共中央印发《关于在全党开展党史学习教育的通知》，就党史学习教育作出部署安排。2023 年 3 月，中共中央办公厅印发了《关于在全党大兴调查研究的工作方案》，深入学习贯彻习近平新时代中国特色社会主义思想，全面贯彻落实党的二十大精神，在全党大兴调查研究，作为在全党开展的主题教育的重要内容。根据党的二十大部署，以县处级以上领导干部为重点，在全党深入开展学习贯彻习近平新时代中国特色社会主义思想主题教育，用党的创新理论统一思想、统一意志、统一行动，弘扬伟大建党精神，牢记"三个务必"，推动全党为全面建设社会主义现代化国家、全面推进中华民族伟大复兴而团结奋斗。因此，在全党深入开展系列主题教育实践活动，开展系统的干部教育培训，是新时代用习近平新时代中国特色社会主义思想武装青年领导干部的基本抓手。

（二）充分发挥领导干部理论自主学习研修方法的作用，提高青年领导干部理论学习积极性和理论水平

调查显示，绝大多数青年领导干部充分认识到习近平新时代中国特色社会主义思想武装工作的重大意义，普遍对创新理论武装工作具有较大的兴趣，只有极少数青年领导干部缺乏兴趣。近年来党的理论武装工作成效显著，青年领导干部对习近平新时代中国特色社会主义思想武装工作重要性的认识和感兴趣度都得以提升，尤其是理论宣传教育效果得以极大提升。从青年领导干部最期待采用的理论武装路径来看，青年领导干部对"理论讲授"的方法最为青睐，对"自学、研读原著或原文"和"社会实践与考察"的活动方式也具有较高期

[1]《习近平谈治国理政》第三卷，外文出版社 2020 年版，第 525 页。
[2] 习近平：《在"不忘初心，牢记使命"主题教育总结大会上的讲话》，人民出版社 2020 年版，第 1—2 页。

待。近年来青年领导干部对理论讲授和自学研读原著或原文的理论教育活动的意愿显著提高，对培训班的理论教育活动的意愿显著下降。虽然近年来青年领导干部对自主学习的方法更加重视，但是目前对自主学习活动的有效度评价为81.6%，仍具有较大的提升空间。无论是党内系统的理论宣传活动，还是社会层面的理论武装活动，归根结底都要通过领导干部自身入脑、入心、入行，才能达到理论武装的目的和效果。因此，新时代要充分发挥青年领导干部理论自主学习研修方法的作用，提高青年领导干部理论学习积极性，学深悟透习近平新时代中国特色社会主义思想。

习近平多次强调要提高领导干部自主学习的积极性："中国共产党人依靠学习走到今天，也必然要依靠学习走向未来。我们的干部要上进，我们的党要上进，我们的国家要上进，我们的民族要上进，就必须大兴学习之风，坚持学习、学习、再学习，坚持实践、实践、再实践。"[1]他一针见血地指出："有的党员、干部对理论学习不重视，把自学变不学；有的想起来就学一学，三天打鱼、两天晒网；有的拿学习来装门面，浅尝辄止、不求甚解；有的学习碎片化、随意化，感兴趣的就学、不感兴趣的就不学；不少年轻干部理论功底还不扎实、理想信念还不够坚定。要做到真学真懂真信真用，还需要下更大气力。"[2]他勉励领导干部要把学习作为一种追求、一种爱好、一种健康的生活方式："领导干部一定要把学习放在很重要的位置上，如饥似渴地学习，哪怕一天挤出半小时，即使读几页书，只要坚持下去，必定会积少成多、积沙成塔，积跬步以至千里。"[3]因此，加强习近平新时代中国特色社会主义思想武装效果，必须调动领导干部理论学习的主动性和积极性，充分发挥自主学习的作用。青年领导干部要原原本本地学原著、读原文、悟原理，在学懂弄通做实上下功夫，增强贯彻落实的思想自觉和行动自觉。

（三）强化补钙壮骨铸魂，引导青年领导干部坚定共产主义远大理想和中国特色社会主义共同理想

调查显示，青年领导干部对习近平新时代中国特色社会主义思想具有较高的知晓度，但全面深入了解程度并不高。青年领导干部对习近平新时代中国特色社会主义思想具有非常高的认同度，但仍存在较大的提升空间。青年领导干部对习近平新时代中国特色社会主义思想具有较高的情感喜爱和价值信仰，能

---

[1]《习近平谈治国理政》第一卷，外文出版社2018年版，第407页。
[2]《习近平谈治国理政》第三卷，外文出版社2020年版，第540页。
[3]《习近平谈治国理政》第一卷，外文出版社2018年版，第407页。

够将习近平新时代中国特色社会主义思想作为自己的人生理想和价值追求，但主动学习了解习近平新时代中国特色社会主义思想的积极性不够高。青年领导干部总体上能够贯彻落实习近平新时代中国特色社会主义思想，但仍有部分领导干部贯彻落实不到位。青年领导干部对习近平新时代中国特色社会主义思想的认知认同度高于价值信仰度，价值信仰度又高于情感喜爱度，情感喜好度高于贯彻落实程度。青年领导干部对习近平新时代中国特色社会主义思想认同度高于知晓度，知晓度高于践行度。可见，青年领导干部理想信念是坚定的，政治上是可靠的，但是一些青年领导干部理想信念不坚定的问题还依然存在。正如习近平一针见血地指出："在我们的干部队伍中，也有的对共产主义心存怀疑，认为那是虚无缥缈、难以企及的幻想；有的不信马列信鬼神，从封建迷信中寻找精神寄托，热衷于算命看相、烧香拜佛，遇事'问计于神'；有的是非观念淡薄、原则性不强、正义感退化，糊里糊涂当官，浑浑噩噩过日子；有的甚至向往西方社会制度和价值观念，对社会主义前途命运丧失信心；有的在涉及党的领导和中国特色社会主义道路等原则性问题的政治挑衅面前态度暧昧、消极躲避、不敢亮剑，甚至故意模糊立场、耍滑头，等等。党的领导干部特别是高级干部，在大是大非面前没有态度，出了政治性事件、遇到敏感性问题没有立场、无动于衷，岂非咄咄怪事！"[1]

坚定理想信念就要深入学习习近平新时代中国特色社会主义思想，让真理武装头脑、指引理想、坚定信仰。坚定的马克思主义信仰、社会主义和共产主义信念，始终是共产党人的政治灵魂和安身立命的根本，是共产党人经受住任何考验的精神支柱。习近平形象地将理想信念比喻为共产党员精神上的"钙"，"没有理想信念，理想信念不坚定，精神上就会'缺钙'，就会得'软骨病'"。[2]在建设社会主义现代化强国新征程中，中国共产党人依然面临着四种考验和四种危险，提高领导干部马克思主义理论水平，使其坚定理想信念、提高党性修养至关重要。习近平深刻地指出："理想信念坚定，是好干部第一位的标准，是不是好干部首先看这一条。如果理想信念不坚定，不相信马克思主义，不相信中国特色社会主义，政治上不合格，经不起风浪，这样的干部能耐再大也不是我们党需要的好干部。只有理想信念坚定，用坚定理想信念炼就了'金刚不坏之身'，干部才能在大是大非面前旗帜鲜明，在风浪考验面前无所畏惧，在各种诱惑面前立场坚定，在关键时刻靠得住、信得过、能放心。"[3]在学习贯彻习

---

[1]《习近平谈治国理政》第一卷，外文出版社 2018 年版，第 414 页。

[2]《习近平谈治国理政》第一卷，外文出版社 2018 年版，第 15 页。

[3]《习近平谈治国理政》第一卷，外文出版社 2018 年版，第 413 页。

近平新时代中国特色社会主义思想主题教育中，青年领导干部要牢牢把握"强党性"的要求，要自觉用这一思想改造主观世界，"深刻领会这一思想关于坚定理想信念、提升思想境界、加强党性锻炼等一系列要求，始终保持共产党人的政治本色"。[1]提高对理论的深入系统学习，思想上掌握精髓，实践上指导工作，达到补钙壮骨的效果。

调查显示，青年领导干部对习近平新时代中国特色社会主义思想的具体内容的知晓度中，对"掌握马克思主义思想方法和工作方法"的知晓度最低。因此，要注重提高青年领导干部的理论思维能力和思想政治理论水平。恩格斯说过："一个民族要想站在科学的最高峰，就一刻也不能没有理论思维。"[2]习近平总书记在纪念马克思诞辰200周年大会上讲话也强调："中华民族要实现伟大复兴，也同样一刻不能没有理论思维。"[3]马克思主义理论思维就是在马克思主义基本原理的指导下，立足于中国的实践，运用辩证唯物主义和历史唯物主义方法去思考问题，将对事物的表面、片面和零散的感性认识上升到内在、本质和全面系统的理性认识，深入认识共产党执政规律、社会主义建设规律、人类社会发展规律。中国共产党"面对十分复杂的国内外环境，肩负繁重的执政使命，如果缺乏理论思维，是难以战胜各种风险和困难的，也是难以不断前进的"。[4]青年领导干部必须不断提高运用马克思主义分析和解决实际问题的能力，学好用好习近平新时代中国特色社会主义思想的世界观和方法论，不断增强工作的科学性、预见性、主动性，不断提高运用科学理论指导我们应对重大挑战、抵御重大风险、克服重大阻力、化解重大矛盾、解决重大问题的能力，不断坚定马克思主义信仰和共产主义理想。

（四）打造多元立体化理论武装路径，充分运用理论讲授、新型媒体、文字载体和多向路径的作用，提高党和政府宣传、书籍、报纸等传统正式载体的公信力，实现理论武装内容与形式的深度创新融合

调查显示，青年领导干部获取习近平新时代中国特色社会主义思想信息的路径呈现多样化特点，网络、微信和书籍为主要渠道，更倾向于新型媒体、文字载体和多向路径。尽管网络新型媒体是领导干部获取习近平新时代中国特色

---

[1] 习近平：《在学习贯彻习近平新时代中国特色社会主义思想主题教育工作会议上的讲话》，《求是》2023年第9期，第4—14页。

[2]《习近平谈治国理政》第三卷，外文出版社2020年版，第875页。

[3] 习近平：《在纪念马克思诞辰200周年大会上的讲话》，人民出版社2018年版，第15页。

[4]《习近平谈治国理政》第三卷，外文出版社2020年版，第518页。

社会主义思想排在第一位的路径，但领导干部更相信传统路径和文字载体在思想政治理论信息传播中的作用，党和政府宣传、课堂讲授、讲座报告、内部文件、书籍、报纸等传统正式载体的思想政治理论信息传播公信力大幅提升。网络新媒体在青年领导干部中运用普遍，浏览信息、学习及远程教育、聊天交友及关注朋友动态为网络活动的主要内容，但青年领导干部对网络思想政治理论类信息的关注度较低，近年来思想政治理论类网站可用性和形式质量有所提高，但是内容不吸引人和网站形式不新颖依然是影响青年领导干部主动关注思想政治理论网站信息的主要原因。青年领导干部日常阅读更关注与自己专业发展、社会民生时政和自身生活相关的信息，对习近平新时代中国特色社会主义思想的主动关注度一般。青年领导干部更倾向于直接阅读习近平等党和国家领导人讲话来开展思想政治理论学习，同时党的理论和政策通俗化解读书籍也较为受领导干部青睐，不喜欢阅读专业性思想政治理论著作，马克思主义理论经典著作，毛泽东思想理论著作，邓小平理论、"三个代表"重要思想、科学发展观著作，习近平等党和国家领导人讲话的书籍阅读意愿全部大幅提升，读原著、学原文和悟原理成为青年领导干部理论书籍阅读学习的新倾向。青年领导干部对理论讲授的方法最为青睐，对自学、研读原著或原文、社会实践与考察的活动方式也具有较高期待，对培训班的理论教育活动的意愿显著下降，对多元的理论宣传教育路径充满期待。青年领导干部理论武装的效果受多重因素共同影响，宣传教育形式、党员干部的公信力和宣传教育方法是排在前三位的因素，而网络信息的影响、宣传教育话语体系、宣传教育者个人、宣传教育时间安排则是影响相对较少的因素。这些特点为做好习近平新时代中国特色社会主义思想武装青年领导干部工作提供了重要参考。

要充分运用理论讲授的基本方法，通过彻底的理论阐释、透彻的说理，达到理论武装的目的。理论讲授法是用党的创新理论武装全党的基本原则和基本方法，是在社会主义革命、建设和改革的实践中逐步形成的。提高这一基本方法的运用水平，理论武装工作者必须老老实实地弄懂马克思主义理论中的"理"，能够原原本本地说出党的创新理论的"理"，用青年领导干部所喜闻乐见的语言和方法进行理论武装，把理论性的东西讲到青年领导干部心里去，提高领导干部自身公信力，增强理论武装效果。

要综合运用网络路径，发挥新型媒体、文字路径和多向路径的作用。网络新媒体在青年领导干部中运用普遍，浏览信息、接受远程教育、聊天交友及关注朋友动态为网络活动的主要内容，要切实提高网络新媒体理论内容的吸引力和网站形式新颖性，打造融媒体路径。

要充分发挥党和政府宣传、课堂讲授、讲座报告、内部文件、书籍、报纸等传统正式载体的思想政治理论信息传播能力。尽管网络新型媒体是青年领导干部获取习近平新时代中国特色社会主义思想排在第一位的路径，但青年领导干部对新媒体载体的信任度并不高，传统路径和文字载体在思想政治理论信息传播中依然保持优势。青年领导干部日常阅读更关注与自己专业发展、社会民生时政和自身生活相关的信息，要注意将习近平新时代中国特色社会主义思想与青年领导干部务实工作、专业发展和日常生活相结合。青年领导干部更倾向于直接阅读习近平等党和国家领导人讲话来开展思想政治理论学习，同时党的理论和政策通俗化解读书籍也较为受领导干部所青睐，要充分发挥习近平等党和国家领导人的讲话、党的政策解读书籍和国际国内时势与政策读本的作用，编写高质量的学习教辅材料。

要注重从理论武装工作内部和过程中发力，增强领导干部自身公信力，满足青年领导干部对理论武装形式和方法的新期待。既然青年领导干部反映宣传教育主体、形式、方法等因素是影响习近平新时代中国特色社会主义思想宣传教育效果的主要因素，那么就要切实创新理论武装形式与方法。要联系实际、结合新时代新实践、结合青年领导干部思想和工作实际、瞄准重大问题开展理论武装工作，加强社会实践与考察，扩展理论武装渠道方法。当然，理论武装内容与形式是统一的，再好的形式如果脱离理论内容也必然会流于形式，要探索理论武装内容与形式的深度融合方法。比如，习近平总书记用中国梦的形象和话语阐述新时代坚持和发展中国特色社会主义的总任务理论，既具有理论深度，又具有方法形象性，融通国家、民族和个人，实现了理论武装内容与形式的高度统一。

要结合青年领导干部实际和特点，提高习近平新时代中国特色社会主义思想武装方法的针对性。青年领导干部理论武装工作中，尤其是要把提高理论知晓度作为重点任务，将理论武装工作的重点对象放在年龄偏低的领导干部、行政级别偏低的领导干部、直辖市和省会城市领导干部、企业领导干部和文化程度较高的干部身上。在理论武装方法的运用上，对于年龄较大的领导干部、机关事业单位和行政级别较高的领导干部要充分发挥党课、书籍、报刊、报告讲座方法的作用，对于年轻干部要更好发挥微信、微博等新媒体方法的作用。通过增强青年领导干部生活满意度、生活态度、人生目标和政治观念积极性等间接方式增强习近平新时代中国特色社会主义思想武装效果，实现直接途径与间接途径相结合。

（五）把习近平新时代中国特色社会主义思想正面宣传与错误社会思潮批判相结合，提高青年领导干部对社会思潮的引领能力

调查显示，青年领导干部对各社会思潮的知晓度和认同度都不高，总体处于不太了解和不太认同的水平。青年领导干部对各社会思潮的认同度与对习近平新时代中国特色社会主义思想的认同度之间存在此消彼长的关系。绝大多数青年领导干部对民主社会主义思潮、新自由主义思潮和历史虚无主义思潮的核心观点具有较为清晰的认识，但是仍有部分青年领导干部对各社会思潮缺乏正确的认识。朴素自由主义倾向、告别革命论、虚无中国近现代史等错误倾向在少数青年领导干部中依然存在。错误社会思潮在青年领导干部中依然存在市场，影响力不容小觑。

在领导干部理论武装过程中应加强社会思潮的内容，引导青年领导干部全面了解各种社会思潮，增强对社会思潮的鉴别能力。提高青年领导干部对错误社会思潮的实质剖析能力，坚持马克思主义的标尺和方向，识别各种社会思潮的性质。习近平指出："忽视了马克思主义所指引的方向，学习就容易陷入盲目状态甚至误入歧途，就容易在错综复杂的形势中无所适从，就难以抵御各种错误思潮。"[1] 要引导青年领导干部旗帜鲜明反对和抵制各种错误观点，辨别出不同社会思潮的实质，掌握提高政治敏锐性和鉴别力的利器。

要深入研究各种错误思潮本身的历史渊源、理论基础、现实材料和核心主张，深刻揭露批判其本质的虚假性、理论基础的片面性、历史背景的蒙蔽性、现实材料的局限性和实践的危害性，提高青年领导干部对社会思潮的剖析批判能力。习近平要求："要加强对各种社会思潮的辨析和引导，不当旁观者，敢于发声亮剑，善于解疑释惑，守护这一马克思主义、中国特色社会主义的坚强前沿阵地。"[2] 要通过旗帜鲜明地抵制、揭批错误思潮的斗争，划清是非界限、澄清模糊认识，推动青年领导干部真正做到敢抓、敢管、敢亮剑，成为敢于与挑战政治底线的错误言论和不良风气作斗争的"战士"，而不是爱惜羽毛的"绅士"，切实维护意识形态安全。要适应公众获取信息渠道的变化，加快提升主流媒体网上传播能力，"要主动回应社会关切，对善意的批评、意见、建议认真听取，

---

[1]《习近平谈治国理政》第一卷，外文出版社 2018 年版，第 406 页。
[2]《习近平谈治国理政》第二卷，外文出版社 2017 年版，第 327 页。

对借机恶意攻击的坚决依法制止"。[1]

要将大数据定量计算和决策者定性分析相结合，提高青年领导干部社会思潮动态监测和实时预警能力。通过运用智能算法技术，运用大数据精准识别、立体掌握重大舆情萌生和发展趋势，引导"热搜榜""话题榜"议题设置。通过将大数据定量计算和意识形态工作决策者定性分析能力相结合，实时预警，精准施策，提高舆情预判和风险预警水平，完善阻断舆情危机的引导机制。领导干部"要强化忧患意识、风险意识，增强政治敏锐性和政治鉴别力，对容易诱发政治问题特别是重大突发事件的敏感因素、苗头性倾向性问题，对意识形态领域各种错误思潮、模糊认识、不良现象，保持高度警惕，做到眼睛亮、见事早、行动快"。[2]要凸显主流媒体的担当意识，及时回应人民群众反应强烈的社会现实问题和合理诉求，既解决实际问题又解决思想问题，增强习近平新时代中国特色社会主义思想的亲和力与吸引力，更加强信心、聚民心、暖人心、筑同心。

（六）提高严格落实意识形态领导主体责任的能力，提高基层党委意识形态领导能力

调查显示，青年领导干部对所在党委意识形态领导能力总体评价比较高，但并没有达到非常高的水平，基层党委意识形态领导仍然存在能力不足的问题，必然制约习近平新时代中国特色社会主义思想武装青年领导干部的效果。基层党委对完成中央意识形态工作任务要求、用党的思想理论凝聚社会共识、落实党委意识形态领导的主体责任与监督方面的能力评价较高，但对意识形态领域重大问题及时处理的能力、对思想理论领域形势与发展趋势分析研判的能力、回应社会舆论焦点问题及澄清思想是非的能力、对多元社会思潮中不合理因素的鉴别及批判的能力、开展主流意识形态对外传播的能力、占领网络意识形态话语权的能力则相对较弱。基层党委意识形态领导能力呈现党内意识形态宣传教育能力比较弱，对社会意识形态系统的领导能力一般，对社会思潮引领能力较低的特点。尤其需要注意的是，基层党委对多元社会思潮中不合理因素的鉴别及批判能力、开展主流意识形态对外传播能力、占领网络意识形态话语权的能力较弱。

---

[1] 习近平：《在统筹推进新冠肺炎疫情防控和经济社会发展工作部署会议上的讲话》，人民出版社，2020年版，第16页。
[2] 《中共中央关于加强党的政治建设的意见》，《人民日报》2019年2月28日，第1版。

要提高各级党委意识形态创新发展能力。要不断开辟中国特色社会主义新境界，提高各级党委做好坚持和发展中国特色社会主义大文章的能力。各级党委要开展高水平理论学习和教育活动，引导青年领导干部加强理论自主学习研修、坚定理想信念，提高用习近平新时代中国特色社会主义思想武装全党的能力。"各级党委要负起政治责任和领导责任，加强对宣传思想领域重大问题的分析研判和重大战略性任务的统筹指导，不断提高领导宣传思想工作能力和水平。"[1] 在不断强化意识形态工作的责任意识的同时，完善意识形态工作责任制细则，实现党的意识形态工作责任制的制度化和规范化。

要提高各级党委对社会意识形态系统领导的能力。要提高政治领导、思想领导和组织领导水平，提高马克思主义理论的社会宣传普及力度。要加强各级党委对宣传思想领域重大问题的分析研判和战略指导能力，"要树立大宣传的工作理念，动员各条战线各个部门一起来做，把宣传思想工作同各个领域的行政管理、行业管理、社会管理更加紧密地结合起来"。[2] 要加强党对意识形态系统重点领域的管控，习近平主持或参加召开文艺工作、中央统战工作、新闻舆论工作、哲学社会科学工作、全国党校工作、网络安全和信息化工作、全国高校思想政治工作、学校思政课教师座谈会、企业家座谈会、科学家座谈会、基层代表座谈会等领域的会议，并发表重要讲话，为新时代各重点领域的意识形态领导指明了方向，这些领域都是新时代提高党委意识形态领导能力的重点工作领域。要运用科学民主法治的意识形态管控方式，建设具有强大凝聚力和引领力的社会主义意识形态。要提高党的主流意识形态对外传播能力，坚定中国特色社会主义道路、理论、制度和文化自信，在对外思想文化交流交锋中保持强大的政治定力，打造融通中外的话语体系，善于运用中国理论解释中国实践，讲好中国故事。

要提高各级党委社会思潮引领能力。新时代意识形态斗争要有理有利有节地开展，要切实提高各级党委对各种社会思潮的辨别判断能力、剖析批判能力及动态监控能力，鼓励广大党员干部积极承担起意识形态宣传教育的责任，勇于同任何错误的思想观念作斗争，切实提高党对多样化社会思潮的引领能力。

---

[1]《习近平谈治国理政》第一卷，外文出版社 2018 年版，第 156 页。
[2]《习近平谈治国理政》第一卷，外文出版社 2018 年版，第 156 页。

第五章　新时代事业单位青年理论武装路径现状及对策

事业单位一般是由国家机关或其他组织利用国有资产举办的，以社会公益为目的，主要从事教育、科研、文化、卫生、体育等活动的社会组织，是事关国家富强、社会稳定、人民幸福等重大公益性事业或活动的主体。事业单位青年群体被寄托着党和人民的殷切嘱托，与民生息息相关，作用关键。习近平勉励青年："广大科研单位青年要在深入钻研学问、主动攻克难题中多出创新成果，广大机关事业单位青年要在提高为社会、为民众服务水平中建功立业。"[1] 在事业单位中，"80 后""90 后"的年轻干部和职工将逐步成为事业单位队伍的主体。他们一般受过高等教育，思维活跃，勇于创新，同时也存在一些不足，表现在马克思主义理论学习和党内政治生活锻炼不足，缺乏在基层和艰苦地方磨炼的经历，在关键岗位的历练不够，做群众工作本领不强，担当作为的底气不足等。用习近平新时代中国特色社会主义思想武装头脑、指导工作，打牢思想理论根基，是事业单位青年成长和事业单位健康发展的基本任务。

---

[1]《习近平关于青少年和共青团工作论述摘编》，中央文献出版社 2017 年版，第 53 页。

一、新时代事业单位青年理论武装路径现状

（一）事业单位青年对新时代党的创新理论的认识

事业单位青年对习近平新时代中国特色社会主义思想比较了解，但认识广度和深度有待加强，对具体理论内容知晓度差异较为明显。如表5-1所示，事业单位青年对习近平新时代中国特色社会主义思想各观点的总体知晓度比较高，知晓度为68.0%，知晓值为3.78。事业单位青年对习近平新时代中国特色社会主义思想内容的总体认同度为87.3%，认同值为4.32。认同水平非常高，但也存在进一步提升的较大空间。

表 5-1　事业单位青年对新时代党的创新理论的知晓和认同情况

单位：%，分

内容／项目	知晓度	知晓值	认同度	认同值
中国特色社会主义进入新时代	71.0	3.80	86.4	4.24
新时代坚持和发展中国特色社会主义	72.6	3.85	87.9	4.28
坚持以人民为中心	74.3	3.89	89.2	4.34
实现中华民族伟大复兴的中国梦	77.3	3.96	89.0	4.35
新时代坚持和发展中国特色社会主义的战略安排	63.2	3.69	86.2	4.28
中国共产党领导是中国特色社会主义最本质的特征	70.4	3.84	86.3	4.29
将全面深化改革进行到底	67.9	3.78	87.3	4.31
全面推进依法治国	72.0	3.85	88.6	4.34
以新发展理念引领经济高质量发展	61.9	3.68	86.8	4.31
发展社会主义民主政治	63.2	3.69	86.2	4.30
推动社会主义文化繁荣兴盛	66.5	3.75	87.6	4.33
带领人民创造更加幸福美好生活	71.4	3.85	88.4	4.38
建设美丽中国	72.1	3.88	88.8	4.37
坚持总体国家安全观	64.1	3.71	87.0	4.33
把人民军队全面建成世界一流军队	62.2	3.66	87.2	4.35
坚持"一国两制"和推进祖国统一	72.7	3.89	87.1	4.34
推动构建人类命运共同体	66.5	3.76	86.5	4.32
把党建设得更加坚强有力	64.9	3.74	87.1	4.32
掌握马克思主义思想方法和工作方法	58.2	3.58	84.5	4.25
平均数	68.0	3.78	87.3	4.32

事业单位青年对习近平新时代中国特色社会主义思想具有比较高的情感喜爱、心理归属和价值信仰，但主动学习了解习近平新时代中国特色社会主义思想的积极性一般。调查显示，事业单位青年在平时主动学习习近平新时代中国特色社会主义思想的积极性上，选择比较积极和非常积极的占 47.7%，学习党的创新理论的主动性较低。对习近平新时代中国特色社会主义思想的情感喜好方面，选择比较喜欢和非常喜欢的占 70.6%。在对习近平新时代中国特色社会主义思想的亲近感和心理归属感方面，选择比较有归属感和非常有归属感的占 75.9%。在将习近平新时代中国特色社会主义思想作为自己的人生理想和价值追求方面，选择比较符合和非常符合的占 71.6%。在对马克思主义的信仰、对社会主义和共产主义的信念方面，选择比较坚定和非常坚定的占 76.3%。在将习近平新时代中国特色社会主义思想贯彻落实于自己的工作和生活方面，选择比较坚定和非常坚定的占 70.1%。可见，事业单位青年对习近平新时代中国特色社会主义思想的情感喜爱度和价值信仰度总体较高，践行度也较高，但提升空间依然很大。事业单位青年主动学习了解习近平新时代中国特色社会主义思想的积极性一般，自主学习理论的动力有待加强。

（二）事业单位青年获取新时代党的创新理论信息的路径

1.事业单位青年日常阅读更关注与自己专业发展、与日常生活相关的服务信息及社会民生热点信息，对习近平新时代中国特色社会主义思想信息的主动关注度比较低

问卷列举了事业单位青年日常阅读所涉及的内容，让事业单位青年进行多项选择。调查表明，排在第一位的是与自己学习相关的专业信息，占 73.7%；排在第二位的是与日常生活相关的服务信息，占 63.4%；排在第三位的是社会、民生热点信息，占 59.3%；排在第四位的是国际国内时政要闻相关的信息，占 51.2%；排在第五位的是文学、历史、人文或与人生发展相关的励志信息，占 42.8%；排在第六位的是购物、美食、娱乐、旅游、健康、养生信息，占 39.9%；排在第七位的是思想政治理论方面信息，占 34.2%；排在第八位的是明星资讯逸闻趣事相关的八卦信息，占 24.3%；排在第九位的是婚恋交友信息，占 9.3%；排在第十位的是星相和宗教信仰信息，占 4.7%；排在第十一位的是其他，占 2.2%。可见，事业单位青年日常最关注的信息是与自己专业发展、与日常生活相关的服务信息及社会民生热点信息，对思想政治理论方面信息的关注度排在第七位，关注度比较低。

2.事业单位青年获取习近平新时代中国特色社会主义思想信息的渠道主要为网络、微信和书籍，更倾向于网络渠道

从事业单位青年日常获取思想政治理论方面信息的主要路径来看，如表5-2所示，排在第一位的是网络，占86.8%；排在第二位的是微信，占65.2%；排在第三位的是书籍，占49.2%。事业单位青年在获取习近平新时代中国特色社会主义思想时更依赖于网络、微信、书籍手段，对报告讲座、报刊、职场培训、宣传板或电子屏渠道依赖度较低。

3.虽然事业单位青年获取理论信息倚重网络新媒体渠道，但最信任党和政府宣传、课堂讲授、书籍、讲座报告等线下传统理论信息传播渠道，对电影、微信、网络、手机短信的信任程度最低

课题组列举了事业单位青年获取思想政治理论信息的载体，让该群体评价对其信息的可信度。调查显示，排在第一位的是党和政府宣传，信任度为79.8%，信任值为4.14；排在第二位的是课堂讲授，信任度为73.4%，信任值为3.87；排在第三位的是书籍，信任度为72.3%，信任值为3.88；排在第四位的是讲座报告，信任度为70.8%，信任值为3.86；排在第五位的是内部文件，信任度为70.0%，信任值为3.90；排在第六位的是报纸，信任度为68.3%，信任值为3.81；排在第七位的是电视，信任度为58.7%，信任值为3.63；排在第八位的是广播，信任度为57.5%，信任值为3.63；排在第九位的是宣传板报，信任度为52.6%，信任值为3.55；排在第十位的是杂志，信任度为50.2%，信任值为3.52；排在第十一位的是朋友、家人，信任度为44.0%，信任值为3.42；排在第十二位的是电影，信任度为36.4%，信任值为3.26；排在第十三位的是微信，信任度为29.3%，信任值为3.16；排在第十四位的是网络，信任度为27.8%，信任值为3.12；排在第十五位的是手机短信，信任度为27.5%，信任值为3.03。事业单位青年对习近平新时代中国特色社会主义思想获取渠道的信任呈现差异，对党和政府宣传、课堂讲授、书籍、讲座报告、内部文件及报纸更为信任，信任度均超过60%，对微信、网络、手机短信的信任度最低，信任度均不超过30%。由此可见，网络新媒体渠道虽然是事业单位青年获取习近平新时代中国特色社会主义思想的主要渠道，但他们并不信任这些渠道。党和政府宣传、课堂讲授、书籍、讲座报告等传统渠道传播的习近平新时代中国特色社会主义思想信息更能获得事业单位青年的信任。

表 5-2　事业单位青年获取思想政治理论信息的路径情况

单位：人，%

主要渠道	人数	比例
书籍	686	49.2
报刊	374	26.8
网络	1211	86.8
影视	474	34.0
微信	910	65.2
微博	505	36.2
报告讲座	385	27.6
人际交往	497	35.6
职场培训	311	22.3
新闻客户端	559	40.1
宣传板或电子屏	229	16.4
其他	19	1.4

4.事业单位青年在使用网络时主要用来浏览信息、聊天交友及关注朋友动态等，但对思想政治理论信息关注度比较低，主要原因是思想政治理论信息内容不吸引人、自身没有兴趣及网站形式不新颖

课题组进一步对事业单位青年网络关注的信息进行分析。调查显示，事业单位青年上网关注信息排名第一位的是浏览信息，关注度为 63.6%，关注值为 3.66；排在第二位的是聊天交友、关注朋友动态，关注度为 45.4%，关注值为 3.36；排在第三位的是学习或远程教育，关注度为 33.3%，关注值为 3.05；排在第四位的是网上购物，关注度为 29.8%，关注值为 2.99；排在第五位的是视听娱乐在线，关注度为 22.4%，关注值为 2.68；排在第六位的是收发邮件，关注度为 18.3%，关注值为 2.61；排在第七位的是网络游戏，关注度为 11.2%，关注值为 1.98；排在第八位的是逛网络社区贴吧，关注度为 9.4%，关注值为 2.05。可见，事业单位青年使用网络时主要在浏览信息、聊天交友及关注朋友动态，对网络游戏及虚拟社区关注较少。

课题组对事业单位青年在电脑、手机网络上浏览思想政治理论类网站、App 及公众号的情况进行分析，事业单位青年选择经常选项的有 121 人，占比 8.7%；选择较多的有 271 人，占比 19.5%；选择一般的有 523 人，占比 37.5%；选择较少的有 402 人，占比 28.9%；选择没有的有 76 人，占比 5.5%。可见，事业单位青年主动浏览思想政治理论类网站、App 及公众号的主动性比较低，仅有 28.2% 的青年能过较为主动地获取思想理论信息。课题组对影响事业单位青年运用网络新媒体浏览思想政治理论信息的因素进行分析，排名第一位的是内容不吸引人，占53.4%；排名第二位的是没有兴趣，占32.7%；排名第三位的是网站形式不新颖，占31.8%；排名第四位的是网站可用性较低，占25.5%；排名第五位的是网站知名度不高，占23.1%；排名第六位的是其他，占4.5%。可见，影响事业单位青年浏览思想理论类网站、App及公众号最主要因素是思想政治理论信息内容不吸引人、自身没有兴趣及网站形式不新颖。

5.事业单位青年更倾向于直接阅读党和国家领导人讲话、国际国内时势与政策读本来开展思想政治理论阅读学习，同时思想道德修养读物、马克思主义理论经典著作也是事业单位青年愿意阅读的书籍

书籍在事业单位青年获取思想政治理论信息的渠道中排名第三，同时在信任度排名中为第三。这表明书籍在事业单位青年获取习近平新时代中国特色社会主义思想信息中起着稳定的基础作用。在事业单位青年阅读思想政治理论书籍倾向中排名第一位的是习近平等党和国家领导人的讲话，占49.0%；排名第二位的是国际国内时势与政策读本，占46.7%；排名第三位的是思想道德修养读物，占36.3%；排名第四位的是马克思主义理论经典著作，占32.6%；排名第五位的是党的理论通俗宣传读物，占32.1%；排名第六位的是毛泽东思想理论著作，占31.4%；排名第七位的是党的政策解读书籍，占30.8%；排名第八位的是专业性很强的理论著作，占30.4%，排名第九位的是邓小平理论、"三个代表"重要思想、科学发展观著作，占22.9%；排名第十位的是西方各种社会思潮读物，占15.1%；排名第十一位的是其他，占2.4%。可见，事业单位青年更倾向于直接阅读习近平等党和国家领导人讲话、国际国内时势与政策读本来开展思想政治理论学习，同时思想道德修养读物、马克思主义理论经典著作等也是事业单位青年愿意阅读的书籍，关注党的创新理论最新成果及国内外大事是事业单位青年的阅读倾向。

（三）事业单位青年对新时代党的创新理论武装路径效果的评价

1.事业单位青年对习近平新时代中国特色社会主义思想武装工作的必要性非常认可，对创新理论宣传教育方法比较感兴趣，对当前理论宣传教育效果比较肯定，但理论武装效果提升空间依然很大

调查显示，在对当前加强习近平新时代中国特色社会主义思想宣传教育必要性的回答中,事业单位青年选择"完全不必要"的有 10 人,占 0.7% ;选择"不太必要"的有 39 人,占 2.8% ;选择"一般"的有 166 人,占 12.0% ;选择"有点必要"的有 365 人,占 26.3% ;选择"非常必要"的有 809 人,占 58.2%。可见,84.5% 的事业单位青年对加强习近平新时代中国特色社会主义思想的宣传教育是持赞同态度的。

在事业单位青年对创新习近平新时代中国特色社会主义思想宣传教育工作的兴趣调查中,选择"没有兴趣"的有 13 人,占 0.9% ;选"不太感兴趣"的有 59 人,占 4.2% ;选"一般"的有 403 人,占 29.0% ;选"感兴趣"的有 530 人,占 38.2% ;选"非常感兴趣"的有 384 人,占 27.6%。可见,65.8% 的事业单位青年对创新理论武装方法比较感兴趣,仍有部分青年对此兴趣不高。

事业单位青年对当前习近平新时代中国特色社会主义思想宣传教育效果的总体评价中,选"没有效果"的有 7 人,占 0.5% ;选择"不太有效"的有 57 人,占 4.1% ;选择"一般"的有 351 人,占 25.3% ;选择"有效"的有 626 人,占 45.1% ;选择"非常有效"的有 348 人,占 25.1%。事业单位青年选择有效和非常有效的占比 70.2%,但仍有 4.6% 的事业单位青年认为没有效果,25.3% 的事业单位青年认为效果一般。可见,习近平新时代中国特色社会主义思想武装事业单位青年工作取得了比较好的效果,但提升空间仍然很大。

2.事业单位青年对社会实践活动、树立正面典型人物、"不忘初心,牢记使命"主题教育及党团组织开展的学习活动有效性评价最高,对网络及远程教育活动、日常生活、自主学习活动评价较低

问卷列举了习近平新时代中国特色社会主义思想宣传教育路径,让事业单位青年对其效果进行评价。如表 5-3 所示,依据有效度水平从高到低排序,排在第一位的是社会实践活动,有效度为 79.5% ;排在第二位的是树立正面典型人物,有效度为 77.2% ;排在第三位的是"不忘初心,牢记使命"主题教育,有效度为 73.3% ;排在第四位的是党、团组织开展的学习活动,有效度为 73.2% ;排在第五位的是党的群众路线教育实践活动,有效度为 71.5%。可见,事业单位青年较为认可社会实践活动、树立正面典型人物、"不忘初心,牢记使命"主题教育及党团组织开展的学习活动的效果,对网络远程教育活动、日常生活、自主学习活动评价较低。

表 5-3　事业单位青年对理论武装路径的效果评价

单位：人，%

观点／程度	无帮助		较小		一般		有帮助		非常有帮助		有效度	有效值
	人数	比例	人数	比例	人数	比例	人数	比例	人数	比例		
党校学习、上党课	37	2.7	109	7.8	286	20.6	645	46.4	312	22.5	68.9	3.78
各战线系统开展的理论培训活动	27	1.9	95	6.8	348	25.1	653	47.0	266	19.2	66.2	3.75
听辅导报告	22	1.6	104	7.5	380	27.3	627	45.1	257	18.5	63.6	3.71
党、团组织开展的学习活动	24	1.7	71	5.1	278	20.0	718	51.7	299	21.5	73.2	3.86
社会实践活动	20	1.4	40	2.9	224	16.1	720	51.8	385	27.7	79.5	4.02
网络、远程教育活动	37	2.7	115	8.3	406	29.3	610	43.9	220	15.9	59.8	3.62
自主学习活动	29	2.1	169	12.2	406	29.2	567	40.8	219	15.8	56.6	3.56
家庭环境	28	2.0	127	9.1	345	24.8	634	45.6	255	18.4	64.0	3.69
职业教育	22	1.6	79	5.7	343	24.7	670	48.2	275	19.8	68.0	3.79
日常生活	33	2.4	134	9.7	423	30.5	571	41.1	227	16.4	57.5	3.59
大众传播媒介及互联网宣传	14	1.0	69	5.0	344	24.8	681	49.0	281	20.2	69.2	3.83
理论宣传教育	16	1.2	75	5.4	371	26.7	651	46.9	276	19.9	66.8	3.79
树立正面典型人物	14	1.0	47	3.4	256	18.4	704	50.7	368	26.5	77.2	3.98
党风廉政的"八条规定"	15	1.1	55	4.0	351	25.3	651	46.9	317	22.8	69.7	3.86
党的群众路线教育实践活动	14	1.0	48	3.5	333	24.0	660	47.5	334	24.0	71.5	3.90
"不忘初心，牢记使命"主题教育	16	1.2	52	3.7	303	21.8	624	45.0	393	28.3	73.3	3.96
其他	46	3.5	87	6.6	520	39.6	476	36.3	184	14.0	50.3	3.51

3.事业单位青年最愿意接受的理论教育活动是社会实践与考察，对新媒体宣传、理论辅导讲授也具有较高意愿

课题组针对事业单位青年最喜爱的理论教育活动进行调查。调查显示，选择社会实践与考察的有 474 人，占 34.4%；选择新媒体宣传的有 380 人，占 27.6%；选择自学、研读原著或原文的有 180 人，占 13.1%；选择文件精神传达的有 129 人，占 9.4%；选择理论讲授的有 125 人，占 9.1%；选择培训班的有 91 人，占 6.6%。事业单位青年对文件精神传达、理论讲授及培训班接受意愿相对较低。综合来看，青年最愿意采取的理论武装路径呈现多元趋势，社会实践与考察为第一意愿，对新媒体宣传、理论辅导讲授、自学研读原著或原文也具有较高意愿。

二、新时代事业单位青年理论武装的影响因素

（一）事业单位青年生活满意度的影响

事业单位青年对自身生活满意度处于一般水平，不满意和非常满意的都是少数。调查显示，对自身生活满意度评价中，事业单位青年选择"不满意"的有 44 人，占 3.2%；选择"不太满意"的有 135 人，占 9.7%；选择"一般"的有 526 人，占 37.7%；选择"满意"的有 606 人，占 43.4%；选择"非常满意"的有 84 人，占 6.0%。事业单位青年生活满意度为 49.4%。生活满意一般程度的事业单位青年也占据了较大比例，占 37.7%。选择"不满意"和"不太满意"的占 12.9%。

事业单位青年生活满意度与习近平新时代中国特色社会主义思想知晓度、认同度之间存在正相关关系。随着事业单位青年生活满意度的提高，对习近平新时代中国特色社会主义思想的知晓度、认同度总体呈现提升趋势。事业单位青年生活满意度与习近平新时代中国特色社会主义思想知晓度之间存在正相关关系，相关系数 $r=0.119$，$p=0.000 < 0.05$。事业单位青年生活满意度与习近平新时代中国特色社会主义思想认同度之间存在正相关关系，相关系数 $r=0.156$，$p=0.000 < 0.05$。

（二）事业单位青年生活态度的影响

事业单位青年总体对自己日常生活持比较积极态度，但仍有少部分青年持消极态度。调查显示，事业单位青年对自己的生活持消极态度的有 10 人，占 0.7%；持不太积极态度的有 40 人，占 2.9%；持一般态度的有 297 人，占 21.3%；持基本积极态度的有 750 人，占 53.8%；持非常积极态度的有 298 人，占 21.4%。

事业单位青年日常生活态度积极性与习近平新时代中国特色社会主义思想知晓度、认同度之间存在正相关关系。随着日常生活态度积极性的提高，事业单位青年对习近平新时代中国特色社会主义思想的知晓度、认同度总体呈现增高趋势。事业单位青年日常生活态度积极度与习近平新时代中国特色社会主义

思想知晓度之间存在正相关关系，相关系数 $r=0.172$，$p=0.000 < 0.01$。事业单位青年日常生活态度积极度与习近平新时代中国特色社会主义思想认同度之间存在正相关关系，相关系数 $r=0.181$，$p=0.000 < 0.01$。

（三）事业单位青年人生目标明确度的影响

事业单位青年人生目标总体处于比较明确程度，但仍有部分事业单位青年的人生目标不够明确。调研显示，在对自身人生目标明确度评价中，选择"不明确"的有 14 人，占 1.0%；选择"不太明确"的有 100 人，占 7.2%；选择"一般"的有 266 人，占 19.2%；选择"基本明确"的有 765 人，占 55.2%；选择"非常明确"的有 241 人，占 17.4%。可见，事业单位青年人生目标处于比较明确水平，但提升空间仍然较大。

事业单位青年人生目标明确度与习近平新时代中国特色社会主义思想知晓度、认同度之间存在正相关关系。随着人生目标明确度的提高，青年对习近平新时代中国特色社会主义思想的知晓度、认同度总体呈现升高趋势。事业单位青年人生目标明确度与习近平新时代中国特色社会主义思想知晓度之间相关系数 $r=0.216$，$p=0.000 < 0.01$。事业单位青年人生目标明确度与习近平新时代中国特色社会主义思想认同度之间相关系数 $r=0.171$，$p=0.000 < 0.01$。

（四）事业单位青年政治观念的影响

问卷列举了对我国当前的政治形势、经济形势、新一届中央领导集体推出的一系列经济政治建设等重要举措、本届中央政府最近一年来的工作、中国特色社会主义的优越性、对中国特色社会主义今后发展信心等问题的看法，让事业单位青年进行评价，总分作为衡量政治观念积极度的依据。调查显示，事业单位青年政治观念不积极的有 1 人，占 0.1%；不太积极的有 29 人，占 2.1%；积极度一般的有 239 人，占 17.1%；比较积极的有 677 人，占 48.6%；非常积极的有 448 人，占 32.1%。政治观念积极度为 80.7%，积极值为 4.11。

具体而言，在对我国当前政治形势的评价中，事业单位青年认为比较稳定和非常稳定的占 69.1%，认同值 3.86。在对我国目前经济形势的看法中，事业单位青年认为形势比较好和非常好的占 62.1%，认同值 3.65。事业单位青年对新一届中央领导集体推出了一系列经济、政治建设等重要举措比较认同和非常认同的占 91.9%，认同值 4.36。事业单位青年对本届中央政府最近一年来的工作比较满意和非常满意的占 82.4%，满意值 4.20。与其他国家相比，事业单位青年认为中国特色社会主义道路、理论、制度和文化比较优越和非常优越的占 90.0%，认同值 4.24。事业单位青年对中国特色社会主义今后发展有信心和非常有信心的占 88.4%，认同值 4.32。可见，事业单位青年政治观念整体比较积极正确，对中国经济政治发展形势保持较为积极乐观的心态，对中央重要举措和中央政府工作满意度较高，认为中国特色社会主义道路、理论、制度和文化比较优越，对中国特色社会主义今后发展充满信心，但对中国经济、政治形势的乐观程度具有较大的提升空间。

事业单位青年政治观念与习近平新时代中国特色社会主义思想知晓度、认同度之间存在正相关关系。随着政治观念积极度的提高，被调查者对习近平新时代中国特色社会主义思想的知晓度、认同度也呈现提高趋势。事业单位青年政治观念积极度与习近平新时代中国特色社会主义思想知晓度之间存在显著性正相关关系，相关系数 $r=0.320$，$p=0.000 < 0.01$。事业单位青年政治观念积极度与习近平新时代中国特色社会主义思想认同度之间存在显著性正相关关系，相关系数 $r=0.436$，$p=0.000 < 0.01$。

（五）社会思潮的影响

事业单位青年对社会思潮的总体知晓度和认同度都处于较低水平，但社会思潮对事业单位青年群体的影响不容小视。事业单位青年对各种社会思潮的知晓度由高到低依次为民主社会主义（18.0%）、历史虚无主义（16.2%）、新自由主义（13.9%）、民粹主义（10.5%）、普世价值论（10.2%）、新儒家（10.1%）、宪政思潮（8.4%）、新"左"派（7.5%）。事业单位青年对各种社会思潮的认同度从高到低排序，依次为新自由主义（27.9%）、民主社会主义（26.5%）、新儒家（16.2%）、普世价值论（15.7%）、宪政思潮（13.8%）、历史虚无主义（11.8%）、民粹主义（10.3%）、新"左"派（9.8%）。事业单位青年对新自由主义（$r=-0.258$，$p=0.000$）、历史虚无主义（$r=-0.296$，$p=0.000$）、民主社会主义（$r=-0.163$，$p=0.009$）、普世价值论（$r=-0.149$，$p=0.000$）、宪政思潮（$r=-0.132$，$p=0.000$）、新"左"派（$r=-0.152$，$p=0.000$）、新儒家（$r=-0.096$，$p=0.000$）、民粹主义（$r=-0.171$，$p=0.000$）的认同度与对习近平新时代中国特色社会主义思想认同度之间均存在负相关关系。可见，事业单位青年对社会思潮的总体知晓度和认同度都处于较低水平，但仍有部分事业单位青年对社会思潮缺乏辩证客观的认识和批判能力。错误社会思潮对习近平新时代中国特色社会主义思想的认同会产生负面影响。

课题组进一步对事业单位青年影响较大的民主社会主义、历史虚无主义及新自由主义展开分析。事业单位青年对民主社会主义代表性观点总体处于不太认同阶段，但仍有 21.5% 的事业单位青年持认同态度，说明其对民主社会主义的批判性认识能力有待提升。事业单位青年对新自由主义代表性观点总体认同度为 7.6%，具有比较清晰的认识，总体处于不太认同的水平。事业单位青年能够对新自由主义做到鉴别真伪，但依然有少数事业单位青年对新自由主义代表性观点持赞同或模糊立场。事业单位青年对历史虚无主义代表性观点总体认同度为 7.3%，对历史虚无主义代表性观点具有比较清晰的认识，总体处于不太认同的水平。历史虚无主义标榜学术探究和重新评述历史，实质上是否定党和人民的成就以维护少数人利益的不良社会思潮。历史虚无主义在事业单位青年中具有一定的影响，要引导事业单位青年识别历史虚无主义的险恶用心。

（六）宣传教育因素的影响

课题组从理论武装工作整个过程，对影响习近平新时代中国特色社会主义思想武装效果的因素进行调查，让事业单位青年进行评价。调查显示，排名第一位的是宣传教育方法，影响度为 78.0%，影响值为 4.02；排名第二位的是党员干部的公信力，影响度为 76.9%，影响值为 4.04；排名第三位的是宣传教育形式，影响度为 76.5%，影响值为 3.99；排名第四位的是社会环境的影响，影响度为 76.5%，影响值为 3.96；排名第五位的为思想理论的内容，影响度为 74.3%，影响值为 3.94；排名第六位的为个人对理论的兴趣，影响值为 74.1%，影响值为 3.96；排名第七位的是思想理论对个人今后的影响，影响度为 74.0%，影响值为 3.94；排名第八位的是网络信息的影响，影响度为 72.3%，影响值为 3.92；排名第九位的是组织保障问题，影响度为 71.2%，影响值为 3.87；排名第十位的是宣传教育者个人，影响度为 71.1%，影响值为 3.87；排名第十一位的是宣传教育话语体系，影响度为 70.9%，影响值为 3.86；排名第十二位的是宣传教育安排的时间，影响度为 62.7%，影响值为 3.72。可见，影响事业单位青年对习近平新时代中国特色社会主义思想武装效果的主要因素在于宣传教育方法、党员干部公信力和宣传教育形式。

综上所述，事业单位青年生活满意度、生活态度、人生目标、政治观、宣传教育因素积极性与习近平新时代中国特色社会主义思想知晓度、认同度之间存在正相关关系。社会思潮对习近平新时代中国特色社会主义思想的认同会产生负面影响。尽管事业单位青年对各宣传教育路径开展的效果评价不一，但各种宣传教育手段的扎实推进对提升习近平新时代中国特色社会主义思想认同度具有重大意义。从宣传教育过程来看，影响事业单位青年对习近平新时代中国特色社会主义思想武装效果的主要因素在于宣传教育方法、党员干部公信力和宣传教育形式。

三、新时代事业单位青年理论武装路径的建议

（一）激发事业单位青年理论学习的积极性，通过提高理论知晓度夯实理论认同度

增强事业单位青年习近平新时代中国特色社会主义思想宣传教育的全面性和系统性。事业单位具有服务性、公益性及知识密集性的显著特点，事业单位青年具有高学历人员聚集的特殊优势。调查显示，事业单位青年对习近平新时代中国特色社会主义思想具体理论内容的知晓度为68.0%，知晓值为3.78，且在具体内容知晓上呈现较为明显的差异性。事业单位青年对习近平新时代中国特色社会主义思想具体理论内容的认同度为87.3%，认同值为4.32，认同水平非常高。这说明事业单位青年对习近平新时代中国特色社会主义思想的认同度显著高于知晓度，对这一思想体系的认识深度和广度有待加强。一方面，要针对事业单位青年了解比较薄弱的理论内容加强宣传教育，强化新时代坚持和发展中国特色社会主义的战略安排、把人民军队全面建成世界一流军队、以新发展理念引领经济高质量发展、掌握马克思主义思想方法和工作方法等理论内容的宣传。另一方面，要强化习近平新时代中国特色社会主义思想宣传教育内容的系统化。引导青年从世界观方法论体系、内容体系、逻辑体系、话语体系、价值体系等方面系统了解这一科学体系。

激发事业单位青年学习习近平新时代中国特色社会主义思想积极性，提高理论获得感。调查显示，事业单位青年对习近平新时代中国特色社会主义思想具有比较高的情感喜爱、心理归属和价值信仰，但主动学习了解理论的积极性一般。事业单位青年日常阅读更关注与自己专业发展、与日常生活相关的服务信息及社会民生热点信息，对习近平新时代中国特色社会主义思想信息的主动

关注度比较低。要深入发挥事业单位组织化的优势，发挥党组织、团组织的作用，系统推进事业单位内部理论武装活动，增强事业单位青年理论学习的积极性和理论获得感。"理论上的成熟是政治上成熟的基础，政治上的坚定源于理论上的清醒。"[1] 不同于其他类型的获得感，理论上的获得感更强调思想观念上的深入沟通和交流，最终在实践层面上体现出来。在事业单位青年理论获得的过程中，党员干部要发挥带头作用，引导事业单位青年掌握真理、奉献社会和服务人民。

（二）强化事业单位理论研讨、讲座报告、书籍阅读等传统理论学习活动功效，优化线下为主、线下线上相结合的青年理论学习体系

充分注重事业单位系统内部线下理论学习活动，真正发挥理论研讨、辅导报告的理论武装功效。调查显示，事业单位青年获取习近平新时代中国特色社会主义思想信息的渠道排在前五位的为网络、微信、书籍、新闻客户端、微博，更倾向于网络新媒体渠道。但是，事业单位青年最信任党和政府宣传、课堂讲授、书籍、讲座报告、内部文件载体，对电影、微信、网络、手机短信等载体传递的理论信息信任程度最低。可见，网络新媒体渠道虽是事业单位青年获取习近平新时代中国特色社会主义思想的主要渠道，但他们并不信任这些渠道。而党和政府宣传、课堂讲授、书籍、讲座报告等传统渠道传播的思想理论信息更能获得事业单位青年信任。这也在一定程度上反映出当前事业单位对课堂讲授、书籍、讲座报告等方式的运用并不充分。为此，要结合事业单位青年对于各种理论学习渠道的信任实际，充分运用课堂讲授、书籍及讲座报告等传统形式推动事业单位青年理论学习。要打造事业单位内部常态化线下学习活动，鼓励事业单位青年发声，建设讲授式、研讨式的理论学习模式。在理论学习过程中要力戒虚功、务求实效，不能搞形式主义、官僚主义，不应将写读书笔记、心得体会、领导批示、开会发文发简报、台账记录等作为理论学习的硬性要求，不应增加事业单位青年负担。在开展线下理论学习中，要充分注重发挥事业单位青年自主学习的积极性，推动理论研讨班更好地发挥辅助青年理论学习的作用。要推进理论学习班形式创新、内容更新，以青年群体喜闻乐见的方式提升理论研讨实效。此外，要针对事业单位青年的学习特点，鼓励该群体读原著、读经典，使其在经典著作中汲取养分，增强明辨是非的能力和政治觉悟。

注重对网络场域不良言论、极端化情绪泛滥的治理，为事业单位青年网络学习打造理性平台。网络极端言论、信息茧房及网络新媒体企业治理难题，为

---

[1]《习近平关于全面从严治党论述摘编》，中央文献出版社 2016 年版，第 67 页。

事业单位青年网络理论学习和网络理论武装工作的开展带来了挑战。调查显示，绝大多数事业单位青年每天使用电脑和手机方式上网时间均在 2 小时以上，在使用网络时主要用来浏览信息、聊天交友及关注朋友动态、网络学习及远程教育等，但对思想理论信息关注度比较低，主要原因是思想理论信息内容不吸引人、自身没有兴趣及网站形式不新颖。为此，要强化网络场域治理，推动网络生活发展的和谐化、理智化、规范化，推动事业单位青年线上线下理论学习渠道的良性发展。思想理论类网站、App 及公众号要增强思想理论内容的趣味性和实用性，创新思想理论信息的展现形式以增强网络思想理论信息灌输的成效。

注重事业单位系统线下线上理论学习方式相结合，拓宽事业单位青年学习渠道。新时代党在网络新媒体场域强化青年的习近平新时代中国特色社会主义理论武装工作，取得了巨大成效。但也要看到网络理论宣传仍然面对着社会思潮暗流涌动、时政信息碎片化、理论学习形式化的新问题。"网络空间同现实社会一样，既要提倡自由，也要保持秩序。"[1] 为此，必须加强对网络场域的治理，为网络场域理论武装工作提供风清气正、秩序井然的良好平台。要着力打造新时代思想理论教育融媒体平台，增强官方和主流思想理论学习网络媒体平台公信力。近年来，人民日报、光明日报、中国人民解放军等官方媒体相继打造微博、微信及抖音融媒体平台且取得了长足进步。部分账号粉丝数量达到千万级别乃至上亿，并通过群众喜闻乐见的呈现形式潜移默化展开思想政治教育、时政教育和意识形态教育，推动理论武装工作取得了良好成效。

要及时总结习近平新时代中国特色社会主义思想武装青年的好做法和新经验，充分发挥各种学习渠道效能。一是要发挥理论书籍在提升事业单位青年认同度中的重要作用。近年来，《习近平谈治国理政》《论中国共产党历史》《习近平关于社会主义文化建设论述摘编》《习近平与大学生朋友们》等著作相继出版，在全体事业单位青年中引起强烈反响，掀起了读经典、学理论的热潮。二是要发挥经典影视剧的理论灌输功能。新时代涌现出一大批像《跨过鸭绿江》《山海情》《觉醒年代》的优秀红色影视剧，青年朋友纷纷通过网络发声表示自身受益匪浅。三是要进一步开展好事业单位内部高质量报告讲座及理论宣传活动。邀请业内权威专家学者或者模范人物实地授课，增强事业单位青年理论认同感。四是发挥事业单位组织优势，结合党的主题教育活动开展青年理论大学习。近年来共青团结合主题教育活动开展了丰富的理论学习活动，持续深化"青年大学习"行动，举办了"请党放心，强国有我"青年讲师团宣讲活动，高校马克思主义学院教师和学生组建了青年理论武装工作"轻骑兵"队伍，营造学

---

[1]《习近平谈治国理政》第二卷，外文出版社 2017 年版，第 533 页。

习党的创新理论、做新时代新青年的浓厚氛围。

（三）开展好学习先进典型人物活动，推动事业单位青年在公益实践中自觉用党的创新理论武装头脑

充分发挥先进典型示范引领作用，讲好身边先进典型故事。调查显示，事业单位青年对习近平新时代中国特色社会主义思想宣传教育路径效果评价最高的为社会实践活动和树立正面典型人物。2021年7月，中共中央、国务院印发了《关于新时代加强和改进思想政治工作的意见》，对发挥先进典型示范引领作用作出新的部署："充分发挥先进典型示范引领作用，深化时代楷模、道德模范、最美人物、身边好人等学习宣传，持续讲好不同时期英雄模范的感人故事，探索完善先进模范发挥作用的长效机制，把榜样力量转化为亿万群众的生动实践。"[1] 新时代事业单位工作中涌现出了一大批模范代表人物，要做好劳模，尤其是青年劳模的广泛宣传，并以此推动事业单位青年群体形成向上向善、知行合一的良好氛围。例如，为大力培养、选树新时代高校思想政治工作队伍和大学生先进典型，湖南省委宣传部、省委教育工委、省教育厅开展湖南省高校"最美思政课教师""最美辅导员""最美大学生"推选展示活动，组织"最美思政课教师""最美辅导员""最美大学生"开展线上线下巡礼巡讲活动。事业单位青年对树立正面典型人物的宣传教育效果的评价非常高，事业单位开展先进集体及人物的学习活动有利于事业单位青年增强理论认同，更好地取得理论武装成效。

强化事业单位青年公益实践，推动事业单位青年"在做中学"。调查显示，事业单位青年最愿意接受的理论教育活动呈现多元的趋势，社会实践与考察为第一意愿，对新媒体宣传、理论辅导讲授、自学研读原著或原文也具有较高意愿。可见，社会实践与考察是事业单位青年评价效果最好和最为期待的理论武装路径。要深化拓展群众性主题实践，充分利用重要传统节日、重大节庆纪念日，发挥礼仪制度的教化作用，丰富道德实践活动，推动形成适应新时代要求的思想观念、精神面貌、文明风尚、行为规范。事业单位青年在服务经济社会发展及事业单位开展的常态化公益性活动中往往充当主要力量，是事业单位高效发挥服务职能的"润滑剂"。事业单位青年擅于从做中学，能够在多元化的社会实践活动中学习领会党的最新思想理论。因此，在国家推进事业单位改革的大背景下，要充分强化事业单位服务经济生活、社会生活和居民日常生活的公益属性，开展形式多样、内容丰富的实践式理论教育活动。

---

[1]《中共中央国务院印发〈关于新时代加强和改进思想政治工作的意见〉》，《人民日报》2021年07月13日，第1版。

（四）关心事业单位青年成长，通过隐性和生活化方式开展理论武装

把显性教育与隐性教育结合起来，加强人文关怀和心理疏导。调查显示，事业单位青年生活满意度、生活态度、人生目标明确度、政治观与对习近平新时代中国特色社会主义思想认同方面存在显著性正相关关系。事业单位青年对自己日常生活态度评价比较积极，认为自身人生目标比较明确，但是对自身生活满意度却处于一般水平。近年来，清北毕业生南下街道办、哈佛大学的博士后挥别科研转赴基层，不少"双一流"高校毕业生择业首选事业单位，让"体制内"成为青年人热议的话题。网络上一些人认为事业单位工资收入相对稳定，工作有保障，也不用太辛苦，可以混日子。但也有人认为事业单位多属于高学历青年的聚集区，人际关系可能相对更加复杂，看资历并不太注重个人能力，收入平稳但并不高，存在人浮于事的现象。从调查的结果来看，事业单位青年对自己日常生活态度和人生目标评价比较积极，但是总体水平并不太高，且对自身生活满意度水平较低。这就涉及非常重要的心态问题。这要求我们在习近平新时代中国特色社会主义思想武装过程中，既要开展显性宣传，也要把中国特色社会主义制度优势融入事业单位建设之中，渗透到以人民为中心发展思想中，将价值观教育与心理疏导相结合。引导广大青年培养奋斗精神，做到理想坚定，不怕困难，顽强拼搏，用奋斗创造幸福，提升生活满意度、人生态度积极性和人生目标明确度，在奋斗中实现人生价值。在习近平新时代中国特色社会主义思想内容中，事业单位青年对掌握马克思主义思想方法和工作方法的理论知晓度和认同度都是最低的，这就要求理论武装工作要针对青年的思想困惑，开展人文关怀和心理疏导，培养社会主义价值观和马克思主义科学思维方法。

解决思想问题与解决实际问题，注重青年诉求，关心青年成长。推动事业单位改革，强化事业单位服务社会的公益属性是我国推进治理体系和治理能力现代化的重要一招。一方面，要求广大事业单位青年听从党的号召，将聪明才智奉献给社会、奉献给基层，在服务社会的过程中自主增强自身理论素养。另一方面，必须关注事业单位青年的合理诉求，既要"压担子"，更要"抬轿子"。调查显示，在影响习近平新时代中国特色社会主义思想宣传教育效果的因素中，事业单位青年选择排名前几位的是宣传教育方法、党员干部公信力、宣传教育形式、社会环境的影响。因此，事业单位领导干部更要践行党的初心使命，提高自身公信力，为青年发展提供良好条件，协助解决青年发展和生活面临的现实问题，在解决实际问题中推动习近平新时代中国特色社会主义思想深入青年内心。

（五）依法治理不良社会思潮，提升事业单位青年对社会思潮的鉴别力

加强对社会思潮的治理，综合运用多元路径化解不良社会思潮的影响。调查显示，事业单位青年对各种社会思潮总体处于不太了解和不太认同的水平，但各种社会思潮对事业单位青年的影响不可忽视，尤其是民主社会主义、历史虚无主义和新自由主义。随着网络新媒体的迅速发展，社会思潮对事业单位青年的影响近年来主要体现在网络生活上。一方面，社会思潮从显性转换为隐性，需要借助网络这层外衣。另一方面，事业单位青年学历层次较高，对多元思想具有一定的接纳度。这毫无疑问为理论武装工作开展带来了正反两方面的影响。"当今时代，社会思想观念和价值取向日趋活跃，主流的和非主流的同时并存，先进的和落后的相互交织，社会思潮纷纭激荡。"[1] 为此，要建立社会思潮蔓延预警机制，做到防患于未然。要明确相关法律法规的地位及意义，发挥法律的警示作用。要加强理论宣传，营造风清气正的网络氛围，缩减不良社会思潮生长传播的空间。要加强监管，针对不良社会思潮建立预警机制，当不良社会思潮开始传播或者造成不良后果时要运用法律手段予以惩戒。要结合事业单位党建工作，充分运用学习强国等官方思想理论教育 App 增强事业单位青年对不良思潮的免疫力。

加强主流意识形态话语权建设，不断增强主流意识形态在国内的主导性和国际的影响力。调查显示，事业单位青年对不良社会思潮认同度与习近平新时代中国特色社会主义思想认同度之间存在显著性负相关关系。近年来，随着互联网的深度发展，网络成为影响意识形态安全的重要变量，微信、微博、抖音等平台上的意见领袖对意识形态走向的影响作用越来越大，国内主流宣传思想受到了巨大压力。加之，国外敌对势力擅于通过网络迷惑网民，这些挑战使得具有较高学历及认知观念的事业单位青年更加不信任网络新媒体的理论学习。习近平强调："要加强国际传播能力建设，增强国际话语权，集中讲好中国故事，同时优化战略布局，着力打造具有较强国际影响的外宣旗舰媒体。"[2] 为此，必须依托国家话语权建设，巩固马克思主义在意识形态领域的指导地位和全党全国人民团结奋斗的共同思想基础，自觉承担起举旗帜、聚民心、育新人、兴文化、展形象的职责使命，把思想政治工作作为治党治国的重要方式，加强对内宣传与对外宣传的统一。

---

[1]《习近平谈治国理政》第二卷，外文出版社 2017 年版，第 328 页。
[2]《习近平谈治国理政》第二卷，外文出版社 2017 年版，第 333 页。

第六章　新时代企业青年理论武装路径现状及对策

　　企业和民办非企业单位（以下简称企业）是青年发展的重要载体，是社会创新发展的重要高地。青年作为企业发展的强有力支撑，对推进企业迸发创新活力具有重要作用，是企业生产经营建设的中坚力量。立足新发展阶段，贯彻新发展理念，构建新发展格局，推动高质量发展，迫切需要科学技术解决方案，而创新则是第一动力。打好关键核心技术攻坚战，推动科技成果向现实生产力转化，离不开以企业为主体、以市场为导向、产学研深度融合的技术创新体系，根基在于培养具有国际水平的战略科技人才、科技领军人才等一系列高水平企业创新人才。习近平寄语企业青年说："广大企业青年要在积极参与生产劳动、产品研发、管理创新中创造更多财富。"[1] 用习近平新时代中国特色社会主义思想武装企业青年，提高企业青年觉悟，对于新时代深入实施科教兴国战略、人才强国战略和创新驱动发展战略具有重要意义。

---

[1] 习近平：《在知识分子、劳动模范、青年代表座谈会上的讲话》，人民出版社 2016 年版，第 12 页。

一、新时代企业青年理论武装路径现状

（一）企业青年对新时代党的创新理论的认识

企业青年对习近平新时代中国特色社会主义思想比较了解，但有深入了解的人不多。如表6-1所示，企业青年对习近平新时代中国特色社会主义思想具体内容的知晓度为57.7%，知晓值为3.59，总体处于比较了解的程度。其中，知晓度最高的是"坚持'一国两制'和推进祖国统一"，其次是"实现中华民族伟大复兴的中国梦"，排在第三位的是"坚持以人民为中心"。知晓度相对较低的是"掌握马克思主义思想方法和工作方法"，知晓度为45.3%。企业青年对习近平新时代中国特色社会主义思想比较了解，但有深入了解的人不多，在理论内容的知晓度上表现出差异性，仍有较大的提升空间。从企业青年对习近平新时代中国特色社会主义思想知晓的特点来看，随着文化程度的提高，企业青年对理论的知晓度逐渐提高，企业青年党员的理论知晓度高于共青团员和群众；随着家庭年收入逐步提高，企业青年的理论知晓度呈现上升的趋势。

企业青年对习近平新时代中国特色社会主义思想具有比较高的认同度，对具体理论内容的认同度存在差异性。企业青年对习近平新时代中国特色社会主义思想的总体认同度为84.7%，认同值为4.22，认同水平非常高。其中，企业青年对"实现中华民族伟大复兴的中国梦"观点的认同度最高，其次是"坚持以人民为中心"，再次是"全面推进依法治国"。企业青年对把党建设得更加坚强有力、中国特色社会主义进入新时代和掌握马克思主义思想方法和工作方法的认同度相对较低。从企业青年对习近平新时代中国特色社会主义思想认同情况的特点来看，随着企业青年文化程度的提高，其对理论的认同度也不断增高，党员的理论认同度高于团员和群众。

表 6-1　企业青年对新时代党的创新理论知晓和认同情况

单位：%，分

内容 / 项目	知晓度	知晓值	认同度	认同值
中国特色社会主义进入新时代	62.9	3.66	80.3	4.09
新时代坚持和发展中国特色社会主义	62.8	3.69	84.9	4.21
坚持以人民为中心	65.8	3.75	87.5	4.29
实现中华民族伟大复兴的中国梦	66.1	3.76	87.6	4.28
新时代坚持和发展中国特色社会主义的战略安排	50.0	3.43	83.6	4.19
中国共产党领导是中国特色社会主义最本质的特征	56.8	3.58	84.6	4.19
将全面深化改革进行到底	56.4	3.56	85.1	4.22
全面推进依法治国	62.9	3.68	87.4	4.29
以新发展理念引领经济高质量发展	50.3	3.47	83.3	4.20
发展社会主义民主政治	53.1	3.51	84.8	4.23
推动社会主义文化繁荣兴盛	56.6	3.57	84.5	4.24
带领人民创造更加幸福美好生活	62.4	3.67	86.7	4.30
建设美丽中国	62.8	3.69	86.5	4.28
坚持总体国家安全观	53.3	3.48	84.9	4.24
把人民军队全面建成世界一流军队	53.0	3.51	84.7	4.23
坚持"一国两制"和推进祖国统一	67.5	3.81	86.7	4.28
推动构建人类命运共同体	56.3	3.55	84.1	4.20
把党建设得更加坚强有力	51.8	3.49	82.5	4.18
掌握马克思主义思想方法和工作方法	45.3	3.33	80.2	4.12
平均数	57.7	3.59	84.7	4.22

　　企业青年对习近平新时代中国特色社会主义思想具有较强的亲近感和心理归属感，对社会主义和共产主义具有一定的信仰，但主动学习了解理论的积极性比较低，理想信念有待进一步确立。在平时主动了解学习习近平新时代中国特色社会主义思想的积极性方面，选择积极性较高和很高的占 30.7%。在对习近平新时代中国特色社会主义思想的情感喜好方面，选择比较喜欢和非常喜欢的占 60.9%。在对习近平新时代中国特色社会主义思想的亲近感和心理归属感方面，选择比较有归属感和非常有归属感的占 66.9%。在将习近平新时代中国特色社会主义思想作为自己的人生理想和价值追求方面，选择比较符合和非常符合的占 58.0%。在对马克思主义的信仰、对社会主义和共产主义的信念方面，选择比较坚定和非常坚定的占 64.5%。在将习近平新时代中国特色社会主义思想贯彻落实于自己的工作和生活方面，选择比较符合和非常符合的占 55.8%。企业青年总体能够将习近平新时代中国特色社会主义思想贯彻落实于自己的工作和生活，但是贯彻落实水平一般，部分企业青年贯彻落实得不够到位。

（二）企业青年获取新时代党的创新理论的路径

1.企业青年日常阅读更关注与自己相关的专业信息、与日常生活相关的服务信息和社会民生热点信息，对思想政治理论的主动关注度非常低

从企业青年日常阅读所关注的信息内容来看，关注度最高的是与日常生活相关的服务信息，占 66.1%；排在第二位的是与自己学习相关的专业信息，占 63.6%；排在第三位的是社会、民生热点信息，占 56.9%；排在第四位的是国际国内时政要闻相关的信息，占 50.1%；排在第五位的是购物、美食、娱乐、旅游、健康养生信息，占 43.0%；排在第六位的是文学、历史、人文或与人生发展相关的励志信息，占 34.6%；排在第七位的是明星资讯逸闻趣事相关的八卦信息，占 25.6%；排在第八位的是思想政治理论方面信息，占 23.4%；排在第九位的是婚恋交友信息，占 10.8%；排在第十位的是星相和宗教信仰信息，占 5.8%；排在第十一位的是其他信息，占 1.7%。可见，企业青年日常最关注的信息是与日常生活相关的服务信息、与自己学习相关的专业信息和社会民生热点信息，对思想政治理论方面信息的关注度排在第八位，关注度较低，甚至低于对明星资讯逸闻趣事相关的八卦信息的关注度。

2.网络、微信和微博是企业青年获取思想政治理论信息的主要渠道

从企业青年日常获取思想政治理论信息的主要路径来看，排在第一位的是网络，占 87.6%；排在第二位的是微信，占 55.3%；排在第三位的是微博，占 43.6%；排在第四位的是书籍，占 37.6%；排在第五位的是影视和新闻客户端，各占 36.5%；排在第七位的是人际交往，占 35.6%；排在第八位的是报刊，占 18.7%；排在第九位的是职场培训，占 16.0%；排在第十位的是宣传板或电子屏，占 14.5%；排在第十一位的是报告讲座，占 10.8%；排在第十二位的是其他，占 1.8%。可见，网络、微信和微博是企业青年获取习近平新时代中国特色社会主义思想排在前三位的路径，网络是第一渠道。企业青年获取习近平新时代中国特色社会主义思想信息更倾向于新型媒体和多向路径。

从企业青年日常获取习近平新时代中国特色社会主义思想渠道的特点来看，年龄较低的企业青年更倾向于从影视、微博渠道获取理论信息。未婚企业青年对微博、职场培训路径依赖更大，已婚企业青年对新闻客户端路径依赖更大。文化程度越高，获取理论信息的渠道越多元，更依赖于从网络、书籍、微博、报刊、报告讲座获取理论信息。企业青年党员获取理论信息的渠道更为多元，对书籍、新闻客户端、报刊、报告讲座渠道依赖性较强，团员对微博路径依赖性最强。

3.企业青年最信赖党和政府宣传、课堂讲授、书籍、内部文件和讲座报告等思想政治理论信息传播载体，最不信任手机短信、网络和微信载体

课题组列举了日常思想政治理论信息传播载体，让企业青年评价对其信息的信任度。如表 6-2 所示，排在第一位的是党和政府宣传，信任度为 73.3%；排在第二位的是课堂讲授，信任度为 63.5%；排在第三位的是书籍，信任度为 61.1%。党和政府宣传、课堂讲授、书籍、内部文件、讲座报告、报纸是企业青年最为信赖的获取思想政治理论信息的载体，这些载体属于传统载体。排在最后三位的载体，从最后一位往前排序依次是手机短信、网络、微信，都是新型媒体载体。

表 6-2 企业青年对各种思想政治理论信息传播载体的信任情况

单位：人，%

项目 / 程度	不相信		不太相信		一般		相信		非常相信		信任度	信任值
	人数	比例	人数	比例	人数	比例	人数	比例	人数	比例		
课堂讲授	8	0.9	27	3.0	295	32.7	447	49.6	125	13.9	63.5	3.73
讲座报告	8	0.9	38	4.2	334	37.0	405	44.9	117	13.0	57.9	3.65
书籍	8	0.9	28	3.1	315	34.9	439	48.7	112	12.4	61.1	3.69
报纸	13	1.4	40	4.4	344	38.1	393	43.6	112	12.4	56.0	3.61
杂志	22	2.4	79	8.8	472	52.4	263	29.2	65	7.2	36.4	3.30
广播	11	1.2	57	6.3	435	48.2	316	35.0	83	9.2	44.2	3.45
电视	17	1.9	64	7.1	409	45.3	324	35.9	88	9.8	45.7	3.45
电影	31	3.4	132	14.6	500	55.4	200	22.2	39	4.3	26.5	3.09
网络	36	4.0	192	21.3	491	54.4	155	17.2	28	3.1	20.3	2.94
微信	48	5.3	172	19.1	495	54.9	161	17.8	26	2.9	20.7	2.94
手机短信	74	8.2	215	23.8	435	48.2	147	16.3	31	3.4	19.7	2.83
宣传板报	20	2.2	81	9.0	412	45.7	309	34.3	80	8.9	43.2	3.39
内部文件	21	2.3	43	4.8	299	33.1	365	40.5	174	19.3	59.8	3.70
朋友、家人	13	1.4	89	9.9	490	54.3	253	28.0	57	6.3	34.3	3.28
党和政府宣传	10	1.1	23	2.5	208	23.1	361	40.0	300	33.3	73.3	4.02

4.网络新媒体在企业青年中运用普遍，浏览信息、聊天交友及关注朋友动态为企业青年网络活动的主要内容，但企业青年对网络思想政治理论类信息的

关注度非常低，内容不吸引人和没有兴趣是主要原因

网络新媒体在企业青年中运用普遍，在对"一般每天通过电脑和手机等方式上网的时间"的回答中，企业青年选择"基本没有"的有 10 人，占 1.1%；选择"1 小时以内"的有 40 人，占 4.4%；"1～2 小时"的有 129 人，占 14.3%；"2～3 小时"的有 309 人，占 34.3%；"4 小时以上"的有 413 人，占 45.8%。既然企业青年对网络新媒体深度依赖，那么企业青年上网都具体从事什么活动内容呢？调查显示，按照企业青年选择花费时间的比例为依据排序，排在第一位的为浏览信息，关注度 61.4%，关注值 3.63；排在第二位的为聊天交友、关注朋友动态，关注度 52.1%，关注值 3.50；排在第三位的为视听娱乐在线，关注度 33.7%，关注值 3.02；排在第四位的为网上购物，关注度 32.8%，关注值 3.05；排在第五位的为学习或远程教育，关注度 27.5%，关注值 2.90；排在第六位的为收发邮件，关注度 24.6%，关注值 2.65；排在第七位的为网络游戏，关注度 18.4%，关注值 2.39；排在第八位的为逛网络社区贴吧，关注度 14.1%，关注值 2.27。可见，企业青年网络活动内容主要是浏览信息、聊天交友及关注朋友动态和视听娱乐在线。

既然企业青年网络活动内容排在第一位的是浏览信息，那么企业青年浏览思想政治理论信息情况怎么样呢？从企业青年浏览思想政治理论类网站、App 及公众号的情况来看，选择"没有"的 95 人，占 10.5%；选择"较少"的 298 人，占 33.0%；选择"一般"的 340 人，占 37.7%；选择"较多"的 117 人，占 13.0%；选择"经常"的 52 人，占 5.8%。可见，仅 18.8% 的企业青年经常或者较多浏览网络思想政治理论类信息，对网络思想政治理论类信息的关注度非常低。

对影响企业青年浏览思想政治理论类网站、App 及公众号的因素进行分析，排在第一位的原因是内容不吸引人，占 57.2%；排在第二位的是没有兴趣，占 41.2%；排在第三位的是网站形式不新颖，占 28.9%；排在第四位的是网站知名度不高，占 25.3%；排在第五位的是网站可用性较低，占 23.3%；排在第六位的是其他原因，占 4.5%。可见，网络资源自身问题和企业青年缺乏兴趣是阻碍企业青年浏览网络思想政治理论类信息的主要原因。

5.在思想政治理论书籍阅读方面，企业青年更倾向于阅读国际国内时势与政策读本，对党和国家领导人的讲话、思想道德修养读物书籍也较为青睐

书籍是企业青年日常获取思想政治理论信息排在第四位的渠道，也是企业青年信任度较高的载体。课题组对企业青年思想政治理论类书籍阅读倾向进行分析，排在第一位的为国际国内时势与政策读本，占48.8%；排在第二位的为习近平等党和国家领导人的讲话，占38.2%；排在第三位的为思想道德修养读物，占35.0%；排在第四位的为毛泽东思想理论著作，占27.2%；排在第五位的为党的理论通俗宣传读物，占26.4%；排在第六位的为马克思主义理论经典著作，占26.3%；排在第七位的为专业性很强的理论著作，占25.9%；排在第八位的为党的政策解读书籍，占22.4%；排在第九位的为邓小平理论、"三个代表"重要思想、科学发展观著作，占18.6%；排在第十位的为西方各种社会思潮读物，占17.1%；排在第十一位的为其他，占3.1%。可见，企业青年更倾向于直接阅读国际国内时势与政策读本来开展思想政治理论学习，同时习近平等党和国家领导人的讲话、思想道德修养读物也较为受企业青年所青睐，企业青年对西方各种社会思潮读物的阅读意愿较低。

（三）企业青年对新时代党的创新理论武装路径效果的评价

1.企业青年普遍认识到理论武装工作的重要性，对当前理论武装效果的总体评价比较高，但对创新理论武装方式的兴趣一般，理论武装效果仍存在较大的提升空间

调查显示，在当前加强习近平新时代中国特色社会主义思想宣传教育必要性的回答中，选择"完全不必要"的8人，占0.9%；选择"不太必要"的22人，占2.4%；选择"一般"的182人，占20.2%；选择"有点必要"的297人，占32.9%；选择"非常必要"的393人，占43.6%。企业青年认为"有点必要"和"非常必要"加强习近平新时代中国特色社会主义思想宣传教育的累计占76.5%。可见，企业青年普遍对理论武装工作的重要性有较为充分的认识。

在企业青年对创新习近平新时代中国特色社会主义思想宣传教育工作的兴趣方面，青年选择"没有兴趣"的18人，占2.0%；选择"不太感兴趣"的61人，占6.8%；选择"一般"的333人，占36.9%；选择"感兴趣"的315人，占34.9%；选择"非常感兴趣"的175人，占19.4%。企业青年对加强习近平新时代中国特色社会主义思想宣传教育工作"感兴趣"和"非常感兴趣"的累计占54.3%。可见，企业青年对创新习近平新时代中国特色社会主义思想武装工作具有一定的兴趣，总体感兴趣程度一般。

企业青年对当前习近平新时代中国特色社会主义思想宣传教育效果的总体

评价中,选择"没有效果"的6人,占0.7%;选择"不太有效"的53人,占5.9%;选择"一般"的283人,占31.4%;选择"有效"的389人,占43.1%;选择"非常有效"的171人,占19.0%。大部分企业青年对当前习近平新时代中国特色社会主义思想宣传教育效果的总体评价较高,选择"有效"和"非常有效"的占62.1%。但也有超过三分之一的企业青年对理论武装效果的评价为一般或无效,理论武装效果仍存在较大的提升空间。

2.企业青年对社会实践活动、树立正面典型人物、"不忘初心,牢记使命"主题教育、大众传播媒介及互联网宣传、党团组织开展的学习活动等理论武装路径的效果评价最高,对远程教育、日常生活、听辅导报告、自主学习活动的效果评价最低,理论武装效果尚需进一步综合提升

问卷列举了习近平新时代中国特色社会主义思想宣传教育方式,让企业青年对其效果进行评价。

表6-3 企业青年对理论武装路径的效果评价

单位:人,%

项目/程度	无帮助		较小		一般		有帮助		非常有帮助		有效度	有效值
	人数	比例	人数	比例	人数	比例	人数	比例	人数	比例		
党校学习、上党课	38	4.2	90	10.0	239	26.5	384	42.6	151	16.7	59.3	3.58
各战线系统开展的理论培训活动	31	3.4	78	8.6	268	29.7	407	45.1	118	13.1	58.2	3.56
听辅导报告	36	4.0	97	10.8	334	37.0	331	36.7	104	11.5	48.2	3.41
党、团组织开展的学习活动	25	2.8	66	7.3	236	26.2	431	47.8	144	16.0	63.8	3.67
社会实践活动	10	1.1	43	4.8	188	20.8	449	49.8	212	23.5	73.3	3.90
网络远程教育活动	26	2.9	90	10.0	301	33.4	360	39.9	125	13.9	53.8	3.52
自主学习活动	29	3.2	131	14.5	307	34.0	319	35.4	116	12.9	48.3	3.40
家庭环境	22	2.4	84	9.3	264	29.3	385	42.7	147	16.3	59.0	3.61
职业教育	22	2.4	77	8.5	285	31.6	387	42.9	131	14.5	57.4	3.59
日常生活	27	3.0	97	10.8	303	33.6	362	40.2	112	12.4	52.6	3.48
大众传播媒介及互联网宣传	18	2.0	40	4.4	263	29.2	428	47.5	153	17.0	64.5	3.73
理论宣传教育	17	1.9	74	8.2	301	33.4	381	42.2	129	14.3	56.5	3.59
树立正面典型人物	13	1.4	47	5.2	208	23.1	445	49.3	189	21.0	70.3	3.83
党风廉政的"八条规定"	20	2.2	59	6.5	255	28.3	411	45.6	157	17.4	63.0	3.69
党的群众路线教育实践活动	19	2.1	52	5.8	258	28.6	392	43.5	181	20.1	63.6	3.74
"不忘初心,牢记使命"主题教育	15	1.7	51	5.7	252	27.9	400	44.3	184	20.4	64.7	3.76
其他	53	5.9	68	7.6	423	47.0	266	29.6	90	10.0	39.6	3.30

如表6-3所示,依据有效度水平从高到低排序,排在第一位的是社会

实践活动，有效度为 73.3%；排在第二位的是树立正面典型人物，有效度为 70.3%；排在第三位的是"不忘初心，牢记使命"主题教育，有效度为 64.7%；排在第四位的是大众传播媒介及互联网宣传，有效度为 64.5%；排在第五位的是党、团组织开展的学习活动，有效度为 63.8%。可见，企业青年对社会实践活动、树立正面典型人物、"不忘初心，牢记使命"主题教育、大众传播媒介及互联网宣传、党团组织开展的学习活动等党内系统开展的理论学习教育活动效果给予高度评价。有效性排在后几位的是网络远程教育活动、日常生活、听辅导报告、自主学习活动，这些多属于自主性、生活化层面的教育活动，企业青年对此效果评价相对较低。

3.企业青年最愿意接受的理论教育方法是社会实践与考察、新媒体宣传，对自学、研读原著或原文方式也有所意愿，对理论传授、文件精神传达和培训班方式的意愿不高

企业青年对"您最愿意接受什么样的理论教育活动"一问的回答中，选择自学、研读原著或原文的 145 人，占 16.1%；选择理论讲授的 60 人，占 6.7%；选择文件精神传达的 56 人，占 6.2%；选择培训班的 33 人，占 3.7%；选择新媒体宣传的 297 人，占 33.1%；选择社会实践与考察的 307 人，占 34.2%。可见，企业青年对社会实践与考察、新媒体宣传的方法最为青睐，对自学、研读原著或原文也有所倾向，但对理论讲授、文件精神传达和培训班的理论武装方法意愿不高。

二、新时代企业青年理论武装的影响因素

（一）企业青年生活满意度的影响

调查显示，在对自己生活满意度评价中，企业青年选择"不满意"的有 30 人，占 3.3%；选择"不太满意"的有 98 人，占 10.9%；选择"一般"的有 351 人，占 38.9%；选择"满意"的有 366 人，占 40.6%；选择"非常满意"的有 57 人，占 6.3%。企业青年生活满意度为 46.9%，满意值为 3.36。可见，多数企业青年对自身生活持满意态度，但总体满意度水平一般。

企业青年生活满意度与习近平新时代中国特色社会主义思想知晓度、认同度之间存在正相关关系，生活满意度越高，对理论的知晓度和认同度也越高。企业青年生活满意度与习近平新时代中国特色社会主义思想知晓度之间存在显著性正相关关系，相关系数 $r=0.250$，$p=0.000 < 0.01$。企业青年生活满意度与习近平新时代中国特色社会主义思想认同度之间存在显著性正相关关系，相关系数 $r=0.167$，$p=0.000 < 0.01$。

（二）企业青年生活态度的影响

大多数企业青年的生活态度比较积极，持消极态度的人数极少。调查显示，在对目前自己生活态度的评价中，企业青年选择"消极"的有 7 人，占 0.8%；选择"不太积极"的有 33 人，占 3.7%；选择"一般"的有 211 人，占 23.4%；选择"基本积极"的有 474 人，占 52.5%；选择"非常积极"的有 177 人，占 19.6%。可见，多数企业青年生活态度比较积极，人生态度的积极度为 72.1%，积极值为 3.87，选择不太积极和消极的人数很少。

企业青年日常生活态度积极性对习近平新时代中国特色社会主义思想知晓度、认同度具有积极的影响。企业青年日常生活态度积极性与习近平新时代中国特色社会主义思想知晓度之间存在显著性正相关关系，相关系数 $r=0.266$，$p=0.000 < 0.01$。企业青年日常生活态度积极度与习近平新时代中国特色社会主义思想认同度之间存在正相关关系，相关系数 $r=0.183$，$p=0.000 < 0.01$。

（三）企业青年人生目标明确度的影响

大多数企业青年人生目标比较明确，人生目标不明确的极少。调查显示，在对自身人生目标明确度的评价中，企业青年选择"不明确"的有 10 人，占 1.1%；选择"不太明确"的有 76 人，占 8.4%；选择"一般"的有 209 人，占 23.2%；选择"基本明确"的有 451 人，占 50.0%；选择"非常明确"的有 156 人，占 17.3%。可见，企业青年人生目标比较明确，选择基本明确和非常明确的达到 67.3%，人生目标明确值为 3.74。

企业青年人生目标明确度与习近平新时代中国特色社会主义思想知晓度、认同度之间存在正相关关系。具体而言，企业青年人生目标明确度与习近平新时代中国特色社会主义思想知晓度之间存在显著性正相关关系，相关系数

r=0.221，p=0.000 < 0.01。企业青年人生目标明确度与习近平新时代中国特色社会主义思想认同度之间存在显著性正相关关系，相关系数 r=0.122，p=0.000 < 0.01。

（四）企业青年政治观念的影响

问卷列举了关于我国当前的政治形势、经济形势、新一届中央领导集体推出的一系列经济政治建设等重要举措、本届中央政府最近一年来的工作、中国特色社会主义的优越性、对中国特色社会主义今后发展信心等问题的看法，让企业青年进行评价，总分作为衡量政治观念的依据。调查显示，企业青年政治观念评价不积极的有 3 人，占 0.3%；不太积极的有 25 人，占 2.8%；一般的有 159 人，占 17.6%；比较积极的有 437 人，占 48.4%；非常积极的有 280 人，占 31.0%。政治观念积极度为 79.4%，积极值为 4.07。

具体而言，在对我国当前政治形势的评价中，企业青年认为比较稳定和非常稳定的占 71.5%，认同值 3.91。在对我国目前经济形势的看法中，企业青年认为形势比较好和非常好的占 57.6%，认同值 3.57。企业青年对新一届中央领导集体推出的一系列经济、政治建设等重要举措比较认同和非常认同的占 89.5%，认同值 4.27。企业青年对本届中央政府最近一年来的工作比较满意和非常满意的占 79.6%，满意值 4.12。与其他国家相比，企业青年认为中国特色社会主义道路、理论、制度和文化比较优越和非常优越的占 88.0%，认同值 4.23。企业青年对中国特色社会主义今后发展有信心和非常有信心的占 90.1%，认同值 4.33。可见，企业青年政治观念比较积极正确，对中国经济政治发展形势保持较为积极乐观的心态，对中央重要举措和中央政府工作满意度较高，认为中国特色社会主义道路、理论、制度和文化比较优越，对中国特色社会主义今后发展充满信心，但对中国经济、政治形势的乐观程度具有较大的提升空间。可见，企业青年政治观念较为乐观积极，对中央领导集体推出的一系列经济政治建设等重要举措和中央政府的工作比较满意，认为中国特色社会主义道路、理论、制度和文化比较优越，对中国特色社会主义今后发展充满信心。需要注意的是，企业青年对中国经济形势存在忧虑情绪，有 42.5% 的企业青年认为中国经济形势一般或不好。

企业青年政治观念与习近平新时代中国特色社会主义思想知晓度、认同度之间存在正相关关系。随着企业青年政治观念积极度的提高，对习近平新时代中国特色社会主义思想的知晓度、认同度也呈现提高趋势。具体而言，企业青年政治观念积极度与习近平新时代中国特色社会主义思想知晓度之间存在显著性正相关关系，相关系数 $r=0.332$，$p=0.000 < 0.01$。企业青年政治观念积极度与习近平新时代中国特色社会主义思想认同度之间存在显著性正相关关系，相关系数 $r=0.418$，$p=0.000 < 0.01$。

（五）社会思潮的影响

企业青年对各种社会思潮的知晓度从高到低排序，依次为民主社会主义（16.6%）、历史虚无主义（16.2%）、新自由主义（12.7%）、民粹主义（9.9%）、普世价值论（9.8%）、新儒家（9.3%）、新"左"派（8.0%）和宪政思潮（6.6%）。企业青年对各种社会思潮的认同度从高到低排序，分别为新自由主义（34.6%）、民主社会主义（31.7%）、普世价值论（21.9%）、新儒家（21.8%）、宪政思潮（17.7%）、历史虚无主义（15.9%）、新"左"派（15.8%）和民粹主义（15.1%）。进一步对各社会思潮对习近平新时代中国特色社会主义思想认同度的影响展开分析，企业青年对新自由主义（$r=-0.258$，$p=0.000$）、历史虚无主义（$r=-0.318$，$p=0.000$）、民主社会主义（$r=-0.146$，$p=0.000$）、普世价值论（$r=-0.123$，$p=0.000$）、宪政思潮（$r=-0.128$，$p=0.000$）、新"左"派（$r=-0.190$，$p=0.000$）、新儒家（$r=-0.067$，$p=0.044$）、民粹主义（$r=-0.198$，$p=0.000$）的认同度与习近平新时代中国特色社会主义思想认同度之间存在显著的负相关关系。可见，企业青年对不良社会思潮的认同度与对习近平新时代中国特色社会主义思想的认同度之间存在此消彼长的关系，对不良社会思潮认同度越低，对习近平新时代中国特色社会主义思想认同度越高。

（六）宣传教育因素的影响

课题组列举了影响习近平新时代中国特色社会主义思想宣传教育效果的主要因素，让企业青年进行评价。如表6-4所示，排在第一位的是宣传教育方法，影响度为72.8%；排在第二位的是党员干部的公信力，影响度为72.4%；排在第三位的影响因素是社会环境，影响度为71.2%。可见，企业青年理论武装效果受多重因素共同影响，宣传教育方法、党员干部的公信力和社会环境的影响是排在前三位的因素，宣传教育形式、理论内容和个人对理论的兴趣也是重要因素，而组织保障问题、宣传教育话语体系和宣传教育安排的时间是影响相对较少的因素。可见，增强习近平新时代中国特色社会主义思想武装企业青年效果尤其要改善宣传教育方法、提升党员干部公信力和塑造良好稳定的社会环境。

表6-4　影响企业青年理论宣传教育效果的主要因素

单位：人，%

观点/程度	不重要		有点重要		一般		重要		非常重要		影响度	影响值
	人数	比例	人数	比例	人数	比例	人数	比例	人数	比例		
思想理论的内容	4	0.4	89	9.9	177	19.6	372	41.2	260	28.8	70.0	3.88
宣传教育形式	4	0.4	75	8.3	186	20.6	408	45.2	229	25.4	70.6	3.87
宣传教育方法	2	0.2	87	9.6	156	17.3	405	44.9	252	27.9	72.8	3.91
宣传教育者个人	10	1.1	64	7.1	240	26.6	384	42.6	204	22.6	65.2	3.78
宣传教育话语体系	11	1.2	71	7.9	271	30.0	378	41.9	171	19.0	60.9	3.70
宣传教育安排的时间	24	2.7	85	9.4	263	29.2	360	39.9	170	18.8	58.7	3.63
思想理论对个人今后的影响	6	0.7	72	8.0	204	22.6	398	44.1	222	24.6	68.7	3.84
个人对理论的兴趣	8	0.9	67	7.4	201	22.3	373	41.4	252	27.9	69.3	3.88
社会环境的影响	5	0.6	70	7.8	185	20.5	406	45.0	236	26.2	71.2	3.88
网络信息的影响	8	0.9	74	8.2	202	22.4	389	43.1	229	25.4	68.5	3.84
组织保障问题	10	1.1	75	8.3	239	26.5	372	41.2	206	22.8	64.0	3.76
党员干部的公信力	13	1.4	62	6.9	174	19.3	328	36.4	325	36.0	72.4	3.99

三、新时代企业青年理论武装路径的建议

（一）加大宣传力度，引导企业青年全面了解习近平新时代中国特色社会主义思想

加大对企业青年的习近平新时代中国特色社会主义思想的宣传力度。当前企业青年对习近平新时代中国特色社会主义思想有深入了解的人不多，总体知晓水平一般。企业青年对理论武装工作有着较高期待，76.5%的企业青年认为有必要加强理论宣传教育。因此，要加大习近平新时代中国特色社会主义思想在企业青年中的宣传力度，扩大理论普及面。

引导企业青年全面了解习近平新时代中国特色社会主义思想。调查显示，企业青年在对习近平新时代中国特色社会主义思想具体内容的知晓上表现出差异性，对"新时代党的建设""新发展理念""战略安排"和"马克思主义思想方法及工作方法"的知晓度相对较低。针对企业青年对理论认知的模糊性和不全面性问题，要引导企业青年深入全面了解习近平新时代中国特色社会主义思想。目前企业青年对"掌握马克思主义思想方法和工作方法"的知晓度和认同度都相对较低，说明企业青年缺乏对"马克思主义思想方法和工作方法"的深刻认识和把握。企业青年主动学习了解习近平新时代中国特色社会主义思想的积极性较低，对理论践行的深入程度不够高。因此，应增强企业青年用"马克思主义思想方法和工作方法"分析和解决实际问题的能力，增强企业青年将习近平新时代中国特色社会主义思想联系实际和解决实际问题的能力。

（二）发挥新型媒体传播优势，综合发挥文字载体和多向载体的理论武装优势

充分发挥新型媒体的传播优势。调查显示，企业青年获取习近平新时代中国特色社会主义思想信息的路径呈现多样化特点，排在前三位的渠道分别是网络、微信和微博，更倾向于新型媒体、文字载体和多向路径。要加强思想政治理论类网站资源的内在吸引力建设，提高网站形式新颖性和知名度，增强企业青年的学习浏览兴趣。"人在哪儿，宣传思想工作的重点就在哪儿，网络空间已经成为人们生产生活的新空间。"[1]要主动占领网络新媒体阵地，坚持青年集中在哪里就占领哪里，青年关注的热点在哪里就去哪里吸引，建立一支由青年骨干组成的网络宣传队伍，弘扬主旋律，传递正能量。要根据企业生产经营和发展需要，在充分运用企业现有融媒体的基础上，搭建并用好各网络新型媒体学习平台，开拓集理论教育、学习交流、信息发布、工作部署等于一体的立体宣传教育格局。抢抓直播和短视频发展机遇，运用企业青年喜闻乐见的方式通过线上渠道进行习近平新时代中国特色社会主义思想教育的宣传直播、短视频推广等，推动理论在青年员工中的社交化、视频化、互动化。要以新颖的题材、有趣的关注点吸引青年职工点赞、评论、分享，通过双向多向、直接即时的讨论和交流，增强青年的参与感，努力让习近平新时代中国特色社会主义思想真正入脑、入心，确保理论学习有收获。此外，调查还表明，在企业青年对各线上活动的关注度中，对思想政治理论方面信息的关注度排在第八位，甚至低于

---

[1]《习近平谈治国理政》第三卷，外文出版社 2020 年版，第 318 页。

对明星资讯、逸闻趣事相关的八卦信息的关注。因此，要警惕娱乐八卦信息所形成的"饭圈文化"等亚文化对主流文化的消极影响，"新闻报道要讲导向，副刊、专题节目、广告宣传也要讲导向；时政新闻要讲导向，娱乐类、社会类新闻也要讲导向"[1]，要形成相应的把关机制，在充分尊重"饭圈文化"样态的同时，正确引导"饭圈文化"的正向发展。

综合发挥文字载体和多向载体的理论武装优势。调查发现，企业青年阅读思想政治理论类书籍更倾向于直接阅读国际国内时势与政策读本、习近平等党和国家领导人的讲话书籍，思想道德修养读物书籍也较为受企业青年青睐。因此，应该发挥传统文字载体作用，将习近平新时代中国特色社会主义思想宣传与企业青年喜欢的国际国内时势与政策读本结合，推进经典著作普及。调查显示，企业青年获取理论信息更倾向于新型媒体、文字路径和多向路径，虽然网络新媒体是主要渠道，但党和政府宣传、课堂讲授、书籍、内部文件、讲座报告是企业青年最为信赖的载体，手机短信、网络、微信是最为不受信赖的载体。因此，应该推动媒体融合向纵深发展，有效拓展党和政府宣传的新空间，借助网络新媒体的传播优势、党和政府等传统载体的传播公信力优势，发挥主流媒体强大传播力、引导力、影响力、公信力，对企业青年进行常态化的习近平新时代中国特色社会主义思想宣传教育。

结合企业青年实际和特点，有针对地进行习近平新时代中国特色社会主义思想武装。在企业青年理论武装工作中，尤其要把提高理论知晓度作为重点任务，要关注文化程度较低的企业青年、团员和群众企业青年、家庭年收入低的企业青年。要注意提高文化程度较低的企业青年、企业青年团员和群众的理论认同度。从企业青年日常获取习近平新时代中国特色社会主义思想渠道的特点来看，年龄较低的企业青年更倾向于从影视、微博渠道获取理论信息；文化程度越高，获取思想政治理论信息的渠道越多元，更依赖于从网络、书籍、微博、报刊、报告讲座获取理论信息；企业青年党员获取思想政治理论信息的渠道更为多元，对书籍、新闻客户端、报刊、报告讲座渠道依赖性较高，企业青年团员对微博路径依赖性最强。因此，在对不同群体企业青年进行习近平新时代中国特色社会主义思想的宣传普及时，应针对不同特点的企业青年从不同的渠道和路径采取针对性的措施。

---

[1]《习近平谈治国理政》第二卷，外文出版社 2017 年版，第 332—333 页。

（三）讲好新时代劳模、劳动和工匠故事，调动企业青年理论学习积极性

将理论武装与企业生产劳动相结合，组织企业青年参与社会实践。调查显示，企业青年对"社会实践活动"路径的效果评价最高，并且其最愿意接受的理论教育活动也是"社会实践与考察"。因此要满足企业青年对开展社会实践活动的期待，调动企业青年的学习热情。为了进一步让企业青年直观地感受理论的优越性，必须深入具体的社会实践情境和社会生产生活，促进理论学术话语向生活话语的转换，加强理论宣传的互动性、参与性和活动性。社会实践是最鲜活生动的教育素材，青年既要多读有字之书，也要多读无字之书，注重学习人生经验和社会知识，注重在实践中学真知、悟真谛、长本领。要带动企业青年通过岗位生产劳动、开拓业务、专业实习、志愿服务、公益活动等手段提高思想理论认知和认同水平。"要深入实施科教兴国战略、人才强国战略、创新驱动发展战略，把提高职工队伍整体素质作为一项战略任务抓紧抓好，帮助职工学习新知识、掌握新技能、增长新本领，拓展广大职工和劳动者成长成才空间，引导广大职工和劳动者树立终身学习理念，不断提高思想道德素质和科学文化素质。"[1] 尝试将党组织实践活动开到生产现场、班组车间、平台岗位，使党组织生活会议更贴近一线、更贴近群众。可以依托红色资源、企业间学习交流平台和学习教育基地等实地素材来开展企业团建活动和各种主题教育活动。

发挥正面典型人物示范作用，营造学劳模做工匠的良好氛围。调查显示，企业青年在对学习掌握习近平新时代中国特色社会主义思想的路径效果评价中排在第二位的是"树立正面典型人物"。一个典型就是一面旗帜，要充分发挥树立正面典型人物在理论宣传中的显著优势。习近平强调，我们就是要善于向先进典型学习，"加大对劳动模范和先进工作者的宣传力度，讲好劳模故事、讲好劳动故事、讲好工匠故事，弘扬劳动最光荣、劳动最崇高、劳动最伟大、劳动最美丽的社会风尚"。[2] 可以结合五一劳动节和五四青年节等重大节日表彰和宣传榜样模范事迹，营造浓厚的学模范、争先锋的活动氛围。宣传正面典型人物要用好榜样示范打动人心的力量，善于挖掘正面典型人物事迹在增进企业青年精神力量上的作用。例如，学习强国平台中推出的"优秀员工视频日志"，展示了各行各业的"排头兵"和"领头雁"，这些模范人物的先进事迹都是进行榜样示范的生动教材。

---

[1] 习近平：《在庆祝"五一"国际劳动节暨表彰全国劳动模范和先进工作者大会上的讲话》，人民出版社 2015 年版，第 9 页。

[2] 习近平：《在全国劳动模范和先进工作者表彰大会上的讲话》，人民出版社 2020 年版，第 5 页。

（四）发挥企业党组织和工会组织的作用，营造学习习近平新时代中国特色社会主义思想的良好氛围

发挥企业党组织的优势，系统开展习近平新时代中国特色社会主义思想武装工作。调查显示，党和政府宣传、课堂讲授、书籍、内部文件、讲座报告是企业青年最为信赖的获取思想政治理论信息的载体，企业青年对"不忘初心，牢记使命"主题教育、党团组织开展的学习活动等理论武装路径的效果评价非常高，社会实践和党团系统开展的理论学习教育活动明显高于社会层面和自主生活层面的教育活动的学习效果。因此，企业基层党支部在落实开展"三会一课"过程中，要做到适应新形势新要求，加强企业内部对学习经验的沟通和交流。同时实施目标量化管理，结合"不忘初心，牢记使命"主题教育、党史学习教育等党内大型主题教育活动，结合企业各个时期的形势任务和阶段性重点工作，开展集中性、经常性的党内教育活动，实现规范化、制度化管理，坚持定期督导考评、及时反馈和跟踪整改，并形成长效机制。"要把思想政治工作作为企业党组织一项经常性、基础性工作来抓，把解决思想问题同解决实际问题结合起来，既讲道理，又办实事，多做得人心、暖人心、稳人心的工作。"[1] 探索把理论学习作为个人绩效考核、业务素质考核的重要指标，形成良好的激励机制的同时，调动企业青年的理论学习积极性。

打造高素质企业领导人员队伍，提升企业党员干部的公信力。调查显示，"宣传教育方法""党员干部的公信力"和"社会环境的影响"是影响习近平新时代中国特色社会主义思想宣传教育效果的排在前三位的因素。从宣传教育的主体来看，党员干部的公信力在习近平新时代中国特色社会主义思想宣传中至关重要。因此，应该注重提升企业党员干部在青年中的公信力，从而调动企业青年对理论认知认同的热情。要把关企业党员干部的选人用人，在生产实践中要"注重把生产经营骨干培养成党员，把党员培养成生产经营骨干"，"通过设立党员责任区、党员示范岗、党员突击队、党员服务队等形式，引导党员创先争优、攻坚克难，争当生产经营的能手、创新创业的模范、提高效益的标兵、服务群众的先锋"。[2] 要不断提高企业干部的政治判断力、政治领悟力、政治执行力，"国有企业领导人员是党在经济领域的执政骨干，是治国理政复合型人才的重要来源，肩负着经营管理国有资产、实现保值增值的重要责任。国有企业领导人员

[1]《习近平谈治国理政》第二卷，外文出版社 2017 年版，第 178 页。
[2] 中共中央印发：《中国共产党国有企业基层组织工作条例（试行）》，人民出版社 2020 年版，第 13—14 页。

必须做到对党忠诚、勇于创新、治企有方、兴企有为、清正廉洁"。[1]企业干部要同青年职工保持密切联系,"把思想政治工作作为经常性、基础性工作,把解决思想问题同解决实际问题结合起来,多做得人心、暖人心、稳人心的工作,积极构建和谐的劳动关系"[2],帮助青年解决困难,赢得企业青年对党员干部的信赖和拥护,不断增强企业干部的公信力。

发挥工会"职工之家"和工会干部"娘家人"的作用,在竭诚为职工群众服务中宣传党的创新理论。调查显示,企业青年的生活满意度、生活态度、人生目标明确度和习近平新时代中国特色社会主义思想知晓度、认同度之间存在正相关关系。企业青年的生活满意度越高、生活态度越积极、人生目标明确度越高,对理论知晓度和认同度也越高。但目前大多数企业青年的生活满意度一般,少数企业青年的生活态度并不积极、人生目标不明确。工会要发挥"职工之家"、工会干部要发挥"娘家人"的作用,"要把竭诚为职工群众服务作为工会一切工作的出发点和落脚点,全心全意为广大职工群众服务,认真倾听职工群众呼声,维护好广大职工群众包括农民工合法权益,扎扎实实为职工群众做好事、办实事、解难事,不断促进社会主义和谐劳动关系。要高度重视广大职工的多样化需求,不断拓展职工成长成才空间,着力培养造就一大批知识型、技术型、创新型的高素质职工"。[3]可以结合建党周年活动,讲清楚中国共产党奋斗的光辉历程,把开展党史学习教育同深入贯彻习近平新时代中国特色社会主义思想紧密结合,加强与各职工的沟通,营造全员学习的浓厚氛围。企业应该注重完善企业新人培训制度,营造"老带新""一对一""一对多"式的互助学习模式,提升专业技术水平的同时,形成融洽的工作环境和氛围,更利于企业青年理论武装工作的开展。要有针对性地做好人文关怀和心理疏导,组织职工定期汇报思想动态并进行追踪分析,将解决实际工作同理论宣传相结合。同时要完善相应的激励、奖励制度,明确青年对职业生涯和人生目标的规划。在营造帮助青年成长的环境过程中,动员青年们自觉地为实现当前和长远目标而努力奋斗。

---

[1]《习近平谈治国理政》第二卷,外文出版社 2017 年版,第 177 页。
[2]中共中央印发:《中国共产党国有企业基层组织工作条例(试行)》,人民出版社 2020 年版,第 15 页。
[3]《习近平谈治国理政》第一卷,外文出版社 2018 年版,第 47 页。

（五）回应不良社会思潮的挑战和企业青年疑虑情绪，深刻领悟高质量发展是全面建设社会主义现代化国家的首要任务

注重提升企业青年的政治观念认可度来提升理论认同度。调查显示，企业青年的政治观念认可度与习近平新时代中国特色社会主义思想知晓度、认同度之间存在正相关关系。要不断健全发展和谐劳动关系的制度和平台，不断完善劳动关系协调机制，为企业青年提供社会制度保障。要给予企业青年一定的政策优惠和支持，塑造青年职工队伍积极的政治观念和思想状态。例如，个人所得税起征点的提高以及疫情防控期间为企业复工人员提供住房租赁补贴等聚人心、暖人心政策的实施，深入落实"放管服"改革要求，完善住房公积金服务事项的"跨省通办"，提高了办事效率并满足了职工异地办事需求，都一定程度上提升了青年们的政治认可度。同时，调查发现，在习近平新时代中国特色社会主义思想具体内容中，企业青年对"以新发展理念引领经济高质量发展"的知晓度（50.3%）和认同度（83.3%）分布排在第十七位和第十六位，在中国发展现状的认识中企业青年对我国当前的经济形势的认同度（57.6%）相对较低。要促进企业青年对我国经济形势进一步的全面了解，回应企业青年经济形势疑虑情绪，引导企业青年认识到新发展理念是一个整体，必须完整、准确、全面理解和贯彻，着力服务和融入新发展格局，深刻领悟新发展阶段、新发展理念、新发展格局，发展新质生产力。同时要把经济发展成果更多地惠及人民群众，让企业职工亲身体会到经济形势发展所带来的福利。

企业应履行应有的经济责任、法律责任、社会责任和道德责任，警惕不良社会思潮对企业青年的渗透。调查显示，企业青年对各社会思潮的知晓度和认同度都不高，但仍有24.6%的企业青年对民主社会主义思潮代表性观点持赞成的立场、35.4%的人持一般的模糊立场，在涉及党的领导、马克思主义指导、国家性质等核心问题上对科学社会主义与民主社会主义的本质区别缺乏清晰的认识。仍有10.7%的企业青年对新自由主义思潮代表性观点持赞同立场、22.1%的企业青年对历史虚无主义思潮代表性观点持模糊立场，对国有企业私有化改革是唯一出路、国际贸易不应设置壁垒应完全开放自由竞争等观点存在一定错误认识。因此，要在习近平新时代中国特色社会主义思想宣传教育中帮助企业青年运用马克思主义理论分析社会思潮的产生根源和思想实质，彰显习近平新时代中国特色社会主义思想的理论感召力。我国正逐步形成以国内大循环为主体、国内国际双循环相互促进的新发展格局，当前社会思潮在经济、政治、

文化等各个领域中蔓延甚至融合，比如在经济领域内出现历史虚无主义思潮和新自由主义思潮联合起来，放大并夸大我国国有企业中存在的问题，意图为私有化辩护甚至全面否定党的领导、否定社会主义制度，究其根本皆在鼓吹中国走资本主义道路。习近平强调："国有企业是中国特色社会主义的重要物质基础和政治基础，是我们党执政兴国的重要支柱和依靠力量。"[1] 国有企业必须坚决贯彻执行党中央决策部署，把方向、管大局、保落实，抓好企业职工的思想政治工作，防止社会思潮在青年中的传播渗透。政府部门也要警惕错误社会思潮通过网络热点事件的散布和传播，要对可能演变为社会热点的问题予以及时答复并披露有关真相，避免人们的焦虑情绪被错误思潮所利用，提高对网络舆情的理性引导和处置能力。

---

[1]《习近平谈治国理政》第二卷，外文出版社 2017 年版，第 175 页。

第七章　新时代农村青年理论武装路径现状及对策

　　中国共产党成立以来，始终把农业、农村、农民问题作为关系国计民生的根本性问题，把解决好农业、农村、农民问题作为全党工作的重中之重。中国共产党历来重视农村青年的马克思主义理论武装工作，教育领导广大农村青年充分发挥先锋作用。毛泽东强调各级党委必须完全掌握农村工作的领导职务，领导干部要解剖一两个"麻雀"，真正懂农村，发出的指示要符合农村情况："像党的总书记这样主要的领导人员，要亲自动手，了解一两个农村，争取一些时间去做，这是划得来的。"[1] 习近平勉励农村青年说："广大农村青年要在发展现代农业、建设社会主义新农村中展现现代农民新形象。"[2] 民族要复兴，乡村必振兴。全面建设社会主义现代化国家，最艰巨、最繁重的任务和最广泛、最深厚的基础都是在农村。农村是乡村振兴的主战场，农村青年是实现乡村振兴战略的主力军。

---

[1] 《毛泽东文集》第七卷，人民出版社 1999 年版，第 134 页。
[2] 习近平：《在知识分子、劳动模范、青年代表座谈会上的讲话》，人民出版社 2016 年版，第 12 页。

一、新时代农村青年理论武装路径现状

农村青年对习近平新时代中国特色社会主义思想的认同和践行更是直接关涉到乡村振兴战略的实施进程和发展走向，必须以农民群众喜闻乐见的方式，深入开展习近平新时代中国特色社会主义思想学习教育。

（一）农村青年对新时代党的创新理论的认识

农村青年对习近平新时代中国特色社会主义思想的具体理论内容具有一定的了解，但了解程度一般，且在各种具体观点上表现出差异性。如表 7-1 所示，农村青年对习近平新时代中国特色社会主义思想各观点的知晓度为 38.7%，知晓值为 3.25，处于一般了解的程度。农村青年对习近平新时代中国特色社会主义思想内容的总体认同度为 62.2%，认同值为 3.76，认同水平比较高。农村青年对 "中国梦""以人民为中心的价值理念""带领人民创造美好幸福生活" 的理论内容知晓度最高，而对发展民主政治、新发展理念、党的建设、马克思主义思想方法及工作方法、构建人类命运共同体等理论内容的知晓度相对较低。农村青年理论认同度排在前三位的理论内容依次为 "坚持以人民为中心""建设美丽中国" 和 "实现中华民族伟大复兴的中国梦"。可见，农村青年总体上对习近平新时代中国特色社会主义思想具体内容具有比较高的认同度，尤其是 "对坚持以人民为中心的价值追求" 的认同度最高，对与追求美好生活密切相关的理论呈现朴素认同倾向。

就农村青年对习近平新时代中国特色社会主义思想的情感认同和价值认同情况进行分析。在平时主动了解学习习近平新时代中国特色社会主义思想的积极性方面，选择积极性较高和很高的仅占 26.6%，总体积极值为 3.08。在习近平新时代中国特色社会主义思想的情感喜好方面，选择比较喜欢和非常喜欢的占 43.5%，总体喜好值为 3.45。在对习近平新时代中国特色社会主义思想的亲近感和心理归属感方面，选择比较有归属感和非常有归属感的占 46.7%，总体认同值为 3.48。在将习近平新时代中国特色社会主义思想作为自己的人生理想

表 7-1　农村青年对新时代党的创新理论知晓和认同情况

单位: %, 分

内容 / 项目	知晓度	知晓值	认同度	认同值
中国特色社会主义进入新时代	37.7	3.20	55.9	3.62
新时代坚持和发展中国特色社会主义	40.6	3.28	61.0	3.71
坚持以人民为中心	46.5	3.38	67.1	3.82
实现中华民族伟大复兴的中国梦	48.8	3.48	65.3	3.80
新时代坚持和发展中国特色社会主义的战略安排	38.6	3.23	61.8	3.76
中国共产党领导是中国特色社会主义最本质的特征	39.2	3.26	60.6	3.73
将全面深化改革进行到底	37.5	3.22	61.2	3.74
全面推进依法治国	39.9	3.27	63.2	3.78
以新发展理念引领经济高质量发展	34.1	3.15	59.5	3.72
发展社会主义民主政治	35.1	3.19	61.5	3.74
推动社会主义文化繁荣兴盛	39.1	3.25	62.5	3.75
带领人民创造更加幸福美好生活	44.8	3.37	63.6	3.80
建设美丽中国	43.7	3.35	66.5	3.84
坚持总体国家安全观	36.2	3.21	62.2	3.76
把人民军队全面建成世界一流军队	35.9	3.16	63.2	3.80
坚持"一国两制"和推进祖国统一	42.4	3.35	64.5	3.79
推动构建人类命运共同体	30.4	3.07	60.6	3.76
把党建设得更加坚强有力	32.7	3.14	61.6	3.75
掌握马克思主义思想方法和工作方法	31.8	3.10	59.9	3.73
平均数	38.7	3.25	62.2	3.76

和价值追求方面，选择比较符合和非常符合的占 42.0%，总体认同值为 3.40。在将习近平新时代中国特色社会主义思想贯彻落实于自己的工作和生活方面，选择比较符合和非常符合的占 35.7%，总体认同值为 3.33。在对马克思主义的信仰、对社会主义和共产主义的信念方面，选择比较坚定和非常坚定的占 43.0%，总体认同值为 3.46。可见，农村青年对习近平新时代中国特色社会主义思想的心理归属、情感喜爱和价值信仰处于一般水平，农村青年还不能很好地将习近平新时代中国特色社会主义思想作为自己的人生理想和价值追求，并且主动学习了解理论的积极性不高。

（二）农村青年获取新时代党的创新理论的路径

1.农村青年日常更关注与自己生活、工作、民生和休闲相关的信息，对思想政治理论信息的主动关注度较低

问卷列举了日常阅读所涉及的内容，让农村青年进行多项选择，进而来透视习近平新时代中国特色社会主义思想信息在农村青年中的受关注度。从农村青年日常阅读所关注的信息内容来看，关注度最高的是与日常生活相关的服务信息，占53.4%；排在第二位的是与自己学习相关的专业信息，占43.3%；排在第三位的是社会民生热点信息，占39.4%；排在第四位的是购物、美食、娱乐、旅游、健康、养生信息，占34.8%；排在第五位的是国际国内时政要闻相关的信息，占29.5%；排在第六位的是文学、历史、人文或与人生发展相关的励志信息，占29.3%；排在第七位的是明星资讯逸闻趣事相关的八卦信息，占25.0%；排在第八位的是思想政治理论方面信息，占24.7%；排在第九位的是婚恋交友信息，占12.6%；排在第十位的是星相和宗教信仰信息，占6.3%；排在第十一位的是其他，占2.5%。可见，农村青年日常最关注的信息是与自己生活、专业相关的信息，社会民生热点信息，购物、美食、娱乐、旅游、健康、养生信息。对思想政治理论方面信息的关注度排在第八位，虽然有一定的关注度，但是关注度较低。因此，农村青年日常更关注与自己生活、工作、民生和休闲相关的信息，对习近平新时代中国特色社会主义思想信息的关注度较低。

2.农村青年获取思想政治理论信息的路径呈现多样化特点，网络、微信和影视为主要渠道

如表7-2所示，从农村青年日常获取思想政治理论方面信息的主要路径来看，排在第一位的是网络，占74.0%。农村青年主要通过网络、微信和影视渠道来获取习近平新时代中国特色社会主义思想。农村青年选择从新型媒体路径获取思想政治理论信息的人数远远多于选择传统路径的人数，但是传统路径依然起着重要的作用。多向路径是农村青年获取思想政治理论信息的主要路径，而采取单向路径获取思想政治理论信息是次要路径。文字路径是农村青年获取思想政治理论信息的主要路径，采取间接方式和活动方式获取思想政治理论信息是次要路径。

表 7-2　农村青年获取思想政治理论信息的路径情况

单位：人，%

主要渠道	人数	比例
书籍	219	30.6
报刊	97	13.5
网络	530	74.0
影视	264	36.9
微信	362	50.6
微博	193	27.0
报告讲座	42	5.9
人际交往	193	27.0
职场培训	51	7.1
新闻客户端	167	23.3
宣传板或电子屏	92	12.8
其他	5	0.7

3.农村青年对传统路径和文字载体的信任度更高，党和政府宣传、报纸、内部文件、书籍、讲座等传统正式载体的思想政治理论信息传播公信力更强

课题组列举了农村青年获取思想政治理论信息的 15 种载体，让农村青年评价对其信息的信任度。调查显示，排在第一位的是党和政府宣传，信任度为57.9%，信任值为 3.70；排在第二位的是报纸，信任度为 54.1%，信任值为 3.54；排在第三位的是内部文件，信任度为 51.1%，信任值为 3.57；排在第四位的是书籍，信任度为 51.1%，信任值为 3.50；排在第五位的是讲座报告，信任度为 48.0%，信任值为 3.48；排在第六位的是广播，信任度为 45.9%，信任值为3.41；排在第七位的是课堂讲授，信任度为 44.9%，信任值为 3.37；排在第八位的是电视，信任度为 44.5%，信任值为 3.39；排在第九位的是宣传板报，信任度为 43.6%，信任值为 3.41；排在第十位的是朋友、家人，信任度为 41.5%，信任值为 3.39；排在第十一位的是杂志，信任度为 35.8%，信任值为 3.26；排在第十二位的是网络，信任度为 32.8%，信任值为 3.20；排在第十三位的是电影，信任度为 32.2%，信任值为 3.20；排在第十四位的是手机短信，信任度为30.5%，信任值为 3.14；排在第十五位的是微信，信任度为 29.2%，信任值为 3.15。可见，党和政府宣传、报纸、内部文件、书籍、报告讲座是农村青年最为信赖的获取思想政治理论信息的载体，这些载体全部属于传统载体。排在最后五位的载体，从最后一位排序依次是微信、手机短信、电影、网络、杂志，除了杂志以外，其余的都是新型媒体载体。

4.网络新媒体在农村青年中使用普遍，聊天交友关注朋友动态、浏览信息和在线视听娱乐是农村青年上网的主要内容，但农村青年很少在电脑、手机上浏览思想政治理论类网站、App及公众号，内容不吸引人和没有兴趣是主要原因

网络和微信新媒体是农村青年日常获取习近平新时代中国特色社会主义思想信息的排在前两位的渠道，课题组进一步分析网络新媒体对农村青年思想政治理论信息接受方面的影响。调查显示，在对一般每天通过电脑和手机等方式上网的时间的回答中，上网时间基本没有的21人，占2.9%；1小时以内的58人，占8.1%；1～2小时的163人，占22.9%；2～3小时的258人，占36.2%；4小时以上的213人，占29.9%。可见，网络已经成为农村青年生活中不可缺少的一部分，且大概有1/3的农村青年每天上网时间达到4小时以上。

农村青年上网都具体从事什么活动内容呢？调查显示，按照农村青年选择花费时间较多或很多的比例为依据排序，46.6%的农村青年花较多或很多时间聊天交友、关注朋友动态，排在第一位；33.5%的农村青年花较多或很多时间浏览信息，排在第二位；33.1%的农村青年花较多或很多时间进行视听娱乐，排在第三位；30.9%的农村青年花较多或很多时间网上购物，排在第四位；20.9%的农村青年花较多或很多时间玩网络游戏，排在第五位；14.1%的农村青年花较多或很多时间逛网络社区贴吧，排在第六位；11.4%的农村青年花较多或很多时间收发邮件，排在第七位；10.5%的农村青年花较多或很多时间学习或远程教育，排在第八位。由此可知，农村青年上网主要内容是聊天交友、关注朋友动态、浏览信息、视听娱乐。

既然农村青年上网主要内容是聊天交友、关注朋友动态、浏览信息、视听娱乐，那么农村青年浏览思想政治理论信息情况怎么样呢？从农村青年在电脑、手机上浏览思想理论类网站、App及公众号的情况来看，选择"没有"的有104人，占14.6%；选择"较少"的有252人，占35.5%；选择"一般"的有256人，占36.1%；选择"较多"的有73人，占10.3%；选择"经常"的有25人，占3.5%。对影响农村青年浏览思想理论类网站、App及公众号的原因进行分析，排在第一位的原因是内容不吸引人，占47.5%；排在第二位的是没有兴趣，占46.4%；排在第三位的是网站形式不新颖，占27.9%；排在第四位的是网站可用性较低，占22.8%；排在第五位的是网站知名度不高，占18.9%；排在第六位的是其他原因，占4.5%，比如农村青年反映网站虚假内容多，广告太多，再加上没有时间去关注思想政治理论网络信息。

5.农村青年更倾向于直接阅读习近平等党和国家领导人讲话、思想道德修养读物来开展思想政治理论学习，不喜欢阅读西方各种社会思潮读物

书籍是农村青年获取思想理论信息排在第四位的途径，也是农村青年信任度较高的理论获取路径，在理论武装的过程中发挥着稳定的作用。课题组对农村青年阅读思想理论书籍的倾向进行调查，排在第一位的为习近平等党和国家领导人的讲话，占37.8%；排在第二位的为思想道德修养读物，占30.2%；排在第三位的为毛泽东思想理论著作，占28.8%；排在第四位的为马克思主义理论经典著作，占25.9%；排在第五位的为专业性很强的理论著作和邓小平理论、"三个代表"重要思想、科学发展观著作，占24.2%；排在第七位的为国际国内时势与政策读本，占22.4%；排在第八位的为党的理论通俗宣传读物，占21.0%；排在第九位的为党的政策解读书籍，占20.1%；排在第十位的为西方各种社会思潮读物，占11.6%；排在第十一位的为其他，占4.9%。可见，农村青年比较倾向于阅读马克思主义理论的原著原文和思想道德修养读物来开展思想政治理论学习。

（三）农村青年对新时代党的创新理论武装路径效果的评价

1.绝大多数农村青年充分认识到习近平新时代中国特色社会主义思想武装工作的重大意义，普遍认为有必要加强理论宣传教育活动，对宣传教育活动的兴趣较高，绝大部分农村青年认为当前的理论宣传教育活动有效，但效果仍存在进一步提升的较大空间

调查显示，在对当前加强习近平新时代中国特色社会主义思想宣传教育必要性的回答中，选择"完全不必要"的有8人，占1.1%；选择"不太必要"的有55人，占7.7%；选择"一般"的有268人，占37.6%；选择"有点必要"的有216人，占30.3%；选择"非常必要"的有165人，占23.2%。农村青年选择有点必要和非常必要加强习近平新时代中国特色社会主义思想宣传教育的累计占53.5%。可见，绝大多数农村青年对加强习近平新时代中国特色社会主义思想武装工作的重要性具有清晰的认识，认为不必要加强理论武装的是极少数。

对习近平新时代中国特色社会主义思想宣传教育工作的感兴趣程度的调查结果显示，有13人选择没有兴趣，占1.8%；87人选择不太感兴趣，占12.2%；317人选择一般，占44.5%；214人选择感兴趣，占30.1%；81人选择非常感兴趣，占 11.4%。农村青年对加强习近平新时代中国特色社会主义思想宣传教育工作感兴趣和非常感兴趣的累计占 41.5%，感兴趣的人数远远多于不感兴趣的人数。

农村青年对当前习近平新时代中国特色社会主义思想宣传教育效果的总体评价中，选择"没有效果"的 13 人，占 1.8%；选择"不太有效"的 102 人，占 14.3%；选择"一般"的 291 人，占 40.9%；选择"有效"的 223 人，占 31.3%；选择"非常有效"的 83 人，占 11.7%。农村青年对当前习近平新时代中国特色社会主义思想宣传教育效果的总体评价较高，选择有效和非常有效的占 43.0%，但是仍有 16.1% 的农村青年选择不太有效和没有效果。可见，习近平新时代中国特色社会主义思想武装农村青年工作取得了一定效果，但也有进一步提升的较大空间。

2.农村青年对社会实践活动、树立正面典型人物、党团组织开展的学习活动、职业教育、"不忘初心，牢记使命"主题教育活动的有效性评价最高，对日常生活、各战线系统开展的理论培训活动、自主学习活动的效果评价较差，形象化和生活化的理论武装方法比网络性和抽象性理论武装方法效果好，实践性的理论武装方法比理论讲授性方法效果好，党团组织系统的理论学习教育方法比社会层面和自主学习方法效果好

问卷列举了习近平新时代中国特色社会主义思想宣传教育方式，让农村青年对其效果进行评价。如表 7-3 所示，依据有效度水平从高到低排序，排在第一位的是社会实践活动，排在第二位的是树立正面典型人物，排在第三位的是党、团组织开展的学习活动，排在第四位的是职业教育，排在第五位的是"不忘初心，牢记使命"主题教育。因此，农村青年对社会实践活动、树立正面典型人物、党团组织开展的学习活动、职业教育、"不忘初心，牢记使命"主题教育活动有效性评价最高，对党内系统开展的理论学习教育活动效果给予比较高的评价。有效性排在第十三位至十七位的是听辅导报告、自主学习活动、各战线系统开展的理论培训活动、其他、日常生活，农村青年对这些活动效果评价相对较低。可见，不同理论武装方法都发挥了作用，社会实践、职业教育、树立典型等形象化和生活化的理论武装方法比网络性和抽象性理论武装方法效果好，实践性的理论武装方法比理论讲授性方法效果好，党团组织系统的理论学习教育方法比社会层面和自主学习方法效果好，习近平新时代中国特色社会主义思想宣传教育方法的效果尚需进一步综合提升。

表 7-3　农村青年对理论武装路径的效果评价

单位：人，%

观点／程度	无帮助		较小		一般		有帮助		非常有帮助		有效度	有效值
	人数	比例	人数	比例	人数	比例	人数	比例	人数	比例		
党校学习、上党课	34	4.8	126	17.6	247	34.5	262	36.6	46	6.4	43.0	3.22
各战线系统开展的理论培训活动	29	4.1	103	14.4	293	41.0	242	33.9	47	6.6	40.5	3.25
听辅导报告	26	3.6	111	15.5	279	39.0	255	35.7	44	6.2	41.9	3.25
党团组织开展的学习活动	17	2.4	68	9.5	278	38.9	291	40.7	61	8.5	49.2	3.43
社会实践活动	17	2.4	58	8.1	232	32.4	314	43.9	94	13.1	57.0	3.57
网络、远程教育活动	29	4.1	93	13.0	249	34.8	290	40.6	54	7.6	48.2	3.35
自主学习活动	32	4.5	101	14.1	285	39.9	244	34.1	53	7.4	41.5	3.26
家庭环境	22	3.1	85	11.9	269	37.6	264	36.9	75	10.5	47.4	3.40
职业教育	22	3.1	59	8.3	286	40.0	280	39.2	68	9.5	48.7	3.44
日常生活	29	4.1	113	15.8	310	43.4	206	28.9	56	7.8	36.7	3.21
大众传播媒介及互联网宣传	11	1.5	85	11.9	305	42.7	249	34.9	64	9.0	43.9	3.38
理论宣传教育	17	2.4	68	9.5	311	43.5	260	36.4	59	8.3	44.7	3.39
树立正面典型人物	12	1.7	56	7.8	278	38.9	279	39.0	90	12.6	51.6	3.53
党风廉政的"八条规定"	13	1.8	66	9.2	301	42.1	257	35.9	78	10.9	46.8	3.45
党的群众路线教育实践活动	11	1.5	58	8.1	308	43.1	266	37.2	72	10.1	47.3	3.46
"不忘初心，牢记使命"主题教育	13	1.8	60	8.4	296	41.4	253	35.4	93	13.0	48.4	3.49
其他	33	4.6	63	8.8	339	47.5	208	29.2	70	9.8	39.0	3.31

3. 农村青年最愿意接受的理论教育方法是新媒体宣传和社会实践与考察，对文件精神传达和理论讲授的方式也具有较高期待，对自学、研读原著或原文方法的欢迎程度较低

农村青年对"您最愿意接受什么样的理论教育活动"一问的回答中，选择新媒体宣传的 180 人，占 26.3%；选择社会实践与考察的 156 人，占 22.8%；选择文件精神传达的 107 人，占 15.6%；选择理论教授的 91 人，占 13.3%；选择培训班的 77 人，占 11.2%；选择自学、研读原著或原文的 74 人，占 10.8%。可见，农村青年对新媒体宣传和社会实践与考察的方法最为青睐，对文件精神传达理论讲授的方法也具有较高期待，而对自学、研读原著或原文方法的欢迎程度最低。不同年龄和学历层次的农村青年在最希望采取的理论武装路径方面存在显著性差异，年龄偏小的农村青年更喜欢新媒体宣传、社会实践与考察和自学研读原著或原文的方法，而年龄偏大的农村青年则更喜欢文件精神传达、理论讲授、培训班的方法。

从农村青年对习近平新时代中国特色社会主义思想武装路径效果评价特点来看，28 岁及以下的农村青年对党校学习及上党课、各战线系统开展的理论培训活动、听辅导报告、党团组织开展的学习活动、社会实践活动、家庭环境、日常生活路径武装效果的评价最为积极。经常在城市居住的农村青年对日常生活、党风廉政的"八条规定"的理论武装路径效果评价较高。与已婚青年相比，未婚的农村青年对各战线系统开展的理论培训活动、听辅导报告、社会实践活动、家庭环境、职业教育、日常生活、大众传播媒介及互联网宣传武装路径效果的评价更为积极。文化程度越高的农村青年，获取习近平新时代中国特色社会主义的路径越综合多元，对各种理论武装路径效果的评价越积极。进城务工青年对家庭环境路径效果的评价比农村务农青年高。农村青年中的共青团员对听辅导报告、党团组织开展的学习活动、家庭教育、职业教育、日常生活、大众传播媒介及互联网宣传、理论宣传教育、树立正面典型人物、党的群众路线教育实践活动、"不忘初心，牢记使命"主题教育路径效果评价较高，党员对党校学习上党课、社会实践活动路径的效果评价较高。

二、新时代农村青年理论武装的影响因素

（一）农村青年生活满意度的影响

调查显示，在对目前自己生活的满意度评价中，农村青年选择"不满意"的有 29 人，占 4.1%；选择"不太满意"的有 106 人，占 14.8%；选择"一般"的有 348 人，占 48.6%；选择"满意"的有 207 人，占 28.9%；选择"非常满意"的有 26 人，占 3.6%。生活满意度为 32.5%，生活满意值 3.13。可见，农村青年总体上对自身生活满意度水平一般，对自身生活持不满意和非常满意态度的都是少数。

随着农村青年生活满意度的提高，对习近平新时代中国特色社会主义思想的知晓度、认同度也呈现上升趋势。农村青年生活满意度与习近平新时代

中国特色社会主义思想知晓度之间存在显著性正相关关系，相关系数 r=0.158，p=0.000 < 0.01。农村青年生活满意度与习近平新时代中国特色社会主义思想认同度之间存在显著性正相关关系，相关系数 r=0.108，p=0.004 < 0.01。可见，农村青年生活满意度与习近平新时代中国特色社会主义思想知晓度、认同度之间存在正相关关系，生活满意度越高，对理论的知晓度和认同度也越高。

（二）农村青年生活态度的影响

农村青年的生活态度总体上比较积极，持消极态度的人数极少，持一般和基本积极态度的人数比较多。调查显示，在对目前自己生活态度的评价中，农村青年选择"消极"的有 9 人，占 1.3%；选择"不太积极"的有 58 人，占8.1%；选择"一般"的有 277 人，占 38.7%；选择"基本积极"的有 279 人，占 39.0%；选择"非常积极"的有 93 人，占 13.0%。人生态度的积极值为 3.54。可见，农村青年生活态度总体上比较积极，选择基本积极和非常积极的达到52.0%，选择消极和不太积极的人数较少。

农村青年日常生活态度越积极，对理论的知晓度和认同度也越高。农村青年日常生活态度积极性与习近平新时代中国特色社会主义思想知晓度之间存在显著性正相关关系，相关系数 r=0.257，p=0.000 < 0.01。农村青年日常生活态度积极度与习近平新时代中国特色社会主义思想认同度之间存在显著性正相关关系，相关系数 r=0.230，p=0.000 < 0.01。

（三）农村青年人生目标明确度的影响

农村青年对自身人生目标的明确度水平一般，接近半数的农村青年对自己的人生目标有清晰的认识。调查显示，在对自身人生目标明确度的评价中，农村青年选择"不明确"的有 22 人，占 3.1%；选择"不太明确"的有 110 人，占 15.4%；选择"一般"的有 254 人，占 35.5%；选择"基本明确"的有 244 人，占 34.1%；选择"非常明确"的有 86 人，占 12.0%。人生目标明确值为 3.37。可见，农村青年对自身人生目标的明确度水平一般，选择基本明确和非常明确的达到 46.1%，选择不明确或不太明确的人数较少，占 18.5%。

农村青年人生目标越明确，对理论的知晓度和认同度越高。随着人生目标明确度的提高，农村青年对习近平新时代中国特色社会主义思想的知晓度呈现上升趋势，二者之间存在显著性正相关关系，相关系数 $r=0.279$，$p=0.000<0.01$。农村青年人生目标明确度与习近平新时代中国特色社会主义思想认同度之间存在显著性正相关关系，相关系数 $r=0.146$，$p=0.000<0.01$。

（四）农村青年政治观念的影响

调查显示，农村青年认为我国当前的政治形势比较稳定和非常稳定的占 55.6%，认同值 3.65；认为目前经济形势比较好和非常好的占 47.0%，认同值 3.46；对新一届中央领导集体推出的一系列经济、政治建设等重要举措比较认同和非常认同的占 72.8%，认同值 3.91；对本届中央政府最近一年来的工作比较满意和非常满意的占 62.2%，认同值 3.78；与其他国家相比认为中国特色社会主义道路、理论、制度和文化比较优越和非常优越的占 67.7%，认同值 3.85；对中国特色社会主义今后发展有信心和非常有信心的占 70.8%，认同值 3.95。可见，农村青年政治观念比较乐观积极，对中央领导集体推出的一系列经济政治建设等重要举措和中央政府的工作比较满意，认为中国特色社会主义道路、理论、制度和文化比较优越，对中国特色社会主义今后发展充满信心。需要注意的是，与对党中央和政府工作、中国特色社会主义事业高度认同度相比，农村青年对目前经济、政治形势的评价相对较低。

农村青年中的各群体对现实政治状况的满意度不同，在习近平新时代中国特色社会主义思想的知晓度、认同度方面也存在显著性差异。农村青年对现实政治状况的满意度与习近平新时代中国特色社会主义思想知晓度之间存在显著性正相关关系，相关系数 $r=0.285$，$p=0.000<0.01$。农村青年对现实政治状况的满意度与习近平新时代中国特色社会主义思想认同度之间存在显著性正相关关系，相关系数 $r=0.340$，$p=0.000<0.01$。

（五）社会思潮的影响

农村青年对各种社会思潮的知晓度从高到低排序，依次为民主社会主义（13.2%）、新自由主义（11.6%）、历史虚无主义（10.2%）、新儒家（9.0%）、普世价值论（9.0%）、宪政思潮（9.0%）、民粹主义（8.5%）、新"左"派（7.5%）。农村青年对各种社会思潮的认同度从高到低排序，依次为新自由主义（36.9%）、民主社会主义（33.0%）、新儒家（25.0%）、普世价值论（24.5%）、宪政思潮（24.3%）、历史虚无主义（23.2%）、民粹主义（22.7%）、新"左"派（21.4%）。农村青年对各社会思潮总体处于不太了解的知晓水平和不太认同的水平。农村青年对新自由主义（$r=-0.255$，$p=0.000$）、历史虚无主义（$r=-0.291$，$p=0.000$）、普世价值观（$r=-0.079$，$p=0.035$）、宪政思潮（$r=-0.125$，$p=0.001$）、新"左"派主义（$r=-0.131$，$p=0.000$）、民粹主义（$r=-0.115$，$p=0.002$）的认同度与习近平新时代中国特色社会主义思想认同度之间均存在显著性负相关关系。可见，农村青年对不良社会思潮的认同度越高，对习近平新时代中国特色社会主义思想的认同度越低。

在形形色色的社会思潮中，农村青年对民主社会主义、新自由主义和历史虚无主义三种思潮的知晓度和认同度相对较高。课题组列举了民主社会主义思潮代表性观点，让农村青年进行评价。农村青年对民主社会主义思潮代表性观点总体认同度为19.9%，认同值2.75，说明农村青年对民主社会主义思潮代表性观点的认识较为模糊，五分之一的农村青年对此认同。具体而言，排在第一位的是"国家已经不再是阶级国家，不需要进行暴力革命"，认同度为24.5%，认同值为2.85；排在第二位的是"共产党可以由具有不同信仰和思想的人组成的一个共同体"，认同度为24.3%，认同值为2.83；排在第三位的是"社会思想丰富多样，不应该只是一种'主义'来作为指导思想"，认同度为20.5%，认同值为2.80；排在第四位的是"民主社会主义是一种社会主义的模式"，认同度为19.3%，认同值为2.78；排在第五位的是"社会主义是一种价值追求，不需要进行社会制度变更实现"，认同度为17.4%，认同值为2.66；排在第六位的是"社会主义可以通过对资本主义的改良来实现"，认同度为17.1%，认同值为2.68；排在第七位的是"人道主义、自由、平等和人类共同理想高于国家利益"，认同度为16.2%，认同值为2.63。

课题组列举了新自由主义思潮代表性观点，让农村青年进行评价。农村青年对新自由主义思潮代表性观点总体认同度为13.7%，认同值2.40，说明农村青年对新自由主义思潮代表性观点处于不太认同水平。具体而言，排在第一位的是"个人是社会的前提，个人自由不应受到限制"，认同度为20.0%，认同值为2.60；排在第二位的是"国际贸易不应设置壁垒，应完全开放自由竞争"，认同度为16.5%，认同值为2.53；排在第三位的是"市场经济会自动地把一切都调整好"，认同度为12.6%，认同值为2.34；排在第四位的是"管的最少的政府是最好的政府"，认同度为11.6%，认同值为2.27；排在第五位的是"市场是万能的，不需要进行人为干预"，认同度为10.9%，认同值为2.30；排在第六位的是"私有化是国有企业改革的唯一出路"，认同度为 10.5%，认同值为 2.35。

课题组列举了历史虚无主义思潮代表性观点，让农村青年进行评价。农村青年对历史虚无主义思潮代表性观点总体认同度为 11.0%，认同值 2.36，说明农村青年对历史虚无主义思潮代表性观点具有比较清晰的认识，总体处于不太认同的水平。具体而言，排在第一位的是"五四运动是激进主义思潮的产物"，认同度为 15.4%，认同值为 2.58；排在第二位的是"李鸿章为了维护大清国的利益鞠躬尽瘁，不能说他卖国"，认同度为 14.8%，认同值为 2.59；排在第三位的是"义和团运动是盲目排斥外国人及外来文化的极端愚昧的行为"，认同度为 12.5%，认同值为 2.46；排在第四位的是"中国如果走资本主义道路，能更好地实现发展"，认同度为 11.5%，认同值为 2.37；排在第五位的是"近代以来中国革命造成流血牺牲、社会动荡和经济发展的停滞，只有破坏性作用"，认同度为 10.0%，认同值为 2.27；排在第六位的是"近代以来中国革命是少数人鼓动的结果，不是必然发生的"，认同度为 9.8%，认同值为 2.37；排在第七位的是"西方国家侵略中国有助于中国更好发展"认同度为 8.6%，认同值为 2.15；排在第八位的是"中国走社会主义道路偏离了近代人类文明的主流"，认同度为 5.7%，认同值为 2.12。

可见，农村青年对各社会思潮的知晓度和认同度不高，总体处于不太了解和不太认同的水平。在涉及国家性质、马克思主义指导、党的领导等核心问题上，农村青年对科学社会主义与民主社会主义的本质区别缺乏足够清晰的认识。朴素自由主义、告别革命论、虚无中国近现代史等错误倾向在部分农村青年中依然存在。农村青年对各社会思潮的认识仅处于感性认识和朴素认识的层面，对民主社会主义思潮、新自由主义思潮和历史虚无主义思潮的核心观点缺乏清晰的认识，不良社会思潮在农村青年中依然存在一些影响力。

（六）宣传教育因素的影响

课题组列举了影响习近平新时代中国特色社会主义思想宣传教育效果的主要因素，让农村青年进行评价。如表 7-4 所示，农村青年理论武装效果受多重因素共同影响，领导干部的公信力、社会环境的影响、个人对理论的兴趣、宣传教育的方法、网络信息的影响是最重要的因素，而宣传教育安排的时间、思想理论的内容、宣传话语体系则影响相对较小。可见，加强习近平新时代中国特色社会主义思想武装农村青年效果尤其要重视领导干部自身公信力，从实际生活出发，提高农村青年的学习兴趣，营造有利于农村青年理论武装的社会环境。

表 7-4　影响农村青年理论宣传教育效果的主要因素

单位：人，%

项目	不重要		有点重要		一般		重要		非常重要		影响度	影响值
	人数	比例	人数	比例	人数	比例	人数	比例	人数	比例		
思想理论的内容	23	3.2	114	15.9	279	39.0	226	31.6	73	10.2	41.8	3.30
宣传教育形式	7	1.0	94	13.1	285	39.9	252	35.2	77	10.8	46.0	3.42
宣传教育方法	12	1.7	102	14.3	252	35.2	267	37.3	82	11.5	48.8	3.43
宣传教育者个人	14	2.0	91	12.7	289	40.5	246	34.5	74	10.4	44.9	3.39
宣传教育话语体系	8	1.1	79	11.0	313	43.8	240	33.6	75	10.5	44.1	3.41
宣传教育安排的时间	14	2.0	92	12.9	312	43.6	230	32.2	67	9.4	41.6	3.34
思想理论对个人今后的影响	13	1.8	73	10.2	298	41.7	236	33.0	95	13.3	46.3	3.46
个人对理论的兴趣	12	1.7	81	11.3	273	38.2	243	34.0	106	14.8	48.8	3.49
社会环境的影响	12	1.7	70	9.8	274	38.3	257	35.9	102	14.3	50.2	3.51
网络信息的影响	11	1.5	72	10.1	285	39.9	258	36.1	89	12.4	48.5	3.48
组织保障问题	9	1.3	78	10.9	298	41.7	251	35.2	78	10.9	46.1	3.44
党员干部的公信力	7	1.0	68	9.5	276	38.6	244	34.1	120	16.8	50.9	3.56

三、新时代农村青年理论武装路径的建议

（一）增强农村党组织的意识形态领导能力，充分发挥党组织战斗堡垒作用

党的农村基层组织是党在农村全部工作和战斗力的基础，承担着全面领导乡村各种组织和各项工作的重要任务。农村要发展好，农村青年的理论武装工作要做得好，离不开农村的好班子和好带头人。调查显示，农村青年党员对习近平新时代中国特色社会主义思想知晓值为 3.52，认同值为 3.79。虽然农村青年党员对习近平新时代中国特色社会主义思想的知晓度、认同度显著高于普通群众，但总体知晓度和认同度水平并不太高，且知晓度明显低于认同度水平，农村青年党员的理论知晓度和认同度尚存在较大的提升空间。从影响农村青年理论武装效果的主要因素来看，虽然农村青年理论武装效果受到多重因素的综合影响，但领导干部的公信力是排在第一位的影响因素。因此，改善习近平新时代中国特色社会主义思想武装农村青年的效果，必须首先增强农村党组织的

意识形态领导能力,充分发挥党组织的战斗堡垒作用。

一是增强农村党员干部的政治判断力,精准识别农村青年的意识形态认知状况。增强党员干部的政治判断力,必须推动村党组织带头人队伍整体优化提升。应选拔思想政治素质好、道德品行好、工作能力强、服务群众热情高和群众威信高的农村青年党员进入村党支部和村委会班子,注重从致富能手、务工经商返乡人员、大学生、退役军人中的党员里培养选拔村党组织书记和村干部。要提高政治敏锐度,增强底线思维,精准识别农村错误社会思潮,同农村落后的意识形态作斗争,加大对农村非法宗教活动和境外渗透活动的监测力度。

二是提高农村党员干部的政治领悟能力,自觉学深悟透习近平新时代中国特色社会主义思想。加强农村党员教育、管理、监督,通过"三会一课"、理论培训、网络远程教育、主题教育、自主学习等方式,发挥大学生村官和选调生的文化水平优势,教育引导广大党员自觉用习近平新时代中国特色社会主义思想武装头脑。发挥党组织书记培训的作用,"县级党委每年至少对村党组织书记培训1次,支持村干部和农民参加学历教育"。[1]加强农村青年习近平新时代中国特色社会主义思想学习教育的思想性、理论性和系统性,使其知其然更知其所以然,达到入脑、入心、入行的效果。

三是要提高农村党员干部的政治执行力,用习近平新时代中国特色社会主义思想指导实践,推动党的创新理论深入青年之心。农村基层党组织是确保党的路线方针政策和决策部署在广大农村地区贯彻落实的基础。正如习近平指出:"农村基层党组织是农村各个组织和各项工作的领导核心,要强化农村基层党组织职能,把农村基层党组织建设成为宣传党的主张、贯彻党的决定、领导基层治理、团结动员群众、推动改革发展的坚强战斗堡垒。"[2]要加强教育监督,改善党群关系,转变工作态度,以获得农民对基层党组织的信任为突破口,加强基层党组织的服务能力。农村基层党组织、党员、干部都要积极传播主流意识形态,大力宣传展示"三农"领域全面建成小康社会取得的巨大成就,把党的路线、方针、惠民政策等普及宣传到农村青年中去,使农村青年真正了解党的理论和政策,增强理论思维能力,为推动实施乡村振兴战略凝心聚力。

[1]《中办国办印发意见加快推进乡村人才振兴》,《人民日报》2021年2月24日,第1版。
[2]《习近平在江苏徐州市考察时强调:深入学习贯彻党的十九大精神 紧扣新时代要求推动改革发展》,《光明日报》2017年12月14日,第1版。

（二）完善农村青年理论武装工作制度建设，推动理论武装规范化和常态化发展

调查显示，农村青年对传统路径和文字载体的信任度更高，党和政府宣传、报纸、内部文件、书籍、讲座等传统正式载体的思想政治理论信息传播公信力更大。在理论性途径方面，党团组织系统的理论学习教育、党的主题教育活动比社会层面和自主学习方法效果好。因此，要充分发挥党团组织的理论武装优势，进一步完善农村青年理论武装工作制度建设，推动理论武装规范化和常态化发展。

一是压实农村党组织意识形态工作责任制。要坚持党管农村各项工作，落实农村党组织管意识形态工作，进一步落实中共中央办公厅印发的《党委（党组）意识形态工作责任制实施办法》，压实压紧农村基层党委责任。党的十八大以来，党中央高度重视农村的理论武装工作，修订《中国共产党农村基层组织工作条例》，印发了《中国共产党农村工作条例》，都将"培育和践行社会主义核心价值观，在农民群众中深入开展中国特色社会主义、习近平新时代中国特色社会主义思想宣传教育"[1]纳入农村工作的主要任务。农村党员干部要站在事关乡村振兴的全局高度深刻认识农村意识形态工作的极端重要性。强化责任落实，加强督促指导，将农村青年理论武装责任落实到人，把农村青年理论武装纳入工作绩效考核。

二是完善农村青年理论武装人才队伍建设机制。农村青年理论武装工作普遍存在兼职现象，基层工作者由于自身理论水平有限，再加上繁重的具体工作，可能并没有花费多少时间进行理论学习，在农村青年理论武装工作中困难较多。应重视农村理论武装工作者的选拔和任用，逐步配齐、配全、配强专职理论武装工作者，可以在乡镇一级党政部门设立专门岗位负责该项工作。比如，可以设置农民理论武装专职人员，负责联系各村开展党政宣传、精神文明创建、理论武装等工作。要建立人才引智政策，采取更多的优惠政策来吸引有能力、有热忱的青年人才从事基层理论武装工作。要加大农村青年理论武装工作的资金投入力度，专款专用，提高农村青年理论武装工作者的社会地位和工资待遇，调动理论武装工作者的积极性和热情。要推动理论武装队伍内部结构优化，借助城镇优秀资源，建立帮扶政策，按照多层次、多样化、专兼结合的要求，逐步建立起由专家学者、领导干部、先进模范、基层工作者等全方位协同作战的理论武装团队。

---

[1]《中国共产党农村工作条例》，人民出版社 2019 年版，第 6 页。

三是在乡村建立习近平新时代中国特色社会主义思想宣传学习制度。基层党委和政府要加强顶层设计，完善农村青年理论武装工作相关制度建设。探索出台农村意识形态工作规章制度和实施细则，明确农村青年理论武装工作者的权利和责任，严格规范农村青年理论武装工作。乡村要结合自身实际，制定出细致的习近平新时代中国特色社会主义思想常态化宣传操作流程，建立农村青年理论武装工作的评估和监督机制。要加快党员、干部思想政治理论宣传教育的网格化建设，形成纵向垂直的联系管理机制，扩大农村党组织"网格化"组织的覆盖面。加大政策扶持，建立农村青年理论武装研究机构，鼓励各级政府与各大科研院校进行合作，成立致力于研究农村青年理论武装的专业化机构，为农村青年理论武装提供智库服务，推动农村青年理论武装工作科学化、专业化发展。

（三）将习近平新时代中国特色社会主义思想内容与推进乡村振兴实践相结合，切实提高农村青年的理论知晓度

调查显示，农村青年对习近平新时代中国特色社会主义思想各观点的总体知晓度为38.7%，虽然具有一定的了解，但总体知晓度水平较低。农村青年对习近平新时代中国特色社会主义思想的具体理论内容的总体认同度为62.0%，认同水平较高。开展习近平新时代中国特色社会主义思想武装农村青年工作，最基本的任务就是切实提高农村青年的理论知晓度。

一是提高习近平新时代中国特色社会主义思想宣传教育内容的系统性。调查显示，农村青年对习近平新时代中国特色社会主义思想尚缺乏系统全面的了解，对与自身生活更为密切的社会建设和美好生活追求领域的理论知晓度高于经济、政治领域和外交领域的理论。调查显示，农村青年对加强武装工作的重要性具有比较清晰的认识，绝大部分农村青年对创新习近平新时代中国特色社会主义思想武装工作感兴趣。习近平新时代中国特色社会主义思想是一个完整的内容体系，农村青年仅靠碎片化的了解，很难形成对该理论的系统掌握。因此，对农村青年开展习近平新时代中国特色社会主义思想的宣传教育，要有意识地提高理论内容的完整性和系统性，满足农村青年对理论内容系统了解的期待。

二是将理论内容融入党在农村的各项工作中，实现润物无声的宣传效果。调查显示，农村青年日常更关注与自己生活、工作、民生和休闲相关的信息，对习近平新时代中国特色社会主义思想信息的主动关注度较低。网络新媒体在

农村青年中使用普遍，聊天交友关注朋友动态、浏览信息和视听娱乐是农村青年上网的主要内容，但农村青年很少浏览思想理论类网站、App及公众号，内容不吸引人和没有兴趣是影响农村青年主动关注网络思想政治理论信息的主要原因。因此，农村青年理论武装内容要融入农村各项工作中去，使党的创新理论内容像空气一样无处不在、无时不有。例如，在党的惠农政策宣传中进行理论武装，农村青年了解惠农政策就是学习党的理论的过程。农村青年更关心自己的切身利益，可以设立宣传栏，及时公布惠农资金和惠农补贴资金发放情况，充分发挥村干部的作用，宣传和解释惠农政策，进而提升农村青年的幸福感，坚定农村青年对中国共产党、中国特色社会主义制度的拥护。可以通过加强农村环境问题综合整治，推行"厕所革命"，改善农村生态环境，带领农村青年树立"绿水青山就是金山银山"的理念，推动乡村绿色发展。通过农村墙绘文化，将农村墙绘与乡村振兴战略深度融合，推进移风易俗，巧妙融入乡土元素，提升农村文化气质。总之，要积极将农村青年理论武装内容体现在党在农村的各项工作中，积极做好农村各项工作就是在开展理论武装工作。

三是回应农村青年关注的理论热点和社会焦点问题，激活农村青年对习近平新时代中国特色社会主义思想的情感认同。党的十八大以来，腐败问题、城乡发展不平衡问题、民生问题、社会公平正义等问题都是农村青年关注的社会热点问题。庆祝改革开放40周年大会、新中国成立70周年大阅兵、打赢疫情防控阻击战、庆祝中国共产党成立100周年大会等活动在农村青年中反响热烈，极大地增强了农村青年的民族自豪感和荣誉感。激活农村青年的情感认同，就要聚焦社会热点问题，回应农村青年的真实关切，要深入基层，多倾听民意民忧，多谋划解民忧之策，解决好农村青年最关心、最直接、最现实的利益需求，让农村青年体会到中国特色社会主义制度集中力量办大事的制度优势，增强农村青年的道路自信、理论自信、制度自信、文化自信，增强党和政府的感召力、吸引力和凝聚力，激活他们对习近平新时代中国特色社会主义思想的情感认同。

（四）打造具有农村特色的理论武装载体，营造农村青年积极主动学习党的创新理论的良好氛围

调查显示，农村青年日常获取习近平新时代中国特色社会主义思想信息的路径呈现多样化特点，网络、微信、影视和书籍为主要渠道，新型媒体、多向路径和文字载体更受欢迎。尽管网络新型媒体是农村青年获取理论信息排在第一位的载体，但农村青年对传统路径和文字载体的信任度更高，党和政府宣传、报纸、内部文件、书籍和讲座等传统正式载体的思想政治理论信息传播公信力更大，农村青年对网络、电影、手机短信、微信等新型媒体载体信任度较低。影响习近平新时代中国特色社会主义思想宣传教育效果的主要因素中，排前三位的是党员干部的公信力、社会环境的影响和个人对理论的兴趣，农村青年受社会环境影响比较大。因此，要积极打造具有农村特色的理论武装载体，营造农村青年积极主动学习党的创新理论的良好氛围。

一是充分发挥党和政府宣传、书籍报刊、报告讲座等传统正式载体的作用。既然农村青年对党和政府宣传、报纸、内部文件、书籍和讲座等传统正式载体的思想政治理论信息最为信任，那么就应该充分发挥党和政府宣传、报纸、内部文件、讲座报告、文件精神传达、宣传板或电子屏等传统正式载体的思想政治理论信息传播能力，借助系统的党内理论武装载体的优势，对农村青年开展系统化、常态化、制度化的宣传教育和学习活动。调查显示，在农村青年比较倾向阅读的思想理论书籍中，农村青年较多选择直接阅读习近平等党和国家领导人讲话和思想道德修养读物来开展思想政治理论学习。早在新中国成立初期，毛泽东就强调："出版适合农民需要的通俗读物和书籍，发展农村广播网、电影放映队，组织文化娱乐等等。"[1] "办好报纸，把报纸办得引人入胜，在报纸上正确地宣传党的方针政策，通过报纸加强党和群众的联系，这是党的工作中的一项不可小看的、有重大原则意义的问题。"[2] 习近平强调："各级党报党刊、电台电视台要讲导向，都市类报刊、新媒体也要讲导向；新闻报道要讲导向，副刊、专题节目、广告宣传也要讲导向。"[3] 农村青年理论武装工作要着重加强对习近平等党和国家领导人的讲话的宣传，重视各种党的理论普及读本的作用，在农村推广《习近平谈治国理政》系列书籍，形成阅读书籍资料、党报党刊的良好氛围。

二是发挥活动载体作用。调查显示，社会实践、职业教育、树立典型等形象化和生活化的理论武装载体比网络性和抽象性载体效果好，实践性的理论武装载体比理论讲授性载体效果好，党团组织的系统的理论学习教育载体比社会层面和自主学习载体效果好。坚持教育引导、实践养成、制度保障三管齐下，采取符合农村特点的方式和载体，深化理论武装。比如，可以将习近平新时代中国特色社会主义思想内容印成宣传标语等，营造良好的社会氛围。可以结合建党周年庆祝活动、"四史"学习教育等重大事件，在农村青年中开展"听党话、感党恩、跟党走"

[1]《毛泽东文集》第六卷，人民出版社1999年版，第475页。
[2]《毛泽东选集》第四卷，人民出版社1991年版，第1319页。
[3]《习近平谈治国理政》第二卷，外文出版社2017年版，第332—333页。

系统学习和教育活动。可以深化文明村镇创建活动，进一步提高县级及以上文明村和文明乡镇的占比。广泛开展星级文明户、文明家庭等群众性精神文明创建活动。重视发挥社区教育作用，做好家庭教育，传承良好家风家训。

三是开发多元的乡土载体。运用不同乡村特有的优良风俗传统和文化资源，深入开发和继承优秀传统乡土文化，赋予中华农耕文明新的时代内涵。持续推进农村移风易俗，推广积分制、道德评议会、红白理事会等做法，加强新时代农村精神文明建设，将习近平新时代中国特色社会主义思想宣传教育与高价彩礼、人情攀比、厚葬薄养、封建迷信等不良风气治理相结合，推动形成文明乡风、家风和民风。加大对农村非法宗教活动和境外渗透活动的打击力度，旗帜鲜明地反对错误思潮，依法制止利用宗教干预农村公共事务。办好中国农民丰收节，在全面建成小康社会的基础上向共同富裕目标前进。充分用好理论专家下基层、农村文化礼堂、乡村振兴讲堂、农村大喇叭及小广播、农村小广场等载体，深入乡村、田间地头开展形式多样的宣讲活动。

四是开发运用好网络新媒体，加强融媒体建设。调查显示，网络、微信是农村青年获取习近平新时代中国特色社会主义思想信息的主要渠道，农村青年最愿意接受的理论教育形式是"新媒体宣传"。新时代农村青年理论武装工作要充分利用好网络新媒体载体。习近平强调："要扎实抓好县级融媒体中心建设，更好引导群众、服务群众。"[1] 要推进媒体深度融合，实施全媒体传播工程，做强新型主流媒体，"建强用好县级融媒体中心"。[2] 要提高县级融媒体对习近平新时代中国特色社会主义思想和主流舆论的传播和引导能力，拓展和优化对农村舆论引导的方式。要加强内容建设，充分依托本土资源，发展具有地方特色的融媒体，不断增强农村青年的政治认同感和乡土认同感。要坚持多维度创新发展，搭建基层智慧服务数据链与价值链，建立智慧服务体系，增强县级融媒体的传播力、影响力和公信力，充分发挥县级融媒体在公共信息枢纽中的末梢传递作用。

（五）结合农村青年的实际特点，提高习近平新时代中国特色社会主义思想武装方法的针对性

调查显示，不同理论武装方法都发挥了作用，形象化和生活化的理论武装方法比网络性和抽象性理论武装方法效果好，实践性的理论武装方法比理论讲

[1]《习近平谈治国理政》第三卷，外文出版社 2020 年版，第 313 页。
[2]《中共中央国务院关于全面推进乡村振兴　加快农业农村现代化的意见》，人民出版社 2021 年版，第 23 页。

授性方法效果好，党团组织系统的理论学习教育方法比社会层面和自主学习方法效果好，习近平新时代中国特色社会主义思想宣传教育方法的效果尚需进一步综合提升。

一是充分发挥农村党团组织开展的理论学习教育方法的作用。在影响习近平新时代中国特色社会主义思想武装效果的宣传教育因素调查中，宣传教育方法的影响力比宣传教育者个人、宣传教育话语体系、思想理论的内容、宣传教育安排的时间都要大。毛泽东指出，对广大的农民群众要"进行耐心的生动的容易被他们理解的宣传教育工作"，不能"只是企图拿大帽子压服听众，手里并无动人的货色，而是拿当地农民的经验向农民作细致的分析，这就具有很强的说服力"。[1] 说理教育法是党领导人民处理人民群众内部非对抗性的思想矛盾和问题的方法和艺术，是马克思主义理论武装的根本方法，也是农村青年最为信任的理论武装方法。

二是要发挥社会实践的作用。青年是乡村振兴的受益者，也是重要建设者。要在乡村振兴的实践中，培养和强化农村青年"知农""爱农"的意识，增强"强农""兴农"的本领，发挥青年"领头雁"作用，让农业真正成为有奔头的产业，让农民真正成为有吸引力的职业。发挥社会实践的作用，用乡村振兴的成绩开展习近平新时代中国特色社会主义思想宣传教育。

三是发挥职业教育的作用。应落实党中央乡村振兴战略部署："培育高素质农民，组织参加技能评价、学历教育，设立专门面向农民的技能大赛。吸引城市各方面人才到农村创业创新，参与乡村振兴和现代农业建设。"[2] 调查显示，与农村青年党员和团员相比，青年群众对职业教育路径比较青睐。对于常住农村人员，应深入实施现代农民培育计划，分层分类开展全产业链培训、技术指导和跟踪服务，利用网络教育资源开展在线教育培训，加强培训基地建设，培养造就一批农村实用人才带头人，培养高素质农民队伍。围绕地方特色劳务群体，建立技能培训体系和评价体系，通过完善行业标准、建设专家工作室、邀请专家授课、举办技能比赛等途径，普遍提升从业者职业技能，提高劳务输出的组织化、专业化、标准化水平，打造农民工劳务输出品牌[3]。完善乡村人才培养制度，加大公费师范生培养力度，推动高等学校、职业院校定向培养乡村专业人才。结合职业教育开展党的创新理论武装工作，是一项比较受农村青年欢迎的理论武装方法。

---

[1]《毛泽东文集》第六卷，人民出版社 1999 年版，第 460—461 页。
[2]《中共中央国务院关于全面推进乡村振兴 加快农业农村现代化的意见》，人民出版社 2021 年版，第 23 页。
[3]《中办国办印发意见加快推进乡村人才振兴》，《人民日报》2021 年 02 月 24 日，第 1 版。

四是选树思想政治理论学习践行典型，发挥先进模范的示范影响作用。从基层党委和政府层面，可以试点创建习近平新时代中国特色社会主义思想学习践行示范村，培育农村党的创新理论学习践行示范户。从村庄层面，深入推进平安乡村、幸福乡村、文明乡村建设，选树乡村治理先进典型，加大在优秀农村青年中发展党员力度和表彰力度。比如，河南省商丘市民权县委、县政府把学习工作在外地的民权籍博士动员组织起来，以"乡情"为纽带，组建属于自己的"民权博士团"，开创全国县级组织博士团的先例，为农村发展建言献策。民权县委和县政府给全县博士家庭举行"博士之家"挂牌仪式并颁发荣誉证书，为农村青年营造了读书学习、回报家乡的良好氛围，极大发挥了榜样示范作用。

五是运用好隐性教育法，通过提高农村青年生活满意度、生活态度、人生目标明确度和政治观念积极性等间接方式加强理论武装效果。调查显示，农村青年生活满意度、日常的生活态度积极性、人生目标明确度、政治观念积极性与习近平新时代中国特色社会主义思想知晓度、认同度之间存在正相关关系。习近平新时代中国特色社会主义思想武装农村青年，要在开展直接理论宣传教育的基础上，抓住隐性方法、间接方法，将理论教育与解决农村青年实际问题相结合，引导农村青年通过勤劳奋斗创造幸福生活。通过改善农村青年的生活现状，增强其获得感并提升其生活满意度，进而影响其人生观、价值观，提高他们对习近平新时代中国特色社会主义思想的认同，从而实现春风化雨、润物无声的效果。

六是加强对错误社会思潮的批判力度，在对错误社会思潮的批判中强化习近平新时代中国特色社会主义思想对农村青年的武装。调查显示，农村青年对各社会思潮的知晓度和认同度不高，总体处于不太了解和不太认同的水平。农村青年对历史虚无主义、普世价值观、宪政思潮、新"左"派主义、民粹主义的认同度与对习近平新时代中国特色社会主义思想的认同度之间存在此消彼长的关系。目前仍有 64.9% 的农村青年对民主社会主义思潮代表性观点持赞同或模糊立场，48.3% 的农村青年对新自由主义思潮代表性观点持赞同或模糊立场，49.1% 的农村青年对历史虚无主义思潮代表性观点持赞同或模糊立场。应加强对错误社会思潮的剖析批判力度，引导农村青年在涉及国家性质、马克思主义指导、党的领导、党史国史等核心问题上识别错误社会思潮的本质，矫正朴素自由主义和美好生活幻想倾向。

七是要根据农村青年的特点采取有针对性的理论武装方法。调查显示，从农村青年对习近平新时代中国特色社会主义思想知晓情况的特点来看，随着文化程度的提高，农村青年对理论的知晓度逐渐提高，共产党员的理论知晓度最高。从认同度来看，未婚的农村青年理论认同度高于已婚青年;随着学历的提高，农村青年理论认同度随之提高;进城务工青年理论认同度显著高于在家务农的农村青年;共青团员和共产党员的理论认同度显著高于农村青年群众;家庭年收入在 5 万元以下的农村青年的理论认同度最低。从农村青年理论学习获取渠道来看，年龄越小，对书籍、报刊、网络、影视、微信、微博、人际交往、职场培训渠道的依赖性越高;经常居住在城市的农村青年对网络、微博、新闻客户端渠道的依赖性较高，而乡村青年对书籍和人际交往的依赖性较高;农村青年文化程度越高，获取习近平新时代中国特色社会主义思想信息的渠道越丰富多样;进城务工青年对网络、微信、微博路径的依赖性高于农村务农青年;农村青年中的共产党员对书籍、人际交往、新闻客户端的依赖性较高，共青团员对网络、微信、微博、职场培训渠道的依赖性较高。从对理论武装路径的效果评价来看，28 岁及以下的农村青年对党校学习及上党课、各战线系统开展的理论培训活动、听辅导报告、社会实践活动、家庭环境、日常生活路径武装效果的评价最为积极，36 岁及以上的农村青年对党、团组织开展的学习活动效果评价最积极;与农村务农青年相比，经常在城市居住的农村青年对日常生活、党风廉政的"八条规定"的理论武装路径效果评价较高;文化程度越高的农村青年，获取理论信息路径越多元，效果评价越积极;农村青年中，共青团员对听辅导报告、党团组织开展的学习活动、家庭教育、职业教育、日常生活、大众传播媒介及互联网宣传、理论宣传教育、树立正面典型人物、党的群众路线教育实践活动、"不忘初心，牢记使命"主题教育路径效果评价较高，党员对党校学习上党课、社会实践活动路径的效果评价较高。因此，农村青年理论武装要关注文化程度较低的青年、普通青年群众、已婚青年、务农青年和家庭经济收入较低的青年的特殊性。对于年龄较小的农村青年，要发挥书籍、报刊、网络、影视渠道的优势;对于进城务工的农村青年，要充分发挥网络、微信、微博、新闻客户端渠道作用，对于乡村青年应发挥书籍和人际交往优势;对党员应侧重党校学习、上党课、社会实践教育、书籍阅读、新闻客户端方法，对青年群众应充分发挥职业教育方法的优势。

第八章　新时代自由职业青年理论武装路径现状及对策

改革开放以来，中国从计划经济转向社会主义市场经济，社会阶层构成发生了新的变化。自由职业人员作为一个独特的群体，不供职于任何单位和组织，而是凭借自己的知识、技能和专长，为社会提供某种服务并获取报酬。自由职业者是中国特色社会主义事业建设者的重要组成部分，是党的统战工作的新增长点。习近平在党的二十大报告中强调："加强党外知识分子思想政治工作，做好新的社会阶层人士工作，强化共同奋斗的政治引领。"[1] 要不断扩大青年工作的有效覆盖面，下大力气做好社会新兴领域的青年工作。习近平指出："很多青年人在新经济组织、新社会组织、社区里，在网络空间、虚拟社会里，在农民工群体、个体工商户、网民、'北漂'、'蚁族'里，尤其是那些自由职业者、网络意见领袖、网络作家、签约作家、自由撰稿人、独立演员歌手、流浪艺人等种类繁多的新兴群体，里面有很多有本事的人，有的甚至可以一呼百应。工作做不好，他们可能成为负能量；工作做好了，他们就可以成为正能量。"[2] 用习近平新时代中国特色社会主义思想武装自由职业青年，不断巩固和扩大党执政的青年群众基础，对弘扬社会正能量、做好新时代党的统战工作和建设中国特色社会主义事业具有重大意义。

---

[1]《习近平著作选读》第一卷，人民出版社，2023年版，第33页。

[2] 中共中央文献研究室编：《习近平关于青少年和共青团工作论述摘编》，中央文献出版社2017年版，第67—68页。

一、新时代自由职业青年理论武装路径现状

（一）自由职业青年对新时代党的创新理论的认识

自由职业青年对习近平新时代中国特色社会主义思想具有积极的了解，但有深入了解的人不多。调查显示，自由职业青年对习近平新时代中国特色社会主义思想具体内容的总体知晓度一般，知晓度为49.2%，知晓值为3.41。具体而言，知晓度排在第一位的是"实现中华民族伟大复兴的中国梦"，知晓度为57.7%，知晓值为3.61；排在第二位的是"带领人民创造更加幸福美好生活"，知晓度为56.0%，知晓值为3.54；排在第三位的是"坚持'一国两制'和推进祖国统一"，知晓度为55.6%，知晓值为3.59；排在第四位的是"坚持以人民为中心"，知晓度为55.4%，知晓值为3.55；排在第五位的是"建设美丽中国"，知晓度为55.2%，知晓值为3.55；排在第六位的是"全面推进依法治国"，知晓度为55.2%，知晓值为3.50；排在第七位的是"新时代坚持和发展中国特色社会主义"，知晓度为52.4%，知晓值为3.47；排在第八位的是"中国特色社会主义进入新时代"，知晓度为50.4%，知晓值为3.40；排在第九位的是"推动社会主义文化繁荣兴盛"，知晓度为49.1%，知晓值为3.42；排在第十位的是"将全面深化改革进行到底"，知晓度为48.5%，知晓值为3.41；排在第十一位的是"中国共产党领导是中国特色社会主义最本质的特征"，知晓度为47.1%，知晓值为3.37；排在第十二位的是"推动构建人类命运共同体"，知晓度为46.6%，知晓值为3.33；排在第十三位的是"发展社会主义民主政治"，知晓度为45.8%，知晓值为3.34；排在第十四位的是"把人民军队全面建成世界一流军队"，知晓度为45.4%，知晓值为3.36；排在第十五位的是"把党建设得更加坚强有力"，知晓度为45.4%，知晓值为3.31；排在第十六位的是"坚持总体国家安全观"，知晓度为44.7%，知晓值为3.29；排在第十七位的是"以新发展理念引领经济高质量发展"，知晓度为42.8%，知晓值为3.27；排在第十八位的是"新时代坚持和发展中国特色社会主义的战略安排"，知晓度为42.4%，知晓值为3.29；排在第十九位的是"掌握马克思主义思想方法和工作方法"，知晓度为38.6%，知

晓值为 3.16。可见，自由职业青年对"中国梦"和"带领人民创造更加幸福美好生活"相关理论内容知晓度最高，对"掌握马克思主义思想方法及工作方法"的知晓度相对较低。自由职业青年对习近平新时代中国特色社会主义思想的具体理论内容的知晓度水平一般，存在非常大的提升空间。

从自由职业青年对习近平新时代中国特色社会主义思想知晓的特点来看，28 岁以下的自由职业青年的理论知晓度高于 29 岁及以上的自由职业青年。地县级市的自由职业青年的理论知晓度最高，直辖市、省会城市的自由职业青年次之，乡镇和农村的自由职业青年最低。未婚的自由职业青年的理论知晓度高于已婚青年。随着文化程度的提高，自由职业青年对理论知晓度逐渐提高。自由职业青年中，共产党员理论知晓度高于共青团员和群众。家庭年收入越高的自由职业青年对习近平新时代中国特色社会主义思想知晓度越高。

自由职业青年对习近平新时代中国特色社会主义思想具有比较高的认同度。调查显示，自由职业青年对习近平新时代中国特色社会主义思想具体内容的总体认同度为 76.6%，认同值为 4.07，认同水平比较高。具体而言，排在第一位的是"带领人民创造更加幸福美好生活"，认同度为 80.0%，认同值为 4.16；排在第二位的是"坚持以人民为中心"，认同度为 79.8%，认同值为 4.13；排在第三位的是"建设美丽中国"，认同度为 78.8%，认同值为 4.15；排在第四位的是"坚持'一国两制'和推进祖国统一"，认同度为 78.7%，认同值为 4.12；排在第五位的是"全面推进依法治国"，认同度为 78.3%，认同值为 4.12；排在第六位的是"实现中华民族伟大复兴的中国梦"，认同度为 78.2%，认同值为 4.13；排在第七位的是"推动社会主义文化繁荣兴盛"，认同度为 77.8%，认同值为 4.10；排在第八位的是"把人民军队全面建成世界一流军队"，认同度为 77.3%，认同值为 4.11；排在第九位的是"以新发展理念引领经济高质量发展"，认同度为 77.1%，认同值为 4.03；排在第十位的是"将全面深化改革进行到底"，认同度为 76.8%，认同值为 4.06；排在第十一位的是"坚持总体国家安全观"，认同度为 76.3%，认同值为 4.07；排在第十二位的是"发展社会主义民主政治"，认同度为 76.1%，认同值为 4.04；排在第十三位的是"把党建设得更加坚强有力"，认同度为 76.0%，认同值为 4.08；排在第十四位的是"中国共产党领导是中国特色社会主义最本质的特征"，认同度为 75.5%，认同值为 4.02；排在第十五位的是"新时代坚持和发展中国特色社会主义的战略安排"，认同度为 75.4%，认同值为 4.02；排在第十六位的是"推动构建人类命运共同体"，认同度为 75.3%，认同值为 4.07；排在第十七位的是"新时代坚持和发展中国特色社会主义"，认同度为 73.8%，认同值为 3.99；排在第十八位的是"中国特色社会主义进入新时代"，认同度为 72.8%，认同值为 3.95；排在第十九位的是"掌握马克思主义思想方法和工作方法"，认同度为 71.9%，认同值为 3.98。可见，自由职业青年对习近平新时代中国特色社会主义思想具有较高的认同度，对"带领人民创造更加幸福美好生活"和"坚持以人民为中心"的理论内容认同度最高。

从自由职业青年对习近平新时代中国特色社会主义思想认同情况的特点来看，随着文化程度的提高，自由职业青年的理论认同度逐渐提升。自由职业青年中党员的理论认同度高于团员和群众。自由职业青年家庭年收入越高，理论认同度也越高。

自由职业青年对习近平新时代中国特色社会主义思想具有积极的情感喜爱、价值信仰和实践落实，但情感喜爱、心理归属和价值信仰水平一般。调查显示，在平时主动了解学习习近平新时代中国特色社会主义思想的积极性方面，选择积极性比较高和非常高的占 25.1%。在对习近平新时代中国特色社会主义思想的情感喜好方面，选择比较喜欢和非常喜欢的占 54.0%。在对习近平新时代中国特色社会主义思想的亲近感和心理归属感方面，选择比较有归属感和非常有归属感的占 56.9%。在将习近平新时代中国特色社会主义思想作为自己的人生理想和价值追求方面，选择比较符合和非常符合的占 49.1%。在将习近平新时代中国特色社会主义思想贯彻落实于自己的工作和生活方面，选择比较符合和非常符合的占 46.2%。在对马克思主义的信仰、对社会主义和共产主义的信念方面，选择比较坚定和非常坚定的占 54.8%。在将习近平新时代中国特色社会主义思想贯彻落实于自己的工作和生活方面，选择比较符合和非常符合的占 46.2%。可见，自由职业青年对习近平新时代中国特色社会主义思想具有积极的情感喜爱、心理归属和价值信仰，但情感喜爱、心理归属和价值信仰水平一般，主动学习了解理论的积极性比较低，将理论贯彻落实于自己的工作和生活的程度一般。

（二）自由职业青年获取新时代党的创新理论的路径

1.自由职业青年日常阅读更关注与自己相关的专业信息、与日常生活相关的服务信息和社会民生热点信息，对习近平新时代中国特色社会主义思想信息的主动关注度比较低

问卷列举了自由职业青年日常阅读所涉及的内容，让自由职业青年进行多项选择。从自由职业青年日常阅读所关注的信息内容来看，如表8-1所示，关注度最高的是与日常生活相关的服务信息，排在第二位的是与自己学习相关的专业信息，排在第三位的是社会、民生热点信息。可见，自由职业青年日常最关注的信息是与日常生活相关的服务信息、与自己学习相关的专业信息和社会民生热点信息，对思想政治理论方面信息的关注度排在第八位，关注度比较低，甚至低于对明星资讯、逸闻趣事相关的八卦信息的关注度。

表8-1 自由职业青年日常阅读时比较关注的信息

单位：人，%

关注信息内容	人数	比例
与自己学习相关的专业信息	339	55.0
与日常生活相关的服务信息	399	64.8
思想政治理论方面信息	136	22.1
国际国内时政要闻相关的信息	234	38.0
婚恋交友信息	65	10.6
明星资讯、逸闻趣事相关的八卦信息	160	26.0
文学、历史、人文或与人生发展相关的励志信息	182	29.5
购物、美食、娱乐、旅游、健康、养生信息	253	41.1
社会、民生热点信息	307	49.8
星相和宗教信仰信息	27	4.4
其他	6	1.0

2.自由职业青年获取习近平新时代中国特色社会主义思想信息的路径呈现多样化特点，以网络为主要渠道，更倾向于新型媒体、文字载体和多向路径

从自由职业青年日常获取思想政治理论方面信息的主要路径来看，如表8-2所示，排在第一位的是网络，排在第二位的是微信，排在第三位的是影视，排在第四位的是微博，排在第五位的是人际交往。可见，网络是自由职业青年获取习近平新时代中国特色社会主义思想的主要渠道，自由职业青年更倾向于通过新型媒体、文字路径和多向路径获取理论信息。

表 8-2　自由职业青年获取思想政治理论信息的路径情况

单位: 人, %

主要渠道	人数	排序
书籍	206	33.4
报刊	108	17.5
网络	519	84.3
影视	244	39.6
微信	319	51.8
微博	230	37.3
报告讲座	62	10.1
人际交往	211	34.3
职场培训	49	8.0
新闻客户端	158	25.6
宣传板或电子屏	76	12.3
其他	5	0.8

从自由职业青年日常获取习近平新时代中国特色社会主义思想渠道的特点来看，与男性相比，女性自由职业青年更倾向于从微博、人际交往、职场培训渠道获取理论信息。年龄偏低的自由职业青年更倾向于从书籍、网络、影视、微博、报告讲座渠道获取理论信息，年龄较高的自由职业青年更倾向于从宣传板或电子屏渠道获取理论信息。直辖市、省会城市自由职业青年对书籍、报刊、微博渠道依赖性最高，地、县级市自由职业青年次之，乡镇和农村自由职业青年最低。未婚自由职业青年更依赖书籍、网络、影视、微博、报告讲座渠道。自由职业青年文化程度越高，对书籍、报刊、网络、影视、微博、报告讲座渠道依赖性越强。自由职业青年中党员对书籍、报刊、报告讲座、职场培训渠道依赖性最强，团员最依赖使用网络、影视、微博、人际交往渠道，群众最依赖宣传板或电子屏渠道获取理论信息。家庭年收入越高的自由职业青年，对报刊、微博、报告讲座渠道的依赖性越强。

3.自由职业青年对网络新媒体载体的信任度非常低，对党和政府宣传、书籍、课堂讲授、报纸、内部文件、讲座报告等传统正式载体信任度最高

课题组列举了自由职业青年获取思想政治理论信息的载体，让自由职业青年评价其信息的可信度。如表 8-3 所示，排在第一位的是党和政府宣传，排在第二位的是书籍，排在第三位的是课堂讲授。可见，虽然网络新媒体是自由职业青年日常获取思想政治理论信息的主要渠道，但是其对网络新媒体信息的信

任度非常低。党和政府宣传、书籍、课堂讲授、报纸、内部文件、讲座报告等
传统正式载体，在自由职业青年中具有比较大的传播公信力。

表8-3 自由职业青年对各种信息传播载体的信任情况

单位：人，%

观点/程度	不相信		不太相信		一般		相信		非常相信		信任度	信任值
	人数	比例	人数	比例	人数	比例	人数	比例	人数	比例		
课堂讲授	16	2.6	20	3.3	200	32.6	300	48.9	78	12.7	61.6	3.66
讲座报告	8	1.3	36	5.9	208	33.9	305	49.7	57	9.3	59.0	3.60
书籍	6	1.0	24	3.9	180	29.3	334	54.4	70	11.4	65.8	3.71
报纸	7	1.1	37	6.0	197	32.1	311	50.7	62	10.1	60.8	3.63
杂志	16	2.6	74	12.1	275	44.8	210	34.2	39	6.4	40.6	3.30
广播	13	2.1	44	7.2	265	43.2	241	39.3	51	8.3	47.6	3.44
电视	11	1.8	54	8.8	241	39.3	250	40.7	58	9.4	50.1	3.47
电影	17	2.8	93	15.1	308	50.2	172	28.0	24	3.9	31.9	3.15
网络	27	4.4	121	19.7	311	50.7	135	22.0	20	3.3	25.3	3.00
微信	33	5.4	121	19.7	303	49.3	136	22.1	21	3.4	25.5	2.99
手机短信	62	10.1	122	19.9	287	46.7	124	20.2	19	3.1	23.3	2.86
宣传板报	11	1.8	53	8.6	285	46.5	225	36.7	39	6.4	43.1	3.37
内部文件	13	2.1	34	5.5	202	32.9	257	41.9	108	17.6	59.5	3.67
朋友、家人	12	2.0	64	10.4	299	48.7	189	30.8	50	8.1	38.9	3.33
党和政府宣传	6	1.0	22	3.6	148	24.1	275	44.8	163	26.5	71.3	3.92

4.网络新媒体在自由职业青年中运用普遍，聊天交友及关注朋友动态、浏览
信息和视听娱乐在线为自由职业青年网络活动的主要内容，自由职业青年对
网络思想政治理论类信息的主动关注度非常低，内容不吸引人和没有兴趣是
主要原因

调查显示，在对一般每天通过电脑和手机等方式上网的时间的回答中，自
由职业青年选择基本没有的13人，占2.1%；选择1小时以内的23人，占3.8%；
选择1～2小时的107人，占17.5%；选择2～3小时的171人，占27.9%；
选择4小时以上的299人，占48.8%。既然自由职业青年对网络新媒体获取信
息深度依赖，那么自由职业青年上网都具体从事什么活动内容呢？按照自由职
业青年选择花费时间较多和很多的比例为依据排序，排在第一位的为聊天交友、
关注朋友动态，关注度50.8%，关注值3.51；排在第二位的为浏览信息，关注
度44.8%，关注值3.29；排在第三位的为视听娱乐在线，关注度36.3%，关注

值 3.08；排在第四位的为网上购物，关注度 32.2%，关注值 3.01；排在第五位的为网络游戏，关注度 26.6%，关注值 2.65；排在第六位的为学习或远程教育，关注度 22.7%，关注值 2.70；排在第七位的为逛网络社区贴吧，关注度 11.1%，关注值 2.19；排在第八位的为收发邮件，关注度 10.9%，关注值 2.16。可见，自由职业青年网络活动内容主要是聊天交友及关注朋友动态、浏览信息和视听娱乐在线。

从自由职业青年在电脑、手机网络上浏览思想理论类网站、App 及公众号的情况来看，选择"没有"的有 79 人，占 12.9%；选择"较少"的有 235 人，占 38.3%；选择"一般"的有 204 人，占 33.3%；选择"较多"的有 68 人，占 11.1%；选择"经常"的有 27 人，占 4.4%。可见，自由职业青年网络活动内容主要是聊天交友、关注朋友动态、浏览信息和视听娱乐在线，仅 15.5% 的自由职业青年经常或者较多浏览思想政治理论类信息，对网络思想政治理论类信息的关注度非常低。对影响自由职业青年浏览思想理论类网站、App 及公众号的原因进行分析，排在第一位的原因是内容不吸引人，占 52.5%；排在第二位的是没有兴趣，占 50.5%；排在第三位的是网站形式不新颖，占 25.9%；排在第四位的是网站知名度不高，占 20.4%；排在第五位的是网站可用性较低，占 20.1%；排在第六位的是其他原因，占 5.7%。可见，内容不吸引人和没有兴趣是影响自由职业青年浏览思想理论类网站、App 及公众号的主要原因。

5. 自由职业青年对习近平等党和国家领导人的讲话、思想道德修养读物、国际国内时势与政策读本书籍具有较高的阅读倾向

课题组对自由职业青年思想政治理论类书籍阅读倾向进行分析，排在第一位的为习近平等党和国家领导人的讲话，占 37.8%；排在第二位的为思想道德修养读物，占 34.9%；排在第三位的为国际国内时势与政策读本，占 33.4%；排在第四位的为毛泽东思想理论著作，占 29.2%；排在第五位的为马克思主义理论经典著作，占 26.3%；排在第六位的为专业性很强的理论著作，占 24.2%；排在第七位的为党的理论通俗宣传读物，占 22.9%；排在第八位的为邓小平理论、"三个代表"重要思想、科学发展观著作和党的政策解读书籍，占 19.5%；排在第九位的为西方各种社会思潮读物，占 12.5%；排在第十位的为其他，占 4.7%。可见，自由职业青年对习近平等党和国家领导人的讲话、思想道德修养读物、国际国内时势与政策读本书籍具有较强的阅读倾向。

（三）自由职业青年对新时代党的创新理论武装路径效果的评价

1.自由职业青年普遍认识到习近平新时代中国特色社会主义思想武装工作的重要性，对理论武装工作的重要性有较为充分的认识，对创新理论武装方法具有一定的兴趣，认为当前理论武装工作有效，但理论武装成效仍存在较大的提升空间

调查显示，在对当前加强习近平新时代中国特色社会主义思想宣传教育必要性的回答中，选择"完全不必要"的 5 人，占 0.8%；选择"不太必要"的 35 人，占 5.7%；选择"一般"的 144 人，占 23.4%；选择"有点必要"的 189 人，占 30.7%；选择"非常必要"的 242 人，占 39.3%。自由职业青年选择有点必要和非常必要加强习近平新时代中国特色社会主义思想宣传教育的累计占 70.0%。可见，当前自由职业青年普遍认识到习近平新时代中国特色社会主义思想武装工作的重要性，对党的理论武装工作的重要性有较为充分的认识。

在自由职业青年对创新习近平新时代中国特色社会主义思想宣传教育工作的兴趣调查中，选择"没有兴趣"的 8 人，占 1.3%；选择"不太感兴趣"的 56 人，占 9.1%；选择"一般"的 248 人，占 40.3%；选择"感兴趣"的 208 人，占 33.8%；选择"非常感兴趣"的 95 人，占 15.4%。自由职业青年对加强习近平新时代中国特色社会主义思想宣传教育工作感兴趣和非常感兴趣的累计占 49.2%。可见，当前自由职业青年对创新习近平新时代中国特色社会主义思想武装工作具有一定的兴趣。

在自由职业青年对当前习近平新时代中国特色社会主义思想宣传教育效果的总体评价中，选择"没有效果"的 5 人，占 0.8%；选择"不太有效"的 51 人，占 8.3%；选择"一般"的 214 人，占 34.9%；选择"有效"的 241 人，占 39.3%；选择"非常有效"的 103 人，占 16.8%。多数自由职业青年对当前习近平新时代中国特色社会主义思想宣传教育效果的总体评价有效，选择"有效"和"非常有效"的占 56.1%。可见，习近平新时代中国特色社会主义思想武装自由职业青年工作成效仍存在较大的提升空间。

2.自由职业青年对树立正面典型人物、社会实践活动和"不忘初心，牢记使命"主题教育活动等的有效性评价最高

问卷列举了习近平新时代中国特色社会主义思想宣传教育方式，让自由职业青年对其效果进行评价。如表 8-4 所示，依据有效度水平从高到低排序，排在排在第一位的是树立正面典型人物，第二位的是社会实践活动，排在第三位的是"不忘初心，牢记使命"主题教育。可见，自由职业青年对树立正面典型人物、社会实践活动、"不忘初心，牢记使命"主题教育、党的群众路线教育实践活动、党风廉政的"八条规定"、职业教育等路径效果给予高度评价，对日常生活、自主学习活动和听辅导报告的效果评价相对较低。

表 8-4 由职业青年对理论武装路径的效果评价

单位：人，%

观点/程度	无帮助		较小		一般		有帮助		非常有帮助		有效度	有效值
	人数	比例	人数	比例	人数	比例	人数	比例	人数	比例		
党校学习、上党课	38	6.2	71	11.6	173	28.2	258	42.0	74	12.1	54.1	3.42
各战线系统开展的理论培训活动	27	4.4	62	10.1	191	31.1	266	43.3	68	11.1	54.4	3.47
听辅导报告	29	4.7	81	13.2	219	35.7	242	39.4	43	7.0	46.4	3.31
党、团组织开展的学习活动	25	4.1	53	8.6	187	30.5	272	44.3	77	12.5	56.8	3.53
社会实践活动	20	3.3	42	6.8	148	24.1	293	47.7	111	18.1	65.8	3.71
网络、远程教育活动	28	4.6	67	10.9	211	34.4	244	39.8	63	10.3	50.1	3.40
自主学习活动	31	5.0	85	13.8	213	34.7	219	35.7	66	10.7	46.4	3.33
家庭环境	21	3.4	59	9.6	184	30.0	251	40.9	99	16.1	57.0	3.57
职业教育	20	3.3	53	8.6	187	30.5	278	45.3	76	12.4	57.7	3.55
日常生活	35	5.7	64	10.4	217	35.3	242	39.4	56	9.1	48.5	3.36
大众传播媒介及互联网宣传	12	2.0	49	8.0	202	32.9	278	45.3	73	11.9	57.2	3.57
理论宣传教育	20	3.3	65	10.6	206	33.6	257	41.9	66	10.7	52.6	3.46
树立正面典型人物	12	2.0	39	6.4	147	23.9	316	51.5	100	16.3	67.8	3.74
党风廉政的"八条规定"	18	2.9	50	8.2	184	30.0	277	45.2	84	13.7	58.9	3.59
党的群众路线教育实践活动	16	2.6	47	7.7	187	30.5	273	44.5	91	14.8	59.3	3.61
"不忘初心，牢记使命"主题教育	18	2.9	34	5.5	190	30.9	275	44.8	97	15.8	60.6	3.65
其他	44	7.2	61	10.0	277	45.2	188	30.7	43	7.0	37.7	3.20

3.自由职业青年最愿意接受的理论武装方法是社会实践与考察的方式，对新媒体宣传也有较高期待，对培训班方式的意愿不高

在自由职业青年对"您最愿意接受什么样的理论教育活动"一问的回答中，选择社会实践与考察的 212 人，占 35.3%；选择新媒体宣传的 168 人，占 28.0%；选择自学、研读原著或原文的 75 人，占 12.5%；选择文件精神传达的 60 人，占 10.0%；选择理论讲授的 54 人，占 9.0%；选择培训班的 31 人，占 5.2%。可见，自由职业青年对社会实践与考察的方法最为青睐，对新媒体宣传的活动方式也有所期待，但对培训班的理论武装方法接受意愿较低。

从自由职业青年对习近平新时代中国特色社会主义思想武装路径效果评价特点来看，女性自由职业青年对党团组织开展的学习活动、社会实践活动、家庭环境、职业教育、树立正面典型人物路径的效果评价高于男性。地县级市自由职业青年对党校学习及上党课、各战线系统开展的理论培训活动、听辅导报告、党团组织开展的学习活动、社会实践活动、网络远程教育活动、自主学习活动、家庭环境、职业教育、日常生活、大众传播媒介宣传、理论宣传教育、树立正面典型人物、党风廉政的"八条规定"、党的群众路线教育活动、"不忘初心，牢记使命"主题教育路径的效果评价高于直辖市、省会城市和乡村青年。文化程度越高的自由职业青年对党校学习及上党课、各战线系统开展的理论培训活动、听辅导报告、党团组织开展的学习活动等各路径的效果评价越高。自由职业青年中，党员对各种理论武装路径的效果评价最高，团员次之，群众最低。

二、新时代自由职业青年理论武装的影响因素

（一）自由职业青年生活满意度的影响

自由职业青年总体上对自身生活满意度一般，对生活非常满意和非常不满意的都是少数。调查显示，在对目前自己生活的满意度评价中，自由职业青年选择"不满意"的32人，占5.2%；选择"不太满意"的48人，占7.8%；选择"一般"的255人，占41.4%；选择"满意"的246人，占39.9%；选择"非常满意"的35人，占5.7%。生活满意度的满意值为3.33。可见，近一半的自由职业青年对自身生活处于比较满意的状态，自由职业青年对自身生活满意度不够高。

自由职业青年总体上生活满意度越高，对习近平新时代中国特色社会主义思想知晓度、认同度越高。自由职业青年生活满意度与习近平新时代中国特色社会主义思想知晓度之间存在显著性正相关关系，相关系数 $r=0.166$ ， $p=0.000 < 0.01$ 。自由职业青年生活满意度与习近平新时代中国特色社会主义思想认同度之间存在显著性正相关关系，相关系数 $r=0.148$ ， $p=0.000 < 0.01$ 。

（二）自由职业青年生活态度的影响

大多数自由职业青年的生活态度较为积极，持消极态度的人数极少。调查显示，在对目前自己生活态度的评价中，自由职业青年选择"消极"的 8 人，占 1.3%；选择"不太积极"的 40 人，占 6.5%；选择"一般"的 192 人，占 31.2%；选择"基本积极"的 282 人，占 45.8%；选择"非常积极"的 94 人，占 15.3%。人生态度的积极值为 3.67。可见，多数自由职业青年生活态度比较积极。

随着日常生活态度积极性的提高，自由职业青年对习近平新时代中国特色社会主义思想的知晓度也呈现上升趋势。自由职业青年日常生活态度积极性与习近平新时代中国特色社会主义思想知晓度之间存在显著性正相关关系，相关系数 $r=0.190$，$p=0.000 < 0.01$。自由职业青年日常生活态度积极度与习近平新时代中国特色社会主义思想认同度之间存在正相关关系，相关系数 $r=0.113$，$p=0.005 < 0.01$。

（三）自由职业青年人生目标明确度的影响

大多数自由职业青年人生目标比较明确。调查显示，在对自身人生目标明确度的评价中，自由职业青年选择不明确的 7 人，占 1.1%；选择不太明确的 79 人，占 12.8%；选择一般的 185 人，占 30.0%；选择基本明确的 258 人，占 41.9%；选择非常明确的 87 人，占 14.1%。人生目标明确值为 3.55。可见，自由职业青年人生目标较明确，仅有少数自由职业青年人生目标不明确或不太明确。

自由职业青年总体上人生目标明确度越高，对习近平新时代中国特色社会主义思想知晓度也越高。自由职业青年人生目标明确度与习近平新时代中国特色社会主义思想知晓度之间存在显著性正相关关系，相关系数 $r=0.162$，$p=0.000 < 0.01$。不同人生目标明确度的自由职业青年对习近平新时代中国特色社会主义思想认同度之间不存在显著性差异。

（四）自由职业青年政治观念的影响

调查显示，自由职业青年政治观念不积极的有 2 人，占 0.3%；不太积极的有 20 人，占 3.2%；一般的有 153 人，占 24.8%；比较积极的有 287 人，占 46.5%；非常积极的有 155 人，占 25.1%。政治观念积极度 71.7%，积极值 3.93。具体而言，在对我国当前政治形势的评价中，自由职业青年认为比较稳定和非常稳定的占63.0%，认同值3.78。在对我国目前经济形势的看法中，自由职业青年认为形势比较好和非常好的占50.7%，认同值3.47。自由职业青年对新一届中央领导集体推出的一系列经济、政治建设等重要举措比较认同和非常认同的占82.6%，认同值4.12。自由职业青年对本届中央政府最近一年来的工作比较满意和非常满意的占70.7%，满意值3.95。与其他国家相比，自由职业青年认为中国特色社会主义道路、理论、制度和文化比较优越和非常优越的占81.8%，认同值4.10。自由职业青年对中国特色社会主义今后发展有信心和非常有信心的占81.5%，认同值3.93。可见，自由职业青年政治观念比较积极正确，对中国经济政治发展形势保持较为积极乐观的心态，对中央重要举措和中央政府工作满意度较高，认为中国特色社会主义道路、理论、制度和文化比较优越，对中国特色社会主义今后发展充满信心，但对中国经济、政治形势的乐观程度具有较大的提升空间。

自由职业青年政治观念积极度与习近平新时代中国特色社会主义思想知晓度之间存在显著性正相关关系，相关系数$r=0.375$，$p=0.000 < 0.01$。自由职业青年政治观念积极度与习近平新时代中国特色社会主义思想认同度之间存在显著性正相关关系，相关系数$r=0.410$，$p=0.000 < 0.01$。可见，总体上自由职业青年政治观念积极度越高，对习近平新时代中国特色社会主义思想知晓度和认同度也越高。

（五）社会思潮对自由职业青年理论武装的影响

调查显示，自由职业青年对各种社会思潮的知晓度从高到低排序，依次为民主社会主义（13.2%）、历史虚无主义（10.0%）、新自由主义（9.4%）、普世价值论（7.3%）、民粹主义（7.1%）、新儒家（6.0%）、宪政思潮（5.5%）、新"左"派（5.5%）。自由职业青年对各种社会思潮的认同度从高到低排序，分别为民主社会主义（32.4%）、新自由主义（31.3%）、新儒家（21.9%）、普世价值论（21.2%）、民粹主义（18.7%）、历史虚无主义（18.5%）、宪政思潮（17.7%）、新"左"派（14.7%）。自由职业青年对各社会思潮处于不太了解的知晓水平，持不太认同的态度。自由职业青年对新自由主义（$r=-0.296$，$p=0.000$）、历史虚无主义（$r=-0.373$，$p=0.000$）、民主社会主义（$r=-0.132$，$p=0.001$）、普世价值论（$r=-0.178$，$p=0.000$）、宪政思潮（$r=-0.180$，$p=0.000$）、新"左"派（$r=-0.238$，$p=0.000$）、新儒家（$r=-0.125$，$p=0.002$）、民粹主义（$r=-0.191$，$p=0.000$）的认同度与习近平新时代中国特色社主义思想认同度之间存在显著的负相关关系。可见，自由职业青年对不良社会思潮的认同度与对习近平新时代中国特色社会主义思想的认同度之间存在此消彼长的关系。

（六）宣传教育因素的影响

调查显示，自由职业青年对习近平新时代中国特色社会主义思想知晓度与认同度之间存在显著性正相关关系（$r=0.539$，$p=0.000$），知晓度越高，认同度也越高。各教育因素的有效度与习近平新时代中国特色社会主义思想的认同度之间存在显著性正相关关系。如表 8-5 所示，自由职业青年理论武装效果受多重因素共同影响，党员干部的公信力、社会环境的影响和宣传教育方法是排在前三位的因素，个人对理论的兴趣、宣传教育形式、思想理论的内容也是重要影响因素，而宣传教育者个人、宣传教育话语体系和宣传教育安排的时间是影响相对较小的因素。可见，提高习近平新时代中国特色社会主义思想武装自由职业青年效果尤其要提升党员干部公信力、塑造良好稳定的社会环境和改善宣传教育方法。

表 8-5　影响自由职业青年理论宣传教育效果的主要因素

单位：人，%

观点/程度	不重要		有点重要		一般		重要		非常重要		认同度	认同值
	人数	比例	人数	比例	人数	比例	人数	比例	人数	比例		
思想理论的内容	14	2.3	70	11.4	138	22.5	249	40.6	143	23.3	63.9	3.71
宣传教育形式	11	1.8	51	8.3	145	23.7	277	45.2	129	21.0	66.2	3.75
宣传教育方法	5	0.8	61	9.9	131	21.3	279	45.4	138	22.5	67.9	3.79
宣传教育者个人	10	1.6	51	8.3	186	30.3	253	41.2	114	18.6	59.8	3.67
宣传教育话语体系	7	1.1	54	8.8	187	30.5	271	44.1	95	15.5	59.6	3.64
宣传教育安排的时间	21	3.4	67	10.9	196	31.9	233	37.9	97	15.8	53.7	3.52
思想理论对个人今后的影响	12	2.0	54	8.8	161	26.2	260	42.3	127	20.7	63.0	3.71
个人对理论的兴趣	8	1.3	53	8.6	141	23.0	254	41.4	158	25.7	67.1	3.82
社会环境的影响	5	0.8	48	7.8	133	21.7	296	48.2	132	21.5	69.7	3.82
网络信息的影响	7	1.1	53	8.6	165	26.9	263	42.8	126	20.5	63.3	3.73
组织保障问题	7	1.1	53	8.6	178	29.0	265	43.2	111	18.1	61.3	3.68
党员干部的公信力	7	1.1	44	7.2	131	21.3	259	42.2	173	28.2	70.4	3.89

三、新时代自由职业青年理论武装路径的建议

（一）压实各级党委统战工作主体责任，完善党委统一领导、统战部门牵头协调、有关方面各负其责的大统战工作机制，把自由职业青年紧紧地团结在党的周围

压实各级党委统战工作主体责任，把新的社会阶层人士统战工作全面纳入"两新"组织党的建设工作。调查显示，自由职业青年对习近平新时代中国特色社会主义思想武装工作的重要性有比较充分的认识，对创新理论武装方法具有一定的兴趣，对当前理论武装工作评价较积极，但工作成效仍存在较大的提升空间。在理论武装路径效果的评价中，自由职业青年对党团组织开展的学习活动、各战线系统开展的理论培训活动、党校学习及上党课、理论宣传教育等路径的效果评价积极，但总体水平不够高。因此，党的各级统一战线工作领导小组要把新的社会阶层人士统战工作作为重点任务，健全工作联席会议制度，形成工作合力，发挥党的理论武装的组织路径作用。"与新的社会阶层人士联系密切的党政部门、群众团体、社会组织等，应当发挥职能作用，健全工作机制，密切协调配合，共同做好新的社会阶层人士统一战线工作。"[1] 各级统战部门要充分发挥参谋、组织、协调、督促作用，确保党的路线方针政策不折不扣落实。

协调推进新的社会阶层党组织建设工作、统战工作和群团工作，加强社区基层统战工作力量，形成强有力的联系纽带和网络。"新的社会阶层人士所在街道、社区、园区、企业等的党组织应当落实主体责任，把新的社会阶层人士统一战线工作纳入重要工作职责，研究解决突出问题。"[2] 工会、共青团、妇联、科协、文联、作协等群团组织要通过创新组织方式、运行方式、活动方式，增强对新的社会阶层人士的吸引力和影响力。注重加强各级各类联谊组织建设，使之成为统战工作的新抓手，同政府部门的行政管理形成相辅相成、相得益彰的良性互动关系。比如，共青团中央引导各级青年志愿者协会积极吸纳自由职业青年，使其在文化艺术、支教、自由策划咨询、工程机械技术等方面，发挥专长，投身志愿服务。加强对社区基层统战工作的指导和帮助，加强基层统战

---

[1] 中共中央印发：《中国共产党统一战线工作条例》，人民出版社 2021 年版，第 22 页。

[2] 中共中央印发：《中国共产党统一战线工作条例》，人民出版社 2021 年版，第 22 页。

力量建设，不断夯实基层统战工作的基础。比如，长沙市芙蓉区成立新的社会阶层代表人士联谊会，让自由职业青年有了身份，有了"家"，工作也有了新目标和方向，投身财富芙蓉、智慧芙蓉、魅力芙蓉、幸福芙蓉"四个芙蓉"建设。

提升党员干部的公信力，营造学习习近平新时代中国特色社会主义思想的良好氛围。调查显示，党员干部的公信力、社会环境是影响习近平新时代中国特色社会主义思想宣传教育效果排在前两位的因素。习近平告诫广大党员干部要在坚持不懈为群众办实事、做好事、解难事中树立公信，"要强化公仆意识和为民情怀，首先是立足本职岗位为人民服务，发挥好共产党员先锋模范作用，还要从最困难的群众入手、从最突出的问题抓起、从最现实的利益出发，切实解决基层的困难事、群众的烦心事"。[1] 要发挥基层党组织战斗堡垒作用、党员先锋模范作用和党员领导干部表率作用，营造学习践行习近平新时代中国特色社会主义思想的浓郁氛围。习近平指出："要宣传正面典型，宣传党员干部身边可信可学的先进人物，推广一批可复制可普及的好经验。"[2] 党员干部要积极发挥联系广泛的优势，密切同自由职业青年的日常联系，加强遴选吸纳，及时把觉悟高、素质高、代表性强的自由职业青年纳入"前置性培养"，为党员干部队伍吸纳人才。自由职业者中有很多一呼百应的有本事的人，"群团组织必须适应这个发展趋势，努力去做他们的工作，而不要排斥他们、拒绝他们、疏远他们，不要让他们游离于群团组织之外"。[3] 要让自由职业青年感受到国家的关切，要大力宣传党和国家关于青年工作的重大战略思想和方针政策，形成推动宣传习近平新时代中国特色社会主义思想的良好社会氛围和强大合力。

（二）制定实施自由职业青年思想理论培训计划，加强自由职业青年代表人士队伍建设，切实提高习近平新时代中国特色社会主义思想知晓度

举办自由职业青年代表人士理论研讨班，系统提高其习近平新时代中国特色社会主义思想知晓度。调查显示，自由职业青年普遍对习近平新时代中国特色社会主义思想有所了解，但是能系统全面了解的人并不多。自由职业青年对"课堂讲授"的理论武装载体信任度比较高，对当前各战线系统开展的理论培训活动评价较高，但仍存在较大的提升空间。为了更好地凝聚共识，为新时代统一战线汇聚力量，为新的社会阶层人士统战工作培养队伍，中央统战部连续

---

[1] 习近平：《在党史学习教育动员大会上的讲话》，人民出版社 2021 年版，第 25 页。
[2] 习近平：《在"不忘初心、牢记使命"主题教育工作会议上的讲话》，人民出版社 2019 年版，第 14 页。
[3]《习近平关于社会主义政治建设论述摘编》，中央文献出版社 2017 年版，第 198 页。

多年专门面向自由职业代表人士举办培训活动，学员中有自由职业书画家、网络作家、导演、演员、音乐人、非遗传承人、职业医生、设计师、餐饮美食家等，涵盖了文化和社会两个自由职业人员集中的领域。培训班的核心内容就是深入学习领会习近平新时代中国特色社会主义思想和中央有关会议精神。因此，要深入阐释习近平新时代中国特色社会主义思想，全面系统地提高自由职业青年对习近平新时代中国特色社会主义思想具体理论内容的了解程度。

加强自由职业青年代表人士队伍建设，推进地方基层自由职业青年代表人士相关工作。自由职业青年具有"单打独斗"的特点，和自身职业圈子之外的人接触机会相对较少。网络意见领袖、职业书画家、网络作家、签约作家、自由撰稿人、独立演员歌手、流浪音乐人、国家级非物质文化遗产传承人等种类繁多的新兴群体，看似自由随性，但不能仅仅是自由散漫或者随心所欲，也需要有组织、有依靠、有边界，体会自由的意义和社会的价值，不断释放新的创造力。比如，一些网络作家带领协会会员深入区县基层，围绕经济社会实践开展文艺创作和宣传。这就需要为自由职业青年提供契机，协助他们与社会融合。因此，要加强自由职业青年代表人士队伍建设，把分层分众的一般性群众工作与有针对性的代表人士培养工作相结合，使统战工作既有厚实的群众基础，又有标志性人物，用习近平新时代中国特色社会主义思想凝心聚力。

（三）发挥党和政府宣传、书籍、课堂讲授、报纸、内部文件、讲座报告等传统载体的作用，突出加强网络统战工作，增强多元融合载体理论传播能力

适应自由职业青年对理论传播载体的信任特点，发挥党和政府宣传、书籍、课堂讲授、报纸、内部文件、讲座报告等传统正式载体的作用。调查显示，从自由职业青年获取思想政治理论信息载体的信任度来看，党和政府宣传、书籍、课堂讲授、报纸、内部文件、讲座报告具有较大的传播公信力，而对微信、网络、手机短信等新型载体的信任度很低。因此，要充分发挥党和政府在习近平新时代中国特色社会主义思想宣传中的主导作用，用好传统正式载体，编写出版习近平等党和国家领导人的讲话、高质量思想道德修养读物、国际国内时势与政策读本书籍，为自由职业青年学习新思想提供有价值的辅助材料。思想政治理论类书籍要注重在深化和转化上下功夫，注重整体阐释的同时注重专业表达，力求把政治语言转化为学术语言和大众语言，推进习近平新时代中国特色社会主义思想的大众化和普及化，增强自由职业青年的政治认同、思想认同、情感认同。

突出加强网络统战工作，提高习近平新时代中国特色社会主义思想网络传播能力。网络是自由职业青年日常交往的重要渠道，自由职业青年们的作品越来越多依靠网络来传播，他们的社会交往也主要是通过"两微一端"等新媒体来实现。调查显示，自由职业青年获取理论信息的路径呈现多样化特点，主要通过网络、微信、影视、微博等渠道，以网络为主要渠道，更倾向于新型媒体、文字载体和多向路径。自由职业青年日常网络活动内容主要是聊天交友、关注朋友动态、浏览信息和视听娱乐在线。仅 15.5% 的自由职业青年经常或者较多浏览思想政治理论类信息，对网络思想政治理论类信息的关注度较低，究其原因在于"内容不吸引人"和"没有兴趣"。要针对网络资源的问题，通过提高思想政治理论类网站的内容吸引力、提高网站形式新颖性和提高网站知名度来增强网络思想政治理论传播力。要利用新型媒体优势，搭建好各网络新型媒体学习平台，通过网络、微信等自由职业青年日常使用渠道向其传播习近平新时代中国特色社会主义思想，将理论植入到自由职业青年更关注的服务信息、专业信息和社会民生热点信息当中。警惕网络负面信息对习近平新时代中国特色社会主义思想的冲击，警惕网络传导的不良价值观，提高自由职业青年理论学习的积极性和主动性。

充分运用党和政府新媒体平台的传播优势，发挥自由职业青年对传统载体的信任优势和新媒体传播能力优势，提高多元路径的理论传播能力。调查显示，网络、微信和影视渠道是自由职业青年获取习近平新时代中国特色社会主义思想信息的主要渠道，但自由职业青年对新型媒体传播的信息信任度较低，更相信党和政府宣传、课堂讲授、讲座报告、内部文件、书籍、报纸等传统正式载体传播的思想政治理论信息。因此，要为党和政府宣传、课堂讲授、讲座报告等传统载体插上新媒体的翅膀，利用好新媒体传播优势，主动参与和融入相关在线论坛、网上沙龙中，用青年的语言、网络的语言、时代的语言开展思想交流，增强运用新媒体宣传政策主张的能力，扩宽党和政府宣传的空间。积极培育和创建有影响力的网络品牌，不断丰富内容，创新形式，发挥统战工作的资源优势，实现线上线下结合，使新的社会阶层人士统战工作新起来、活起来。

（四）回应自由职业青年理论武装方法的新期待，充分发挥树立正面典型人物、社会实践活动和党的主题教育活动的作用

发挥树立正面典型人物作用，用鲜活的榜样开展习近平新时代中国特色社

会主义思想宣传。调查显示，在习近平新时代中国特色社会主义思想武装路径中，自由职业青年对树立正面典型人物、社会实践活动和"不忘初心，牢记使命"主题教育活动的有效性评价最高。习近平强调："要充分发挥榜样的作用，领导干部、公众人物、先进模范都要为全社会做好表率、起好示范作用，引导和推动全体人民树立文明观念、争当文明公民、展示文明形象。"[1] 随着社会的发展，自由职业者群体也会更加庞大。自由写作人员、文艺创作人员、演艺人员、策划咨询人员、知识型市场服务人员、技能型市场服务人员等，一般都有一技之长，很多人具有一呼百应的本事。对他们的工作做好了，他们就可以成为正能量。习近平指出："青年模范人物是广大青少年学习的榜样，肩负着更多社会责任和公众期望，在青少年中乃至全社会都有着很强的示范带动作用。"[2] 要营造良好舆论环境，选树自由职业青年先进典型，广泛宣传加强新的社会阶层工作的重要意义和各地的好经验、好做法，让全社会都能够关注新的社会阶层的发展。要发挥正面典型人物在习近平新时代中国特色社会主义思想武装自由职业青年工作中的显著优势，注意宣传贴近和深入自由职业青年心灵的正面典型人物事迹，使学习榜样模范的先进事迹和精神品质成为其生活常态和行为习惯。

　　深化自由职业青年统战工作实践创新基地建设，推动实践创新基地沿着规范化、常态化、特色化方向发展，组织和鼓励自由职业青年参与社会实践。自由职业青年对社会实践活动路径的效果评价排在第二位，且最愿意接受的理论教育活动就是社会与实践考察，这说明自由职业青年对活动式的理论教育方法较为期待。因此，要引导自由职业青年创造条件去实现理论知识同实践活动相结合，"加强青年社会实践基地建设，鼓励机关、军队、企事业单位、社会组织为有组织的青年社会实践提供帮助和便利"。[3] 近年来，自由职业青年社会实践工作也积累了丰富的经验。例如，中央统战部连续多年专门面向自由职业代表人士举办培训活动，进行专题授课、参观考察实践创新基地和红色基地等，推动了习近平新时代中国特色社会主义思想深入人心。比如，在长沙培训班，自由职业青年实地考察了韶山毛泽东同志纪念馆、湖南省博物院；在成都，自由职业青年实地参观蒲江县明月村、武侯区玉林街道"倪来我往"文化创意聚落、建川博物馆、绵阳两弹城、国星宇航高新科技公司等新的社会阶层人士统战工作实践创新基地、红色教育基地、科技与文化融合示范园区。要进一步确定一批新的社会阶层人士统战工作实践创新基地，明确创新重点，制定工作方

[1]《习近平谈治国理政》第二卷，外文出版社 2017 年版，第 324 页。
[2]《习近平谈治国理政》第一卷，外文出版社 2018 年版，第 53 页。
[3] 中共中央国务院印发：《中长期青年发展规划（2016—2025 年）》，人民出版社 2017 年版，第 10 页。

案，抓紧推动落实，切实起到探路子、出经验、作示范的作用。引导自由职业青年感受传统文化、传承革命精神，进一步增强其在新时代展现新作为的使命感和责任感。

以中国共产党的学习教育活动为契机，深入开展党史学习教育活动，使自由职业青年学习领会习近平新时代中国特色社会主义思想。调查显示，与社会层面开展的理论宣传工作相比，自由职业青年对"不忘初心，牢记使命"主题教育、党的群众路线教育实践活动、党风廉政的"八条规定"等党组织系统开展的学习教育活动效果普遍给予较高评价。应以中国共产党的系列主题教育活动为契机，广泛开展"永远跟党走"群众性主题宣传教育活动，各地方结合本地实际，围绕党史重要事件、重要活动和重要遗址旧址等组织开展丰富多彩的活动。以加强思想引导为主线，在新的社会阶层人士中广泛开展"凝聚新力量·筑梦新时代"等系列主题教育活动，着力做好"抓落实、打基础、促创新、聚共识"的工作，努力推动习近平新时代中国特色社会主义思想深入人心。

结合自由职业青年实际和特点，有针对地进行习近平新时代中国特色社会主义思想武装。根据自由职业青年理论知晓的特点，在自由职业青年理论武装工作中，尤其要把提高其理论知晓度作为重点任务，将理论武装工作的重点对象放在高龄、乡镇和农村、已婚、文化程度较低、团员和群众、家庭年收入较低的自由职业青年身上。根据自由职业青年理论认同的特点，要注意提高文化程度较低的自由职业青年、团员和群众自由职业青年、家庭年收入较低的自由职业青年的理论认同度。根据自由职业青年理论武装路径倾向的特点，采取有针对性的理论武装方式。

（五）加强自由职业青年服务帮助，运用生活式和间接性方法进行理论武装，增强理论武装工作的凝聚力和向心力

在服务和支持上下功夫，将习近平新时代中国特色社会主义思想的理论宣传与自由职业青年日常生活、专业发展融合起来。调查显示，自由职业青年日常阅读最关注的信息是与日常生活相关的服务信息、与自己学习相关的专业信息和社会民生热点信息，而对思想政治理论方面信息的关注度较低。自由职业青年生活满意度、生活态度和人生目标明确度尚存较大的提升空间，且自由职业青年生活态度、生活满意度、政治观念与习近平新时代中国特色社会主义思想知晓度、认同度之间存在正相关关系。因此，应充分重视间接途径的作用，

将理论武装工作与自由职业青年的专业发展和日常生活深度融合。回应自由职业青年的切身利益诉求，支持其职业发展和权益保障，完善住房、社保、医疗、养老等方面具体惠民政策，解决其实际问题。关注自由职业发展，有关部门可以通过组建导师团、创建创作和孵化基地等措施，实施"筑梦计划"，完善自由职业青年职称评定制度，让他们有机会参加各类职称评定。通过开展创业培训、金融服务等，支持自由职业青年创新创业。完善行业准入、市场监管、版权保护等方面法律法规，维护其合法权益。通过加强服务青年发展阵地建设，依托城乡社区等地的综合服务设施建设"青年之家"综合服务平台，提高自由职业青年的生活幸福感指数，提升自由职业青年的生活满意度和生活态度。还可以通过为人民办实事活动、彰显国际担当等，增强自由职业青年政治观念认可度，进而提升自由职业青年的理论认同度。例如，天津市为自由职业青年搭建"筑梦基地"，并开设多个分站，延伸基地的服务触角，全力为自由职业人员提供就业和生活上的帮助，使自由职业青年感受到了党和国家的关心，感受到了组织的温暖和可靠。采取灵活多样的方式，引导自由职业人员把追求个人人生出彩的理想融入实现中国梦的伟大进程之中。

增强社会主义意识形态对社会思潮的引领力，积极研判和揭露错误社会思潮本质，提高自由职业青年的理论认同度。首先，加强其对社会思潮的甄别和研判。调查显示，自由职业青年对各社会思潮的知晓度和认同度都不高，且自由职业青年对不良社会思潮的认同度与对习近平新时代中国特色社会主义思想的认同度之间存在显著负相关关系。因此，要主动研判社会思潮的热点领域和前沿问题，主动加强对社会思潮的引导与调控，在掌握引领社会思潮主动权的过程中增强习近平新时代中国特色社会主义思想的传播力和影响力。其次，积极研判和揭露错误社会思潮的本质。调查显示，自由职业青年对新自由主义和民主社会主义思潮总体处于不太了解和不太认同的水平，但是依然有部分自由职业青年对科学社会主义与民主社会主义的本质区别缺乏清晰的认识，对新自由主义、历史虚无主义的理解认识存在薄弱环节。要向自由职业青年揭露各社会思潮的本质，提高其辨识能力及主动抵御错误社会思潮侵袭的能力，避免陷入错误思潮的概念陷阱和话语陷阱。"要多一些包容和耐心，对建设性意见要及时吸纳，对困难要及时帮助，对不了解情况的要及时宣介，对模糊认识要及时廓清，对怨气怨言要及时化解，对错误看法要及时引导和纠正。"[1] 再次，加强网信部门、政府宣传部门和新闻媒体部门的合作沟通，面对可能出现的舆情

[1]《习近平谈治国理政》第二卷，外文出版社 2017 年版，第 336 页。

事件，应建立快速联动的反应机制。习近平指出："国内外敌对势力往往就是拿中国革命史、新中国历史来做文章，竭尽攻击、丑化、污蔑之能事，根本目的就是要搞乱人心，煽动推翻中国共产党的领导和我国社会主义制度。"[1] 对于历史虚无主义等错误思潮的蔓延，宣传部门应挺身而出，提高研究能力，在加强说服力上下功夫，有力地回击挑战。正如习近平所说："宣传思想阵地，我们不去占领，人家就会去占领，要增强阵地意识，敢抓敢管，敢于亮剑，敢于站在风口浪尖上进行斗争，不能搞'爱惜羽毛'那一套，牵涉到大是大非问题、政治原则问题，不能含糊其辞，不能退避三舍，不能当开明绅士。"[2] 应主动加强监管，做好舆情监测和动态管控，及时排除误导民众的隐性危机。

---

[1]《十八大以来重要文献选编》上，中央文献出版社 2014 年版，第 113 页。
[2]《十八大以来重要文献选编》上，中央文献出版社 2014 年版，第 465 页。

第九章 新时代青年理论武装路径的创新

在前面的章节中，我们从总体上分析了青年对习近平新时代中国特色社会主义思想的认识、青年获取理论信息的途径和载体，以及对理论武装路径效果的评价，探讨了青年理论武装的影响因素及相互关系，并且分别针对青年学生、青年领导干部、事业单位青年、企业青年、农村青年、自由职业青年六个不同群体的不同特点，分专题提出了习近平新时代中国特色社会主义思想武装青年的具体对策。这些研究为我们从总体上提出习近平新时代中国特色社会主义思想武装青年路径奠定了坚实的基础。

一、明晰新时代青年理论武装的目标导向

青年对习近平新时代中国特色社会主义思想的认同度与知晓度之间呈现显著性正相关关系。青年理论武装的过程，是青年对习近平新时代中国特色社会主义思想的知识知晓、认知认同、情感认同、价值信仰和行动实践各环节的内在有机统一。遵循青年对习近平新时代中国特色社会主义思想认同各子系统的现状和内在思想转化机制，明晰青年理论武装的目标导向，应以提高青年对理论内容掌握的系统性和深刻性为关键，以进一步巩固理论情感喜好为基础，以坚定理论价值信仰为突破口，以促成青年贯彻践行习近平新时代中国特色社会主义思想为归宿。

（一）以增强青年对习近平新时代中国特色社会主义思想内容掌握的系统性和深刻性为核心

青年对习近平新时代中国特色社会主义思想的系统了解是青年形成科学理性认同的基础。调查显示，当前青年对习近平新时代中国特色社会主义思想总体比较了解（65.4%），但是对具体理论内容知晓度存在明显差异，且能对习近平新时代中国特色社会主义思想内容体系全面深入了解的人并不多。调查还显示，青年对习近平新时代中国特色社会主义思想的知晓度与认同度之间存在着显著的正相关关系，理论知晓度越高，理论认同度也越高。青年的习近平新时代中国特色社会主义思想的知晓度对理论的认同度起着至关重要的基础性和前提性作用。比如，在习近平新时代中国特色社会主义思想具体内容中，青年知晓度排在最后三位的理论内容分别为"把党建设得更加坚强有力"（60.0%）、"以新发展理念引领经济高质量发展"（59.7%）和"掌握马克思主义思想方法和工作方法"（55.6%）。对这些理论缺乏足够的了解，也可以直观地反映到青年的理论认同结果上。青年对习近平新时代中国特色社会主义思想认同度排在最后三位的理论内容分别是"中国共产党领导是中国特色社会主义最本质的特征"（82.9%）、"中国特色社会主义进入新时代"（81.3%）和"掌握马克思主义思想

方法和工作方法"（81.1%）。再比如，对这些理论缺乏足够的了解，也可以直观地反映到青年对现实政治问题的认识中。青年对中央领导集体推出的一系列经济政治建设等重要举措和中央政府的工作高度满意（90.2%），认为中国特色社会主义道路、理论、制度和文化非常优越（88.4%），但青年认为我国当前的政治形势稳定和非常稳定的占 70.2%，对目前经济形势的看法持比较好和非常好的占 65.4%，对中国经济、政治形势明显存在一些忧虑。可见，对习近平新时代中国特色社会主义思想内容缺乏深入的了解，必然直接影响到对理论内容的认同和对现实政治问题的看法。

增强习近平新时代中国特色社会主义思想宣传教育的系统性和全面性，是习近平新时代中国特色社会主义思想武装青年的基础性和根本性任务。正如习近平总书记所说："学习新时代中国特色社会主义思想，要深刻认识和领会其时代意义、理论意义、实践意义、世界意义，深刻理解其核心要义、精神实质、丰富内涵、实践要求。要紧密结合新时代新实践，紧密结合思想和工作实际，有针对性地重点学习，多思多想、学深悟透，知其然又知其所以然。"[1] 因此，应根据青年对习近平新时代中国特色社会主义思想内容掌握的不平衡性特点，引导青年掌握核心要义、精神实质、丰富内涵、实践要求，大力提高青年对习近平新时代中国特色社会主义思想内容体系掌握的系统性和深刻性。要加大习近平新时代中国特色社会主义思想的宣传普及力度，提高青年对习近平新时代中国特色社会主义思想的知晓度，进而提升青年理论认同度。

打磨习近平新时代中国特色社会主义思想武装青年的话语体系，提高理论武装的通俗性和亲和力。调查显示，青年对"中国梦""江山就是人民，人民就是江山"等形象化的理论内容知晓度和认同度更高，这启发我们要从理论上加强对习近平新时代中国特色社会主义思想的宣传话语提炼。要依据《习近平谈治国理政》《习近平新时代中国特色社会主义思想学习纲要》《习近平新时代中国特色社会主义思想学习问答》和《中共中央关于党的百年奋斗重大成就和历史经验的决议》等教材，全面系统地开展习近平新时代中国特色社会主义思想教育，避免零碎化的学习，引导青年真正学深、悟透、弄通、做实习近平新时代中国特色社会主义思想这一当代中国共产党人的"真经"。

引导青年补足对习近平新时代中国特色社会主义思想认识的盲区和薄弱环节。调查显示，在习近平新时代中国特色社会主义思想的内容体系中，青年对"实现中华民族伟大复兴的中国梦""坚持以人民为中心"等观点的知晓度和认

---

[1]《习近平谈治国理政》第三卷，外文出版社 2020 年版，第 519 页。

同度最高，而对"把党建设得更加坚强有力""中国共产党领导是中国特色社会主义最本质的特征"的知晓度和认同度则相对靠后。这说明青年对党的领导和中国特色社会主义的本质关系认识存在盲区。因此，要引导学生深刻认识和理解"中国特色社会主义最本质的特征是中国共产党领导，中国特色社会主义制度的最大优势是中国共产党领导。坚持和完善党的领导，是党和国家的根本所在、命脉所在，是全国各族人民的利益所在、幸福所在"。[1] 此外，调查表明，青年对"掌握马克思主义思想方法和工作方法"观点的知晓度和认同度都是最低的，说明青年缺乏对马克思主义思想方法和工作方法的深刻认识和把握。因此，要教育青年认识到习近平新时代中国特色社会主义思想就是运用马克思主义立场、观点、方法解决当代中国实际问题的杰出典范。让青年学会用习近平新时代中国特色社会主义思想中包含的马克思主义方法观察、分析和解决实际问题。帮助青年树立宏观思维，"教育他们学会运用马克思主义立场观点方法观察世界、分析世界，真正搞懂面临的时代课题，深刻把握世界发展走向，认清中国和世界发展大势"[2]。

（二）以进一步巩固青年对习近平新时代中国特色社会主义思想的情感喜爱为基础

情感认同是对作为主流政治意识形态的习近平新时代中国特色社会主义思想的认可、热爱、信赖、追随和亲近等积极情感倾向。调查显示，青年对习近平总书记非常爱戴，对习近平新时代中国特色社会主义思想具有比较高的情感喜爱，情感喜爱度为66.1%，亲近感和心理归属感为71.8%。当前青年对习近平新时代中国特色社会主义思想的情感喜爱多出于中国发展的巨大成就和人民生活水平提高等宏观抽象的朴素情感，尚需要进一步夯实理性根基。

一方面，要进一步提高青年对习近平新时代中国特色社会主义思想的良好情感。从本质上讲，习近平新时代中国特色社会主义思想的价值追求代表最广大人民的根本利益，青年对其认同过程是掌握代表自身根本利益的理论的过程。从问卷调查来看，青年日常更加关注与自己学习相关的专业信息、与日常生活相关的服务信息和社会民生热点信息，对习近平新时代中国特色社会主义思想信息的主动关注度比较低。这也启示我们及时回应青年生活关切的社会焦点问

---

[1]《习近平谈治国理政》第二卷，外文出版社2017年版，第43页。
[2] 习近平：《在北京大学师生座谈会上的讲话》，人民出版社2018年版，第6页。

题，以青年的成长和生活需要为切入点，满足青年发展和生活需要，引导青年科学认识社会发展中的问题只能通过全面深化改革、坚持和发展中国特色社会主义来逐步解决，消除负面情绪，强化青年对理论的情感认同。

另一方面，提高青年对习近平新时代中国特色社会主义思想主动学习了解的积极性。只有采取青年喜爱的宣传教育方式，才能更好地提高他们学习的兴趣和情感喜好。调查显示，影响习近平新时代中国特色社会主义思想宣传教育效果的主要因素中，领导干部的公信力、宣传教育方法、社会环境的影响、宣传教育形式和个人对理论的兴趣是排在前五位的因素。提高青年理论学习的积极性，要发挥领导干部的示范作用，营造良好的社会氛围，创新理论武装形式与方法。

（三）以坚定青年对习近平新时代中国特色社会主义思想的价值信仰为突破口

实现青年对习近平新时代中国特色社会主义思想的价值信仰，就是青年能自觉认可习近平新时代中国特色社会主义思想的核心价值理念，将其作为自己的价值追求和人生理想。调查显示，65.6% 的青年能将习近平新时代中国特色社会主义思想作为自己的人生理想和价值追求，69.0% 的青年对马克思主义的信仰、对社会主义和共产主义的信念坚定。当前青年对习近平新时代中国特色社会主义思想具有比较积极的价值信仰，但还有较大的提升和巩固空间。

一方面，应通过马克思主义理论教育，使青年熟练掌握马克思主义思想方法和工作方法。引导青年掌握科学的辩证思维方法，形成宏观的思维视野，突破自我的微观思维局限性，主动承担自己肩负的历史责任，提高自身精神境界。以大学生群体为例，在繁荣时代成长起来的"00 后"大学生，对社会问题看法出现"观念分层"、理性爱国、传统"权威意识"渐趋淡化、"热血奋斗"与"躺平佛系"二元并存、物质主义与后物质主义价值观并存、平权意识与规则意识强等特点 [1]。青年更多地通过微观具体的思维方式、现实型的人生理想和个人本位的价值取向来处理思想政治理论问题。微观具体的思维方式不利于青年形成中国特色社会主义共同理想。调查显示，青年对习近平新时代中国特色社会主义思想内容的知晓度和认同度中，最低的都是"掌握马克思主义思想方法和工作方法"。因此，开展习近平新时代中国特色社会主义思想宣传教育，既要适应青年这一特点，也要努力通过马克思主义思想方法和工作方法培养青年宏观

---

[1] 杨雄：《"00 后"群体思维方式与价值观念的新特征》，《人民论坛》2021 年第 10 期，第 18—22 页。

的思维方式。

另一方面，以中国梦为载体，深化中国特色社会主义共同理想教育。调查显示，青年对习近平新时代中国特色社会主义思想内容的知晓度和认同度中，排在第一位的都是"实现中华民族伟大复兴的中国梦"。党的十八大以来，习近平提出"中国梦"这一贯通国家富强、民族振兴和人民幸福的形象概念，生动地阐释了我们的发展目标，得到了社会的广泛共鸣。在庆祝中国共产党成立 100 周年大会上，习近平再次强调："中国共产党一经诞生，就把为中国人民谋幸福、为中华民族谋复兴确立为自己的初心使命。一百年来，中国共产党团结带领中国人民进行的一切奋斗、一切牺牲、一切创造，归结起来就是一个主题：实现中华民族伟大复兴。"[1] 因此，应充分利用"中国梦"这一载体的优势，立足于青年具体人生目标，逐渐引导青年认识个人理想与民族理想、国家理想的双向互动关系，提升个人理想，树立科学的理想信念和人生目标，坚定中国特色社会主义共同理想。

（四）以促成青年贯彻践行习近平新时代中国特色社会主义思想为归宿

提升青年对习近平新时代中国特色社会主义思想的认知认同、情感喜爱和价值信仰，归根结底是为了用习近平新时代中国特色社会主义思想指导实践和推动工作。调查显示，62.3% 的青年能将习近平新时代中国特色社会主义思想贯彻落实于自己的工作和生活，虽然具有较高的践行度，但仍存在较大的提升空间，且这一比例低于青年对理论的心理归属感、情感喜爱和价值信仰度。青年总体上对习近平新时代中国特色社会主义思想非常赞同，政治立场较为坚定，但与用习近平新时代中国特色社会主义思想铸魂育人的要求相比，在主动学习新思想和践行新思想的积极性和程度上还存在明显的不足。在用习近平新时代中国特色社会主义思想武装青年中，习近平要求思想政治工作者："要坚持理论性和实践性相统一，用科学理论培养人，重视思政课的实践性，把思政小课堂同社会大课堂结合起来，教育引导学生立鸿鹄志，做奋斗者。"[2] 习近平勉励青年要通过脚踏实地、一点一滴的实干成就每一项事业，"做人做事，最怕的就是只说不做，眼高手低。不论学习还是工作，都要面向实际、深入实践，实践出真知；都要严谨务实，一分耕耘一分收获，苦干实干"。[3] 因此，要不断推动

---

[1] 习近平：《在庆祝中国共产党成立 100 周年大会上的讲话》，人民出版社 2021 年版，第 3 页。
[2] 《习近平谈治国理政》第三卷，外文出版社 2020 年版，第 331 页。
[3] 习近平：《在北京大学师生座谈会上的讲话》，人民出版社 2018 年版，第 14 页。

青年践行习近平新时代中国特色社会主义思想，在实践中将青年培养为能够担当民族复兴大任的接班人。

调查还显示，不同青年群体对习近平新时代中国特色社会主义思想的知晓度、认同度和践行度中存在显著性差异，青年领导干部积极性最高，青年学生次之，排名第三位的是事业单位青年，排名第四位的是企业青年，排名第五位的是自由职业青年，排在最后一位的是农村青年。践行习近平新时代中国特色社会主义思想要与青年自身特点相结合，体现特殊性与普遍性相统一。在抗击新冠肺炎疫情中，广大青年高举习近平新时代中国特色社会主义思想旗帜，勇于担当、甘于奉献，在抗击疫情一线及基层社区公益服务中做出了巨大贡献。青年的勇于担当，在社会、学校、网络上掀起了一场青春风暴，让人感慨仿佛一夜之间"90后""00后"全部长大了。各级党委和政府要为青年投身实践创造更多平台，广大青年要听党指挥，将自身聪明才智奉献在祖国和人民群众最需要的地方，用高昂的奋斗和奉献精神铸就新时代的实践丰碑。

二、拓展青年理论武装的途径

课题组研究发现，青年理论武装工作有助于增进青年对习近平新时代中国特色社会主义思想的认同，各理论武装途径都发挥了积极作用，但是不同途径对习近平新时代中国特色社会主义思想武装青年的效果有明显差异，各途径对不同青年群体的作用也存在显著性差异。调查还显示，近年来青年对习近平新时代中国特色社会主义思想武装的重要性、感兴趣程度明显提高，习近平新时代中国特色社会主义思想武装青年途径运用的效果得到大幅提升，广大理论工作者以更加高昂的风貌，采取多样化的理论武装途径开展理论武装工作，但总体上习近平新时代中国特色社会主义思想武装青年途径的运用效果还有较大的提升空间。总体来看，习近平新时代中国特色社会主义思想武装青年的途径，一定程度上存在理论途径运用多而实践途径运用少、直接途径运用多而间接途径运用少、显性途径运用多而隐性途径运用少、朴素途径运用多而理性途径运用少的特点。优化习近平新时代中国特色社会主义思想武装青年的途径，需要对各途径进行整体综合设计，形成综合效益。

（一）理论途径与实践途径相结合

习近平新时代中国特色社会主义思想武装青年的理论途径，是指通过有组织有系统地开展的理论宣传、理论教育、理论培训和理论学习等途径。习近平新时代中国特色社会主义思想武装青年的实践途径，是指通过青年投身于新时代中国特色社会主义建设实践或社会实践，在生活、学习和工作中不断加深对理论的认识理解，进而提升理论认同的途径。习近平新时代中国特色社会主义思想武装青年本身是一种理论宣传教育活动，理论途径是理论武装的基本特点和基本活动方式。习近平新时代中国特色社会主义思想的创立，源自新时代中国特色社会主义的伟大实践，是对坚持和发展中国特色社会主义、建设现代化强国、党的建设等重大时代课题的系统回答。因此，习近平新时代中国特色社会主义思想武装青年虽然是理论宣传教育活动，但离不开新时代中国特色社会主义实践活动。

在长期用党的创新理论武装青年的实践历程中，宣传思想战线形成了比较重视理论宣传途径的传统，形成了理论宣讲、理论辅导、理论宣传、理论培训、理论学习等理论途径。调查显示，青年对"理论宣传教育"途径评价的有效度为64.3%，与2015年有效度的38.0%相比，得到大幅提高；青年对"党、团组织开展的学习活动"评价的有效度也从2015年的53.2%提高到69.1%。可见，习近平新时代中国特色社会主义思想武装青年的理论途径总体上是比较有效的，理论途径依然是最集中、最稳定、最普遍的理论武装途径。但是，与理论途径相比，青年对习近平新时代中国特色社会主义思想武装青年的实践途径效果评价更高且更充满期待。调查显示，近年来青年对"社会实践活动"和"树立正面典型人物"途径的效果评价在各途径中位列前两位，有效度分别达到75.2%和74.4%，也高于2015年的59.9%和60.9%。这说明青年对习近平新时代中国特色社会主义思想武装的实践途径的兴趣更高，实践途径既是深受青年欢迎的理论武装途径，同时也是评价有效度最高的途径。

优化习近平新时代中国特色社会主义思想武装青年的途径，既要注重发挥理论途径的主导作用和优势，同时也要充分发挥实践途径的有效作用，实现理论途径与实践途径的深度结合。调查显示，青年最愿意接受的理论教育方法是社会实践与考察，对新媒体宣传、自学研读原著或原文、理论讲授的方式也具有较高期待，对文件精神传达、培训班方式的意愿最低。通过访谈也发现，青年对单位、学校或者社区邀请专家、学者开展理论宣讲十分接纳，理论宣讲效果显著，理论途径基础性作用影响深远，对实践活动更是充满期待，希望能够提高活动开展的频率，对实践考察活动效果评价非常高。应充分调动青年投身新时代中国特色社会主义伟大实践活动，在实践中感受习近平新时代中国特色社会主义思想的科学性和正确性，提升其理论认同度。新时代中国特色社会主义伟大实践为习近平新时代中国特色社会主义思想武装青年奠定了坚实的实践基础，要充分利用新时代中国特色社会主义伟大实践来升华习近平新时代中国特色社会主义思想武装内容，用习近平新时代中国特色社会主义思想阐释新时代中国特色社会主义实践的伟大成就和历史性变革，形成理论途径与实践途径相整合的良性互动机制，不断推进习近平新时代中国特色社会主义思想武装青年途径的发展。

（二）直接途径与间接途径相补充

习近平新时代中国特色社会主义思想武装青年的直接途径，是指通过直接的、专门的理论宣传教育活动来开展理论武装的途径，比如党和政府、新闻舆论、教育部门等直接开展的理论宣传教育活动。习近平新时代中国特色社会主义思想武装青年的间接途径，是指把理论贯穿于其他途径或日常生活之中，通过提升其他方面的因素来间接地提升习近平新时代中国特色社会主义思想认同度的途径，比如在解决实际问题中开展的理论武装活动。直接途径是习近平新时代中国特色社会主义思想武装青年的主导性渠道，具有系统性和权威性的优势。而间接途径与青年的生活、学习和工作更为密切，具有多样化和全息性的优势，为习近平新时代中国特色社会主义思想武装青年提供了更为广阔的视野。因此，在习近平新时代中国特色社会主义思想武装青年的工作中，在注重直接途径主导作用的同时，也应鼓励多样化的间接途径，不断丰富拓展理论武装途径。

在以往习近平新时代中国特色社会主义思想武装青年中，我们比较重视直接途径的主渠道作用，注重党和政府、新闻宣传、教育部门等直接开展的理论武装活动，这些直接途径依然是理论武装的主渠道、主阵地。调查显示，近年来理论武装的直接途径效果提升显著，青年群体对社会实践活动、树立正面典型人物、党团组织开展的学习活动的效果评价最高，对大众传播媒介宣传、理论宣传教育、家庭环境、职业教育路径也有较高的评价，对听辅导报告及自主学习活动的效果也具有积极评价。可见，习近平新时代中国特色社会主义思想武装青年必须充分重视直接途径的作用。调查表明，间接途径对青年认同习近平新时代中国特色社会主义思想同样有着重要作用，青年对习近平新时代中国特色社会主义思想的知晓度、认同度同其生活满意度、人生观、价值观、政治观等因素之间存在显著的正相关关系。

在开展习近平新时代中国特色社会主义思想武装青年的过程中，一方面我们要充分发挥直接途径的主导性作用，通过直接宣传普及活动，提升习近平新时代中国特色社会主义思想武装青年的专门性、系统性和权威性。另一方面，也要扩展习近平新时代中国特色社会主义思想武装途径的视野，充分运用间接方式，通过贯穿青年日常生活和改善现实生活状况，不断提升青年生活满意度、生活态度积极性和人生目标明确度，助力青年对习近平新时代中国特色社会主义思想的认同和践行，做到直接途径和间接途径的相互补充。对习近平新时代中国特色社会主义思想武装途径的理解，不能仅仅局限于教育教学的微观视野，也不应局限于宣传部门宣传工作的视野，应该树立整体理论武装宏观视野。在以往思想理论武装过程中，一些思想理论工作者感觉比较孤单，感觉青年理论武装工作就像在沙漠里精心营造绿洲，而不管周边环境如何。然而，新时代用党的创新理论武装青年的环境已经发生根本变化，要带领青年在枝繁叶茂的森林里感受绿色。调查显示，虽然对于各种理论武装途径，青年获取思想政治理论信息的依赖度有大有小，对理论武装途径效果评价有高有低，但毫无疑问各种理论武装途径都发挥了积极作用，理论武装途径效果的评价与习近平新时代中国特色社会主义思想认同度之间存在显著性正相关关系。因此，开展习近平新时代中国特色社会主义思想武装工作，既要运用理论灌输和实践考察的直接理论武装渠道，也可以运用生活化、社会环境化的间接理论武装渠道，扩展习近平新时代中国特色社会主义思想武装途径。

应加强人文关怀和心理疏导，不断提升青年生活满意度、生活态度积极性和人生目标明确度，推动青年理论认同。青年普遍认为生活、学习和工作压力比较大，一些青年感觉自身价值难以得到体现。青年压力具体表现在学习压力、工作晋升压力及收入压力上，像"外卖小哥身兼数职""工作时如何划水""沉溺网络游戏逃避现实压力""拒绝内卷真正躺平"等话题时常在青年群体中产生极大共鸣。调查显示，青年总体上生活态度比较积极（68.5%），人生目标比较明确（64.0%），但生活满意度水平一般（48.5%），且近年来青年生活满意度、生活态度积极性、人生目标明确度有所降低。青年生活满意度、生活态度积极性、人生目标明确度与习近平新时代中国特色社会主义思想知晓度、认同度之间存在正相关关系。因此，应加强人文关怀和心理疏导，引导青年客观看待生活中的困难，树立积极的人生目标，保持饱满的生活态度，提升生活满意度。必须更加关注青年、支持青年、鼓励青年，健全完善青年工作实践激励、评价及补偿机制，让青年切实地感受到自身价值，在提升生活幸福感和满足感的基础上不断提升理论认同水平。

应关心青年社会问题的解决，营造关心关爱青年的社会氛围。青年处于人生道路的起步阶段，正处于成长的关键处、要紧时，面临学习、工作和生活各方面的困难和苦恼，很多困难是当代青年特有的。压力可以是推动青年成长的动力，也可能成为青年难以逾越的心理和现实障碍，需要党和政府、社会、学校和单位及时伸出援手。调查显示，青年日常更加关注与自己学习相关的专业信息、与日常生活相关的服务信息和社会民生热点信息，对习近平新时代中国特色社会主义思想信息的主动关注度比较低。一些青年反映，关注度不高，并不是因为青年对习近平新时代中国特色社会主义思想缺乏感情，而是生活和工作太忙，没有学习理论的时间。习近平要求党和政府要真情关心青年、关爱青年，做青年工作的热心人："我们要关注青年所思、所忧、所盼，帮助青年解决好他们在毕业求职、创新创业、社会融入、婚恋交友、老人赡养、子女教育等方面的操心事、烦心事，努力为青年创造良好发展条件，让他们感受到关爱就在身边、关怀就在眼前。"[1] 比如，国家个人所得税改革中，子女教育、继续教育、大病医疗、住房贷款利息或者住房租金、赡养老人等专项附加扣除，减轻了青年的纳税负担。十三届全国人大常委会第三十次会议审议通过了关于修改人口与计划生育法的决定，通过国家采取财政、税收、保险、教育、住房、就业等支持措施，减轻家庭生育、养育、教育负担，推动建立普惠托育服务体系，促进婴幼儿活动场所及配套服务设施建设，加强婴幼儿照护支持与指导，积极促进优生优育。面对义务教育中作业负担、校外培训、资本操控等现实矛盾，中共中央办公厅、国务院办公厅印发《关于进一步减轻义务教育阶段学生作业负担和校外培训负担的意见》，突出问题导向，严禁学校将检查、批改作业的任务转嫁给家长，学科类培训机构一律不得上市融资，严禁资本化运作，规范培训服务行为，提升学校课后服务水平，满足学生多样化需求。这些重大举措，回应了青年最直接、最现实的实际问题，因而在青年中激发起广泛而热烈的反响。

---

[1] 习近平：《在纪念五四运动 100 周年大会上的讲话》，人民出版社 2019 年版，第 14 页。

（三）显性途径与隐性途径相统一

习近平新时代中国特色社会主义思想武装青年的显性途径是指有明确目的性、计划性和有明确外显方式的理论武装方式，比如党的主题教育活动、理论宣传及宣讲活动、学校思想政治理论课等。习近平新时代中国特色社会主义思想武装青年的隐性途径是指表面上看无明确目的、无明确外显特征的内隐性宣传教育方式，比如社区文化建设、乡风文明建设、家风建设等活动。应在设计习近平新时代中国特色社会主义思想武装青年的显性途径的同时，留意隐性途径的作用，保持显性途径与隐性途径的一致性。

旗帜鲜明地向青年开展习近平新时代中国特色社会主义思想武装工作，是我们用党的创新理论凝魂聚魄的迫切要求和鲜明的政治优势。马克思恩格斯在《共产党宣言》中明确公告："共产党人不屑于隐瞒自己的观点和意图。他们公开宣布：他们的目的只有用暴力推翻全部现存的社会制度才能达到。让统治阶级在共产主义革命面前发抖吧。无产者在这个革命中失去的只是锁链。他们获得的将是整个世界。"[1] 习近平也多次强调："开展马克思主义理论教育，用新时代中国特色社会主义思想铸魂育人。"[2] 因此，开展习近平新时代中国特色社会主义思想武装青年工作是光明正大、理直气壮的，这也彰显了中国特色社会主义的道路自信、理论自信、制度自信、文化自信。

在习近平新时代中国特色社会主义思想武装青年的过程中，我们也需要采取隐性的方式，把习近平新时代中国特色社会主义思想内容渗透到其他活动中，溶盐于水，润物细无声，营造良好的环境和氛围。调查显示，社会环境是影响习近平新时代中国特色社会主义思想武装青年效果的第二位的因素。正如习近平指出："把精神文明建设贯穿改革开放和现代化全过程、渗透社会生活各方面，紧密结合培育和践行社会主义核心价值观，大力倡导共产党人的世界观、人生观、价值观，坚守共产党人的精神家园。"[3] 在以往的习近平新时代中国特色社会主义思想武装青年过程中，我们比较习惯采取显性方式展开，理论武装活动大张旗鼓，开展得轰轰烈烈，形成强大的理论武装声势，这依然是非常必要的。但在继续发挥显性途径作用的同时，也应该注重运用隐性途径，学会用"润物细无声""以文化人"等方式，使习近平新时代中国特色社会主义思想武装青年蕴含在各种显性的活动之中，达到最佳的教育效果。

---

[1]《马克思恩格斯选集》第一卷，人民出版社 2012 年版，第 435 页。
[2] 习近平:《思政课是落实立德树人根本任务的关键课程》，人民出版社 2020 年版，第 6 页。
[3]《习近平谈治国理政》第二卷，外文出版社 2017 年版，第 324 页。

在青年理论武装工作中坚持显性教育和隐性教育相统一，有利于实现理论武装"惊涛拍岸"气势和"润物无声"效果的统一。调查显示，青年群体对社会实践活动、树立正面典型人物、党团组织开展的学习活动的效果评价最高，对大众传播媒介宣传、理论宣传教育、家庭环境、职业教育路径也具有较高的评价，这表明正面典型人物、党团组织开展的学习活动等显性途径及家庭环境、职业教育等隐性教育途径兼具较高理论武装效果。访谈发现，不少青年也表示"自己受家庭的影响很大，家人经常告诫自己要好好学习，争取入党"。要进一步促进新时代青年理论武装显性途径同隐性途径相统一，全面巩固显性途径在理论武装工作中的地位，同时大力推动社区、乡镇、家庭文明风尚建设，坚持"大思政"格局，形成融入式、嵌入式、渗透式的铸魂育人协同效应。

（四）感性途径与理性途径相协调

青年理论武装的感性途径是指青年在家庭生活、工作学习等社会实践活动中亲身领会习近平新时代中国特色社会主义思想对新时代中国特色社会主义事业的指导意义，提升对理论认同的途径。理性途径是指青年有目的地通过教育、理论培训、理论宣传等渠道获取思想理论信息，较为系统、有计划、有节奏地提升对理论的认识程度的途径。调查表明，感性途径是深受青年喜欢和接受的习近平新时代中国特色社会主义思想武装途径。感性途径在青年理论武装工作中的作用不可忽视，毛泽东早就指出："人对事物的认识，总要经过多少次反复，要有一个积累的过程。要积累大量的感性材料，才会引起感性认识到理性认识的飞跃。"[1] 可见，在实践中通过感性途径获取的大量丰富而具体的生动素材是推动青年对习近平新时代中国特色社会主义思想理性认同的基础。这启示我们既需要充分调动青年对感性途径参与的积极性，又需要从理性层面增强青年对习近平新时代中国特色社会主义思想的认同，这样才能形成更为坚定的中国特色社会主义认同。

推动感性途径与理性途径相协调是加强青年理论武装工作的必要手段。调查发现，青年对习近平新时代中国特色社会主义思想各内容观点达到比较了解的程度，知晓度为65.4%；青年对习近平新时代中国特色社会主义思想各理论内容的总体认同度为84.1%，认同水平非常高。也就是说青年对习近平新时代中国特色社会主义的认同度远高于知晓度，这表明感性途径在青年理论武装工

---

[1]《毛泽东文集》第八卷，人民出版社 1999 年版，第 389 页。

作中发挥着重要作用，推动感性途径与理性途径相协调进而推动青年从感性认识到理性学习的转换尤为必要。调查还显示，青年对习近平新时代中国特色社会主义思想的学习积极度（43.8%）、对马克思主义的信仰及对社会主义和共产主义的信仰度（69.0%）、对习近平新时代中国特色社会主义思想的贯彻落实度（62.3%）均有进一步提升的较大空间。这表明青年理性获取习近平新时代中国特色社会主义思想的动力不足，亟待提升理性途径的作用。可见，新时代要重点关注理性途径对提升青年理论认同方面的作用，同时也要关照感性途径实际发挥的作用，做到感性途径与理性途径的协调。只有建立在对理论充分了解的基础上的认同，才是具有坚实基础的认同。进一步提升青年对习近平新时代中国特色社会主义思想的知晓度和理性认识、积极拓展习近平新时代中国特色社会主义思想武装青年的理性途径，是习近平新时代中国特色社会主义思想武装青年走向深入的必然途径。要提升习近平新时代中国特色社会主义思想武装青年的学理层次，从学理高度更好地讲授习近平新时代中国特色社会主义思想的科学体系。

三、丰富青年理论武装的载体

理论武装载体是承担思想理论信息，直接作用于青年的客观中介，系统提升多元载体实效对习近平新时代中国特色社会主义思想武装青年可以起到事半功倍的效果。调查显示，虽然青年日常主要通过网络新媒体载体获取习近平新时代中国特色社会主义思想信息，但是青年对这一载体的信任度非常低，发挥的作用并不积极充分；虽然青年日常更相信课堂讲授、书籍、报告讲座等传统语言文字载体，但是又很少从传统语言文字载体形式获取理论信息；尽管直接载体具有承载习近平新时代中国特色社会主义思想信息的优势，但青年更多从间接载体中获取思想政治理论信息；单一的载体对习近平新时代中国特色社会主义思想武装青年的作用日益减弱，多元立体载体的综合运用成为青年理论武装的新趋向。为此，课题组提出以下优化习近平新时代中国特色社会主义思想武装青年载体的建议和对策。

（一）强化语言文字载体的基础作用

语言文字载体是百年来用党的创新理论武装青年的最基础的载体，是通过宣讲、口头交流、书籍、报刊、宣传板报等形式传递党的思想政治理论信息的方式集合。调查表明，书籍、报刊、报告讲座等传统载体在青年获取习近平新时代中国特色社会主义思想信息中依然发挥着重要作用，其中"书籍"是排在第三位的载体，有效度为51.4%。青年最信任的载体中，排在第一位的是"党和政府宣传"，信任度为77.1%；排在第二位的是"课堂讲授"，信任度为68.4%；排在第三位的是"书籍"，信任度为67.8%；排在第四位的是"讲座报告"，信任度为67.1%；排在第五位的是"报纸"，信任度为64.5%；排在第六位的是"内部文件"，信任度为62.8%。排在第十三位的是"网络"，信任度为28.0%，排在第十四位的是"微信"，信任度为27.7%，青年对这两种载体信任度远远低于传统语言文字载体。这说明语言文字传统载体在青年思想政治理论信息的获取方面依然处于基础性地位，并且网络新媒体也包含语言、文字等基础性的信息传播成分。

一是应充分重视课堂讲授在习近平新时代中国特色社会主义思想武装青年中的主渠道作用。调查显示，在日常通过报告讲座渠道获得思想政治理论信息的青年中，排在第一位的是青年领导干部，排在第二位的是事业单位青年，排在第三位的是青年学生，排在第四位的是企业青年，排在第五位的是自由职业青年，排在第六位的是农村青年。其中，企业青年、自由职业青年、农村青年通过报告讲座渠道获取习近平新时代中国特色社会主义思想信息的比例非常低，低于10.8%。要不断增加课堂讲授在青年理论信息接受中所占比重，扩大理论讲授载体的覆盖面，创新课堂讲授形式与教法，推动习近平新时代中国特色社会主义思想进课堂、入人心。一方面，要抓好学校课堂教学主渠道，用习近平新时代中国特色社会主义思想武装青年学生。抓好思想政治理论课建设，进一步推动讲授式教学法、实践和活动式教学法、案例式教学法、互动式教学法、翻转课堂式教学法的创新运用，更好地发挥思想政治理论课在落实立德树人根本任务中的关键作用。充分推动课程思政同思政课程深度融合，构建全课程、全员、全过程和全方位协同育人格局。另一方面，要抓好党团组织开展的理论宣讲课程作用，推动习近平新时代中国特色社会主义思想大众化。调查显示，在对党团组织开展的学习活动的效果评价中，评价最高的是青年领导干部，其次是事业单位青年，第三位是青年学生，第四位是企业青年，第五位是自由职业青年，排在最后的是农村青年。访谈分析显示，理论宣讲是青年乐于接受的载体，在推动青年对习近平新时代中国特色社会主义思想感性认同向理性认同飞跃中具有重要意义。要结合不同群体的青年的特点，打造分众性理论教育课程，提高党团组织开展的理论课程的针对性，扩展其覆盖面。比如，长沙市委组织部结合党史学习教育活动，组织党校和高校青年教师开发《中国共产党为什么能》《马克思主义为什么行》《中国特色社会主义为什么好》等系列精品课程，将精心打磨的课程送到基层党校、党性教育基地、党群服务中心、远教站点等，将线下基层宣讲和线上"点课"学习相结合，既可以覆盖党员干部，也可以覆盖基层群众，成效显著。

二是发挥思想政治理论类书籍在青年学习习近平新时代中国特色社会主义思想中的作用，推动党的创新理论进教材，推广党的创新理论通俗读物。调查显示，书籍是青年日常获取思想政治理论信息排在第三位的渠道，以书籍渠道在青年群体中的运用率排序，依次为青年领导干部（67.5%）、青年学生（60.1%）、事业单位青年（49.2%）、企业青年（37.6%）、自由职业青年（33.4%）和农村青年（30.6%）。从青年思想政治理论类书籍阅读倾向来看，青年更倾向于直接阅读习近平等党和国家领导人的讲话来进行理论学习，对国际国内时事与政策读本、思想道德修养读物也比较喜爱。因此，要强化大中小学思想政治理论学科体系与教材体系协同建设，使得青年学生能够阅读到党的最新思想政治理论书籍。针对青年党员干部及事业单位青年，要建立常态化经典书籍阅读、学术沙龙交流活动，强化马克思主义经典著作、党和国家领导人讲话书籍在学历水平较高的青年群体中的作用。针对企业青年、农村青年、自由职业青年，要积极发挥思想政治理论类通俗读本的作用。要打造多元立体的思想政治理论类书籍，以喜闻乐见的阅读形式推动习近平新时代中国特色社会主义思想武装青年。

三是要发挥报刊的"喉舌"作用，发挥好家风家教、宣传板报等载体的生活化、大众化优势，用适当的语言准确讲好中国故事、传递习近平新时代中国特色社会主义思想声音。报纸刊物尤其是党报党刊，是中国共产党理论武装青年的传统载体，也是习近平新时代中国特色社会主义思想武装青年的权威载体。习近平指出："党校还要充分发挥课堂、报刊、网站、出版物等阵地优势，坚持在重大政治原则和大是大非问题上净化'噪音'、'杂音'，弘扬主旋律，传播正能量。"[1]党管报刊始终是维护意识形态安全，推进理论宣传的重要原则。调查显示，青年最信任的载体中，排在第一位的是"党和政府宣传"，信任度为

[1] 习近平:《在全国党校工作会议上的讲话》，人民出版社2016年版，第21页。

77.1%，排在第五位的是"报纸"，信任度为 64.5%。但是，青年日常获取思想理论信息的渠道中，报刊只排名第八位，使用率为 24.5%。可见，报刊尤其是党报党刊在习近平新时代中国特色社会主义思想武装青年中具有较高的权威和信任优势，但是其作用的覆盖面还比较小。新时代要进一步提升以《人民日报》《光明日报》《解放军报》等为代表的主流报刊影响力，尤其是提高青年对这些载体的可及性和使用率。此外，宣传板报是习近平新时代中国特色社会主义思想武装青年常见的载体，广泛分布于党政机关、企事业单位、学校、街道、乡村等领域，具有分布广泛、实效性强的特点。新时代宣传板报搭乘网络短视频的"快车"迅速走红，成为习近平新时代中国特色社会主义思想武装青年的重要载体。访谈分析显示，具有鲜明时代特点和积极正能量的宣传标语对青年具有高度吸引力，在青年微信朋友圈背景设置"红星照耀中国""为实现中华民族伟大复兴而奋斗""服务人民，不负韶华""心中有党，成绩理想"等标语一度成为潮流。调查显示，青年对"宣传板报"载体的可信度在各种载体中排在第九位，信任度为 48.4%，宣传板或电子屏载体在青年日常获取习近平新时代中国特色社会主义思想的渠道中排名第十位，使用率为 14.8%。可见，传统线下张贴宣传习近平新时代中国特色社会主义思想的纸质载体、粉刷式或喷印式载体并不能很好地引起青年关注。而具有鲜明时代特点和"网红"特征的宣传标语却在青年群体中引起广泛影响。为此，应及时研判青年特点，不断提升宣传板报语言文字载体的亲和力和影响力。

（二）发挥网络新媒体及虚拟载体传播优势

通过课题组 2015 年和 2024 年两次调查数据对比发现，在 2015 年人们获取思想政治理论信息的主要渠道为网络和书籍，2021 年主要渠道为是网络、微信和书籍，对网络渠道的依赖度由为 74.5% 上升到 85.7%，对书籍渠道依赖度由 55.0% 降低到 51.4%。网络、微博、微信、新闻客户端等新媒体载体，已经成为青年日常获取习近平新时代中国特色社会主义思想的主要渠道。中国互联网络信息中心统计显示："截至 2023 年 12 月，我国网民规模达 10.92 亿人，较 2022 年 12 月新增网民 2480 万人，互联网普及率达 77.5%。"[1]10 亿多用户接入互联网，形成了全球最为庞大、生机勃勃的数字社会。面对全球最大的网民规模，必须优化主流媒体思想理论信息内容和呈现形式，打造精良的青年学习习近平

---

[1] 李政葳：《我国网民规模达 10.92 亿人》，《光明日报》2024 年 3 月 23 日，第 3 版。

新时代中国特色社会思想的新媒体平台，发挥网络虚拟载体的传播优势。

一是要用好新型网络 App。新型网络 App 是习近平新时代中国特色社会主义思想武装青年网络虚拟载体的主流。以"学习强国""人民日报客户端""青年大学习"等为代表的主流网络 App 或小程序，以"抖音""微信""微博""小红书""知乎"等为代表的流量 App 在青年日常获取信息及学习习近平新时代中国特色社会主义思想中的作用越来越大。结合调查与访谈分析可知，青年获取思想政治理论信息渠道排名第一的是网络（85.7%），排名第二的是微信（56.3%），排名第六的是微博（39.4%），排名第七的是新闻客户端（35.1%），青年对新型网络 App 的依赖度显著提升。但青年日常网络活动内容主要是浏览信息、聊天交友及关注朋友动态、在线视听娱乐等，青年浏览思想理论类网站、App 及公众号的频率较低，"内容不吸引人"及"没有兴趣"是主要的阻碍原因。尽管网络是青年获取习近平新时代中国特色社会主义思想信息排在第一位的途径，但青年更相信党和政府宣传、课堂讲授、书籍、报告讲座等传统载体，且对于网络、微信及手机短信载体最不信任，这表明流量型网络 App 上鱼目混珠的各类信息对青年理论认同提升起到了负面影响。不少青年表示"学习强国"App 可信度非常高，是自身学习理论的主要来源，这表明主流权威媒体 App 或信息源的影响力和可信度显著提升。为此，必须大力推动主流媒体 App 及其在"抖音""微博"等第三方载体中的发展，不断增强网络虚拟载体的正向影响力。

二是用好融媒体载体。媒体融合就是指不同类型、不同体系的新闻媒体实现人员互通、信息共享、人才互补、信息共建。近年来，《光明日报》《人民日报》等传统纸质媒体加快融媒体发展脚步，统筹报刊印刷与网络信息技术深度融合，在抖音关注量达到千万乃至亿级，快速提升了主流媒体影响力。主流媒体积极开展融合发展，主动借助新媒体传播优势，但在思想政治理论宣传方面仍然存在一些不足。一方面，主流媒体及思想政治理论类网站、App、公众号影响力集中于少数媒体，地方媒体、行业媒体等主流媒体影响力有待提升。例如，主流媒体能够针对青年兴趣及爱好进行相关信息的编辑及推送，在抗击新冠肺炎疫情表彰大会上主流媒体通过抖音、微博积极进行正面宣传，对网络舆论引领起到了很大作用，但这些信息主要还是由《人民日报》《光明日报》等中央媒体完成的，各省、直辖市及地县级主流媒体吸引力参差不齐，存在很大提升空间。另一方面，主流思想政治理论类网站、App、公众号推送思想政治理论信息特色不突出，具有很强的同质化特点。例如，"共青团中央"公众号推送的一些文章报道非常契合青年的实际，但是与《人民日报》公众号推送的文章一模一样。

虽然主流媒体转载文章很正常，也有利于报道影响力的提升。但是作为主流媒体公众号，每天也就推送一两条信息，结果推送的文案还一模一样，给人一种重复偷懒的感受。对于同样一条重大理论信息，不同的主流媒体推送文案、内容完全一致，使得青年在一定时间内重复阅读类似复制粘贴的信息，效果并不理想。毛泽东早就要求宣传工作的同志要向人民群众学习丰富的、生动活泼的、表现实际生活的语言，批评乏味的宣传："在写文章做演说时没有几句生动活泼切实有力的话，只有死板板的几条筋，像瘪三一样，瘦得难看，不像一个健康的人。"[1] 为此，必须针对青年获取思想政治理论信息实际情况，解决当下主流媒体、思想政治理论类网站、App、公众号存在的突出问题，为青年学习习近平新时代中国特色社会主义思想打造良好学习平台。在融媒体发展中，大数据及算法推荐方兴未艾，成为影响网络意识形态安全及青年理论武装的重要因素，要加强党对网络领域意识形态的绝对领导，坚决抵制网络软性历史虚无主义在互联网领域的传播，加大社会主义核心价值观在网络的传播力度，牢牢把握互联网青年理论武装的主导权。

三是用好人工智能与大数据载体。习近平指出："新技术是人类文明发展的成果，只要有利于提高我国社会生产力水平、有利于改善人民生活，我们都不拒绝。"[2] 人工智能和大数据技术已经在社会建设中显示出了巨大活力，人工智能与大数据技术的充分发展与应用深刻影响了习近平新时代中国特色社会主义思想武装青年的过程、效果与评价。访谈分析显示，青年更为容易接受"VR""虚拟现实""元宇宙"等网络虚拟载体，对虚拟体验式理论武装方式充满好奇和期待。因此，要针对青年特点，提高习近平新时代中国特色社会主义思想武装青年的虚拟载体的可及性和实效性。要持续加强互联网领域意识形态安全建设及互联网运行法治化、规范化建设，打造风清气正的网络空间和始终充盈正能量的网络舆论氛围，运用人工智能技术，为青年理论武装工作提供更为多元的智能载体，营造良好场域环境。

（三）发挥红色资源载体的独特作用

红色基因是党的事业薪火相传、生生不息的"精神密钥"，是百年来党带领人民艰辛奋斗的精神产物，是习近平新时代中国特色社会主义思想武装青年

---

[1]《毛泽东选集》第三卷，人民出版社 1991 年版，第 837 页。
[2]《习近平关于总体国家安全观论述摘编》，中央文献出版社 2018 年版，第 160 页。

的独特而鲜活的载体。习近平指出："要抓好青少年学习教育，着力讲好党的故事、革命的故事、英雄的故事，厚植爱党、爱国、爱社会主义的情感，让红色基因、革命薪火代代传承。"[1] 访谈分析显示，家庭环境、同龄人的影响是青年产生感性理论认同的重要影响因素，青年浸染在由先辈或者同龄人创造的"建党精神""长征精神""北斗精神"等氛围中，对习近平新时代中国特色社会主义思想的认同显著提升。党的宣传思想部门要加强对党的精神谱系的深度解释，不断发挥中国共产党人精神谱系的铸魂育人作用。习近平强调："要鼓励创作党史题材的文艺作品特别是影视作品，精心组织党史主题出版物的出版发行，发挥互联网在党史宣传中的重要作用。"[2] 近年来，一批优质红色文艺作品相继搬上大荧幕，唤起了青年深深的爱国情、报国心，激活了青年身上流淌的红色基因。电影《长津湖》的上映在青年群体中掀起热潮，红色文艺作品在习近平新时代中国特色社会主义思想武装青年中具有重要优势。

红色资源载体，既包括深深植入党员内心，始终坚持全心全意为人民服务的价值谱系和精神信仰，也包括外在的红色革命文化基地等外显载体。新时代要讲好红色故事，弘扬红色精神，传承红色基因，就要用好红色教育基地。形式新颖、情感式体验的红色革命基地，能将历史真实的一面完整再现给青年，推动青年在潜移默化中增强爱党爱国情怀和抵御历史虚无主义的自觉。调查显示，在各种理论武装途径中，青年对社会实践活动（75.2%）、树立正面典型人物（74.4%）和党团组织开展的学习活动（69.1%）途径评价最高；青年领导干部对党校学习上党课、"不忘初心，牢记使命"主题教育、党的群众路线教育实践活动、听辅导报告、社会实践活动的有效性评价最高，有效度都在92.5%以上，对党内系统开展的规范性理论学习教育活动普遍给予高度评价；青年学生对树立正面典型人物、社会实践活动和学校思想政治理论课程教育、党团组织开展的学习活动给予高度评价，有效度在71.0%以上。因此，运用红色遗址和红色场馆载体，开展移动思政课堂和实践考察，是开展习近平新时代中国特色社会主义思想武装非常有效的红色教育载体。

（四）促进多元载体的融合发展

充分认识各种载体在习近平新时代中国特色社会主义思想武装青年中的优

---

[1] 习近平:《在党史学习教育动员大会上的讲话》，人民出版社 2021 年版，第 26 页。
[2] 习近平:《在党史学习教育动员大会上的讲话》，人民出版社 2021 年版，第 26 页。

势和局限。调查和访谈分析表明，不同载体在习近平新时代中国特色社会主义思想武装青年中各有长处与短板，语言文字载体具有信任度高但青年使用率相对较低的特点；网络新型媒体在青年日常获取思想政治理论类信息中占据第一位的优势，但青年对其信任度非常低，制约了思想政治理论类信息在网络领域的传播；红色资源载体传承性强，并能达到"以情动人"的目的，但不同青年群体对红色资源载体的接触率参差不齐；青年对组织化程度较高、内部思想政治理论信息和权威部门信息载体的信任度较高，但获取组织化程度较高的思想政治理论信息的难度很大，获取的范围和思想政治理论信息的内容存在局限。因此，在推动习近平新时代中国特色社会主义思想武装青年的过程中，应充分认识各种载体发挥作用的优势和局限，扬长避短，保证各种载体充分有效利用。

实现各载体在习近平新时代中国特色社会主义思想武装青年中的融合发展。推进青年理论武装载体的融合发展，并不是摒弃各载体原有功能，而是在充分发挥各载体原有功能的基础上，引入其他载体长处与之融合，形成青年理论武装的综合型载体。"加快传统媒体和新兴媒体融合发展，充分运用新技术、新应用创新媒体传播方式，占领信息传播制高点。"[1] 比如，针对语言文字载体，要继续保持权威书籍、报刊、理论报告、宣传板报等载体在理论武装青年中的基石地位，同时创新其理论叙述风格，引入网络新型媒体呈现方式和红色基因叙事线，打造既有理论深度、又有鲜明呈现方式的理论武装融合性载体。针对网络新型载体，要继续加强网络空间秩序管理，依法依规惩治违法犯罪行为、整治不良网络习气，充分发挥主流媒体在互联网领域的公信力标杆作用，形成互联网青年理论武装的高地。红色基因载体运用受到了经济、地域及其他客观因素的阻碍，可以尝试运用互联网新技术，采取"网络推介""虚拟现实"等新型互联网模式创新红色载体的运用形式，并加强运用力度。因此，在习近平新时代中国特色社会主义思想武装青年的过程中，应倡导传统载体与现代载体、语言文字载体和音像视频载体、组织载体和自主载体、权威载体和普通载体、真实载体与虚拟载体等的相互协作，实现各种载体的多元融合发展。

---

[1]《习近平关于社会主义文化建设论述摘编》，中央文献出版社 2017 年版，第 31 页。

四、创新青年理论武装的方法

党的十八大以来，习近平新时代中国特色社会主义思想武装全党、教育人民工作系统展开，宣传思想战线通过理论话语创新、培育文化自信、加强对外宣传、创新课堂教学、开展群众性主题宣传教育、提高大众传媒舆论传播力、引导力、影响力、公信力等举措，不断创新习近平新时代中国特色社会主义思想武装青年方法。调查表明，习近平新时代中国特色社会主义思想武装青年的效果是非常明显的，开展习近平新时代中国特色社会主义思想武装有助于增强青年对习近平新时代中国特色社会主义思想的认同。但在具体方法运用中也存在一些问题：专题化、系统化理论宣传教育方法运用较多，日常生活、偶发性宣传教育方法运用偏少；正面宣传教育方法运用偏多，错误观点批判方法运用偏少；理论武装实施主体的主动性、积极性发挥比较受重视，青年自主学习和实践的积极性和主动性发挥不足；对内理论武装方法比较受重视，从国际国内互动的角度来考虑习近平新时代中国特色社会主义思想武装青年工作则不足；从总体上主要通过传统惯性和专题教育的方式展开，而在继承传统方法的基础上创造性开展习近平新时代中国特色社会主义思想武装青年方法还不够，需要在理论武装方法方面进行优化发展。

（一）传承运用好说理教育的基本方法

说理教育法是中国共产党用马克思主义理论武装青年的基本方法。社会主义自从成为科学以来，就要求必须以高度的热情把由此获得的日益明确的意识传播到工人群众中去。凡属于思想性质的问题，只能用讨论的方法、批评的方法、说服教育的方法去解决，而不能用强制的、压服的方法去解决。通过讨论和民主的方法，使青年认识到自己思想政治理论方面所存在的问题，实现自己对马克思主义理论的认同，增强自身对错误思想的免疫力。习近平把说理教育法巧妙比喻为"盐"，好的思想政治工作应该将盐溶解到各种食物中自然而然吸收，"一切创作技巧和手段最终都是为内容服务的，都是为了更鲜明、更独特、更透彻地说人说事说理"[1]。调查显示，青年对"理论宣传教育"方法的有效性评价从 2015 年的 38.0% 提高到了 2024 年的 64.3%，增加了 26.3%。访谈发现，青年对自己曾参加过一些思政课程和理论辅导报告给予高度评价，时隔多年依然记忆犹新并深受教育，也有青年对自己参加的理论课程评价很低，原因在于理论的古板说教。因此，说理教育法具有基础性价值，习近平新时代中国特色社会主义思想武装青年必须传承运用好说理教育的基本方法。

（二）注重党政宣传与基层偶发方法相呼应

在习近平新时代中国特色社会主义思想武装青年的过程中，党政宣传部门毫无疑问占据主导地位，有组织地开展专题化、系统化的理论武装工作。党的十九大以来，围绕习近平新时代中国特色社会主义思想武装青年工作，党中央开展过一系列专题教育活动，对营造习近平新时代中国特色社会主义思想武装青年氛围，集中开展主题教育活动，发挥着重要作用。调查显示，青年对党和政府开展的理论宣传教育活动给予高度信任，在各种思想政治理论信息传播渠道中排在第一位，信任度为 77.1%。但以专题教育、系统理论教育为主要特征的理论武装方法也存在一定的局限性，带有浓厚的运动战、突击战、形式化的痕迹。并且，采取专题性、系统理论教育的方式开展习近平新时代中国特色社会主义思想武装青年的效果与投入相比并不完全匹配。调查表明，青年对"理论宣传教育"方法效果评价有较大幅度的提高，达到 64.3%，但依然存在较大的提升空间。因此，应注重将党和政府理论宣传教育制度化，出台相应的政策文件，将习近平新时代中国特色社会主义思想融入各种规章制度、市民公约、乡规民约、学生守则，与仪式活动、精神文明创建活动、家风民风、政策导向、法治建设、社会治理等结合起来，在落细、落小、落实上下功夫，从而引导青年在日常生活中树立正确的思想政治观念。在访谈中发现，家庭对青年的理论认同产生了最原始的推动力，积极向上、崇尚真善美的和谐家风对青年加强思想政治理论学习至关重要。同时，在习近平新时代中国特色社会主义思想武装青年中，也要充分利用一些偶发性的生活事件，围绕重大生活事件和新时代中国特色社会主义实践中的重大事件，做到"因事而化、因时而进、因势而新"，营造推动习近平新时代中国特色社会主义思想武装青年的良好环境，以推动习近平新时代中国特色社会主义思想武装青年的开展。党的十八大以来，借助中华人民共和国成立 70 周年、中国共产党成立 100 周年等党和国家重大会议和

---

[1]《习近平谈治国理政》第二卷，外文出版社 2017 年版，第 319 页。

节庆节点，开展"我和我的祖国"快闪、"强国有我，青春礼赞"主题活动等青年群众性主题宣传教育活动，形成了青年理论学习热潮涌动神州大地，思想光芒照亮精神家园的良好氛围。因此，要充分重视基层偶发方法的运用，推动党政宣传和基层偶发双向发力。

（三）将理论宣传与职业发展及自主学习方法相融合

发挥职业教育方法作用，将理论武装与青年职业培训和职业发展相结合。访谈分析显示，青年群体更愿意接受同自己日常生活及职业发展方面相关的思想政治理论类信息，比如有青年表示："因为我自己是会计学专业，所以平常经常看财经频道，感觉有时候通过财经类信息也能感受到国家宏观调控的根本目的是国家经济健康发展和增加普通群众的财富。"调查显示，在日常通过职场培训渠道获取习近平新时代中国特色社会主义思想信息的青年中，排在第一位的是事业单位青年（22.3%），排在第二位的是青年领导干部（20.2%），排在第三位的是企业青年（16.0%），排在第四位的是自由职业青年（8.0%），排在第五位的是农村青年（7.1%），排在第六位的是青年学生（6.1%）。可见，职场培训渠道的作用发挥并不充分，排名第一的事业单位青年的使用率也仅达到22.3%。在习近平新时代中国特色社会主义思想武装的职业教育路径效果的评价中，排在第一位的是青年领导干部（77.9%），排在第二位的是事业单位青年（68.0%），排在第三位的是青年学生（62.5%），排在第四位的是自由职业青年（57.7%），排在第五位的是企业青年（57.4%），排在第六位的是农村青年（48.7%）。这说明职业教育培训是青年群体有效性评价比较高且尚未被充分利用的理论武装方法。因此，宣传思想部门、人事部门、共青团部门、工会部门等应更加自觉地运用职业教育方法开展习近平新时代中国特色社会主义思想武装青年工作。

充分发挥自主学习研修方法的作用，提高青年习近平新时代中国特色社会主义思想学习积极性和理论水平。调查显示，在习近平新时代中国特色社会主义思想宣传教育方法中，青年对"自主学习活动"的效果评价排在第十一位，有效度为56.0%，评价相对较低。其中，青年领导干部评价最高，青年学生、事业单位青年次之，企业青年再次之，自由职业青年、农村青年相对较低，有效度评价在41.5%~81.6%之间。通过2015年与2024年的数据对比，青年近年来对自主学习方法的有效性评价明显提高，从46.8%提高到56.0%。在各种理论武装方法中，14.3%的青年最愿意接受"自学、研读原著原文"的方法。

虽然近年来青年对自主学习的方法更加认可，但是目前对自主学习活动的有效性评价一般，具有较大的提升空间。无论是党内系统的理论宣传活动，还是社会层面的理论武装活动，归根结底都要通过青年自身的入脑、入心、入行，才能达到理论武装的目的和效果。因此，必须调动青年学习习近平新时代中国特色社会主义思想的主动性和积极性，充分发挥自主学习的作用，原原本本地学原著、读原文、悟原理，在学懂、弄通、做实上下功夫，增强贯彻落实的思想自觉和行动自觉。

（四）将正面理论宣传与错误思潮批判方法相结合

在坚持正面宣传为主的基础上，坚持建设性和批判性相统一，通过批判错误社会思潮来推进习近平新时代中国特色社会主义思想武装青年。青年对习近平新时代中国特色社会主义思想的认同是在主流意识形态正面教育引导与各种社会思潮负面冲击两个方面力量交互作用中发展和变化的。在坚持习近平新时代中国特色社会主义思想正面宣传教育的同时，必须根据青年受错误思潮影响的特点采取针对性的措施。调查显示，青年对各不良社会思潮知晓度都在21.6%以下，对各不良社会思潮的认同度都在33.5%以下，表明青年对各不良社会思潮总体处于不太知晓和不太认同的水平。但是，青年对各不良社会思潮的认同度与对习近平新时代中国特色社会主义思想的认同度之间存在此消彼长的关系，对不良社会思潮认同度越高，对习近平新时代中国特色社会主义思想认同度越低，对不良社会思潮认同度越低，对习近平新时代中国特色社会主义思想认同度越高。为此，需要加强对社会思潮的批判，精准研判社会思潮对青年的影响机制及其路径，提升青年精准抵制不良社会思潮的意识和能力。习近平指出："面对世界的深刻复杂变化，面对信息时代各种思潮的相互激荡，面对纷繁多变、鱼龙混杂、泥沙俱下的社会现象，面对学业、情感、职业选择等多方面的考量，一时有些疑惑、彷徨、失落，是正常的人生经历。"[1]为此，必须针对社会思潮影响青年特点精准施策，持续推进马克思主义大众化和社会主义核心价值观建设，引导学生认清社会思潮的本质，学会思考、善于分析、正确抉择，以真理的力量驱散社会不良思潮对青年的影响。

时刻警惕社会思潮对中国意识形态安全和青年的习近平新时代中国特色社会主义思想认同的影响，重点加强对民主社会主义、新自由主义和历史虚无主

---

[1]《习近平谈治国理政》第一卷，外文出版社2018年版，第173页。

义思潮的批判。调查显示,青年对民主社会主义(21.6%)、历史虚无主义(18.5%)、新自由主义(15.4%)思潮的知晓度位居所有社会思潮前三位,对民主社会主义(21.9%)、历史虚无主义(9.5%)和新自由主义(9.4%)思潮的代表性观点都具有一定的认同度。青年对民主社会主义"社会思想丰富多样,不应该只是一种'主义'来作为指导思想"(28.1%)、"国家已经不再是阶级国家,不需要进行暴力革命"(26.9%)、"共产党可以由具有不同信仰和思想的人组成的一个共同体"(26.4%)和"民主社会主义是一种社会主义的模式"(25.1%)等观点认同度较高。对历史虚无主义的"李鸿章为了维护大清国的利益鞠躬尽瘁,不能说他卖国"(16.6%)、"五四运动是激进主义思潮的产物"(16.4%)、"义和团运动是盲目排斥外国人及外来文化的极端愚昧的行为"(12.7%)和"中国如果走资本主义道路能更好地实现发展"(7.0%)等观点认同度相对较高。青年对新自由主义的"个人是社会的前提,个人自由不应受到限制"(15.7%)、"国际贸易不应设置壁垒,应完全开放自由竞争"(13.4%)、"管的最少的政府是最好的政府"(7.2%)和"市场经济会自动地把一切都调整好"(7.0%)等观点具有一定的认同度。民主社会主义思潮中具有实用主义、折中主义的观点因满足了青年对理想美好社会的幻想而受到追捧,需要引导青年分清民主社会主义与习近平新时代中国特色社会主义思想的本质区别,抛弃对民主社会主义的幻想。历史虚无主义借助学术研究、历史细节解读和历史人物功过是非评价的幌子,颂扬改良和侵略有功,否定革命的历史进步性,否定中国共产党领导的人民革命和社会主义建设的历史,把原本轮廓清晰、主线明确的中国近现代历史虚无化、模糊化,迷惑了青年,需要揭露其言论实质。新自由主义主要是迎合了青年的朴素自由主义倾向而获得认同,要重点帮助青年认清作为朴素自由主义倾向与作为资本主义意识形态的新自由主义思潮的区别。因此,要持续推进马克思主义大众化,培养青年良好的政治观念,在批判不良社会思潮的实践中推进习近平新时代中国特色社会主义思想武装青年。

加强网络场域不良社会思潮的治理,不断剥夺不良社会思潮生存和传播的空间。近年来,随着党对意识形态引领力的重视,诸如历史虚无主义等不良社会思潮在社会及人际交往中的影响力大不如前,但在网络新媒体上呈现传播加快的趋势。为此,要推动网络意识形态安全建设,综合运用传播学、社会学方法,合理进行议程设置,实现从被动回应网络舆论到主动引领网络舆论的转变。例如,在抗击新冠肺炎疫情中,党政部门、主流媒体积极发声,引导网络舆情走向,使得抗击疫情期间的网络舆情总体向好。访谈发现,抗击新冠肺炎疫情中,青年总体表现良好，基本上做到了不造谣、不信谣、不传谣，并且能够积极主动向家人、朋友科普抗击疫情相关知识。可见，在习近平新时代中国特色社会主义思想武装青年过程中，青年群体总体上能够明辨是非，主动跟党走、听党号召，让青春在奉献中变得更有意义。要加强网络立法工作，对传播不良社会思潮及不良信息予以惩戒，做到有法可依、有法必依。比如，网民"辣笔小球"造谣我国戍边英雄事件引起了广大青年和网友的愤慨，南京市公安局将其依法刑事拘留并及时回应网民关切，引发众人好评。因此，要针对不良社会思潮对青年的影响特点果断发力，以习近平新时代中国特色社会主义思想真理的光辉驱散社会不良思潮对青年的影响，以法律的力量依法惩戒相关违法行为。

（五）将对内宣传与对外宣传活动相结合

在新时代，我们思考中国的任何问题都要同时统筹考虑实现中华民族伟大复兴的战略全局和世界百年未有之大变局这"两个大局"。党的十八大以前，我们虽然也注重对外宣传，但主要还是对内开展党的创新理论武装全党、教育人民工作，党的创新理论武装主要针对国内展开。党的十八大以后，以习近平同志为核心的党中央创新理论武装青年的方法，在对内开展习近平新时代中国特色社会主义思想武装青年的同时，加大了对外宣传普及的力度。习近平要求："要加强国际传播能力建设，精心构建对外话语体系，发挥好新兴媒体作用，增强对外话语的创造力、感召力、公信力，讲好中国故事，传播好中国声音，阐释好中国特色。"[1] 他身体力行地开展对外宣传工作，每次出访都要讲中国道路的历史渊源和现实基础，讲中国和平发展的理念和主张，还在不少国家主流媒体发表署名文章。比如，对于美国人说"中国搭美国便车"，习近平就提出欢迎大家搭乘中国发展的列车、快车和便车；对于西方宣称"一带一路"倡议是中国在营造自己的"后花园"，习近平在国内外不同场合都主动介绍，中国对外开放是"建设各国共享的百花园"，引起了广泛共鸣。对外宣传中国特色社会主义，要多讲习近平新时代中国特色社会主义思想这一当代中国的马克思主义、二十一世纪马克思主义。对外宣传又反过来增进了国内青年对习近平新时代中国特色社会主义思想的认识和理解。调查显示，青年领导干部对自身所在基层党委的党内意识形态宣传教育能力评价非常高，对社会意识形态系统的领导能力评价比较高，对开展主流意识形态对外传播能力的评价则较低。因此，用习

---

[1]《习近平谈治国理政》第一卷，外文出版社 2018 年版，第 162 页。

近平新时代中国特色社会主义思想武装青年，应把对内普及与对外宣传结合起来，形成国际国内相互促进的良好的舆论环境。

（六）提高青年理论武装方法的针对性和综合性

结合不同青年群体日常获取思想理论信息的具体特点，提高习近平新时代中国特色社会主义思想信息传播方法的针对性。在开展习近平新时代中国特色社会主义思想武装过程中，要结合不同群体类型、学历层次、政治面貌、年龄、家庭居住地等青年群体的特点，采取有针对性的方法，提高理论武装方法的针对性。调查显示，青年群体日常获取思想理论信息总体上依赖网络、微信和书籍，但不同群体之间也存在差异性。从不同群体类型来看，青年领导干部对网络、微信、书籍、报刊、报告讲座渠道比较依赖，青年学生对网络、书籍、影视、微博、人际交往渠道比较依赖，企业青年对网络、微信和微博渠道比较依赖，事业单位青年对网络、微信、书籍、职场培训、报告讲座渠道比较依赖，自由职业青年和农村青年的特点相对不突出，主要依赖网络、微信、影视和微博大众传媒渠道。从不同地域来看，城镇青年获取习近平新时代中国特色社会主义思想的渠道更为多元，组织性更强，对书籍报刊、网络新媒体、报告讲座、职场培训等渠道依赖度都高于乡村青年，而乡村青年理论获取渠道自发性特点比较突出，网络新媒体、影视等自主渠道比较多。从不同学历来看，对于书籍、报刊、网络、微信、微博、报告讲座、职场培训、新闻客户端渠道来讲，随着学历层次的逐步提高，青年对其依赖度也整体增加。从不同年龄来看，17 岁及以下的青年对书籍、影视、人际交往渠道的依赖度更高，18～28 岁的青年对网络、微博的依赖更高，29～35 岁的青年对微信获取理论信息依赖度最高，36 岁及以上的青年对报刊、报告讲座、职场培训、新闻客户端、宣传板或电子屏的依赖度最高。因此，在开展习近平新时代中国特色社会主义思想武装过程中，要结合不同群体类型、学历层次、政治面貌、年龄、家庭居住地等青年群体的特点，采取有针对性的方法，提高理论武装方法的针对性。

提高社会实践与考察、树立正面典型人物方法运用水平，满足青年对理论武装方法的创新期待。调查显示，青年最愿意接受的理论教育方法是社会实践与考察，对社会实践活动、树立正面典型人物方法的效果评价最高。一方面，要组织系统的社会实践与考察活动。结合青年领导干部、青年学生、事业单位青年、企业青年、自由职业青年和农村青年等不同类型青年自身生活和工作的特点，关照不同政治面貌、不同年龄、不同居住地的青年现状，有针对性、有组织性地开展社会实践活动，提高实践活动的针对性和有效性。另一方面，通过树立正面典型人物及做好典型宣传工作来加强青年理论武装工作。调查显示，在影响青年的习近平新时代中国特色社会主义思想教育效果的主要因素中，领导干部的公信力排在第一位。通过开展树立正面典型人物进行理论武装工作，首先，必须要求广大党员、干部带头学习和贯彻党的创新理论，弘扬社会主义核心价值观，提高领导干部公信力，用党员、干部的模范行为和高尚人格感召群众、带动群众。其次，要充分发挥公众人物、先进模范的示范作用。习近平高度重视学习先进典型模范活动，强调精神的力量和道德的力量是无穷的："要深入开展学习宣传道德模范活动，弘扬真善美，传播正能量，激励人民群众崇德向善、见贤思齐，鼓励全社会积善成德、明德惟馨。"[1] 习近平强调："要充分发挥榜样的作用，领导干部、公众人物、先进模范都要为全社会做好表率、起好示范作用，引导和推动全体人民树立文明观念、争当文明公民、展示文明形象。"[2] 再次，要注重从青年群体中和青年身边选树先进模范典型。习近平强调："青年模范人物是广大青少年学习的榜样，肩负着更多社会责任和公众期望，在青少年中乃至全社会都有着很强的示范带动作用。希望青年模范们再接再厉、严于律己、锐意进取，用自身的成长历程、精神追求、模范行动为广大青少年作好表率。"[3] 此外，要重视网络新媒体在正面典型宣传中的作用。融媒体时代，以微博、抖音、微信为代表的网络新媒体在青年日常生活中占据了越来越重要的地位，要充分加强网络新媒体监管，始终保持健康向上的网络空间，整治"饭圈"乱象，为培养担当民族复兴大任的时代新人创造良好社会环境和氛围。

推动习近平新时代中国特色社会主义思想武装青年方法的综合创新。调查显示，绝大多数青年能够认识到习近平新时代中国特色社会主义思想宣传的必要性，对创新理论武装工作持比较感兴趣的态度，对当前理论宣传教育效果持比较肯定态度，但依然存在进一步提升的较大空间。青年群体对社会实践活动、树立正面典型人物、党团组织开展的学习活动的效果评价最高，对大众传播媒介及互联网宣传、理论宣传教育、家庭环境、职业教育路径也具有较高的评价，各教育因素的效果评价与习近平新时代中国特色社会主义思想认同度之间均存在显著性正相关关系。青年领导干部对各种理论武装途径效果的评价显著高于其他青年群体。青年学生和事业单位青年对听辅导报告、党团组织开展的学习

---

[1]《习近平谈治国理政》第一卷，外文出版社 2018 年版，第 158 页。
[2]《习近平谈治国理政》第二卷，外文出版社 2017 年版，第 324 页。
[3]《习近平谈治国理政》第一卷，外文出版社 2018 年版，第 53—54 页。

活动、社会实践活动、网络远程教育活动、自主学习活动、家庭环境、职业教育、日常生活、大众传播媒介及互联网宣传、理论宣传教育、树立正面典型人物途径的评价要显著高于企业青年、农村青年及自由职业青年。农村青年对各种理论武装途径效果的评价最低。为此，要坚持以正面宣传为主，针对不同青年群体的特点，发挥不同理论武装方法的独特优势，形成方法运用合力，推动习近平新时代中国特色社会主义思想武装青年方法的综合创新。

五、完善青年理论武装的组织机构与规章制度

党的宣传思想部门是习近平新时代中国特色社会主义思想武装青年的直接领导和工作部门，党的宣传思想部门的思想建设、组织建设、履职能力建设对青年理论武装工作具有全局性的影响作用。党的宣传思想部门是指党在开展理论武装工作中的实体部门，包括从党中央到各地各级党委部门主管的思想政治理论宣传实体，比如各级党委及其宣传部门、各大党政部门主管的出版社、广播站、电视频道、网络主流媒体及门户网站、思想政治理论教育队伍等。做好习近平新时代中国特色社会主义思想武装青年工作，师资队伍建设和组织机构建设是一项基础工作。必须以党的宣传思想部门为主导完善理论武装青年的组织机构与规章制度，提高习近平新时代中国特色社会主义思想武装青年实效。

（一）健全理论武装青年的组织机构

党委宣传部在习近平新时代中国特色社会主义思想武装青年工作中起主导作用。目前习近平新时代中国特色社会主义思想武装青年所采用的途径、载体和方法比较多样，但核心模式依然是权威性理论教育模式，这一模式主要是以社会为本位的立场，采取国家行政主管和党政具体部门主导的自上而下的方式，以课程教学和理论宣传为主渠道，以理论宣传教育为主要方法，以显性方式为主，动员和协调各个方面力量，共同促进青年对党的创新理论学习接受的模式。这一理论教育模式以显性权威的形式及时将党的创新理论最新成果传授到青年中，是一种有明确目的的、有计划的、整体的、系统的理论武装活动，体现了

习近平新时代中国特色社会主义思想武装青年的鲜明特色和重大优势。调查显示，在各种思想政治理论信息传播载体中，青年最为信赖的是"党和政府宣传"，信任度为77.1%。可见，发挥党的宣传思想部门理论武装主导作用，既符合用党的创新理论武装青年的传统经验，也符合新时代青年的理论学习新期待。况且，对于习近平新时代中国特色社会主义思想这种系统的理论，青年很难仅靠通过个体自发的方式获得完整理解，因而不可放松自上而下的理论教育，共同提升青年对习近平新时代中国特色社会主义思想的系统掌握和科学理解。必须坚持发挥党的宣传思想部门理论武装主导作用，推动习近平新时代中国特色社会主义思想武装青年工作走深走实。

做好宣传工作需要全党动手，用习近平新时代中国特色社会主义思想武装青年需要全党协力。各级党委对宣传工作负主体责任，应当把学习宣传贯彻习近平新时代中国特色社会主义思想作为首要政治任务，加强对宣传领域重大战略性任务的统筹指导和重大问题的分析研判。要建立健全宣传思想工作领导机构，将党对宣传思想工作的全面领导具体体现到各个行业、各个领域、各个部门和各个环节。党委宣传部是党中央和地方各级党委主管意识形态方面工作的职能部门，是社会主义精神文明建设的牵头协调部门。党的各级宣传部门要履行专责、聚焦主业，贯彻落实党对宣传工作的方针政策和决策部署，在统筹做好青年理论武装、意识形态管理、理论研究学习宣传、社会舆论引导、社会主义核心价值观建设、精神文化产品创作生产等工作的同时，指导做好文化改革发展、新闻出版、文化旅游融合发展、互联网建设管理、对外宣传等工作。

健全基层组织机构，为习近平新时代中国特色社会主义思想武装青年工作提供坚实的组织保障。要进一步高质量配备乡镇街道抓宣传的党委委员、村（社区）宣传员，各级党和国家机关中党的基层组织、国企和事业单位党组织设置好宣传部，非公有制经济组织和社会组织中的党组织配备宣传员。全面加强高校马克思主义学院和中小学思想政治理论课组织机构建设，严格落实中共中央办公厅《关于加强新时代马克思主义学院建设的意见》，要扎实推动马克思主义学院内涵式发展。共青团、工会组织和社会团体，都要结合自身业务特点，充分发挥联系青年、服务青年和教育青年的纽带作用，引导广大青年不断学懂弄通做实习近平新时代中国特色社会主义思想。坚持重心下移、资源倾斜，配齐、配强基层工作力量，提高基层宣传阵地的整体效能。要把加强新时代文明实践中心、县级融媒体中心建设摆在巩固基层阵地的突出位置，聚焦群众需求，整合优化资源，打通宣传群众、教育群众、服务群众的"最后一公里"。

（二）完善理论武装青年的规章制度

完善马克思主义在意识形态领域指导地位的根本制度。意识形态关乎旗帜、关乎道路、关乎国家安全，决定文化前进方向和道路。党的十九届四中全会明确把坚持马克思主义在意识形态领域的指导地位确立为根本制度。要增强政治自觉和思想自觉，强化制度意识、抓好制度执行，牢牢掌握意识形态工作领导权，努力在守正创新中推动社会主义文化繁荣昌盛。要把马克思主义指导地位贯穿到理论武装、新闻宣传、文艺创作生产、文化体制改革、精神文明创建、网络建设管理等文化建设各方面，建设具有强大凝聚力和引领力的社会主义意识形态。要实施马克思主义理论研究和建设工程，为党的理论创新武装工作提供学理支撑，构建中国特色哲学社会科学。落实意识形态工作责任制，坚持党管宣传、管意识形态、管媒体不动摇，压紧压实做好意识形态工作的政治责任、领导责任，把意识形态工作领导权牢牢掌握在党的手中，不断增强意识形态领域的主导权和话语权，切实维护政治安全、文化安全、意识形态安全。

着力推进宣传领域法治建设，为习近平新时代中国特色社会主义思想武装青年提供刚性保障。应以《中国共产党宣传工作条例》为主干，研究配套出台一批有实践需求、有工作基础的党内法规，加快推动文化立法，逐步形成比较完备的宣传领域法规制度体系。强化宣传思想战线依法开展习近平新时代中国特色社会主义思想武装青年工作，进一步明确职责任务，完善机构岗位设置，加强人员力量配备，理顺工作职能、工作流程，不断提升运用法治思维和法治手段开展工作的能力水平。

加强和改进学校思想政治教育制度。青年学生是青年群体中的关键群体，正处于人生成长的"拔节孕穗期"，能否树立马克思主义的信仰，直接关系到培养合格的社会主义建设者和接班人问题。必须坚持社会主义办学方向，落实立德树人根本任务，建立全员、全程、全方位育人体制机制，用习近平新时代中国特色社会主义思想铸魂育人，引导广大青少年扣好人生第一粒扣子，担当起民族复兴的大任。深入推进思政课改革创新，在大中小学循序渐进、螺旋上升地开设思政课，编写好思政课教材，发挥好思政课教师的重要作用，不断增强思政课的思想性、理论性、亲和力和针对性。要不断加强和改进新时代学校思想政治教育，"实施新时代立德树人工程"。[1]绵绵用力，久久为功，教育引

---

[1]《习近平在全国教育大会上强调：紧紧围绕立德树人根本任务　朝着建成教育强国战略目标扎实迈进》，《人民日报》2024 年 9 月 11 日，第 1 版。

导青少年学生坚定马克思主义信仰、中国特色社会主义信念、中华民族伟大复兴信心，立报国、强国大志向，做挺膺担当奋斗者。

（三）打造高素质理论武装工作队伍

建设强有力的习近平新时代中国特色社会主义思想武装青年工作队伍。调查显示，影响习近平新时代中国特色社会主义思想宣传教育效果的主要因素中，排在前五位的依次是领导干部的公信力、宣传教育方法、社会环境的影响、宣传教育形式、个人对理论的兴趣，而思想理论的内容、宣传教育话语体系和宣传教育安排的时间则影响较小。可见，理论武装实施主体、理论武装方法和青年个人的兴趣为影响习近平新时代中国特色社会主义思想武装青年效果的主要因素，而理论内容本身并不是主要影响因素。且绝大多数青年能够认识到习近平新时代中国特色社会主义思想宣传的必要性，对创新理论武装工作持比较感兴趣的态度，对当前理论宣传教育效果持比较肯定态度，对习近平新时代中国特色社会主义思想武装青年工作的创新充满期待。党员干部是开展习近平新时代中国特色社会主义思想的领导主体和实施主体，理论武装方法形式的创新、调动青年接受理论武装的积极性都要靠理论武装工作者来具体实施。可见，开展习近平新时代中国特色社会主义思想武装青年工作，关键在于理论武装队伍的素质和能力。近年来，宣传思想战线大力加强队伍建设，一大批青年人才加入党的宣传工作队伍。比如，在高校系统，至 2021 年 11 月底，高校思政课专职教师超过 9.1 万人，比 2016 年增加 4.5 万人，49 岁以下教师占 77.7%，拥有研究生以上学历的占 72.9%，具有高级职称的占 35%，《新闻联播》《焦点访谈》《人民日报》《光明日报》，以及新华社等中央主流媒体采写报道了大量思政课建设先进典型，大批思政课教师获得国家级荣誉称号，高学历、年轻化已成为思政课教师队伍发展新状态。因此，必须进一步加大队伍建设力度，建设一支政治强、情怀深、思维新、视野广、自律严、人格正的习近平新时代中国特色社会主义思想武装青年工作队伍。

切实增强习近平新时代中国特色社会主义思想武装青年工作队伍的脚力、眼力、脑力和笔力。从党的百年历史来看，宣传思想战线工作者是完全值得信赖的，对青年的引领是有力的，党的创新理论武装青年工作成效也是显著的。面对国内国际新形势、意识形态领域新态势、信息化发展新趋势，用习近平新时代中国特色社会主义思想统一青年思想、凝聚青春力量任务之艰巨也前所未有。进一步提升宣传思想工作队伍的本领能力，比以往任何时候都更加重要、更为紧迫。习近平指出："不断增强脚力、眼力、脑力、笔力，努力打造一支政治过硬、本领高强、求实创新、能打胜仗的宣传思想工作队伍。"[1] "四力"既是构成宣传思想战线本领能力的重要内容，也是提升本领能力的路径。宣传思想战线队伍要走近青年，把实践和基层当作最好的课堂，通过一线观察、学习和辨别，提高思考能力和抓问题能力，要善于表达，少一些空泛说教，多一些真情实感和鲜活事例。迈开双脚丈量大地、睁大锐眼洞察天下、开动脑筋深入思考、练就妙笔书写时代，宣传思想干部才能不断增强意识形态引领能力、网上舆论斗争能力、处理复杂问题和突发事件的能力，推进习近平新时代中国特色社会主义思想武装青年工作走实走深走心。

（四）完善青年理论武装评价机制

推动青年学习掌握习近平新时代中国特色社会主义思想，增强政治认同、思想认同、情感认同，是衡量青年理论武装工作的基本标准。理论武装的成效与反馈是理论武装的重要环节，习近平新时代中国特色社会主义思想武装青年成效的评价不仅关乎对理论武装工作本身的认识和评价，而且关系到用党的创新理论武装青年路径改革和发展的方向及价值导向。调查显示，青年总体上对习近平新时代中国特色社会主义思想比较了解，对习近平新时代中国特色社会主义思想具有非常高的认同度，具有较高的心理归属感、价值信仰和情感喜爱，总体能贯彻落实习近平新时代中国特色社会主义思想，绝大多数青年对当前理论宣传教育效果持比较肯定态度，近年来理论武装路径效果显著提升。访谈发现，青年对官方及主流媒体的关注和信任感显著增强，对习近平新时代中国特色社会主义思想充满热爱。因此，在习近平新时代中国特色社会主义思想武装青年的过程中，始终坚持把理论武装实效性放在首位，坚持用科学标准来衡量理论武装实效。

青年在实践中践行习近平新时代中国特色社会主义思想是检验理论武装工作成效的试金石。对青年理论学习的评价，理论武装工作成效好不好，不能只看青年对习近平新时代中国特色社会主义思想的知识掌握，在理论考试中考出了多少分。近年来，学校思想政治教育评价更加重视过程性评价，提高了过程性评价的比例，构建起更加科学的过程性与终结性评价相结合的评价体系。只有在实践中践行习近平新时代中国特色社会主义思想，才能真正推动青年成长

---

[1]《习近平谈治国理政》第三卷，外文出版社 2020 年版，第 315 页。

成才。习近平在全国抗击新冠肺炎疫情表彰大会上指出:"青年一代不怕苦、不畏难、不惧牺牲,用臂膀扛起如山的责任,展现出青春激昂的风采,展现出中华民族的希望! 让我们一起为他们点赞!"[1] 对于关键少数的党员干部,习近平指出:"检验党员干部是不是对党忠诚,在革命年代就要看能不能为党和人民事业冲锋陷阵、舍生忘死,在和平时期也有明确的检验标准。比如,能不能坚持党的领导,坚决维护党中央权威和集中统一领导,自觉在思想上政治上行动上同党中央保持高度一致;能不能坚决贯彻执行党的理论和路线方针政策,不折不扣把党中央决策部署落到实处;能不能严守党的政治纪律和政治规矩,做政治上的明白人、老实人;能不能坚持党和人民事业高于一切,自觉执行组织决定,服从组织安排,等等,都是对党忠诚的直接检验。"[2] 把实效性放在首位,坚持用科学标准检验习近平新时代中国特色社会主义思想武装青年效果是新时代青年理论武装工作的重要经验。

完善习近平新时代中国特色社会主义思想武装青年评价体系。目前,习近平新时代中国特色社会主义思想武装青年评价的范围主要局限于教学评价,评价目的偏重总结性评价,评价主体相对单一,评价标准相对模糊,评价方法相对简单。这些弊端在学校思政课评价中的体现更为突出。要扎实突破唯论文、唯课题、唯学历等弊端,更加重视用习近平新时代中国特色社会主义思想武装学生的实效,更加重视教学研究和教学实效,探索单独制订符合思政课教师职业特点的评审标准,单列指标,真正推动思政课评价的优化升级。应突出理论武装工作中课程评价的作用,让广大理论武装工作者把理论武装评价作为理论武装建设生成性的内在要求,主动把理论武装评价要求贯穿到理论武装工作的各个环节,形成以青年评价、行政管理评价和理论武装工作者评价为主体的多元主体评价体系。根据理论武装青年工作评价的复杂性和多元性、评价信息和资料的丰富性及模糊性,在习近平新时代中国特色社会主义思想武装青年成效评价中应把量化评价与质性评价结合起来,形成多元评价方法。应以理论武装本身作为评价的本体,拓展评价范围,把评价贯穿习近平新时代中国特色社会主义思想武装青年过程的各个要素和各个环节,把评价看成是一个不断形成和发展的过程,不仅从眼前和短期评价理论武装效果,而且从长远和发展的角度来看待理论武装工作,形成全面、系统和科学的评价标准。

[1] 习近平:《在全国抗击新冠肺炎疫情表彰大会上的讲话》,人民出版社 2020 年版,第 11—12 页。
[2]《习近平谈治国理政》第四卷,外文出版社 2022 年版,第 525 页。

后 记

如何坚持不懈地用习近平新时代中国特色社会主义思想凝心铸魂？这是我近十年来持续关注的研究领域。本书是我开展习近平新时代中国特色社会主义思想研究和教学工作的结晶，也是湖南省习近平新时代中国特色社会主义思想概论"金课"建设团队集体劳动的结晶。

早在武汉大学攻读博士学位期间，我参与了导师佘双好教授负责的国家社会科学基金重大招标课题"实施中国特色社会主义理论体系普及计划的途径、载体和方法研究"，开始系统研究大学生对党的创新理论的认同问题，并完成了博士学位论文《大学生中国特色社会主义理论体系认同研究》。博士毕业后，我进入湖南师范大学马克思主义学院工作，主要承担"毛泽东思想和中国特色社会主义理论体系概论""习近平新时代中国特色社会主义思想概论"等课程的教学和研究任务。2018年初，佘老师受邀来长沙参加湖南省"社会主义有点潮"研究中心成立大会。当时我正在做国家社科基金项目的选题，就研究主题向佘老师请教。佘老师建议我在博士学位论文"大学生"理论认同这个"点"的基础上，扩展为"青年"理论武装这样一个"面"的研究，集中开展习近平新时代中国特色社会主义思想武装青年路径的研究。在佘双好教授和吴家庆教授两位导师的系统指导下，该课题的研究取得了系列成果。

2022年9月，湖南师范大学在全校各专业独立开设"习近平新时代中国特色社会主义思想概论"必修课，我开始负责该课程的建设工作。我们围绕习近平新时代中国特色社会主义思想的学理阐释和教学工作开展集体攻关，相继立项了湖南省学位与研究生教学改革重点项目"新时代中国特色社会主义理论与实践课专题研究式教学创新与实践"（2023JGSZ047）、湖南省社科基金重点项目（马克思主义理论研究和建设工程重点马克思主义学院专项）"新时代青年大学生思想动态研究"（24ZDBM08）、湖南省高校思想政治工作精品项目"'习近平新时代中国特色社会主义思想概论'课探究式专题式协同式教学模式创新"

（24JP002）等课题。得益于系统的学术研究，湖南师范大学"习近平新时代中国特色社会主义思想概论"课入选湖南省普通高校思政课"金课"建设课程、教育部全国首批大中小学思政课一体化示范教学资源。

课题组系统梳理了习近平新时代中国特色社会主义思想武装青年的相关文献资料、文件政策、实践过程和基本经验，多次举办"习近平新时代中国特色社会主义思想武装青年""习近平新时代中国特色社会主义思想概论'金课'建设"等学术研讨会和座谈会。通过问卷调查和访谈的方式，我们在全国范围内，分别针对青年学生、青年领导干部、事业单位青年、企业青年、农村青年和自由职业青年六个不同群体开展大范围社会调查。除此之外，我还参加湖南省青年讲师团，面向机关、企业、社区、乡村开展基层理论宣讲试验，面向大学生开展习近平新时代中国特色社会主义思想教学改革试验。在此基础上，形成本研究报告。

本书由导论和九章内容组成。导论部分主要阐述课题研究的意义、涉及的核心概念、国内外研究现状、研究思路和研究方法。第一章主要论述习近平新时代中国特色社会主义思想武装青年路径的基本理论和实践经验，为课题研究提供理论和历史背景。第二章为总报告，主要介绍课题研究过程，对课题设计的指标、课题实施过程、调查样本的情况及调查数据的科学性进行说明，评估习近平新时代中国特色社会主义思想武装青年的现状及特点、理论武装路径的效果，分析相关因素对理论武装的影响。第三章至第八章为分专题报告，分六个群体提出不同层面的青年理论武装路径。第九章为综合研究，提出习近平新时代中国特色社会主义思想武装青年路径的总体对策。

要完成这样一项需要广泛实证调查才能完成的课题，仅靠课题组和我一个人的力量是无法完成的，课题调研和形成报告工作得到了许多人的帮助和支持。在对青年学生的问卷调查中，课题组得到了张瑜、刘方平、刘近、魏艺、常传旭、郭峰、郑瑞红、杨兆强、包月强、李洋、刘锡山、郑存洋、王凯等老师的大力支持。在对青年领导干部的问卷调查中，课题组得到了沈建波、黄建国、刘洋、张骞、汤小红、曾默为等领导干部的大力支持。在对青年民众的问卷调查中，课题组得到了匡旺秋、胡湘娟、程立波、胡军、伍学农、罗帅等同志的大力支持。范张欣、张佩、李鑫鑫、聂丹、刘孟佳、习文雯、毛纾涵等同学进行了大量的数据统计和研究报告的撰写工作，形成初步研究报告。回过头来看，完成这样一系列宏大的调查研究工作，没有上面提到的和没有提到的诸多领导、同志和同学的帮助，是根本不可能完成的。可以说，本书所形成的成果是上述提到的和没有提到的课题组成员集体奋斗的结晶。

本书能得以出版，得益于湖南师范大学马克思主义学院陈红桂、李培超、陈德祥、李超民、谭吉华、赵子林、刘先江、汤小红、林峻、陈文珍等领导的关心，离不开校团委陈天嵩、胡滢书记的支持和概论课系各位老师的帮助。佘双好老师在得知本书出版的消息后，更是在百忙之中欣然为本书作序，序言中渗透的关爱和期待之情，让我更是充满要在学术上继续前行的愿望和热情。湖南师范大学出版社廖小刚主任及吕超颖编辑对本书进行了精心策划和雕琢。在此，我特向给予本课题研究支持帮助的各位领导、同志、同学表示衷心的感谢！

由于对习近平新时代中国特色社会主义思想武装青年路径进行调查研究是一件十分复杂艰巨的任务，加之本人能力有限，时间匆忙，我们虽然尽了最大努力，但依然存在很多不满意的地方。我在整理不同青年群体的研究报告时，也遇到了研究报告的多样性、丰富性所带来的难以整合的困难，感到一个人思维的局限性。因此，本书的价值主要在于较系统地为习近平新时代中国特色社会主义思想武装青年现状及新时代青年思想政治观念发展作一个记录，可以构成进一步研究的历史参照。对本书不足和不完善之处，敬请各位读者批评指正！

邢鹏飞

2024 年 8 月于岳麓山

图书在版编目（CIP）数据

新时代青年理论武装路径研究/邢鹏飞著.--长沙：湖南师范大学出版社，2024.8 --ISBN 978-7-5648-5473-7

Ⅰ．D432.62

中国国家版本馆CIP数据核字第2024QN1590号

XINSHIDAI QINGNIAN LILUN WUZHUANG LUJING YANJIU

新时代青年理论武装路径研究

邢鹏飞　著

出 版 人｜吴真文
责任编辑｜吕超颖
责任校对｜张　鑫

出版发行｜湖南师范大学出版社
　　　　　地址：长沙市岳麓山　邮编：410081
　　　　　电话：0731-88873070　88872751
　　　　　传真：0731-88872636
　　　　　网址：https://press.hunnu.edu.cn/
经　　销｜湖南省新华书店
印　　刷｜长沙雅佳印刷有限公司

开　　本｜710 mm×1000 mm　　1/16
印　　张｜18.5
字　　数｜351千字
版　　次｜2024年8月第1版
印　　次｜2024年8月第1次印刷
书　　号｜ISBN 978-7-5648-5473-7

定　　价｜88.00元

著作权所有，请勿擅用本书制作各类出版物，违者必究。